近四十年出土簡帛文獻思想研究

陳麗桂 — 著

五南學術叢刊

序

　　中國古佚文獻的出土並不始於近四十年，但近四十年來地下古文獻的相繼出土與面世，卻為中國古代哲學史的研究揭開了新頁，開拓了新領域。就出土文獻而言：一九七二年銀雀山古兵書、一九七三年馬王堆帛書《老子》與大量儒、道、法、方技、數術類帛書文獻、定州八角廊古《論語》、殘簡《文子》、一九九三年郭店竹簡《老子》、〈太一生水〉，及多種儒家文獻的相繼出土，或重出於傳世文獻，或為未曾面世的古佚籍，或儒、或道、或兵、或法，或陰陽、數術，為上古中國哲學史的研究增添了豐富的新材料，印證、校補了傳世儒、道典籍的內容。填補了老子到莊子，孔子到孟子間儒、道兩家思想發展的空缺。部分文獻亦解開了長久以來傳世文獻載記的疑慮。甚至掀起了中國傳統古醫學療法再度抬頭，受到重視的風潮。就一九九三年以後，或因購買、或因捐贈而面世的古文獻而言：上博藏戰國楚竹書、清華簡、北大簡的出現，除持續擴大上述出土文獻的功能外，也讓部分古佚的古文《尚書》內容有了再見的機會，或使長久以來言之鑿鑿的古史載記，有了大不相同的說法。或讓秦漢以來文字統一後的某些官版字書得以面世。總之，這四十年來出土與面世的文獻，或掀起《老子》版本學說重探的熱潮，或揭開黃老之學研究的序幕，或引發思、孟學派探索的思潮，或開啟古文《尚書》研究的契機。這一波又一波的探古風潮，終於將出土簡帛文獻的研究推向了高峰，使之逐漸成為近四十年來國際漢學研究的顯學。

　　面對這些豐富的新古文獻研究資料與風潮，個人深感不能置身事外，故自一九九二年的教授升等論文議題——馬王堆黃老帛書的研究開始，接著定州竹簡《文子》研究、郭店儒、道文獻研究、上海博物館藏戰國楚簡研究，以及目前正在進行的清華竹簡研究，都從思想史的角度，就其與中國哲學研究較密切相關的理論內容，進行梳理與探討，完成了近

三十篇學術性專題論文。其後並在個人所任教的系所開授「近年出土儒道文獻思想專題研究」課程。一方面希望個人的研究能與當代漢學研究的顯學接軌，另一方面也希望能藉由開課，引導學生了解進而參與近年這些新材料與顯學的研究工作。

　　而為了梳理個人近二十年的研究成果，也為了讓有興趣參與此一研究工作的學生，在資料蒐尋能多一點方便，因將個人近年來的二、三十篇研究成果，結集成書以出版。清華簡的研究因個人目前正在進行中，尚無相當分量之篇幅，參與集結。北大簡的研究則因目前除《文物》期有數篇專刊報導外，圖版、釋文，均未正式出版，個人尚無完整而滿意之成果出現，故暫從缺，以待來日。

陳麗桂

序於二○一二年九月十八日

目　次

第一章

綜合類

壹、近三十年出土儒道古佚文獻在中國思想史上的意義與貢獻

　　對中國思想文獻的研究者而言，一九七三、一九九三、一九九四年是具有特殊意義的年代，繼一九七二年山東臨沂縣銀雀山兩座漢墓《孫子兵法》、《孫臏兵法》、《尉繚子》、《六韜》……等大量古兵書，與長沙馬王堆一號漢墓辛追夫人不腐遺體及殉葬物的先後出土，一九七三年，長沙馬王堆三號漢墓前所未有的大量帛書古佚文獻，與定州八角廊西漢中山懷王劉修墓中的竹簡《文子》相繼出土。這不但是中國考古學上的盛事，更是中國學術，尤其是中國哲學史上的盛事。因為在馬王堆三號漢墓中，不但有前所未見的古兵書、醫書、房中保健書、曆書的出土；更重要的，也有不同於傳世本編排順序與書寫工具的帛書《老子》，以及亡佚已久，內藏豐富黃老思想理論的黃老帛書，乃至足以證明先秦真有《文子》一書的2790字殘簡《文子》，都在一九七三年相繼出土。這些文獻的出土，揭開了先秦儒、道、兵學與醫學、哲學研究的新頁。

　　緊接著是一九七五年湖北雲夢睡虎地11號秦墓大量秦簡的出土，與一九九○至一九九二年間敦煌懸泉二萬多枚漢簡的相繼發現，更開啓中國秦漢歷史、政治、法律、社會，乃至漢代邊關事務研究的新頁。

　　到了一九九三年，湖北荊門郭店村一號楚墓曾被推斷為戰國中晚期楚太子老師（所謂「東宮之師」）的墓葬中，804枚戰國楚簡又出土了，計共13000多字的三種竹簡本《老子》、十多種儒家文獻，以及被歸為道家文獻的〈太一生水〉，再一次震驚了全世界的漢學界。因為，〈太一生水〉的「水生」觀，有別於中國哲學傳統氣化生成論，固然令人驚艷，而三種竹簡《老子》的出土，更將《老子》的寫定年代推向更早。

　　正當大家陶醉於郭店豐富文獻的研究之際，緊接著，如有神助似的，一九九四年，上海博物館購自香港文物市場的戰國楚簡又面世了。

1200多支，計共35000多字，涉及80多種典籍的戰國古文獻的出土，更將近代漢學研究，尤其是中國文字學、哲學研究的熱潮推向了空前的高峰。其內容儒、道、兵、雜各家文獻都有，它量大，內容豐富。本文因就上述出土文獻中，相關於儒、道兩家哲學思想者，加以論述。

一、道家古佚文獻

從馬王堆帛本《老子》、黃老帛書、郭店簡本《老子》、〈太一生水〉、八角廊竹簡《文子》，乃至上博簡〈亙先〉幾種文獻中，讓我們對於先秦道家學說，尤其是黃老學研究，取得了前所未有的豐富資料，也有了突破性的了解，開啓了《老子》、黃老乃至宇宙生成論研究的新頁。

㈠《老子》文本的重新檢視──帛書《老子》與竹簡《老子》

馬王堆三號漢墓帛書《老子》與郭店三種竹簡《老子》的出土，揭開了近代老學研究的新課題與新熱潮。就帛書《老子》而言，有別於各種傳世本《老子》，它不但鈔寫在絹帛上，而且有兩種本子，一以隸體鈔寫，一以篆體鈔寫。兩種鈔本《老子》不僅字體不同，且從內容看來，是各自根據不同鈔本鈔寫，而非隸篆相鈔。兩種鈔本並且都是德經在前，道經在後，又不分章。有學者認爲，它極可能是《老子》書的原樣，或認爲是法家傳本的《老子》，因爲在它們的前後，各自都有四篇古佚書相伴隨。隸體《老子》文前的四篇古佚文獻，甚至被以唐蘭爲代表的學者認定爲亡佚已久，漢志卻有載錄的黃老道家之作──《黃帝四經》。由於三號漢墓的墓葬年代是在黃老治術盛行的漢文帝年間，這隸體《老子》及其卷前古佚書因此被推稱爲黃老合卷。黃老之學是《老子》學說的外王統御之用，兩種德經在前的帛本《老子》因此被推定爲法家傳本的《老子》，因爲《韓非子·解老》也是以「上德不德……」的詮解爲始。它與嚴君平《老子指歸》所呈現的狀況也一致，所引《老子》次第也相合，其內容相較於傳世本，不但多用假借字，章次、文字也不同。其多用假借字的現象，是近代

出土戰國楚文獻的普遍現象；其相異於傳本的章次、文字，可以校訂傳本之謬誤。

　　至於1993年的郭店簡本《老子》，不但章序和傳世本、通行本完全不相同，既不分章，也無「道經」、「德經」的區分，該簡本分別鈔寫在三種形制不同的竹簡上，其內容除第一種與第三種有相當於傳本《老子》第十章的幾十字雷同外，俱不相重[1]，學者稱之爲甲本、乙本、丙本。甲本共1090字，乙本389字，丙本270字，都是殘而不完的不足本。它們與帛本《老子》雖有不同；與傳世本關係更遠。學者據帛本以補其殘缺，仍可補甲本16字，乙本46字，丙本20字。甲本鈔寫屬於帛本「德經」的有十一章，屬於「道經」的有九章。乙本共鈔寫《老子》九章；丙本僅鈔寫《老子》五章。丁原植認爲，竹簡《老子》嚴格說來，只能視爲傳本《老子》編輯的原始資料，尚非完善的文本，其中誤字、脫文仍然不少。竹簡《老子》的出現，說明了：1.《老子》的原始資料至少在戰國初期已經以不定型的方式在流傳，而有了不同的鈔本。2.竹簡《老子》和帛本《老子》儘管編定形態不一，但可能鈔自同一來源的資料[2]，因此內容較相同。

㈡黃老理論的重現——馬王堆黃老帛書與古醫書

　　在馬王堆三號漢墓中，與隸體帛書《老子》合置在一起的，有被唐蘭指稱爲《黃帝四經》的四卷黃老帛書，依它們各自原本的篇題，稱爲〈經法〉、〈十大經〉、〈稱〉、〈道原〉。〈經法〉全篇充滿了道、法、刑

---

[1] 參見崔仁義：《荊門郭店楚簡老子研究‧張正明序》（北京：科學出版社，1998年），頁1-2。

[2] 參見丁原植：《郭店竹簡老子釋析與研究‧序》（臺北：萬卷樓圖書有限公司，1998年），頁vi。

名理論；〈十大經〉依託黃帝與其臣力黑（牧）、太山稽等人之答問，論述陰陽刑德政論；〈稱〉是充滿道法色彩的格言集錦；〈道原〉460多字，論述「道」的體貌、性徵與功能，與《淮南子‧原道》的表述有相當的類似處。四篇文獻由於和隸體《老子》合鈔，該墓又下葬於漢文帝時代，因此被認定爲黃老合卷，亦即西漢「黃老治術」背後的理論內容。

　　這些文獻的面世，不但揭開了西漢黃老治術的神祕面紗，讓人了解眞正在背後支撐、運作「清靜無爲，與民休息」治術的，原來是一種以刑名爲核心，道、法結合的政術，也從此掀起黃老學研究的熱潮。輻射所及，帶動了記載黃老理論的傳世典籍，若《管子》四篇、《呂氏春秋》、《淮南子》中道家理論研究的熱潮。除了關於治國的政論部份外，在治身方面，馬王堆三號漢墓也出土了許多古醫書與房中養生書。在出土的600多枚竹木簡中，至少就有三分之一，約220枚爲古醫書，它們包括：〈十問〉、〈合陰陽〉、〈雜禁方〉、〈天下至道談〉、多種經脈書……共十五種古醫書。拿它們和西漢有名醫典《黃帝內經》，以及《老子河上公章句》、《老子想爾注》、《太平經》中的養生理論相參研，可以比較清楚了解先秦兩漢方技之學與貴族養生術的大致內容，以及其由黃老養生術轉化爲道教養生術的理論過程。

(三)古宇宙論的多元呈現——〈太一生水〉與〈互先〉

　　與郭店竹簡《老子》同時出土的〈太一生水〉，有別於中國哲學傳統氣化生成論的水生觀，震驚了全世界的漢學界，也帶動了研究的熱潮。短短的14支簡，300多字，研究討論的資料，至少在七十種以上。風潮所及，不但中國古籍中所有提及「太一」一詞者被一一重新檢視，其空前絕後的反輔、相輔，既「生」又「藏」的水生觀，尤其是討論焦點。由是而中國傳統古籍中唯一以「水」爲生命重要質素的《管子‧水地》再度受到關注，也同步開啓再研究的熱潮。而由於開宗明義「太一」一詞的標示，道家的生成論之外，陰陽數術家的理論也被納入討論。

　　〈太一生水〉之外，在1994年面世的上博簡〈亙先〉，亦被多數學者推定爲道家之作。它和〈太一生水〉一樣，也是由創生講到人事名言的建構問題。它首尾完具，共13簡，前6簡講「亙先」，類似於「道」的質性與自然界的生成，充滿了濃厚的「氣」化味。自7-13簡，講人事名言世界的建構與特質。在其所開列的自然與名言兩世界的構成中，都以「或」爲先決條件。而且，不論自然或名言世界，〈亙先〉的生成，不但有先後順序，也有子母關係。相當繽紛，是現存傳世文獻所未見。

　　〈亙先〉與〈太一生水〉的出現，說明了：1.在先秦的宇宙形成論中，不只「氣」化一系，亦有「水」生的說法；即使是同樣的「氣」化，也未必一定就是系列的子母相生，亦有重視先後順序，而不強調子母關係的。2.戰國時期的某階段[3]，有一群學者（比如黃老道家學者）可能正流行著以創生與名論爲主題，並將名論與政事相結合，作爲其思想議題的討論。才會出現《管子》四篇、〈太一生水〉和〈亙先〉之類相當一致的理論觀點與表現形態。

㈣古偽書的釐清與再確認──定州竹簡《文子》

　　一九七三年，與馬王堆三號漢墓文獻出土幾乎同時，在定州八角廊40號漢墓，西漢宣帝時中山懷王劉修的墓葬被發現了。該墓葬於西漢宣帝五鳳三年（西元前五十五年），內中277片，約共2790字的過火殘簡《文子》再一次引起世界漢學界的高度重視。它的發現至少可以證明，先秦時代眞有《文子》一書，《文子》非偽書。但，這並不包括今本《文子》的內容沒有問題。因爲被火燒過，文字內容散亂，殘損嚴重，無以確知其原有篇目、篇數與篇幅。拿它和今本《文子》對照，可以對應得上

---

[3] 上博簡雖係購自古物店，非官方與學者親掘而得，然根據可靠消息，來源和郭店簡差不多，係出戰國楚墓，故斷其寫成時代至遲爲戰國以前。

的，只有87片，約1000多字，分別見於今本中的5-6篇，〈道德〉篇對應較為完整，各家研究因此多集中在這一篇。然而，因為文字內容殘損太甚，仍然沒有辦法解決今本《文子》的真偽及其與《淮南子》間，四分之三文字內容重複的問題。因為，凡傳世本《文子》與《淮南子》重複的部份，全不見於竹簡《文子》，凡殘簡《文子》與今本《文子》相應的那一千多字，皆與《淮南子》無關。換言之，1.殘簡《文子》與《淮南子》根本不相干。2.今本《文子》的狀況正介於殘簡《文子》和《淮南子》之間。它很像是竹簡《文子》和今本《文子》與《淮南子》重應部份的綜合體。今本《文子》去除與《淮南子》重複部份，應較接近古本《文子》原貌。3.今本《文子》與殘簡本《文子》應做不同處理。殘簡《文子》之「真」，仍不足以否定今本《文子》大部分內容「偽」或「鈔」的可能。唯究竟誰鈔誰？或有共同的鈔錄來源？大家態度審慎，仍不敢遽然論斷。

　　其次，就殘存一千多字內容所呈現的天道與治道相關問題，無為、守靜、仁義、教化及兵道等議題看來，可以確定《文子》屬黃老典籍。而且，班固漢志原說《文子》有九篇，今傳《文子》卻有十二篇，約3-4萬字，除去和《淮南子》內容重複的部分，不相重者剩下約7000多字，分別散存於九篇之中，依次是〈道原〉、〈精誠〉、〈十守〉、〈符言〉、〈道德〉、〈上德〉、〈自然〉、〈徵明〉、〈上仁〉，其與竹簡《文子》能相應的五、六篇竟然全在這九篇之中。這種脗合，引起人高度期望：班志所載九篇古本《文子》的篇目與部分內容會不會就是這竹簡《文子》所呈現者？

二、儒家古佚文獻

　　除了道家古佚文獻之外，不論就郭店或上博簡而言，篇目、數量較大的，其實還是儒家古佚文獻。在郭店16種文獻中，儒家文獻至少佔了10-14種（〈語叢四〉可視為一種，也可視為四種）而上博就已整理成冊的37種而言，與儒家相關的至少佔了一半。其內容除令人對孔子之後儒

分為八至漢代儒學獨尊之前，後儒學說在南方傳衍的某些狀況有了較多的了解。其理論與論、孟、《荀子》、《禮記》相對照，尤常有補充、印證之效。

(一)經、說有異與仁內義外說的再商榷──思孟〈五行〉

在馬王堆三號漢墓中，與隸體《老子》和黃老帛書同時出土的，另有篆體《老子》及其卷後附鈔四種古佚書。這四種古佚書都無篇題，依其內容，分別被冠以〈五行〉、〈伊尹·九主〉、〈明君〉、〈德聖〉等篇名，其中屬於儒家文獻者，只有〈五行〉與〈德聖〉。〈德聖〉約共400字，殘缺太甚，論述五行與德、聖、智的關聯，貢獻不大。〈五行〉共5400多字，論述仁、義、禮、智、聖五德由衷發「思」以培成的進程，亦即士君子如何透過「思」與「慎獨」的工夫，殷憂以啓德臻「聖」，並以「氣」論「德」。從思想內容看，應是思孟學派的作品，卻與孟子的仁內義外主張不盡相同。其後，它又重見於郭店楚墓簡群中。所不同的，郭店簡本〈五行〉1285字，有「經」無「說」，馬王堆帛書〈五行〉5400多字，有「經」有「說」，「說」文的作者思想更貼近《孟子》，對「義」的強調更重，「經」文則無如此偏倚。[4]

〈五行〉的出土，解決了中國哲學史上一段久疑未決的公案，那就是，在《荀子·非十二子》裡，原本批評《孟子》「案往舊造說，謂之五行」，歷來學者為此，在「荀子誤批」與「陰陽家和儒家淵源深厚」兩種揣測中擺盪討論，久久無解。因為遍索有關孟子思想的一切載述，從未見其有相關於陰陽或五行（木、火、土、金、水）的論述。而《史記·孟荀列傳》則不但將陰陽家的鄒衍納入記載，根據其記載，鄒衍且是先合儒，

---

[4] 有關兩篇〈五行〉之思想內容，個人將於本書〈從郭店竹簡〈五行〉檢視帛書〈五行〉說文對經文的依違情況〉與〈再論簡帛〈五行〉經、說文之歧異〉中細論。

後轉入陰陽。先倡仁義，不見成效，才轉而衍論大九州與五德終始的王權遞嬗說，符合了當代人君的心理需求，開拓出廣大市場而走紅。如此的史載，更加深了學者對陰陽家與儒家淵源深厚的揣測。至帛書〈五行〉與竹簡〈五行〉出土後，始知此「五行」乃是仁、義、禮、智、聖「五德之行」，非木、火、土、金、水「五行」。此「五行」與彼「五行」其後雖有如漢儒董仲舒等人的比附搭配，可以合為一體。然在這兩篇文獻中，不論有「說」的竹簡〈五行〉，或無「說」的帛書〈五行〉，從頭到尾都論儒家成德臻聖之事，一點也不涉及木、火、土、金、水，或顯示出任何與陰陽家相關之思想觀點，因此應可解千古之懸案。另一個值得注意的是，儒家這簡帛兩種〈五行〉文獻中，仁、義、禮、智、聖「五德」的「五行」雖然和鄒衍「五德終始」的「五行」不同，和道家文獻《文子》中的「五行」卻是相合的，都指仁、義、禮、智、聖之道德，一無涉及其他。可見儒家仁、義、禮、智、聖五德之目，在先秦某階段或戰國，已成定稱。

　　不僅如此，在〈經〉的部份，「五行」並重而特別推崇「聖」，〈說〉文則偏頗仁義。〈經〉文以「思」說仁、智、聖之成德，不含義與禮，似有仁內義外之意。〈說〉文則以「氣」釋義、禮，聖、智不在其中。一般推〈五行〉為思孟學派之作，就〈說〉文之多闡仁義而言，應該合理；就〈經〉文而言，恐不盡然。

(二)後儒理論的呈現與傳世儒典內容之印証、補充

1.郭店儒簡

　　在荊門郭店村戰國楚墓中，與竹簡《老子》、〈太一生水〉、及竹簡〈五行〉一起出土的，另有十幾種儒簡，其中除了〈緇衣〉重見於傳世本小戴《禮記》外，其餘的，都是未曾面世的古佚文獻。而竹簡〈緇衣〉，相較於傳世本小戴《禮記》中的〈緇衣〉，少了403字。小戴《禮記・緇衣》中多出的，應是漢代人的增添。這十多種儒簡相當程度顯現了戰國時

代儒家的外王觀點：

(1)〈成之聞之〉：971字，主論反己正身，以順天常，兼及六位三親（父子、夫婦、君臣）的人倫關係。

(2)〈六德〉：924字，討論封建宗法下的人倫三綱，所謂六位（父子、夫婦、君臣）及其所屬的職（教、孝、率、從、使、事）與德（聖、仁、智、信、義、忠）。

(3)〈尊德義〉：897字，闡述爲君治政之道，研論教（禮、樂）、道（人道）爲先，率民以德之理。

(4)〈唐虞之道〉：726字，推崇堯舜之禪讓與愛親尊賢之理，兼及時、命。

(5)〈語叢四〉：405字，討論愼言、知賢與用賢之理，指涉對象當然是有位之君，仍是外王之論。

(6)〈窮達以時〉：306字，討論天（時、命、遇）與人（才、性、德）之間未必相應的現象，而歸結於天勝人。

(7)〈忠信之道〉：259字，暢論忠信臨民之理。

(8)〈語叢一〉697字，〈語叢二〉351字，〈語叢三〉472字，多語意獨立之短句，類似格言集錦。〈語叢二〉討論性與欲及其孳生。〈語叢一〉與〈語叢三〉句意多重複而瑣碎，以人爲貴，而涉及仁、義、禮、樂、天命與性。最短的〈魯穆公問子思〉151字，談忠臣貴能諫之理。

這十四篇儒簡，除〈性自命出〉專論心、性、情，〈五行〉專論臻聖成德，〈六德〉專論人倫，〈語叢〉多爲重複或補充各篇之內容外，其餘九篇，從最短的〈魯穆公問子思〉，到較長的〈緇衣〉，談的都是外王之道。如果眞從選教儲君的相關教材這一角度來看待這十四篇儒簡的內容，則從對內在心、性、情、志的深入了解，臻聖成德的功夫過程，到親親尊尊，內外人倫的層次規範，時命際遇的體悟，終至以身立教，尊賢尙德、愛民、正民的基本原則，一應俱全，立教治政的外王內容是主體。其

中的〈性自命出〉，其後又重見於上博簡群中，篇名卻有註記，稱〈性情論〉。

這批儒簡的出土，除了又一次帶動戰國楚文字研究的熱潮之外，在中國思想史上，被視作孔子之後迄紀元前300年以前的後儒之作。對於荀子、孟子之外，先秦，尤其是戰國早中期以前的儒學發展是很好的資料呈現。其中的〈性自命出〉因為涉及對性情的詳細論述，尤其是對情如何變化、轉換的細膩描繪，對真情的重視與強調，以「哀」為「情」之極致與歸趨，乃至對樂教功能的敷寫，在在令人驚豔，不但對儒家於五禮中特重喪禮有了較清楚的根源依據與印證，亦令人見識到儒家禮樂教化的另一面。因此，所引起的討論特別多。其重「人道」、重「心術」之立場；重禮、樂、重義，而不重仁；以「義」為「性」「情」陶教之「終」，以「義」為群善之「蕝」（聚），尤清楚顯示其所謂之「道」、「人道」是指以「義」為裁斷依據之「禮」，它是一篇敷論性、情與禮教，重視禮教須由性、由情的重要文獻。昔人於先秦儒學之研究，皆稱孔曰仁，孟取義，荀重禮，〈性情論〉對「義」之推崇，將「義」與「禮」緊密結合，令人對戰國時期分殊的儒門後學理論，有了更多樣的理解。

而〈六德〉對於三親、五倫之間的關係，以血緣為主，嚴內外之分的觀點，「親」與「義」衝突之際，以「親」為重的抉擇與裁斷，以及重視血緣的深入剖析，在在令人對儒家先親親而後尊尊的倫理道德準則與依據有更深的掌握。〈魯穆公問子思〉以犯顏直諫為忠臣，以為君殺身為「交爵祿」，與《孟子》的「盜賊」、「寇讎」、「說大人則藐之」等章有強烈的呼應性，使人對儒家君臣關係中的堅持，有了更多的了解與敬意。郭店十四篇儒簡所呈現的，就是儒家禮樂、人倫之教的重點展現。在論、孟、荀、《禮記》之外，它對儒家道德說中的價值依據，有更直捷而明白的詮釋與補充。

2.上博儒簡

　　一九九四年面世的上博簡已陸續刊行了八冊，約共發表了51篇，其中除〈緇衣〉重出於今本小戴《禮記》，〈性情論〉與郭店竹簡〈性自命出〉相重外，餘皆前此未見之古佚文獻。各篇的內容，除〈亙先〉被歸爲道家文獻外，至少有二分之一理論與儒家學說有相當的關係。

　　第一冊的〈性情論〉與〈緇衣〉已如上述，第二冊的〈民之父母〉，藉子貢與孔子之提問與應答，提出爲民父母之道在「達禮樂之源」，以「至五至」、「行三亡」。其所謂「五至」、「三亡」，是指透過超越形式的心、志，去推闡禮、樂之教於全天下。所謂「達禮樂之源」的爲民父母之道是指的(1)能深切明瞭心志於推行政治之重要性，並妥善發揮施用。(2)禮樂是「爲民父母」推行政教的主要內容。(3)禮樂非僅形式，其根源在超越形式的心志。較之《論語》的禮樂非僅玉帛、鐘鼓之說，有更深入而精緻的詮釋與發揮。

　　〈子羔〉記述孔子答子羔問堯、舜、禹、契、后稷之事。由於抄寫形跡與〈孔子詩論〉及〈魯邦大旱〉一致，因此被李零認爲是三合一之作。〈子羔〉兩字出現在第五簡背面，應是篇題。內容載述堯舜的盛德及其禪讓的事蹟，並禹、契、后稷的感生神話。其將堯、舜與禹、契、稷排列成遠古帝系的情況，爲傳世之東周文獻中所不曾見，和《墨子》、《孟子》中的帝系、道統並觀比較，可以見古帝系說在戰國時期儒家各系中的不同流傳。

　　〈魯邦大旱〉，記載孔子對哀公答禦旱之策，反對用圭幣禱祭求雨，主張加強刑德之治，表現了孔子應對天災時，強烈的人文觀。

　　〈從政〉有甲、乙兩篇，內容殘斷頗甚，多言「從政」應有之道德與行爲標準，提出「敦五德、固三折（誓）、除十怨」。「五德」，指「寬、恭、惠、仁、敬」，與《論語》（〈學而〉）「溫、良、恭、儉、讓」、「恭、寬、信、敏、惠」（〈陽貨〉），都不盡相同，可以相參照，以見後儒傳承之際的參差載述。其內容文句與《論語》、《禮記》部

分篇章多相近或相重，取以與《論語》、《禮記》及睡虎地秦簡〈爲吏之道〉相比觀，可以爲先秦政治思想研究增添可貴的新資料。[5]

　　〈昔者君老〉，記述國君自衰老以迄亡故，太子朝見過程中之行爲規範。對於太子從朝候到受顧命之過程，有相當簡要而細膩的描述，爲今傳典籍文獻中，這類事件描述之僅見者，因此，彌足珍貴。

　　〈仲弓〉殘斷頗甚，完簡只三支，「仲弓」爲篇名。內容記載曾爲季氏家宰，又爲之重賦歛，而受責於孔子的「仲弓」，和孔子師徒間討論「爲政」之事，背景正是仲弓任季桓子家宰時。孔子告以爲政當（寬和）「服之緩」，不可以「獨狷」，並詳舉步驟：老老、慈幼、先有司、舉賢才、赦過與罪。這些步驟，後半和《論語·子路》所載多一致，卻更詳細，多了「老老、慈幼」兩項；此下仲弓說「老老、慈幼」已「聞命」，可能這兩項平常老師教得多，早已耳熟能詳，故只問其下三項。然則《論語·子路》所記，或在此篇之後，故刻意刪去。其下孔子的回答有和〈子路〉同者，有〈子路〉所無者，正可補充《論語·子路》所載相關內容。

　　上博簡第四冊另有〈昭王毀室〉，爲傳世文獻所不載，敘述昭王因服喪者訴說親人葬在新宮下而毀宮，明白彰顯儒家重喪與仁民的觀點。

　　〈內禮〉所記內容多與《大戴禮記》中的〈曾子立孝〉相關，論爲人君、臣、父、子、兄、弟之道，凡事盡其在己者，不論在人者，並以「君子曰」敷論孝子事父母之道，或與《禮記·內則》有關。[6]

　　〈相邦之道〉殘存四簡，原無篇題，以內容涉及相邦之道名篇。內容藉孔子答君之問，先述「相邦」，再論「民事」。「相邦」要「先其欲」，確定旨意與目標，再「備其強」，厚儲實力，並「靜以待時」。

---

[5] 參見李零：〈說明〉，收入馬承源主編：《上海博物館藏戰國楚竹書（二）》（上海：上海古籍出版社，2003年），頁213–214。

[6] 同見注5，頁173。

次論「民事」，要人「實官倉」，勸百工之事，「以實府庫」。張光裕以爲，其「君」或是魯哀公。

〈曹沫之陳〉前論政，後論兵，不見於傳世載籍，學者多認爲應是佚失已久的古兵書[7]，歸爲兵家之說。個人卻認爲，其論兵，內容並不涉及任何兵權謀、兵形勢、兵陰陽、兵技巧等兵學專門知識，而多言人君親率與復戰之道，又重賞避罰，與兵家思維甚不相同，與儒家躬身立教及重德的思想較爲接近，所論其實傾向於爲君領兵原則與要領之掌握。其論政，合儒家仁德本調，曰「修政而善於民」、「恭儉以得之，驕泰以失之」，當以「賢」稱，而不當以「無道」解。莊公終聽曹沫之諫，毀鐘型而聽邦政，飲食起居清儉自勵，也符合儒學思維。

上博第五冊共9篇，殘斷者多，內容因簡文之斷缺，文意多處難以爲繼而顯得零瑣，無法拼合出完整論題。其中〈競建內之〉與〈鮑叔牙與隰朋之諫〉一再以鮑叔牙、隰朋與齊桓公之對答發論。〈競建內之〉載隰朋諫桓公「行先王之法，廢古，行古作」、「從善去禍」。〈鮑叔牙與隰朋之諫〉勸桓公勿用豎刁、易牙。又從殷代夏、周代殷的三代政權遞嬗中，體悟出「觀其容」、「聽其言」爲治政要則。

〈弟子問〉以孔子與弟子如子貢、顏回、子游之問答，三論「君子」，而以「愼始愼終，言行相近」、「亡所不足，亡所有餘」爲君子。這樣的「君子」形象，和儒家所標榜的篤厚誠信，自慊不求的典範人物是相合的。

〈君子爲禮〉多記孔門弟子，如顏回等，與孔子之互動與問答，論述禮則與禮容，曰：「君子爲禮，以依於仁。」與《論語‧顏淵》載顏淵問仁，孔子告以「克己復禮爲仁」一致。〈君子爲禮〉又藉孔子之口告顏淵：

---

[7] 同見注5，頁219。

言之而不義，口勿言也；視之而不義，目勿視也；聽之而
不義，耳勿聽也；動之而不義，身勿動焉。

這令人想起《論語‧顏淵》篇，顏淵請問禮目，孔子告以「非禮勿視，非
禮勿言，非禮勿聽，非禮勿動。」除「非禮」改爲「不義」外，意思完全
相同。「禮」與「義」在孟、荀學說中，各爲其推闡重點，然在孔子學說
中，禮與義互爲表裡，《論語‧衛靈公》說：「君子義以爲質，禮以行
之。」「義」內「禮」外，「義」質「禮」表。上博二〈性情論〉與郭店
儒簡〈性自命出〉中亦以「義」爲「禮」之裁斷。「義」地位之提昇，
「義」與「禮」關係之緊密化，一再呈現於出土竹簡中。
　　〈君子爲禮〉又藉孔子之口，言禮容曰：

　　凡色毋憂、毋佻、毋謠、毋……。
　　正見毋側視。凡目毋遊，定見是求。
　　毋欽毋去，聽之，稱其眾寡。
　　而秀，毋費，毋痌。身毋偃、毋靜，行毋賖、毋搖，足毋
　　墜、（毋高）。

這幾簡，從標準儀容與行止的規範，到不同場合的容態要求，都嚴謹要
求。所述與《禮記‧曲禮》與〈玉藻〉的禮容與儀則有應合處。〈玉藻〉
說：

　　疾趨則欲發而手足毋移，圈豚行，不舉足，……凡行，容
　　惕惕，廟中齊齊，朝廷濟濟翔翔……，君子之容舒遲，見
　　所尊者齊遬。足容重，手容恭，目容端，口容止，聲容
　　靜，頭容直，氣容肅，立容德，色容莊，坐如尸。……

〈曲禮〉則要求：

> 坐如尸，立如齋。
> 毋側聽，毋噭應，毋淫視，毋怠荒，遊毋倨，立毋跛，坐毋箕，寢毋伏，斂髮毋髢，冠毋免，勞毋袒。

較之〈曲禮〉全面論述禮的意義與要則、禮在社會生活各方面的重要作用、人生各階段、各種身份角色的人在各種不同場合中所應遵守的禮儀、所應展現的禮容……面面俱到，鉅細靡遺，與〈玉藻〉之綜攝衣服、飲食、居處、禮儀、容貌、稱謂之法而論述之，〈君子為禮〉的呈現，顯然簡略支零許多。如果說，〈曲禮〉是較為成熟完備階段的表現，則〈君子為禮〉或許是略早階段的雛形顯示。

〈三德〉以充滿禁戒、否定的表述與負面性的強烈警告，論述其素樸的天人君道觀。全文在天、地、人合德相參的思想基礎上，充滿了對禁忌的循從，對君德、君政的制約，對災異的警告，與對執政者立身處事法持則的叮囑。內容相當龐雜，表述相當拙樸，充滿了敬天畏神的思維，很可能為較早的作品。雖然很難斷屬何家，但儒家所重視的基本觀點，〈三德〉也強調。

〈季康子問於孔子〉則以魯哀公十一年（公元前四八四年）齊魯戰後，季康子以幣迎孔子歸魯，請問興魯之事為背景。季康子問「民務」與「君務」，孔子答以「君務」，提出「仁以為德」的基本原則，要求季康子「謹其言而慎其行，敬成其德以臨民」，使「民望其道而服焉」，是儒家「為政以德」的基本教義。孔子並一引管仲，再引孟者吳（趙衰），三引臧文仲之言以告之曰：

> 君子恭則遂，驕則侮，備言多難。

> 書者以著君子之德也，詩也者以誌君子之志，夫義者以謹
> 君子之行也。君子涉之，小人觀之，君子敬成其德，小人
> 毋寐。
> 君子強則遺，威則民不導，逾則失眾，石矗則無親，好
> 刑則不祥，好殺則作亂。是故賢人之居邦家也，夙興夜
> 寐……

「君子」為儒家所標榜之成德典型，上博（五）各篇論「君子」尤多，〈弟子問〉25簡中三述君子，〈君子為禮〉亦言「君子」。〈季康子問孔子〉言之尤多，並以與小人相對。孔子所引三賢之論，皆以「君子」為說，不論「恭」或「不驕」，敬德或行義，乃至慎威強、慎過逾、慎好刑、慎好殺，基本上都不違儒教之德化與敬謹。

要之，郭店與上博各儒簡，除〈五行〉與〈性情論〉對於儒家有較深入細膩，不同於傳世文獻的推闡外，其餘各篇所述論題容或不同，內容思維大抵謹守先秦孔學的基本教義，作反覆的陳述與叮囑，其詳略情況與傳世文獻，如論、孟、荀、《禮記》等中之記載參差互見，正可以收參對互補之功能。

㈢《詩》與《易》的流傳與別出

此外，對於儒門奉為研治教本的《詩》與《易》，在出土文獻中也得到了傳世文獻所未見或相異於傳世文獻所載的面貌展現，讓我們對孔門《詩》學《易》學，或孔門以外，戰國詩、易兩類古文獻資料的掌握，獲得了更豐富的資源。

1.孔子刪詩與孔門詩教

上博簡第一冊的〈孔子詩論〉為即今所能見，中國最早有關詩學理論的著作，共29簡，論詩的順序，有別於傳世本《詩經》風、雅、頌

之序，而爲頌、雅（大夏（雅）、小夏（雅））、邦風。其結構，有對《詩》的整體論說，有依次對頌、大夏（雅）、小夏（雅）、邦風各篇思想內容、特點的概說，與對某些篇章的特殊評論，最後又有類似於「綜論」性質的述說。其出土，使我們對於孔子的文學思想有更多的了解，對於中國文學史、文學理論，乃至於儒家思想中的詩教思想，都有重要的貢獻。它的內容應該有子夏對孔子詩學理論的解說與闡發，其寫成應以「儒分爲八」爲其思想文化背景[8]。

　　在第四冊的上博簡文獻中有被名爲〈采風曲目〉者，僅6支簡，殘損嚴重，內容所載盡是歌曲之曲目，沒有詞句，卻以宮、商、峇（徵）、羽等四聲分類標目，於五聲（音）中獨缺角聲（音），可能早已散佚。馬承源以爲，它極可能是楚國歷史上某一時期，經樂官整理過的采風歌曲目錄殘本[9]，因此，分別以穆、巷、訐……等九字和宮、商、峇、羽相綴合，而有：宮穆、宮巷、宮訐……；訐商……；訐峇、峇和……；訐羽……等各曲調。每個曲調下，各列若干曲目。曲目少者兩字，如〈牧人〉，多者五、六字，如「訐徵」之〈良人亡不宜也〉，三、四字的也不少。

　　第四冊另有兩首無篇名的逸詩，依詩意命名爲〈交交鳴〉、〈多薪〉。〈交交鳴〉歌詠君子之品行與威儀，暨其與人之交好。〈多薪〉則歌詠兄弟二人之間親密無比之關係。馬承源以爲，這兩篇逸詩和前述的〈采風曲目〉應該都是孔子刪《詩》時，三百篇的「編外詩音」，因此彌足珍貴。[10]以上兩項，雖非義理之作，應與孔門詩教有關，因亦述焉。

---

[8]　參見劉信芳：《孔子詩論述學》（合肥：安徽大學出版社，2003年），頁3-5。

[9]　參見馬承源主編：《上海博物館藏戰國楚竹書（四）》（上海：上海古籍出版社，2004年），頁269。

[10]　同見注9，頁161。

2. 《易》的別本與別解——楚竹書《周易》、阜陽簡《周易》、帛書 《周易》及其文後附　鈔古佚文獻

在上述各批出土的文獻中，除〈五行〉、〈緇衣〉外，另一較為特殊的是《周易》，它雖非佚籍，也和〈五行〉、〈緇衣〉一樣，一再地出現在近年出土戰國楚墓中。首先是馬王堆三號漢墓中的帛書《周易》及其後附鈔之多種古佚書，其次是阜陽漢簡《周易》，與上博的楚竹書《周易》。這幾種《周易》都不是古佚文獻，而和今本《周易》有相當多的對應關係，但其卦序之排列多和今本不同，保存了《周易》較為原始的形態，楚竹書《周易》還很可能是先秦時期《周易》文本的基本面貌。楚竹書《周易》總共58簡，涉及34卦的內容，共1806字。較之馬王堆帛書《周易》大不相同的是，它只有相當於「經」的部分，亦即卦號、卦名、卦辭、爻辭，而沒有「傳」，比起帛書有〈繫辭〉，共5200多字，自然是少得多，卻更古簡。它的出土與特殊形態，証明了《易》學研究史上的「九六」之稱，先秦早有。它特殊的「𠃊」符號，與「𠃊上」、「𠃊下」的紀錄，證明了，古《易》本有上、下之分，卻無「上經」、「下經」，或「上篇」、「下篇」之稱，但以「𠃊」符號區隔，在中國《易》學的研究上有著重要的價值[11]。

馬王堆帛書《周易》卷後附鈔古佚文獻，多發揮或討論《易》之義理、吉凶，排除〈繫辭〉傳，共五種，依次是原無篇題而被命名為〈二三子問〉、〈易之義〉，與原題為〈要〉、〈繆和〉、〈昭力〉三種，共五種文獻。〈二三子問〉託二、三子與孔子之問答，闡述《易》之理，多談德義與君臣關係，充滿法治與民本色彩，合於儒門以道德教化說《易》之傳統，所列卦序則與今本同，所據經文卻與今本、帛本《周易》都不同。

〈易之義〉頗稱引或改動〈繫辭〉內容，敷衍成文，亦強調陰陽和

---

[11] 同見注9，頁242。

濟之理，與動靜相迭之道。〈要〉則託學生與孔子之問答，論述學《易》不在占筮求福，而在「觀其要」。而所謂「要」，不在筮數，而在「德義」，即著卦之德與六爻之義，非即儒門道德之「德義」。〈繆和〉託傳《易》之人繆和與「先生」之問答，解說《易》理，和〈要〉同樣不以「數」釋《易》，而直述卦爻之「德義」，並大量使用歷史故事以解《易》，開啓以史証《易》之先河[12]。〈昭力〉亦託昭力與「先生」之問答解說《易》理，卻非逐卦討論，而是揉合數卦、數爻之辭，綜合闡述其義，有戰國末期之學術特質[13]。

要之，多種古本《周易》及其附鈔卷的出土，讓我們對先秦《周易》的本貌、《易》學的傳承與推廣、《易》義的推衍與應用情況，有了更多重而深入的了解。不論《易》被歸爲道家資產，或儒門要籍，這些附鈔古佚文獻的出土，對於作爲中國思想源頭要籍之一的《周易》，在戰國時期的推闡和演繹情況，提供了更多元而豐富的資料。

㈣傳統史載的補充、歧異與還原——〈容成氏〉

上博簡第二冊的〈容成氏〉，專論古帝王傳說，由於殘缺太甚，只能從《莊子·胠篋》與《太平御覽》、《路史》等所見《六韜》佚文中去輯補。共53支簡所呈現的，自堯以下，包括了舜、禹等的出身、經歷、賢德、才幹與政績等等的描述，尤其是舜時代的大禹治水，平定九州的詳細經過，乃至堯禪舜，舜禪禹，禹世傳啓的經過，以及夏桀、商紂的荒淫、殘暴，商湯伐夏桀，周武王伐商紂等等的歷史事蹟，都鋪敘得極其豐富、精采、詳盡、細膩而生動。可惜周武王伐商紂部分，竟在牧野開戰處

---

[12] 同見注8，頁134-135。

[13] 見駢宇騫、段書安編著：《本世紀以來出土簡帛概述》（臺北：萬卷樓圖書有限公司，1999年），頁35-37。

殘斷而中止。值得重視的是，簡文所述禹平水土、定九州，九州州名和《尚書・禹貢》的記載不相同；簡文又述文王平九邦，九邦之名，向所未見。《禮記・文王世子》雖記其事，卻不能詳其名，〈容成氏〉所載是首見[14]。

　　此外，對於禹、啓的相世，〈容成氏〉的說法也大別於儒家傳統，如《孟子》和《史記・夏本紀》所載的，類似於政治神話的民意自然公決結果，而爲赤裸裸的、血腥的權位爭奪戰。禹先欲傳皋陶，皋陶稱疾不出而死。再欲傳益，啓攻益自取。對於皋陶和益之死，留下了許多想像的空間，大別於傳世文獻的記載，而與古本《竹書紀年》一致。其鋪寫商湯伐夏桀與周武王伐商紂，商湯是先權謀，後一路趕盡殺絕；周武王勢在必得，與儒家典籍中所美化的弔民伐罪仁君形象並不符合，倒頗能反映上古時代權位爭奪的兇殘眞相與血腥嘴臉，應該更接近歷史與人性的眞實狀況，足以印證儒家在推闡教化與民本的大前提下，對於三代政權遞嬗的表述是大幅度修飾與美化過的。

三、結論

　　近三十年來，隨著一連串戰國楚墓儒、道古佚文獻的大量出土，讓我們對戰國時期南方楚地學術思想的發展與流行狀況，有了不同於以往的了解。一次又一次儒、道文獻合卷並鈔，或同匣共置，說明了至少在南方楚地，儒道兩家學說的傳播是齊頭並進，而非壁壘分明、勢同水火。尤其不同鈔本的《老子》與〈五行〉、〈緇衣〉、《周易》一再出現在不同的墓葬中，更可以確定，在戰國的某段時期，儒、道兩家的某些文獻，在南方楚地且是流行要典；老子的寫定年代，比一般推定的戰國中、晚期要更早，因此在墓葬的紀元前300年左右已成國際要籍，而有多種版本在流

---

[14] 同見注5，頁249，李零之說。

傳。

就道家思想言，簡本老子未出土前，中國思想研究者咸認爲儒家推崇仁義，道家反對仁義，因爲今本《老子》第十九章「絕聖去智」、「絕仁棄義」；但郭店簡本《老子》卻作「絕智去辯」，「絕僞棄詐」，並不見任何反對仁義的文字，它反對的是智、辯、僞、詐。[15]這和整部《道德經》崇尚自然眞樸，反對智巧，主無言，觀點是一致的，和第八章「與善仁」的說法也無牴觸。這對儒、道思想之是否對立，有了更寬闊思考空間。定州竹簡《文子》的出土，證明了先秦確有《文子》一書，它和傳世本《文子》不大相同，和《淮南子》，就目前情況看來，也沒什麼關係。〈太一生水〉與〈亙先〉的出土，證明了中國古代宇宙生成論存在著多元說法。

其次，就儒家思想言，如郭店與上博之類大量儒家古佚文獻的出土，使得儒家由孔子之後，以迄戰國中晚期，儒分爲八之後，孟、荀以外的後儒思想學說，比如七十子及其弟子的思想理論，得以展現或有了尋索的依據。從中，我們甚至可以看到，流傳在南方楚地的這些後儒之作，和傳世的《小戴禮記》，甚至《孟子》、《荀子》，內容雖多相呼應，卻不盡脗合，印證並局部展現了《韓非子・顯學》「儒分爲八」的理論狀況。今後對於孔、孟所最推崇的仁、義兩德，在後儒德目中的列序與地位，及子思學派是否強調「自覺性」的問題，都可以重新再作思考。

（本篇原刊於香港中文大學中文系中國哲學與文化研究中心《中國哲學與文化》第三輯，2008年11月。）

---

[15] 參見陳鼓應：〈初讀簡本《老子》〉，收入「郭店老子國際研討會」論文集（漢諾威：達慕斯大學，1998年5月22–26日），頁1–10。

貳、從出土簡帛文獻看戰國楚道家的道說及名論——
以帛書〈道原〉、〈太一生水〉與〈互先〉爲核心

　　近三十年來，因者先秦，尤其是戰國，楚地儒道古佚文獻的相繼出土，揭開了戰國楚學的神祕面紗。尤其是伴隨著簡帛《老子》的出土，流傳於戰國楚地的道家古佚文獻也逐一面世。從馬王堆帛書〈道原〉、郭店竹簡〈太一生水〉，到上博竹簡〈互先〉，一再地說明了戰國時期楚地道家學說的多面性與多元發展[16]。仔細比對其中相當於「道」之類始源觀念之推衍，較之長年以來我們所奉以爲道家學說圭臬與準據的《老子》思想理論，可以相當程度地看出，戰國時期流行於楚地的道家學說之豐富內容與焦點論題。以下我們便以上述三篇出土簡帛文獻爲例，來論證這些課題。

一、簡短篇幅與兩階段論述

　　首先，就表面形式看來，不論帛書〈道原〉、〈太一生水〉，還是〈互先〉，篇幅都不大，長短相去並不遠。〈道原〉約460多字；〈太一生水〉有殘，稍短，現存約320字，原先或許也有400-500字；〈互先〉則有510字，都是簡短小篇。其論述層次也頗相似，基本上都分兩大部分：前半或鋪寫本體性質，或論述創生；後半則涉人事名、言之應用範

---

16 有關馬王堆黃老帛書的寫作年代，說法紛歧，所推或早或晚，要皆與戰國脫不了關係，即使晚至秦漢之際寫定，其學說之源起，當亦與戰國相關。說詳拙著：《戰國時期的黃老思想》（臺北：聯經出版社，1991年），頁45-46。〈太一生水〉一般大致循李學勤推定，以紀元前300年爲下限，約戰國中期偏晚以前。〈互先〉雖購自香港古董店；然據非正式之可靠消息透露，出土地與郭店竹簡相距不遠，亦應是戰國楚貴族墓群之葬物，故以三者之思想流傳時期爲皆在戰國。

疇，而以聖王（或聖人）之政事爲歸趨。

　　帛書〈道原〉前半段「互先之初……稽核之所不能過」，鋪寫道的本體質性，始源狀態，及其爲一切事物稟性賦生之根源，屬本體論範疇。後半從「故唯聖人能察無刑（形）……索之未無，得知所以」，論「道」的政事之用，而以虛靜無爲，執簡御繁，參用刑名爲其主要內容，屬應用範疇。〈太一生水〉儘管第九簡的列序，或在十三簡之前，或在十三簡之後，各家說法不一。但十四支簡的內容明顯區分兩大部分則無異辭。第一部份包括前八簡，論述「太一」與「水」透過生、反輔、相輔等方式去創生，屬宇宙論範疇。第二部份包括第九至十四簡的後六簡，有人認爲應叫「天地名字」，與第二部份是不同的兩篇。[17]大部分人仍認爲應是「太一生水」的後半部，論述道與天地之名字，以及天地之道與名施之於人事政治之用，所謂聖人之從事、成功，已涉及應用了。〈互先〉共13支簡，也大致分兩部份，第一部份自首簡至第七簡之「無謂事」，略述「互先」（或「互」）的本體質性與狀態，而詳述其創生，主要是宇宙論；第二部份自第七簡之「恙宜利」以下，迄第十三簡末，講「事」與「作」，亦即「道」之用，屬應用論。因此，可以說，這三篇戰國楚道家文獻，儘管思想內容歧異不小，從形式上看來，卻有著某種程度的一致性。篇幅短簡或許是書寫工具不頂發達時代的竹簡文獻常有的現象，但，四、五百字左右的篇幅卻是個有趣的一致性，至於兩階段的表述層次，就恐怕不是「巧合」可以籠統交代的，而似乎透露著某種情況的一致性。

---

[17] 參見丁四新：〈楚簡〈太一生水〉研究——兼對前〈太一生水〉研究的總批判〉，《楚地出土簡帛文獻思想研究（一）》（武漢：湖北教育出版社，2002年），頁183–249。

二、道的本體與創生

(一)帛書〈道原〉的黃老道說

　　從篇名看來，帛書〈道原〉，顧名思義是探討道的本體，尤其它與帛書《老子》及〈經法〉等其他三篇黃老帛書合置一匣，被視爲黃老合卷的明證。其與〈經法〉等三篇，並被唐蘭推斷即爲漢志道家類所錄《黃帝四經》，則其所代表的，應是黃老道家的道論。宗旨很清楚，就是推闡道的始源性徵與狀態。但它對於這個始源的稱呼卻不一，先稱「恆先」，後稱「道」。開篇便說「恆先之初……」，其下則稱「上道……」、「道弗爲益多……服此道者……」，可見「恆先」就是指「道」，「恆先之初」就是「道之初」。以後這「恆先」一詞又成爲上博楚竹書的篇名。只是在那裡，主要講道的創生，〈道原〉卻鋪衍道的本體質性。〈道原〉說：

> 恆先之初，迥同大虛。虛同為一，恒一而止。濕濕夢夢，
> 未有明晦。神微周盈，精靜不熙。故未有以，萬物莫以。

道的本始狀態是混沌渺茫，至虛至無的，它似乎潤澤不枯澀，卻又混沌不分，精微、靈妙、全備圓滿，細緻、寧靜卻不明顯。夢夢，蕭漢明以爲通「濛濛」，「濕濕夢夢」意謂潮溼的霧狀，釋義較好。蕭漢民並說，〈道原〉這「濕濕夢夢」的說法是由〈太一生水〉「太一生水，水反輔太一，是以成天……」改造而來[18]。個人認爲，與其說得這樣迂曲，還不如直接說是受「太一藏於水」之類說法影響而來，更好。就是因爲「太一藏於水」，所以「濕濕夢夢」。因爲「恆先」是最初的始源，因此前所未有，

---

[18] 參見蕭漢明：〈長江文化中的黃老思潮〉，《道家與長江文化》（武漢：湖北教育出版社，2004年），頁163。

萬物一時也尚未由此孳生。這小節是描述「道」的始源狀態。這樣的表述
和上博簡〈亙先〉意思基本上是差不多的,〈亙先〉說:

> 亙先无有,樸、静、虛。樸、大樸,静、大静,虛、大
> 虛。自厭不自忍。往者未有天地,未有作行,出生虛静。
> 为一若寂,夢夢静同,而未或明,未或滋生。

在天地未生成前,「道」的始源狀態是極其虛無、質樸而寧靜自然。這
裡的「夢夢」通「朦朦」,應是指模糊不清的樣子,故其下曰「未或
明」。〈道原〉與〈亙先〉對於「道」始源狀態的表述,繁簡容有不同,
虛無、寧靜、質樸未分的質性,基本上是相同的,和《老子》所述「道」
的部份質性,也大致相合。《老子》說:「有物混成,先天地生,寂兮寥
兮⋯⋯」(第二十五章),說「道」不可聞、見、摶,第十六章說「夫物
芸芸,各復歸其根,歸根曰靜。」萬物由「道」生,終必復返寧靜本始的
「道」,道的本始是虛無、寧靜、質樸自然的。但〈亙先〉重在言創生,
故述及本體者不多,立即轉言創生。〈道原〉則不同,它旨在鋪衍道體,
故接下去是一連串對道體各種體貌、性徵的鋪寫。它說:

> 古无有刑(形),大迥無名。天弗能復(覆),地弗能
> 載。小以成小,大以成大,盈四海之內,又包其外。在陰
> 不腐,在陽不焦。一度不變,能適規(蚑)僥(蟯)。鳥
> 得而蜚(飛),魚得而流(游),獸得而走,萬物得之以
> 生,百事得之以成。人皆以之,莫知其名。人皆用之,
> 莫見其刑(形)。⋯⋯上道高而不可察也,深而不可則
> (測)也。顯明弗能為名,廣大弗能為刑(形)。獨立不
> 偶,萬物莫之能令。天地陰陽,【四】時日月,星辰雲

氣，規（歧）行僥（蟯）重（動），戴根之徒，皆取生，道弗為益少；皆反焉，道弗為益多。堅強而不擣，柔弱而不可化。精微之所不能至，稽極之所不能過。

「道」至廣大，也極精微，無形也無名，超越天地，充滿一切，卻又涵蓋一切，適應一切，是根源，也是作用，天地間一切的存在都以它為根源。它是萬物稟性賦生的依據，日月星辰、草木蟲魚、飛禽走獸莫不由之而生，它同時也是百事成敗的關鍵。它獨立，無與相偶，永恆而絕對，統合一切相對，在它的籠罩之下，一切的大小、內外、陰陽、明晦、多少、堅柔、強弱，通通統合為一。這是〈道原〉對「道」的鋪寫。

這樣的說法，表述上雖較繁複，事實上是運用了排比的句法，援引了較多的現象事物為例證，去鋪衍解證《老子》稱「道」為「玄牝」（第六章），說「道」是「天地根」（第六章），「獨立而不改」（第二十五章），「高下相傾，長短相形，音聲相合，前後相隨」（第二章）之類觀點，而重見於《淮南子‧原道》，規模卻更大，鋪衍更甚，詮釋更周詳。〈原道〉的作者，應該是看過〈道原〉之類篇章，而撰寫〈原道〉的。〈原道〉說：

夫道者，覆天載地，廓四方，柝八極，高不可際，深不可測，包裹天地，稟授無形。原流泉浡，沖而徐盈；混混滑滑，濁而徐清。……約而能張，幽而能明，弱而能強，柔而能剛。……甚淖而㴖，甚纖而微。山以之高，淵以之深，獸以之走，鳥以之飛，日月以之明，星歷以之行，麟以之游，鳳以之翔。……無為為之而合于道，無為言之而通乎德，恬愉無矜而得於和，有萬不同而便於性，神託於秋豪之末，而大宇宙之總。其德優天地而和陰陽，節四時

而調五行。呴諭覆育，萬物群生。潤於草木，浸於金石，
禽獸碩大，豪毛潤澤，羽翼奮也，角䚡生也，獸胎不殰，
鳥卵不㲩。……跂行喙息，蟯飛蠕動，待而後生，莫之知
德；待之後死，莫之能怨。得以利者不能譽，用而敗者不
能非。收聚畜積而不加富，布施稟授而不益貧，旋縣[19]而
不可究，纖微而不可勤。累之而不高，墮之而不下，益之
而不眾，損之而不寡，斲之而不薄，殺之而不殘，鑿之而
不深，填之而不淺。忽兮怳兮，不可為象兮；怳兮忽兮，
用不屈兮；幽兮冥兮，應無形兮；遂兮洞兮，不虛洞悉；
與剛柔卷舒兮，與陰陽俯仰兮……。

先秦以來，對於「道」本體的舖寫，到《淮南子・原道》，可說發揮到了
極致。漢代楚道家的本體道說，和戰國楚道家內容詳略或許有別，基本觀
點是相因承的。

㈡〈太一生水〉的水生、反輔與相輔

　　其次說創生。三篇出土楚道家文獻中，〈道原〉只論本體，不談創
生，〈互先〉與〈太一生水〉卻專論生成。〈太一生水〉以「太一」為生
成之源，有關「太一」是否能等同於「道」、「太一」與「道」的關係，
「太一」的確切意涵……等等問題，學者有不同看法，討論資料不少，姑
從略。這裡要提的是，〈太一生水〉和〈互生〉裡所呈現，前所未見，獨
樹一幟的創生情況。〈太一生水〉以「太一」為創生始源，說「太一」先

---

[19] 「旋縣」本作「旋縣」。茲依王念孫校改，說見劉文典集解：《淮南鴻烈集解》（臺北：文
　　史哲出版社，1992年），卷1〈道原〉，頁4。

生出「水」，再透過「水」去生出天、地，而且生成的順序是，天生成，地後定。天地生成之後，再透過天、地及其兩兩成對之生成物彼此之間的「相輔」，依次生出紛紛紜紜的各類自然條件，〈太一生水〉說：

> 太一生水，水反輔太一，是以成天；天反輔太一，是以成地。天地復相輔也，是以成神明；神明複相輔也，是以成陰陽；陰陽複相輔也，是以成四時；四時復相輔也，是以成寒熱；寒熱複相輔也，是以成濕燥；濕燥複相輔也，成歲而止。

這個「成天」、「成地」、「成陰陽」……的「成」便是「生」的意思，因為下文接著說：

> 故歲者濕燥之所生也，濕燥者寒熱之所生也，寒熱者（四時之所生也），四時者陰陽之所生（也），陰陽者神明之所生也，神明者天地之所生也，天地者太一之所生也。

這裡很清楚地可以看到，除了做為創生始源的「太一」及其初生物——水之外，一系列的生成，不論透過「反輔」還是「相輔」的過程與作用，大致上都是兩兩對生——神明（依王博士釋為「日月」[20]）、陰陽、四時（春夏、秋冬）、寒熱、濕燥。即使是生成有先後的「天地」，也仍是相對的。尤其特殊的，整個生成系列所要表述的，且並非如《老子》、〈互先〉、《淮南子》，或中國哲學傳統中的一般情況，生成萬物、萬類、萬

---

[20] 參見王博：〈太一生水研究〉，《簡帛思想文獻論文集》（臺北：臺灣古籍出版社，2001年），頁220–223。

象；而是要生成「歲」；換言之，它所表述的重點，不是整個宇宙如何生成，而只是「歲」的形成，只是陰陽成歲、行時成歲的問題。因此，呈現著一系列陰陽質性相輔對生的論述，難怪丁四新和蕭漢明都不願認可這部分是道家之作[21]，而歸之為陰陽家之作。因為，在先秦，只有陰陽家在宇宙一切生成中，會如此獨特地關注和在乎陰陽成歲、行時成歲的問題。我們只要看《管子・五行》、《禮記・月令》、《呂氏春秋》十二紀，以及《淮南子・時則》所呈現的陰陽學說，便可以明白這種狀況。其內容就是行時成歲的天人統合大藍圖。班固漢志說，陰陽家之長是「敬順昊天」、「敬授民時」，主要當然是為了民命所繫的農耕。粗略地說，除了出土地點——楚域的江湘水澤外，不論是農耕所賴的雨水、溫度、溼度，還是節候、時令的冷熱、寒暖，基本上都和「水」有關，這應該就是〈太一生水〉系列生成理論的推衍背景，也是它以「水」為第一生成物，也以「水」為生成之核心關鍵的原因。而它所要講的，就是一個「歲」的形成與運行。

〈太一生水〉說：「太一藏於水，行於時。」「太一」既生水，又「藏於水」，「太一」和水相離又相融。在生成過程中，「太一」和「水」是一體的。或者說，「太一」假「水」以生成，故曰「水」反輔「太一」，以生成天、地……系列。這「反輔」、「相輔」的表述，都說明了「太一」之不能直接生成，「水」是它唯一的直接生成，其他都須藉由「反輔」、「相輔」去間接生成。這樣的生成，和《老子》的「道生一，一生二，二生三，三生萬物」，以及〈互先〉之自生、類生，都是直接生成，是很不一樣的。此其一。

其次，因為行「時」以成「歲」，不論「歲」還是「時」的運行，都是周而復始的。就在這「歲」、「時」周而復始的運行之下，萬物蓬茂孳

---

[21]　丁說同見注17，頁245；蕭說同注18，頁32–37。

長、欣欣以生。而歲、時之運行有消長、有盈虛，萬物因之有生滅、有凋亡。這種周而復始，盈缺循環的狀況，是歲時運行的定則和鐵律，永恆不變，〈太一生水〉因此說：

> 太一藏於水，行於時，周而又〔始，以己為〕萬物母；一缺一盈，以己為萬物經。此天之所不能殺，地之所不能埋……。

以上是〈太一生水〉的生成論，講的是歲、時的形成，而不是萬物的生成。

㈢〈互先〉的自生、氣化與類生

　　〈互先〉卻不同，〈互先〉前半講的是宇宙萬物、萬類的生成，這種生成且是「氣」化的過程。換言之，它講的是氣化萬物、萬類的過程。只是這萬類的稱謂它用了異、鬼、非、哀等意涵不明之特殊語詞來稱代。

　　〈互先〉在簡述完「道」（「互先」）至樸、至靜、至虛、全備自足的本始狀態後，接著說：

> 或作。有或焉有氣，有氣焉有有，有有焉有始，有始焉有往。

在「道」的生成過程中，第一階段出現的是「或」，然後依次是氣、有、始、往……。這個「或」指的應該是空間界圍。一如〈太一生水〉一樣，作者首先安排的是，系列生成的場圍。〈太一生水〉的天地是場圍，〈互

先〉的「或」，廖名春說它通「域」、「宇」，也是「場域」之意。[22]有
了場域，創生才能展開。首先出現的是「氣」，從下文看來，「氣」在
〈互先〉中是被當作創生質素來論證。這裡從或→氣→有→始→往，顯示
的不是生成關係、子母關係，而是先後關係，生成次第與時序，因此用
「焉有」。代表時間觀念的「始」、「往」，是後於空間觀念的「或」出
現的。有了空間場域與創生質素，創生便開始進行。

　　〈互先〉於是論述「或」與「氣」的生成，說：

> 往者，未有天地，未有作行，出生虛靜，為一若寂，夢夢
> 靜同，而未或明，未或滋生。氣是自生，互莫生氣，氣是
> 自作自生。互、氣之生，不獨，有與也。或，互焉，生或
> 者同焉，昏昏不寧，求其所欲生：異生異，鬼生鬼，韋非
> 韋，非生非，哀生哀。求欲自復，復生之生行。濁氣生
> 地，清氣生天，氣信神哉！

在極早的過去，天地未產生前，一切是止息的，沒有任何活動跡象，它混
沌、整全、虛無、寧靜、茫昧不明。一直到「氣」出現後，生機才綻現，
創生活動才開始。「氣」是啓動創生活動的關鍵。根據〈互先〉的說法，
它的創生大約有幾個特點：
㈠ 互、氣、或有先後關係、相與關係，沒有母子相生關係。
㈡ 作為創生場域的「或」與創生質素的「氣」，都是「自生自作」，都
　　沒有外在動力、沒有根源、沒有來路，自然而然顯現、興生。
㈢ 〈太一生水〉「天」、「地」的產生是由「水」反輔「太一」而生，

---

22 廖名春〈上博藏楚竹書《恆先》簡釋〉，Confucius2000網站，2004年4月16日，頁2。

其生成有先後，「天」先成，「地」後生。〈互先〉的「天地」則是「氣」化而來，而且是由不同質性之「氣」化生，並無所謂先後問題。

㈣ 互、或、氣儘管只有先後關係，沒有子母關係，「氣」及其所生的天地、萬類，卻明明是有子母關係的。「氣」生成天、地，又充滿天、地，化生萬物、萬類。

㈤ 不管是天地，還是天地間萬類的生成，都是同時生成的（所謂「同出」），只是各依其相異之性類而分生出不同的東西。換言之，萬物萬類的「氣」化生成雖然紛紛紜紜，繁富多類，卻是同時進行，各自分生的。

㈥ 「氣」的化生，有著類生與復生的自然傾向。一切的生成，各依其類，自然分生，所謂「異生異、鬼生鬼……」。這種依類各自分生的「氣」化，且是循環式的，各自在自己的群類中循環地生生不已，大宇宙、大自然的運行也就賴此而久久長長、永不止息。

　　這便是〈互先〉的生成論。所論的，是天地宇宙萬類的氣化生成，與〈太一生水〉的水生天地、陰陽以成歲是不同的。但〈太一生水〉說「太一」在行「時」時，也是「周而又始」的，同樣是一個「復」的觀念。

　　這種「氣」化的生成論本是先秦以來中國哲學傳統論生成的普遍說法，從《老子》以下，《莊子》、《鶡冠子》都一樣。到漢代，更蔚為大國，發展為漢代道家哲學的普遍命題與最大貢獻。從《淮南子》、《老子指歸》到《老子河上公章句》、張衡《靈憲》、《易》緯〈乾鑿度〉皆然。《老子》說，從「道生一……生萬物」（第四十二章）的過程是依著「負陰而抱陽，沖氣以為和」的形態與模式而來的，顯然是「氣」化。但《老子》是由道而下，一貫地母子相生，不像〈互先〉或〈太一生水〉有那麼多曲折和側出，以後《淮南子》〈原道〉、〈俶真〉、〈天文〉、〈精神〉……各篇的宇宙論，以及《靈憲》、〈乾鑿度〉基本上都是循著《老子》，以「氣」為生化質素，圍繞著《老子》「道生一……三生萬

物」的命題,作詳略不一的推闡與開展。《莊子・知北遊》也說:「臭腐化爲神奇,神奇化爲臭腐,故日:『通天下一氣耳。』」則不但是「氣」化,而且帶有濃厚的「復生」意味了。

　　從〈太一生水〉的「反輔」、「相輔」,與〈互先〉對「焉有」、「復」生、「自生自作」、「X生X,O生O……」等等的嚴格區分與強調看來,戰國楚人的生成概念,較之《老子》,顯然曲折、複雜許多。

三、水生與氣化

　　「水」在《老子》的哲學中,地位是特殊而崇高的,它是「道」在現象界中的化身。《老子》一切對「道」的質性與應用之哲學表述,往往用「水」來喻證,說「上善若水,水善利萬物,又不爭」(第八章)。然而,在帛書〈道原〉裏,我們卻看不到任何有關「水」的推闡與論述。在〈互先〉中,我們所看到的,也是對「氣」的敷論,而不見任何相關於「水」的推闡。在〈太一生水〉中,「水」卻被當作如〈互先〉及《老子》,乃至先秦兩漢大部分宇宙論中的「氣」一樣,成爲生成的關鍵性初階與質素,或隱或顯地推闡。「天」的形成固由「水」反輔「太一」而來,即神明、陰陽、濕燥、寒暑、四時之生成,亦無一而不與水息息相關。王博釋「神明」爲「日月」,我們如果從其說,則《淮南子・覽冥》說:

　　　　夫燧取火於日,方諸取露於月,……以掌握之中,引類太極之上,而水火可立致者,陰陽同氣相動也。

〈天文〉也說:「方諸見月,則津而爲水。」

　　陰陽家確實是以日月爲與水火有相當的繫聯關係。照〈覽冥〉的解釋,這是「陰陽」之「氣」相互結合、運作的問題。取凹透鏡對日聚焦可

以引火，以銅製器具置月下，藉著金屬熱脹冷縮，與晝夜溫差變化之理，可以凝聚空氣中的水氣，這是近人皆知的物理現象，古陰陽家因此將日月與水火繫聯起來。因此，神明、濕燥、陰陽、寒暑……在古陰陽家看來，或許可以歸結爲水火二元。因陰陽水火而有乾濕、冷熱（寒暑），形成了四時運轉的「歲」。我們不知道，這是否就是〈太一生水〉撰作者的基本意象。更不知道〈太一生水〉的作者如果談到萬類生化，而不是論行時成歲的時候，是不是也會主「氣」化，如同絕大多數的宇宙論推衍者一樣？只是它所論述之生成對象不同。因爲在第10簡，它不也說：「上，氣也，而謂之天。」「天」固由「水」反輔「太一」而生成，它同時也是充滿「氣」的。這個「氣」，應該就是「水氣」。而且「陰陽」本身也很難說它跟「氣」一點也不相關。因此，我們實在很難說，這「水生」與「氣化」的生成說，一定是絕對對立不相容的體系。

四、道的執用與名言

其次，我們再來探討〈道原〉等三篇簡帛第二部分人事名言的應用範疇。〈道原〉、〈互先〉與〈太一生水〉三篇，最後都涉及人事名言的建置與政治問題。茲先說〈道原〉。

(一)〈道原〉的握道執度、察形授名

〈道原〉被與〈經法〉等黃老帛書合置，且與隸體帛書《老子》共匣，被視爲黃老合卷的明證，則其所代表的，自是黃老道論。黃老之學的基本特徵是天道、政道一理相通，在馬王堆黃老帛書〈經法〉、〈道原〉等文獻中，這樣的理論推衍，路線非常清楚。〈經法·君正〉說：

> 天有死生之時，國有死生之正（政）。因天之生也以養生，謂之文；因天之殺也以伐死，謂之武。〔文〕武並

行，則天下從矣。

〈道原〉的後半緊接著前半對道體廣大、虛靜、絕對的質性大肆推衍後，也極力鋪論其「得道之本，握少以知多；得事之要，操正以政（正）畸（奇）」、「抱道執度，天下可一」的體道、用道哲學，它說：

> 唯聖人能察無刑（形），能聽無聲，知虛之實，后能大虛，乃通天地之精，通同而無間，周襲而不盈。服此道者，是謂能精。

「聖人」能體道，因此能與道同體，行事能精微周密、虛無通達，「察稽知極」，無所不能，能「知人之所不能知」、「服人之所不能服」，無好無惡，天下大服。細索其內容與步驟，仍是黃老虛靜無為、授名定分的基本原理。〈道原〉說：

> 無好無惡，上用察極而民不麋（迷）惑，上虛下靜而道得其正。信能無欲，可為民命。上信無事，則萬物周扁（遍）。分之以其分，而萬民不爭；授之以其名，而萬物自定。不為治勸，不為亂解（懈）。廣大弗務及也，深微弗索得也……前知大古，后□精明。

〈道原〉說：「聖王用此，天下服。」透過對道性的了解與掌握，執政者當能了解虛靜無為的治事原則。運用依名定分的方法，去讓一切的事理各自歸位，管理起來自能執簡御繁，以一應萬，永遠通達無礙。這正是黃老靜因、刑名、無為統御術的雛型，基本上可視為《老子》哲學的術化與刑名化。

　　值得注意的是，在前半論述本體狀態時，〈道原〉說：「互先之初」是「无有刑（形），大迵无名」的；後半涉及執道治政時，卻說要「分之以其分」、「授之以其名」，才能讓「萬名不爭……萬物自定。」而《老子》則不論本體、應用論都一貫主無名。這是黃老與《老子》最大不同。

㈡〈太一生水〉的天地強弱與託名成事

　　其次，我們看〈太一生水〉。〈太一生水〉在前八簡講完「太一」之行時成歲後，第9-14簡開始討論天、地之道的名字及其高下強弱之理，基本上可以視爲前八簡的人事名言之推闡[23]。它說：

> 下，土也，而謂之地；上，氣也，而謂之天。道亦其字也，請問其名？以道從事者，必託其名，故事成而身長；聖人之從事也，亦託其名，故功成而身不傷。天地名字並立，故為其方，不思相尚。

這後六簡儘管有學者認爲應該和前八簡分開，當做兩篇看，如丁四新[24]；個人還是願意暫視爲前八簡之後續。因爲依前八簡之論，「天地」生成以後，才是陰陽相輔對生以成歲的開始。「天地」雖是這一系生成的第二階段，卻是陰陽成歲、行時成歲的場域。一切的神明、陰陽、濕燥、寒

---

[23] 有關〈太一生水〉後6簡的排序，個人係依陳偉、廖名春之列序為10、11、12、9、13、14。陳說參見氏著：〈〈太一生水〉校讀並論與《老子》的關係〉，收入中國古文字研究會，吉林大學古文字研究室編：《古文字研究》（北京：中華書局，2000年），22期，頁227–229。廖說同見注22。

[24] 同見注17，頁219。

暑、四時之生成遞嬗，都要在其間進行。因此，所謂「道」，應該是指「天地之道」。值得注意的是，這裏提到了「道」，也提到了「事成而身長」，「功成而身不傷」，似乎與《老子》一系道家學說相關，但卻強調「名」，要「問其名」、「託其名」，這與《老子》一系主「無名」是大不相同的。關鍵應該是在它要強調「以道從事」、「聖人之從事」，所謂「事」，當然是人間事物，人間事物不比自然生成，它不只是存在，也需要被認可，因此須要求正當性、合宜性，需要立名、建名，以取得普遍的認可。聖人深知其理，故愼守名言，以成其功。我們如果併同前八簡來看，則首簡說天地的生成雖然有先後——天先而地後；但在人事的名言世界裏，天地卻是一體相對，不分軒輊的，因此說「不思相尙」。

　　最後，這第九、十三、十四三簡論述天地之道削強補弱的特質，說：

　　　　天道貴弱，削成者以益生者，伐於強，積於⋯⋯天不足9於西北，其下高以強；地不足於東南，其上□□□不足於上13者，有餘於下；不足於下者，有餘於上14。

正因前文「事成而身長」，「功成而身不傷」，以及這「天道貴弱」的三簡，令我們很難將〈太一生水〉全然歸屬陰陽家之作，而和《老子》一系道家完全切斷關係，而寧可視之爲楚道家與陰陽家結合的產物。這三簡實舉中國地形西北高、東南低的現象爲例，論證《老子》一系道家削強補弱之理，爲文章作結。戰國陰陽家學說的特點，若從《管子・五行》、《禮記・月令》、呂覽十二紀、《淮南子・時則》看來，當然是以陰陽行時成歲爲核心論題。但若從《史記・孟荀列傳》所載鄒衍遺說（大九州說），以及《淮南子・地形》看來，顯然也是重視地理，關注地理的。〈太一生水〉前半言天地與歲時之形成，後半論天地強弱互補之性，舉實際地理爲

證，是否和其專長素養有關，可以稍加考慮。但，經由上述的分析，則〈太一生水〉與楚地陰陽家關係密切，已是不可否認的事實了。

(三)〈亙先〉人事名言的建置

最後我們再來看〈亙先〉人事名言的建置。〈亙先〉在第五簡前半論述完「或」與「氣」化的系列宇宙生成之後，從第五簡後半開始，轉出了名言世界建構的論述。這部分，大約分三層表述，它說：

> 有出於或，性出於有，意出於性，言出於意，名出於言，事出於名。或非或，無謂或；有非有，無謂有；生非生，無謂生；意非意，無謂意；言非言，無謂言；名非名，無謂名；事非事，無謂事。

名言世界的建置，和自然世界一樣，依然是從「或」開始，依次造生出：

$$（或）\rightarrow 有 \rightarrow 生（性）\rightarrow 意 \rightarrow 言 \rightarrow 名 \rightarrow 事$$

宇宙自然的生成與人事名言世界的建構是同源的，都以「或」為先決條件。所不同的，自然創生以「氣」為母源質素與關鍵；人事名言之建置，以「有」為前階。此其一。

宇宙本體「為一若寂」、「夢夢靜同」、「自猒不自忍」，一切是那麼虛無、安靜、自然。論其生成，因此強調「自生自作」、強調依類自然興生。人事的名言建構不同，它出於人為的造作與衍生，是「有」領域裏的事，有一個較為具體落實的對象或概念在，因此要注意其準確度，以免產生紛亂困擾。〈亙先〉說：

恙（詳）宜（義）利，主采勿（物），出於作，[25]作焉有事，[26]不作無事。舉天下之事，自作為事，庸以不可改也。凡多采物，生者有善，有治無亂。有人焉有不善，亂出於人。

一切人事的義利以及禮制器物的出現與訂定，都是爲了區分辨明等級、名分，也都是人爲的造作。制作之初，立意原本都是善的。其制訂出於人，其不善生亂也由於人，是人在執行層面出了問題。此所以作者要極力叮嚀名言、稱呼、指謂的準確性，而有一連串「X非X，無謂X」的論述。此其二。

除了義利、禮物之作外，針對經驗世界中，如《老子》所說的對立名言，諸如中外、大小、剛柔、方圓、晦明、長短等等的建置，〈互先〉也逐一判定其先後，而作了先中後外、先小後大、先柔後剛、先圓後方、先晦後明、先短後長的結論。其實，這些在《老子》，原本是對立地同時相生的，〈互先〉卻作了先陰後陽的判定。相較於《老子》之主無名，〈互先〉極其肯定名言建置在人事世界的重要性與功能，此其三。

然而，最後，它還是回歸到道家的基本立場，以消抹對立、統一是非、回歸本源爲歸趨，將一切「天下之生」、「天下之名」、「天下之作」、「天下之爲」通通統合在「道」的「無」與「復」之下，而戒人

---

[25] 此三句不從群眾隨李零四字爲斷，分作兩句；而採龐樸之說，三字爲斷，分作三句，文義文氣都好。說見龐樸：〈〈互先〉試讀〉，簡帛研究網：http://www.jianbo.org/showarticle. asp?articleid=909，2004年4月26日。

[26] 此句廖名春因上句「作」下有重文號，因補爲「作焉有事」，文氣較好，因從之。說見氏著：〈上博藏楚竹書〈互先〉新釋〉，「經典與文化的形成」第九次讀書會，中研院文哲所，2004年6月13日。

君，為政當能知此通迴為一之理。它說：

> 天道既載，唯一以猶一，唯復以猶復。亙、氣之生，因言名，先者有疑，亢言之，[27]后者校比焉。舉天下之名，虛樹，習以不可改也。舉天下之作，強者果，天下之大作，其□□不自若作，庸有果與不果，兩者不廢。舉天下之為也，無舍也，無與也，而能自為也。舉天下之生同也，其事無不復。天下之作也，無忤極，無非其所。舉天下之作也，無不得其恆而果遂。庸或得之？庸或失之？舉天下之名無有[28]。法者與天下之明王、明君、明士，庸有求而不慮。

就自然之興生而言，它是消抹對立，回返本源（復）的。就人事之名言建置而言，雖然言之鑿鑿而明確，其實還是不實在與非絕對。普天之下，一切的人事作為與名言，包括那個始源創生的「或」與「氣」，也都是一時的稱謂，都是虛無的。在人事的名言世界中，當然要求果、遂、強。其實，從道的始源（亙先）迴觀，那有什麼絕對的果、遂、強？身居人事名言世界中的領導者應該深明此理。這是〈亙先〉站在道家較高層次的觀點上，對全篇自然創生與人事名言建置所作的統合性結論。

---

[27] 此數句李零本斷為「亙氣之生，因言名先，者有疑，亢言之」，義不可知。今依陳靜斷此，義較明爽。說見陳靜：〈宇宙生成的理論──〈亙先〉在思想史視野下的一種解讀〉，《自由與秩序的困惑──淮南子研究》（昆明：雲南大學出版社，2004年），第8章，頁246。

[28] 此句整理小組原至其下「法者」為斷，今從陳靜改此。其說同見注27。

五、結論

　　帛書〈道原〉、竹簡〈太一生水〉與〈互先〉在人事的名言世界中，當然要求果、遂、強。其實，從道的始源〈互先〉迴觀，三篇被指稱為戰國楚地道家文獻，或和道家學說有相當關係的文獻。在形式上表現出相當程度的一致性，篇幅都不大，大約都在400字左右，論述層次也相當一致地分兩層，前半論道的本體或創生，後半論道的人事政治之用，而涉及名言之用，這是否反應了戰國某時期，楚地某些學群共同的焦點論題，及其所流行的表現行形式。

　　其次，就第一層的論述內容而言，〈道原〉專論本體質性，〈太一生水〉專論生成，〈互先〉則略論本體而詳述創生。〈道原〉鋪衍本體雖較繁複，基本上不出《老子》道的基本特徵。

（本篇原刊於《中央研究院中國文哲研究集刊》第29期，2006年9月。）

參、先秦道家的道氣論及其發展模式

　　「道」與「氣」是中國哲學的特殊議題，在先秦諸子的理論中，儒、道、法、三家都論及「道」與「氣」。法家的「道」、「氣」說和《老子》尤其密切相關。法家典籍中的《管子》四篇與《韓非子‧解老》被認定為歸本於道家的黃老之論。而儒、道兩家之道、氣論則有重「天」（自然、宇宙）與重「人」的顯著差別。

一、儒、道兩家道、氣論的異同

　　「道」是道家哲學的核心課題，道家哲學崇尚自然，求索本根。先秦

道家不論老莊或黃老，莫不以「道」爲論述核心。「氣」則是先秦道家在詮釋「道」的生成現象與作用時的衍生。在道家哲學中，「道」是始源，是境界，也是律則。道家由始源義開出本體論，由律則義開出處世哲學與治事之術。在黃老道家裡，「道」轉成了「術」。「氣」則是道家用以詮釋生成的始源概念，不過有別於「道」，這個始源不是境界，不是律則，而是一種類似於質素的存在，道家用以詮釋「道」的生成，開展出宇宙論與形神修養論。

相對於道家，儒家重人文、人道而不尙天道。類似於「道」家的「道」概念，在儒家學說中，常以「天」來顯示。而有關「天」的一切，卻是由「人」方面去推得，孟子說：「盡心知性以知天。」（〈盡心上〉）荀子稍異於傳統儒家，在稷下較久，或許是受到黃老道家的影響，推崇自然，卻仍是極其人文本位地說：「唯聖人爲不求知天。」（〈天論〉）

對於「氣」，儒家既不崇「道」，當然不將它與「道」連結，不由本根、自然上說「氣」，而視之爲一種始源的自然質素，一種自然的生機、生命力。儒家尤其喜歡從道德生命的修養、修治問題上說「氣」，由「人文」上說「氣」，由之以談道德的能量、道德的生命力或動力。換言之，所講的盡是人「氣」。從傳世儒典來看，孔子的血氣未定，血氣既剛，血氣既衰；孟子的養夜氣，顯良知，以蔚爲「浩然之氣」，都是指的人的生理生命力與道德生命力。荀子雖講「水火有氣而無生」，「氣」似是一種自然質素，是天地萬物之氣，但荀子理論的詮釋發揮點並不在此，仍是在人之「氣」。

從近年出土儒家文獻看，也是如此，〈語叢一〉說：

> 凡有血氣者，皆有喜、有怒、有慎、有莊；其禮有容、有色、有聲、有臭、有味、有氣、有志。……氣，容也，

　　志，志也。……

此處的「氣」，指的是「血氣」，是人的生命質素，才能「其禮有容」。〈性自命出〉（〈性情論〉）說：

　　目之好色，耳之樂聲，鬱陶之氣也，人不難為之死。

「氣」指的還是人天生的生命質素。帛書〈五行〉說，在臻聖成德的過程中，有所謂義氣、仁氣、禮氣，指的都是人自然興生的道德動力。可見，儒家不論傳世典籍或出土文獻，「氣」都是指「人」的自然生命力，道家則不同。

二、《老子》道、氣論在先秦道家相關文獻中的發展

　　在先秦道家中，首先提出本根問題，且以「道」為本根的是《老子》。《老子》講「道」，重在「道」的本體鋪衍與虛靜、柔弱、雌後等道性之應用。第4.6.14.15.21.25.34.39.42各章的表述，充分顯示了《老子》之「道」本根、絕對、虛靜、自然、無為、生生、環周的特質。其餘各章則隨處可見虛靜、雌後、柔弱等道用之推闡。換言之，《老子》相關於「道」的論述，大致是循著本體與應用兩個面向在推闡的，不大見到相關於生成之論述。

　　但《老子》在由「道」講到「物」時，提到了「氣」。第四十二章說：「道生一，一生二，二生三，三生萬物，萬物負陰而抱陽，沖氣以為和。」這是《老子》中唯一相關於生成的命題。其中的「氣」，指的是大自然的生機或生命力。第十章「專氣致柔」與第五十五章「心使氣曰強」的「氣」，則是偏指人的生命力。後者的根源來自前者，前者已涉及了生成，後者則是涉及修養的論述。換言之，《老子》關於「氣」的論述，有

循著宇宙論與修養論兩個方向發展的傾向。這是道家產生初期，相關於道與氣的發展方向。

　　《老子》這「道」與「氣」兩種面向的推闡，大致確定了道家道、氣論發展的大方向。此後，不論《莊子》、《管子》、《韓非子》等傳世文獻，或〈互先〉、〈太一生水〉、帛書〈道原〉等出土文獻中所表現的，大致都是這樣的狀況。

㈠先秦道家傳世文獻中的道與氣

　　《莊子》承《老子》之道性，卻點出了「道」的來源是「自本自根，自古以固存」（〈大宗師〉），又將「道」拉下，與萬物一體共存，說「道」與「物」無際，道性遍在物上，假物以呈顯。（〈知北遊〉）

　　其相關於「氣」者，則〈齊物論〉的「大塊噫氣」，和〈知北遊〉的「臭腐化為神奇，神奇化為臭腐，通天下一氣。」所指的「氣」，都是流衍於大自然的生機與動力，與《老子》「沖氣以為和」的「氣」義涵質性頗類似。但〈知北遊〉以萬物之生死為「氣」之聚散變化，這變化且是循環往復，所謂「始卒若環，莫得其倫」、「相與為春秋冬夏四時之行也。」

　　《管子》四篇出，更將「道」與「氣」等同起來，用「氣」來詮釋「道」的生成；說「道者，所以充形」（〈內業〉），又說：「氣者，身之充。」（〈心術上〉）「道」不只位階下降，範圍也縮小，〈心術上〉說：「道在天地間」，〈內業〉說：「虛之與人無間」。「道」由超越天地、高於天地、超現象，變成了天地間、現象世界的存在。〈白心〉暗說「道」，不聞不見，卻「灑乎天下滿，不見其塞」，無窮無盡地瀰漫，卻可以從容色、肌膚上去驗知。這樣質性的東西，當然是「氣」了。〈內業〉便直接以「氣」說生成：

氣，物之精，²⁹此則為生，下生五穀，上為列星，流於天地之間謂之鬼神，藏於胸中，謂之聖人。

比起《老子》「萬物負陰而抱陽，沖氣以為和」來，此處「氣」的質素意味重多了。《管子》由此下開精氣的治身、治國論，大大推闡了《老子》第3.12.13.19.44.46.50.53.64各章清靜儉嗇、少私寡欲、貴神賤形的修養理論。不同於老、莊，它明白把一切身心活動都說成是「氣」的作用，都以「氣」來解釋。從「氣」轉化為身心活動，〈內業〉有了前所未有的明白論述。它說：

> 精存自生，其外安榮，內藏以為泉源，浩然平和，以為氣淵。淵之不涸，四體乃固；泉之不竭，九竅遂通。乃能窮天地、被四海，中無惑意，外無邪菑，心全於中，形全於外，不逢天菑，不遇人害，謂之聖人。（〈內業〉）

「氣」的充盈與否，決定了形神生命的健全與靈明，「聖」人的「聖」也是「氣」作用的結果。不過，為了強調它是維持生命的重要質素，它在「氣」上加了「精」，稱「精氣」。凝聚精氣，便能使「萬物備存」、「無卜筮而知吉凶」。

它以「道」貫串治身、治國，也以「氣」貫串治身、治國，說：

> 人能正靜，皮膚裕寬，耳目聰明，筋信而骨強，乃能戴大

---

²⁹ 此句「氣」本作「凡」，茲依張舜徽校改，說詳張舜徽：《周秦道論發微》（臺北：木鐸出版社，1983年），頁278。

　　圓而履大方，鑒於大清，視於大明。敬慎無忒，日新其
　　德，偏知天下，窮於四極。（〈內業〉）

它更因此提出少吃多動以暢「氣」的衛生之道。在《管子》四篇中，
「道」幾無「氣」以外的解釋。

　　循著這樣的方向，《韓非子‧解老》眞以「氣」、「精氣」去詮釋
《老子》第三十八章（「上德不德，是以有德」）、第四十六章（「咎莫
憯於欲得」）、第五十九章（「治人事天莫如嗇……重積德……」）各章
之「道」。說「身以積精爲德，家以資財爲德」，精氣貯積多，則神智清
明，叫「有德」，人能貯積精氣、保住精神，都叫「有德」。它和《管
子》四篇一樣，把「氣」和心靈活動的關係說得很具體明確：

　　知治人者，其思慮靜；知事天者，其孔竅虛。思慮靜，故
　　德不去；孔竅虛，則和氣日入，故曰重積德。

「氣」的順暢與否和心靈狀態、行爲活動是互動的，一切的禍福、吉凶、
疾痛也都是「氣」的問題，它說：

　　民少欲則血氣治而舉動理，舉動理則少禍害。

《老子》的道德修養論至〈解老〉中，全成了精氣的調治問題。
　　《韓非子‧解老》不但承《管子》四篇，由「道」衍生出「氣」，以
「氣」之調治釋「道」的作用，也由「道」分生出「理」來，說「道」是
總「理」，「理」是分「道」，是「道」別殊在物上的個別質性。它說：

　　道者，萬物之所然也，萬理之所稽也。理者，成物之文

也；道者萬物之所以成也。……故理之為物之制，萬物各異其理，而道盡稽萬物之理。

㈡近年出土楚簡道家文獻中的道與氣

傳世文獻之外，在一九七三年馬王堆三號漢墓所出土的黃老帛書〈道原〉、一九九三年湖北荆門郭店村出土的楚簡〈太一生水〉，與一九九五年上海博物館購自香港古董店的上博楚簡〈互先〉等道家文獻中，相關於道、氣的論述，較之傳世道家文獻，既有呼應，也有歧異，它們應該可以代表戰國時期道家學說在楚地的發展狀況。

帛書〈道原〉、〈太一生水〉與〈互先〉較之傳世道家文獻，有一共同特質，亦即1.皆是400-500字左右的短小篇幅，2.都是兩段落的論述，前段或論「道」，或論相當於「道」之本體與生成，第二段則轉入人世名言的討論，三篇皆然。就第一段言，帛書〈道原〉論本體，〈太一生水〉述生成，〈互先〉則本體、生成皆及，而偏重生成。

就帛書〈道原〉而言，它把「道」的始源狀態與性徵作了相當的鋪敘：「道」是「大虛」的，是「未有明晦」的，是精微靈妙的，是超越天地，永遠不變的絕對存在，也是萬物稟性賦生的根源。所述「道」的特徵和《老子》第二、六、二十五各章之論述，有相當之呼應。比較特殊的，在〈道原〉中，「道」有異稱，或稱「互」（「互先」？），或稱「道」，或稱「上道」。其述道的質性，則曰「濕濕夢夢」。「夢夢」若依蕭漢明讀通「濛濛」，意為潮濕的霧狀。[30]然則，作為生成始源的「道」，原本就是個含帶濃厚水質性的存在，這令人想起〈太一生水〉的

---

[30] 參見蕭漢明：《道家與長江文化》（武漢：湖北出版社，2004年），頁163。

太一生水又藏於水，龐樸所說，「水就是活生生的太一」。[31]

第二段論聖人體道以治事時，提到了要授名定分，要「得道之本，握少以知多」、「得事之要，操正以正奇」、要「抱道執度」，以刑名爲治事之「道要」與「道本」。這樣的「道」，已脫離本體而爲應用之術了。

與〈道原〉同時出土的〈經法〉、〈十大經〉中，也有相關於「道」的載述，〈經法·名理〉說：

> 有物始□，建於地而溢於天，莫見其形，大盈天地之間而莫知其名，莫能見知，故有遂成，物乃下生。

無形的「道」是生物的母源，其範圍和《管子》四篇及〈解老〉一樣，已縮小在天地間了。〈經法·名理〉說：

> 道者，神明之原也；神明者，處於度之內而見於度之外者也。

「道」是智慧的根源。〈十大經·前道〉說：

> 道有原而无端，用者實，弗用者蓳，合之而涅於美，循之而有常。古之賢者，道是之行。知此道，地且天，鬼且人……。

---

31 參見龐樸：〈一種有機的宇宙生成圖式──介紹〈太一生水〉〉，收入陳鼓應主編：《道家文化研究》（北京：生活·讀書·新知·三聯書店，1999年）第17輯，頁303。

這種「道」是治世之術,而黃老帛書一般被公推為道、法結合的論著。〈經法〉與〈十大經〉中相關於「道」的論述,自是黃老道家的「道」論。

　　郭店〈太一生水〉前半論創生,講「太一」成歲的過程,亦即萬物在歲時周而復始循環中的生成,內容複雜許多。有水生,有反輔、相輔,也有氣化。由「太一」到「水」看似母子之生,卻又有反輔的關係,「太一」的生成須靠水之反輔,「太一」不能直接生成水。「太一」與「水」既相生又相藏,是一體的、合一的關係。從「太一」生水,到歲時之生成,系列過程中所產生的各種現象——天地、神明、陰陽、四時、寒熱、濕燥,每一現象的生成與作用,也都不是獨立的,而是相依相賴、相輔相成,始克持續,直至完成。〈太一生水〉說:

> 太一生水,水反輔太一,是以成天;天反輔太一,是以成地;天地復相輔也,是以成神明;神明復相輔也,是以成陰陽;陰陽復相輔也,是以成四時;四時復相輔也,是以成寒熱;寒熱復相輔也,是以成濕燥;濕燥復相輔也,成歲而止也。

　　根據〈太一生水〉的說法,可見歲時的形成不是單一直線地由母而子,向下衍生,而是一直有兩種相反卻相成的力量與現象在交互輪替地運作。〈太一生水〉並且說:

> 太一藏於水,行於時,周而又〔始,以己為〕萬物母;一

缺一盈，以己為萬物經。

整個「太一」的運行過程，就是系列歲時的運轉過程；當然，它的軌道是圓的，是環周的；在它的運生作用中，水是核心質素；其現象的呈現，是缺、盈交替的。

「太一」是不是就是「道」？從第一段看不出來，但從第二段：

> 下，土也，而謂之「地」；上，氣也，而謂之天；「道」亦其字也，青昏其名。以道從事者……天地名字並立……天道貴弱……〔天不足〕於西北……地不足於東南……。

第一段述太一成歲，第二段講「道」、「天之道」的人事功能，與貴弱伐強之理。如果願意承認兩段是一體的話，[32]這「太一」當然等同於作為生成始源之「道」，只不過論生成時，它是超越天地，生成天地的；但講到人事功能時，它一定要落實到現象界（天地間）來講。而第二段講人事功能，所謂「聖人之從事」時，都明白顯示了「名」的必要，與託名以成功的重要，和帛書〈道原〉的後段表現出相似的目的與狀況。值得注意的是，它雖然是水生，卻也認定「天」是「氣」，強調天地之道的輔弱伐強之理。

上博簡〈亙先〉和〈道原〉、〈太一生水〉一樣，也是兩階段的論述，前段本體與生成兼述，而主論生成，後段述人事名言的建置。它以樸、虛、靜、整全（「自厭」）、自然為「亙先」之質性，卻又說它是

---

[32] 〈太一生水〉自第九簡以下六簡，李學勤、陳偉及美國學者艾蘭等人都曾視之為《老子》丙之接續，個人仍視之為前八簡之接續，其說詳見本書〈七、〈太一生水〉研究綜述及其與《老子》丙的相關問題〉。

「夢夢（濛濛）靜同」，「互先」的本質似乎也與「水」脫不了關係。它以「氣」爲「互先」的創生質素，在論述「互先」的氣化之同時，它又交代了與「氣」化相關的條件，所謂「或」、「有」、「始」、「往」與「氣」出現之先後順序；說是先有「或」，然後有「氣」，再有「有」，再有「始」，再有「往」。接著才開始細述「氣」的創生過程，也是繁複而多元。依其說法，「氣」由虛靜中自生，「氣」的生化萬物是各依其類，同時各自循環分生，所謂「復生」、「自復」：

> 異生異，鬼生鬼，韋生韋，非生非，哀生哀，求欲自復，
> 復生之生行。

這種「復」的觀念，不只在第一段的「氣」化中強調，此下第二段論述人事名言世界的建置與操作時，也一再重複叮嚀，所謂「天道既載，唯一以猶一，唯復以猶復」、「舉天下之生同也，其事無不復。」

在第二段論述人事名言之建置時，也不再稱「互先」，而直接稱「天道」（「天道既載……」）。其內容除大事鋪述如何由「或」……有→性→意→言→名→事之成立過程外，也強調了反面之名先於正面之名而建置。它說：

> 先有小，焉有大；先有中，焉有外；先有柔，焉有剛；先
> 有圓，焉有方；先有晦，焉有明；先有短，焉有長。

最終所結論的，仍是人事名言的非絕對性，要人消抹對立、通週爲一，回返本源。不但呼應了《老子》的對立相生觀點，也脗合於其重柔尚反的說法，並回歸其打破相對，回返本源的呼籲。

三、先秦道家道、氣論的發展模式

　　從上述對先秦道家傳世與出土文獻中有關道、氣理論的檢討，可見不論從《莊子》、北方推闡《老子》思想的齊稷下黃老學說、三晉法家的黃老道論，還是南方楚道家出土文獻所呈現的狀況，我們都可以看出先秦道家在戰國時期發展的一些狀況與模式。

㈠對《老子》道性的基本承繼與轉化

　　各家都推「道」為本根或始源，此本根或始源基本上都具備《老子》所賦予「道」的部分質性——虛靜、廣大、久遠、無形無名，超越一切、統合一切，為生化之母源。《莊子》的

> 有情有信，無為無形，可傳而不可授，可得而不可見，自本自根，自古以固存；神鬼神帝，生天生地，在太極之上……，在六極之下……先天地生……長於上古（〈大宗師〉）

〈白心〉的「視之不見，聽之不聞，……莫得其門」；帛書〈道原〉的

> 迵同太虛，……古無有形，大迵无名，天弗能覆，地弗能載，小以成小，大以成大，盈四海之內，又包其外，……一度不變，能適蚑蟯，鳥得而飛，……魚得而游，……萬物得之以生，百事得之以成，……高而不可察也，深而不可測也，……獨立不偶。……

從〈亙先〉的「大樸、大靜、大虛」，以迄〈太一生水〉的「周而又

〔始，以己爲〕萬物母；……以己爲萬物經。」各文獻或因各自的宗旨與性質之不同，而有自己的論述偏倚；但，其對「道」，或類似於「道」之始源質性之描述，大致不出《老子》論「道」的基本質性。

「氣」也一樣，〈內業〉說「氣」，「下生五穀，……杲乎如登於天，杳乎如入於淵，淖乎如在於海，卒乎如在於己。」上天下淵，可近可遠，「其細無內，其大無外。」這些相關於道、氣的論述，規模大小、虛實程度或許不盡相同，大致不離《老子》道的質性太遠，基本上都是依據《老子》道的性徵去調整、增減而來。

㈡論本體稱「道」，述生成以「氣」

在先秦道家文獻中，「氣」觀念的出現是在由「道」向下牽繫出「物」時，作爲關鍵性的媒介或替代。因爲「道」是「無」，「物」是「有」，由「無」直接生「有」，有一些尷尬和虛空，難以順通。「氣」是介於有與無、虛與實之間的存在，取以爲中介，可以上下順通。它既有「道」的部分質性——虛無、安靜、遍在、始源、精微，又有「物」的質性。較之物則抽象、虛無，較之「道」，則稍具體。而「道」與「物」最直接的關係，便是「物」是「道」所生，物與道之間主要是生成關係。因此，先秦道家的「氣」論多顯於論生成者，及其所衍生出的議題，諸如形神修養等問題。唯論本體，逕稱「道」，涉及生成，始以「氣」代「道」爲始源。《老子》第四十二章的「道生一，……沖氣以爲和」是生成論，「專氣致柔」、「心使氣曰強」是由生成論向下衍生出的修養問題。《莊子·知北遊》的臭腐、神奇、生、死相循環也是生成問題。《管子》四篇的「氣」論，不是「下生五穀，上爲列星」，就是「所以充形」、「身之充」，非關生成，即涉身心的修治。《韓非子·解老》的「氣」，尤全以論形神、身心之修治問題。〈亙先〉與〈太一生水〉主論生成，故對「氣」亦有正面的述說。反之，帛書〈道原〉主論本體，故除「濕濕夢夢」外，並無「氣」之相關論述，而「濕濕夢夢（濛濛）」與其

說與「氣」相關，不如說與「水」相關。「水」或許如艾蘭女士所說，是「氣」的原型，[33]但「水」終究可見、可觸，「氣」則非觸見所能及。

　　總之，在先秦道家理論中，對「氣」的正面論述，多出現在生成與修養論中，其論本體者，則稱「道」而不及「氣」。

(三)道與氣的運行軌式——環周往復與直下衍生

　　《老子》的「道」是「周行而不殆」的，其運行軌道是圓的，故《老子》非常強調事物循環往復、正反倚伏之理。《老子》述「氣」，只說「道」生萬物是「沖氣以為和」，沒有續說此「氣」是否會再回返。但，《老子》又說，這「負陰而抱陽，沖氣以為和」的芸芸「萬物」，是要「歸根」的。可見，不論說「道」或「氣」，環周基本上是《老子》哲學的重要概念。然而，先秦其他道家對《老子》道、氣論的因承與推衍，卻有不同的狀況。

　　大致說來，在《莊子》和〈亙先〉、〈太一生水〉等不涉及法家觀點的道家道、氣論中，保存著較多《老子》的原義。《莊子》不但說一切生命現象都是「一氣」經由神奇→臭腐→神奇→臭腐……無盡之循環變化而來，又說萬物是「以不同形相禪，始卒若環，莫得其倫。」由芒芴→氣→形→生→死，彼此「相與為春秋冬夏四時之行」，輪番更迭，循環不已。可見，由「氣」所維持的生命現象，其運行軌道和「道」一樣，是圓的。

　　出土文獻〈亙先〉也一樣，它不但說「天道既載，……唯復以猶復」，天道的運行是循環往復的，「氣」的生成也是「異生異，鬼生鬼，韋生韋……」各依其類地「求欲自復」，也是一種循環往復，環周的「復生之生」。即使是後半在論人事名言的建置時，也說「其事無不復」，天道與人事的運行軌道都是「復」的，都是圓的。因此最後反問天下之明

---

[33] 艾蘭：「氣概念是以水的各種樣態為原型」。說見氏著，張海晏譯：《水之道與德之端》（上海：人民出版社，2002年），頁102。

王、明君、明士,「庸或得之?庸或失之?」呼應了《老子》的正反倚伏、對立統一之理。

〈太一生水〉也一樣,「太一」的運行與生成,雖然是「水」生,而非「氣」化,撇開水與氣的關係不談,其為反輔又相輔,「周而又始」,「一盈一缺」的運行模式,以及「不思相〔尚〕」、削成益生、伐強補不足……等等觀念,都帶著濃厚的平衡對立與環周輪替的思想。整篇〈太一生水〉所講的,其實就是歲時循環,以生成萬物的思想。而〈太一生水〉與〈互先〉後半雖都涉及名言的建置與應用,卻始終沒有進入以「刑名」治事的領域。其所略述類似於「道」(太一、互先)的本體質性與生成過程,較之道、法結合,涉及法家思維的黃老道家來,保留有較多的《老子》原旨,道、氣的環周思維與對立平衡觀念便是顯例。

反之,在偏於道法結合的黃老道家道、氣論中,我們便看不到這類同觀念的強調。不論在《管子》四篇還是《韓非子·解老》中,「道」固然直接下生「法」(帛書〈經法〉首章〈道法〉說:「道生法」)、因「道」以全「法」,一切相關於「道」的超越、廣大、尊高、虛靜、靈妙質性的推崇,都是為了下轉為精簡省力、靈妙無窮、可操作的刑名與政術,是直下地說轉化與衍生,不是環周地說輪迭與更替。其論「氣」也同樣是直下地生成,然後衍生出修養的相關論題。由氣化宇宙論向下衍出精氣養生說,並無任何二元對立、循環相成思維,其軌道是直的,不是圓的。

《管子》四篇先將道、氣等同,再以「氣」取代「道」的一切功能與活動,說是「氣」(或「精氣」)生化了萬物與人,人的身心、形神作用與功能,亦即全幅的生命力、生命現象,都是「氣」的作用。然後在〈內業〉與〈心術〉中便暢論如何貯積精氣以治身、治國,如何愛養精氣以保持生理之健康與精神之靈明。《韓非子·解老》循此發揮,把一切身心行為與人事之吉凶禍福都歸之於「氣」的盈虛,此「氣」不是環周地運作,而是布散地遍於全身各處——形、神、四體去撐持,乃至主導一切生命活動。

帛書〈道原〉也一樣,它鋪衍了「道」虛靜、廣大、統合一切相對

的本體性徵後，便向下衍生聖人「察無形、聽無聲」，能察稽知極「握少知多」、「操正以正奇」的統御能力，與授名定分，萬物自定的刑名論。這些治道、刑名的運作，無論是虛、是實，都絕對是直線地操作、推進，而不是環周地輪替的。這便是黃老道法家與先秦其他道家道、氣論的最大不同。它們揚棄了《老子》思維中的主要成分——環周觀念，不再奉守「其事好還」的自然規律，也不再等待該規律的自然循環與到來，它們提煉它、運用它，去衍生更多遍布的、直下的新規律，所以產生了許多的「理」，刑名與法緣此而生。

三、結論

先秦道家的道、氣論基本上是以《老子》的道、氣論為基礎發展起來的，其論道、氣的基本質性，大致保留了《老子》道、氣的部分質性。其論本體者，則稱「道」而不及「氣」；「氣」作為一種自然質素，用以論述生成及其所衍生的身心修治問題。而道家不論論「道」或論「氣」，其發展軌式至少分兩系：不涉及刑名與法之相關思維者，則存留較多《老子》原味，保留《老子》哲學中的主要成分——環周觀念，強調循環往復、回返本源、對立相生，以及重反尚柔的觀點，其運行軌式是圓的復還。其涉及刑名與法之黃老道家，則揚棄《老子》的環周觀念，不崇奉「其事好還」的自然規律，直接從《老子》「道」的靈妙特質中去提煉出治事之術，從「氣」的遍在瀰漫特性中去推衍養生、治心之理，其推衍軌式是直下衍生。過去或有以齊系道家與楚系道家來區分後期道家對《老子》哲學的發展狀況，實不如以黃老與非黃老作為區分，來得準確。因為帛書〈道原〉雖然出土於楚墓，其與《管子》四篇、《韓非子·解老》同為黃老道家直的推衍軌式，是很清楚的。

（本篇原刊於劉笑敢主編《中國哲學與文化》第六輯，桂林 廣西師範大學出版社，2009年12月。）

第二章

定州竹簡
《文子》研究

壹、古本《文子》思想論題釐測

　　定州八角廊殘簡《文子》的出土，固然推翻了宋代黃震以下以《文子》為偽書的說法；但由於散亂、殘缺太甚，數量又少，與今本被指為偽書的《文子》內容差距仍然相當大，因此，非特未能適切解決原本存在的某些問題，諸如：⑴今本《文子》與《淮南子》之間成書的先後問題；⑵兩書之間高達八成左右的文字相重相應問題，甚至衍生出新的問題，諸如：⑴古本《文子》的詳細內容如何？篇幅究竟有多大？⑵其與今本《文子》，乃至於《淮南子》的內容，同異情況如何？有什麼關係……等等。

　　不過，從277枚、2790字的殘簡《文子》內容看來，能與今本《文子》相對應的，只有〈道原〉、〈道德〉、〈精誠〉、〈微明〉、〈自然〉等五、六篇，其中較為完整可用的，事實上也只有相應於〈道德〉篇的87枚，約1000餘字。[1]若將這千餘字的釋文與今本《文子・道德》，乃至《淮南子》三者之間的行文體式與文字內容詳細比對，可以發現一個很特殊的現象，那就是：不僅如李學勤所說：

> 今傳本凡作問答體的諸章，都在竹簡內有對應的文字，而只作「老子曰」的各章，除「老子曰：民有道所同行」一章外，都沒有對應的文字。[2]

---

[1] 參見河北省文物研究所定州漢簡整理小組撰：〈定州西漢中山懷王墓竹簡《文子》釋文〉，《文物》1995年12期（1995年12月），頁27–34。及河北省文物研究所定州漢簡整理小組撰：〈定州西漢中山懷王墓竹簡《文子》校勘記〉，《文物》1995年12期（1995年12月），頁35–37。

[2] 同見注1。

而且，凡簡、今本《文子》文字可以對應的各問答章節，其內容都不與《淮南子》相重。反之，凡屬非問答體的「老子曰」各章節，包括「民有道所同行」一章，其文字內容竟都與《淮南子》相重應。簡言之，今本《文子‧道德》凡相應於殘簡的文字內容均不見於《淮南子》，凡相應於《淮南子》的文字內容均不見於殘簡。今本《文子‧道德》是殘簡《文子》（或即古本）與《淮南子》部分內容的摻合體。很可能是後人在古本《文子》的基礎上，增竄入許多與《淮南子》相重應的文字，遂成今日的傳本面貌，此其一。

當然，我們仍不知道，在殘簡之類古本《文子》裡，該篇篇名是否仍叫〈道德〉？今本《文子》其他十一篇形成的情況是否也相同？但，我們至少可以推定，今本《文子‧道德》中與《淮南子》相重相應的部分，如非有共同的承襲來源，即是今本襲自《淮南子》，而不是《淮南子》襲自今本。否則為什麼剛剛好凡屬古本（殘簡本）的文字，《淮南子》都略去，不抄入？此其二。

關於這一點，個人曾經悉取今本〈道德〉中重應於《淮南子》的「老子曰」內容，與《淮南子》相應各篇的實際內容進行比對，發現其重應情況經常是：

一、《淮南子》詳而繁，《文子》簡而略。

二、其繁簡、詳略的關鍵，通常是《淮南子》有敘事、有舉證、有議論；《文子》卻只有議論，既無敘事，也不舉證。

三、其議論且常是直論，既不側說，也無反證，比較起其所對應的《淮南子》各篇內容，竟常常是全節的結論與核心要旨，並約省其文，而帶著濃厚的隱括、摘要意味。

而這樣的情況並不僅止於〈道德〉一篇，在其他十一篇中，舉凡兩書相重應的部分，經仔細比對，幾乎都呈現出這樣的現象。就這種種情形看來，個人因此願意相信：今本《文子》的現況成書晚於《淮南子》，此筆者已於前文詳細討論過，今不贅述。此其三。

　　本論文就是站在這些基礎上，再次觀測今本〈道德〉以外其他篇中，與《淮南子》文字對應的情況，就《淮南子》文字慣有的鋪衍風格，再次論證今本《文子》現況成書晚於《淮南子》。並試就今本《文子》中，不與《淮南子》相重應的六、七千字內容，整理古本《文子》的某些思想課題。

一、就重應內容的文字風格論證今本《文子》成書後於《淮南子》

㈠就《淮南子‧原道》與《文子‧道原》的對應狀況論證

　　今本《文子‧道原》開宗明義的前兩節即連續敷論道體與道用，其內容與《淮南子‧原道》相重應，它們是：

〈原道〉夫道者覆天載地，廓四方，柝八極，高不可極，深不可測，包裹天地，
〈道原〉夫道者，　　　　　　　　　　　高不可極，深不可測，苞裹天地，

　　稟受無形，原流泉　，沖而徐盈，混混滑滑，濁而徐清，故植之而塞於
　　稟受無形，原流泏泏，沖而不盈，　　　　濁以靜之徐清

　　天地，橫之而彌于四海，施之無窮而無所朝夕。舒之幎於六合，卷之不盈
　　　　　　　　　　施之無窮，無所朝夕，　　　　　表之不盈

　　一握。約而能張，幽而能明，弱而能強，柔而能剛。橫四維而含陰陽，紘
　　一握。約而能張，幽而能明，　　　　柔而能剛。　　含陰吐陽，

　　宇宙而章三光。甚淖而㴝，甚纖而微，山以之高，淵以之深，獸以之走，鳥
　　　　而章三光。　　　　　　　　　山以之高，淵以之深，獸以之走，鳥

　　以之飛；日月以之明，星歷以之行，麟以之遊，鳳以之翔，星歷以之行。
　　以之飛，　　　　　　　　麟以之遊，鳳以之翔，星歷以之行。

　　　　　　　　　　　　　　　泰古二皇，得道之柄，立于中央，神與
　　以亡取存，以卑取尊，以退取先。古者三皇，得道之統，立于中央，神與

化遊，以撫四方。是故，能天運地滯，輪轉而無廢，水流而不止，與萬物

化遊，以撫四方。是故，能天運地滯，輪轉而無廢，水流而不止，與　物

終始。風興雲蒸，事無不應；雷聲雨降，並應無窮。鬼出電入，龍興鸞

終始。風興雲蒸，　　　　　　雷聲雨降，並應無窮。

集，鈞旋轉轂，周而復匝，已雕已琢，還返于樸。無為為之，而合於道；

　　　　　　　　　　　　已雕已琢，還復于樸。無為為之，而合乎生死

無為言之，而通乎德，恬愉無矜而得於和，有萬不同而便於性。神託於秋；

無為言之，而通乎德，恬愉無矜而得乎和，有萬不同而便乎生。

毫之末而大宇宙之總，其德優天地而和陰陽，節四時而調五行。呴諭覆育

　　　　　　　　　　　　　　和陰陽，節四時，調五行。

萬物群生。潤于草木，浸于金石，禽獸碩大，毫毛潤澤，羽翼奮也，角骼

　　　　　　潤乎草木，浸乎金石，禽獸碩大，毫毛潤澤。

生也，獸胎不□，鳥卵不□。父無喪子之憂，兄無哭弟之哀，童子不孤，

　　　　　　鳥卵不敗，獸胎不殰。父無喪子之憂，兄無哭弟之哀，童子不孤，

婦人不孀，虹□不出，賊星不行，含德之所致也。夫太上之道，生萬物而

婦人不孀，虹蜺不見，盜賊不行，含德之所致也。天　常之道，生　物而

不有，成化象而弗宰，企行噫息，□飛□動，待而後生，莫之知德；待而

不有，成化　而不宰，萬物　　　　　　　　　恃之而生，莫之知德；恃之

後死，莫之能怨。得以利者不能譽，用而敗者不能非。收聚畜積而不加富，

而死，莫之能怨。　　　　　　　　　　　　　收藏畜積而不加富，

布施稟受而不益貧。旋縣[3]而不可究，纖微而不可勤，累之而不高，墮之

---

[3] 「旋縣」本作「旋縣」，王念孫云：「縣當為縣，字之誤也，……《廣雅》：『縣，小
也』，故高注亦訓為小，旋亦小也。……此言道至微眇，宜若易窮，而實則廣大不可究也。
上言旋綿，下言纖微，其義一也。說見劉文典：《淮南鴻烈集解》（臺北：文史哲出版社，
1982年），卷1〈原道〉，頁4當句下引，今從校改。

布施稟受而不益貧。

而不下，益之而不眾，損之而不寡，□之而不薄，殺之而不殘，鑿之而不
深，填之而不淺。忽兮怳兮，不可為象兮；怳兮忽兮，用不屈兮；窈兮

　　　　　忽兮怳兮，不可為象兮；怳兮忽兮，用不詘兮；窈兮

冥兮，應無形兮；遂兮洞兮，不虛動兮；與剛柔卷舒兮，與陰陽俛仰兮。

冥兮，應化無形兮；遂兮通兮，不虛動兮。與剛柔卷舒兮，與陰陽俛仰兮。

昔者馮夷大丙之御也，乘雷車，六雲蜺[4]，游微霧，騖忽怳，歷遠彌高以極
往，經霜雪而無跡，照日光而無景，抮扶搖，抱羊角[5]而上，經紀山川，
蹈騰昆侖，排閶闔，淪天門。末世之御雖有輕車良馬，勁策利鍛，不能與
之爭先。是故，大丈夫恬然無思，澹然無慮，以天為蓋，以地為輿，四時

　　　　　老子曰：大丈夫恬然無思，憺然無慮，以天為蓋，以地為車，以

為馬，陰陽為御，乘雲凌霄，與造化者俱。縱志舒節，以馳大區。可以步
四時為馬，以陰陽為御，

而步，可以驟而驟，令雨師灑道，使風伯掃塵，電以為鞭策，雷以為車輪，
行乎無路，

上遊於霄□之野，下出於無垠之門。劉覽偏照，復守以全，經營四隅，還
　遊乎無怠，　　　　出乎無門。

反於樞。故以天為蓋，則無不覆也；以地為輿，則無不載也；四時為馬，

---

[4] 「乘雷車，六雲蜺」本作「乘雲車，入雲蜺」，王念孫云：「雲車與雲蜺相複，雲當為
雷，……下文曰：『電以為鞭策，雷以為車輪，……雷與雲字相似，又涉下句雲字而誤。入
雲蜺，本作六雲蜺……此言以雷為車，以雲蜺為六馬。」說見劉文典：《淮南鴻烈集解》，
卷1〈原道〉，頁5當句下引，今從校改。

[5] 「抮扶搖，抱羊角」本作「扶搖抮抱羊角」，俞樾云：「此當作抮扶搖，抱羊角而上，……
扶搖也，羊角也，皆風也。……抮扶搖，抱羊角而上，猶云摶扶搖羊角而上，今作扶搖抮抱
羊角，則義不可通矣。」說見劉文典：《淮南鴻烈集解》，卷1〈原道〉，頁6當句下引，今
從校改。

以天為蓋，則無不覆也；以地為車，則無不載也；四時為馬，
則無不使也；陰陽為御，則無不備也。是故，疾而不搖，遠而不勞，四支
則無所不使也，陰陽御之，則無所不備也。是故，疾而不搖，遠而不勞，
不動聰明不損，而知八紘九野之形埒者何也？執道要之柄，而遊於無窮之
四支不動，聰明不損而照見天下者，　　　　執道之要，　觀　無窮之
地也。是故，天下之事不可為也，因其自然而推之；萬物之變不可究也，
地也。　　故　天下之事不可為也，因其自然而推之；萬物之變不可救也，
秉其要歸之趣。……是以，聖人內修其本而不外飾其末，保其精神，偃其
秉其要而歸之。　　　是以，聖人內修其本而不外飾其末，屬其精神，偃其
知故，漠然無為而無不為也，澹然無治而無不治也。所謂無為者，不先物
知見。故漠然無為而無不為也，　　無治而無不治也。所謂無為者，不先物
為也；所謂無不為者，因物之所為也；所謂無治者，不易自然也；所謂無不
為也；　　　　　　　　無治者，不易自然也；　　無不
治者，因物之相然也。
治者，因物之相然也。

經過這樣的文字比對，我們可以發現：一、不論《文子》或《淮南子》，
兩段文字都是一樣的鋪排。所不同的，《淮南子》鋪排更甚於《文子》。
這樣的鋪排形態，在《淮南子》裡是隨處可見；在《文子》裡則只有與
《淮南子》相重應的部分內容裡才見得到。二、兩段文字只有「以亡取
存，以卑取辱，以退取先」三句是《文子》多出於《淮南子》，其餘繁簡
儘管不同，大致與《淮南子・原道》開宗明義的兩段內容相重相應，且
是《淮南子》繁，《文子》簡。而這三句疑是誤置，因為：自「約而能
張……以撫四方」諸句，就內容言，是鋪敘道性，言其為一切天人事物存
在與賦性的根源；就押韻情況言，張、剛、陽、光、翔、央、方，一韻而
下，侈麗朗暢。中間插入三句寓含道的權謀應用字句，不僅義與上下文突

兀、隔離、不相連屬，韻也不協。

其次，我們每仔細觀察比對所有相重相應的文字，也可以發現幾個特點：

1. 《淮南子‧原道》繁而詳，《文子‧道原》較簡略，其繁簡歧異的情況事實上是：

   (1)和反應在〈道德〉篇的一樣，《淮南子》不但有議論，也有繁複的鋪敘和舉證，今本《文子》則只有議論，沒有舉證。比如：在兩節「老子曰」之間，《淮南子‧原道》本有一大段辭賦式地鋪衍馮夷、大丙神駕的例證，《文子‧道原》卻少了。今本《文子》說理，大多直論，很少敘事或舉證（不論傳說或歷史人物），十二篇除了〈精誠〉篇敘述黃帝治天下與宓犧王天下篇幅稍長，其餘即或舉證，亦多一兩句，至多三、五句匆匆帶過，絕不詳述，遑論鋪敘。如卷二提皋陶、師曠、南榮疇，卷六舉老子學常樅，卷八舉堯、舜、契……神農、伊尹、呂望等人，卷九舉桀紂、商武，卷十舉伯樂、王良，卷十一舉造父、赤帝、共工、神農之法等等皆如此。

   (2)第二段在「以四時爲馬，以陰陽爲御」下，《淮南子‧原道》接著是一大段辭賦式的鋪衍，「乘雲凌霄……還反於樞」，前前後後共約二十句，在今本《文子》中卻只有「行乎無路，遊乎無怠，出乎無門」四句涵蓋其義。

   (3)在第二段前半，《淮南子》作「知八紘九野之形埒」，《文子‧道原》簡爲「照見天下」。

   (4)第二段末《淮南子‧原道》「無爲」、「無不爲」、「無治」、「無不治」皆有說明，《文子‧道原》則僅說明「無爲」、「無治」、「無不治」，獨獨缺了「無不爲」的說明，顯然脫漏。

   凡此種種情況，與其解釋爲《淮南子‧原道》抄襲、添加自今

本《文子‧道原》，不如解釋爲今本《文子‧道原》刪削（如
⑴）、省寫（如⑵、⑶）自《淮南子》，而有所異誤（如⑷）。

2. 李定生先生曾以今本《文子》爲據，列舉《淮南子》文中之訛
誤，證明《淮南子》抄自《文子》而生誤[6]。如今，我們就前面兩
段文字的重應情況看來，所得的結論卻剛好相反，大致都是《文
子》生誤，而非《淮南子》；如：

⑴《文子‧道原》：「表之不盈一握」，義不可通，《淮南子‧
原道》作「卷之不盈於一握」。俞樾〈讀文子〉引《禮記‧五
制》與《釋名‧釋首飾》爲證，云：「表」乃「袞」字之誤，古
音「袞」與「卷」同。[7]

⑵《文子‧道原》第一段「天常之道」義不可通，俞樾以爲當
是「太上之道」，《淮南子‧原道》爲是，「天」乃「太」
之誤，「常」乃「上」之誤。（《諸子平議‧淮南內篇平
議》）。蓋上、尙通，尙、常形近而誤。

⑶《文子‧道原》「萬物之變不可救」義不可通，《淮南子》作
「不可究」，謂萬物變化紛紜複雜，不可窮言盡，《文子‧道
原》的「救」當是「究」之聲誤。

⑷《文子‧道原》「厲其精神，偃其知見，故……」，《淮南
子‧原道》作「保其精神，偃其智故」，無「見」字，「故」
字上屬，義較勝。蓋：此兩句之上論修本不飾末；下論「無
爲」，明是討論清靜嗇神之旨。《文子》作「厲其精神」義正
相反，《淮南子》作「保其精神」爲是。又《文子》作「偃其
知見」，李定生釋爲「止其聞見」，義固可通，終不若《淮南

[6] 參見李著：《文子要詮‧序》（上海：復旦大學出版社，1988年），頁1-11。

[7] 同見注6，頁30所引。

子》之「偃其智故」義爲勝。蓋「智故」本道家一系論修養之常用語，「偃其知故」謂「止其智巧」。

上述兩段重應文字若有互抄的情況，則這四例只可證明今本《文子・道原》抄自《淮南子・原道》而生誤，絕無法證明《淮南子・原道》抄自今本《文子・道原》。存在其它篇的例證尚不止此。

3. 此外，有沒有另一種可能，即兩者共同抄自先秦其他典籍，卻詳略互異？如果光就這類鋪衍極盛的例子看來，答案應該是否定的。因爲，像這類以辭賦式的大篇鋪衍來論理，排句、對仗、修辭兼俱，一貫而下的鋪擒風格，既不合於出土殘簡《文子》的文字氣質（主要就與今本文字可相應的篇章推斷），也與今本《文子》中與《淮南子》不相重應部分的文字風格不相類；相較於即今所知見的先秦其他子學典籍的表達形態，也是異數。然而，它卻是《淮南子》全書很典型的表詮風格與普遍體式，上自〈原道〉、〈俶眞〉、〈精神〉、〈本經〉，下迄〈脩務〉、〈泰族〉，時時可見這樣的文字色調與表達形態。換言之，除了與《淮南子》相重應的部分外，在今本《文子》中，並不見這樣的文字風格；然而，在《淮南子》中，不管與他書重應不重應，卻時時可見這樣的例證，可見，它原本屬於《淮南子》而非《文子》的文字形態。

比如，在《淮南子》裡，爲了論證《老子》「大道廢，有仁義」（十八章）與「道失而後有德，德失而有仁，仁失而後有義……」（三十八章）一系要旨，曾一而再，再而三，反覆喟歎道德仁義的陵夷衰遲，並不吝篇幅地排列鋪敘人類社會道德的衰墮史，以解證《老子》道德退化的歷史觀。這類的鋪敘，以〈本經〉爲主，全書前前後後，共達十一次之多，計：

〈俶眞〉兩次：

　⑴至德之世→世之衰（伏羲）→神農黃帝時→昆吾夏后之世→周世之

衰（重應於〈上禮〉）

　　⑵至德之世→夏殷紂之時（重應於〈道德〉）

〈覽冥〉一次：

　　宓犧氏之道（往古之時）→黃帝（重應於〈精神〉）→夏之時→晚世（七國異族的戰國）→當今之時（初漢）（重應於〈上禮〉）

〈本經〉六次：

　　⑴太清之治（古之人）→衰世→分山川谿谷（戰國）（重應於〈上禮〉）

　　⑵古之人→衰世

　　⑶容成氏→堯之時→舜之時→晚世之時（紂）

　　⑷古者→末世之政

　　⑸古者→晚世（風俗流敗）

　　⑹古者→晚世

〈主術〉兩次：

　　⑴神農→末世（重應於〈精誠〉）

　　⑵堯→衰世

這十一次，除〈本經〉的4.5.6規模較小外，其餘篇幅都很大，大部分也都重出於今本《文子》；不過，篇幅卻少很多。比如：〈俶眞〉的⑴與今本《文子‧上禮》相重應。⑵與〈道德〉相重應。〈覽冥〉的前半（宓犧氏、黃帝）與〈精神〉相重應；後半（夏之時、晚世、當今之時）與〈上禮〉相重應。〈本經〉的⑴與〈上禮〉相重應。〈主術〉的⑴與〈精誠〉相重應。其餘各例悉不見於今本《文子》。今試舉重應與不重應者各一例，以明不論與《文子》重應與否，《淮南子》的文字表達都一樣是辭賦式的鋪衍。可見這類的文字風格明是《淮南子》而非《文子》的表達形態。以明兩書之間的相抄問題固然因素複雜，難能遽斷；但如果存在著相抄情況的話，則應是今本《文子》隱括或節抄自《淮南子》，而非相反。

(二)以相重應的其它篇章內容補證：

首先，我們舉《淮南子‧覽冥》與《文子‧精誠》的對應情況來看：

〈覽冥〉

昔者黃帝治天下，而力牧太山稽輔之，以治日月之行，律陰陽之氣[8]，節四

〈精誠〉

昔黃帝之治天下，　　　　　　　　　以調日月之行，治陰陽之氣，節四

時之度，正律歷之數，別男女，明上下，使強不掩弱，眾不暴寡，人民保

時之度，正律歷之數，別男女，明上下，使強不掩弱，眾不暴寡，　民保

命而不夭，歲時熟而不凶，百官正而無私，上下調而無尤，法令明而不闇，

命而不夭，歲時熟而不凶，百官正而無私，上下調而無尤，法令明而不闇，

輔佐公而不阿，田者不侵畔，漁者不爭隈，道不拾遺，市不豫賈，城郭不

輔佐公而不阿，田者讓畔，　　　　　　　道不拾遺，市不豫賈，

關，邑無盜賊，鄙旅之人，相讓以財，狗彘吐菽粟於路而無忿爭之心。於

是，日月精明，星辰不失其行，風雨時節，五穀豐孰。虎狼不妄噬，鷙

于此時，日月　星辰不失其行，風雨時節，五穀豐富，

鳥不妄搏，鳳凰翔于庭，麒麟游于郊，青龍進駕，飛黃伏皁，諸北儋耳之

　　　　　　　鳳凰翔于庭，麒麟游于郊，

國莫不獻其貢職，然猶未及宓犧氏之道也。往古之時，四極廢，九州裂，

　　　　　　　宓犧氏之王天下也，

---

[8] 「律陰陽之氣」本作「律治陰陽之氣」，集解引陳觀樓云：「律下本無治字，律陰陽之氣與上下相對為文，讀者誤以律字上屬為句，則陰陽之氣四字文不成義，故又加治字耳。」說見劉文典：《淮南鴻烈集解》，卷6〈覽冥〉，頁205當句下引，今從校改。今從校改。

天不兼覆，地不周載，火爁焱[9]而不滅，水浩溔[10]而不息，猛獸食顓民，
鷙鳥攫老弱。於是女媧煉五色石以補蒼天，斷鼇足以立四極，殺黑龍以
濟冀州，積蘆灰以止淫水。蒼天補，四極正，淫水涸，冀州平，狡蟲死，
顓民生，背方州，抱圓天，和春、陽夏、殺秋、約冬，枕方寢繩。陰陽

　　　　　枕石寢繩，　　　　　　　　殺秋約冬；背方州，抱圓天。陰陽

之所壅沈不通者竅理之，逆氣戾物傷民厚積者絕止之。當此之時，

　　　所壅沈滯不通者竅理之，逆氣戾物傷民厚積者絕止之。　　其民童

　　　　　　臥倨倨，興眄眄，一自以為馬，一自以為牛，其行□□，其
蒙，不知西東，

視眠眠，侗然皆得其和，莫知所由生。浮游不知所求，魍魎不知所往。當

　視眠眠，行蹎蹎，侗然自得，莫知其所由，浮游汎然不知所本，自養不知

此之時，禽獸蝮蛇無不匿其爪牙，藏其螫毒，無有攫噬之心，考其功烈，

　所如往。當此之時，禽獸蟲蛇無不懷其爪牙，藏其螫毒，　　功揆天地，

上際九天，下契黃壚，名聲被後世，光暉熏萬物[11]。乘雷車，服應龍[12]，

---

[9] 「爁焱」本作「爁炎」，王念孫云：「炎當為焱，字之誤也。……爁焱，火延也，《太平御
覽‧皇王部三》引作作爁焱，與《廣韻》合。」說見劉文典：《淮南鴻烈集解》，卷6〈覽
冥〉，頁206當句下引，今從校改。

[10] 「浩溔」本作「浩洋」，王念孫云：「洋當為溔，亦字之誤也，……溔……水無涯際貌也。
御覽地部二十四引此作浩溔。」說見劉文典：《淮南鴻烈集解》，卷6〈覽冥〉，頁206當句
下引，今從校改。

[11] 「熏萬物」本作「重萬物」，王念孫云：「重字義不可通，《爾雅‧釋魚》疏引此作『光暉
熏萬物』，是也……謂光暉熏炙萬物。」說見劉文典：《淮南鴻烈集解》，卷6〈覽冥〉，
頁208當句下引，今從校改。

[12] 「服應龍」本作「服駕應龍」，王念孫云：「服應龍，驂青虯相對為文，……服下不當有駕
字，此後人據高注旁記駕字，因誤入正文也。」說見劉文典：《淮南鴻烈集解》，卷6〈覽
冥〉，頁208當句下引，今從校改。

驂青虯，援絕應[13]，席蘿圖。絡黃雲，前白螭，後奔蛇。浮游消搖；道
鬼神，登九天，朝帝於靈門。佼穆休于太祖之下，然而不章其功，不揚
　　　　　　　至黃帝要妙乎太祖之下，然而不章其功，不揚
其聲，隱真人之道，以從天地之固然。何則？道德上通而智故消滅也。
其名，隱真人之道，以從天地之固然。何則？道德上通而智故消滅也。

　　在這則裡，〈覽冥〉仍是一式的鋪排，大規模地敷敘，〈精誠〉雖也
有所鋪敘，比起〈覽冥〉乃至前述〈原道〉來，顯然大有不如；比起前述
〈道原〉來，也稍收斂。可見，這樣鋪排的表達方式，顯然是《淮南子》
的常態，卻非《文子》的慣例。

(三)以不重應的《淮南子》篇章內容補證

　　而在其他與《文子》不相重應的《淮南子》各篇中，這樣的例證還很
多，比如〈本經〉說：

昔容成氏之時，道路雁行列處，託嬰兒於巢上，置餘糧於
畝首。虎豹可尾，虺蛇可蹍，而　不知其所由然。逮至堯
之時，十日並出，焦禾稼，殺草木，而民無所食，猰㺄、
鑿齒、九嬰、大風、封豨、脩蛇，皆為民害。堯乃使羿誅
鑿齒於疇華之野，殺九嬰於凶水之上，繳大風於青丘之
澤；上射十日，而下殺猰㺄，斷脩蛇於洞庭，禽封豨於桑

---

[13] 「援絕應」本作「援絕瑞」，王念孫云：「（此句）本作援絕應，此亦涉注文而誤也，按正
文作絕應，故注釋之曰：殊絕之瑞應，若正文本作絕瑞，則無加應字以釋之矣。……御覽引
此正作絕瑞。」說見劉文典：《淮南鴻烈集解》，卷6〈覽冥〉，頁209當句下引，今從校
改。

林。萬民皆喜,置堯以為天子。於是天下廣陝險易遠近始
有道理。舜之時,共工振滔洪水,以薄空桑,龍門未開,
呂梁未發,江淮通流,四海溟涬,民皆上丘陵,赴樹木。
舜乃使禹疏三江五湖,闢伊闕,導廛澗,平通溝陸,流注
東海。鴻水漏,九州乾,萬民皆寧其性,是以稱堯舜以為
聖。晚世之時,帝有桀紂,桀為琁室[14]、瑤臺、象廊、玉
床;紂為肉圃、酒池,撩聚天下之財[15],罷苦萬民之力,
刳諫者,剔孕婦,攘天下,虐百姓。於是湯乃以革車三百
乘,伐桀於南巢,放之夏臺。武王甲卒三千,破紂牧野,
殺之于宣室。天下寧定,百姓和集,是以稱湯武之賢。

　　〈本經〉這一則文字內容並不見於今本《文子》各篇;但,其鋪排的
表現風格和上述對應著〈覽冥〉的〈精誠〉,乃至對應著〈原道〉的〈道
原〉篇各段,形態上是一致的。基本上都是好舉事例,以一連串的對句、
排句直貫而下,修辭甚或協韻,字斟句酌,這便是很典型的《淮南子》式
的文字風格。這樣的文字風格,在今本《文子》與《淮南子》以較大篇幅
相對應的各章節裡仍可以看得到;但,在其他與《淮南子》不對應的各章
節中,儘管篇幅也長大,文字卻平實許多。(此可參見附錄)可見,兩
書這一類的對應情況如果有相抄襲的話,應是今本《文子》抄自《淮南

---

14 「桀為琁室」,本作「為琁室」,王念孫云:「上脫桀字,《大戴禮·少閒篇》注、《北堂
　書鈔·帝王部二十》、《太平御覽·皇王部七》引此,為上皆有桀字。」說見劉文典:《淮
　南鴻烈集解》,卷8〈本經〉,頁256當句下引,今從校改。

15 此句本作「燎焚天下之財」,俞樾云:「天下之財不當言燎焚。燎焚當作撩聚……《廣雅·
　釋詁》:『撩,取也』;聚與取,古字通……撩聚即撩取,謂撩取天下之財也。」說見劉文
　典:《淮南鴻烈集解》,卷8〈本經〉,頁256當句下引,今從校改。

子》，而非相反。

　　如果這樣的結論可以成立的話，那麼今本《文子》的現況成書便應在《淮南子》之後。

二、就兩書不相重應的內容，試理古本《文子》的幾個思想論題

㈠由四萬到七千，由十二篇到九篇

　　其次，我們如果從唯一能與竹簡《文子》有較多對應的今本〈道德〉篇內容看來，凡簡、今本《文子》可以對應的內容竟都不見於《淮南子》；反之，凡今本〈道德〉篇中能與《淮南子》相對應的文字內容，竟也同樣不見於殘簡《文子》中。這是否意味著：古本《文子》與《淮南子》的內容，基本上是不相重的；今本《文子》的形成，是在簡本一系古本《文子》的基礎上，增竄入許多《淮南子》的內容，剔除這些增竄進去的內容，會不會比較接近古本《文子》的原貌？以下我們便試著循這樣的路線，就兩成左右，約六、七千字的今本《文子》內容中，去整理出它的主要論題，希望能把握到古本《文子》的某些思想內容。

　　而當筆者從十二篇四萬多字的今本《文子》內容中，逐篇逐句地剔除其重出、對應或省減自《淮南子》的部份時，除了得到一成半左右，六千七百多近七千的篇幅外，更嚇然發現一個令人驚訝不已的結果，那就是：

　　　1.原十二篇竟只剩了九篇，與班固所見古本篇數正相合，依次是：〈道原〉、〈精誠〉、〈十守〉、〈符言〉、〈道德〉、〈上德〉、〈微明〉、〈自然〉、〈上仁〉（詳見附錄）。換言之，〈下德〉、〈上義〉、〈上禮〉三篇內容全部重應於《淮南子》

　　　2.這九篇中，與出土殘簡《文子》能對應的〈道原〉、〈道德〉、〈精誠〉、〈微明〉、〈自然〉各篇都在列。

這樣的結果與現象呈現，對於解開古本《文子》的原貌，或仍只是杯水車

薪；但，至少，它不應該只是個無意義的巧合而已。它極可能符合或反應出某些事實。當然，這九篇即使是班固所見的那九篇，篇名是否就是這樣稱，也仍須進一步考察；但，這樣的結果，無寧是值得注意的。

(二)七千字內容所反映的《文子》思想

就這九篇近七千字與《淮南子》不相重應的文字內容看來，《文子》幾乎是專論治道的。它以推闡《老子》虛靜、柔後、無爲的思想爲主要內容，明顯凸出幾個焦點論題：一、虛靜無爲、雌後柔弱，二、尙陽賤陰，陽以下陰，三、心之治亂與氣之順逆，四、道德與仁、義、禮、（智）的結合，五、兵道。這些論題不但和先秦黃老學說主要論題大致一致，和定州殘簡所浮現出來的幾個思想論題也大致不背。其中尤以對柔後道理的推闡，所佔篇幅最大，幾達三分之二。它和先秦黃老學說一樣，總是先抬出天道，以帶出法天的政道；但，不論天道還是政道，主要仍是以《老子》的虛靜、無爲、柔後爲內容。它一再反覆地稱述「道」與「天道」；但，卻不大討論「道」或「天道」的本體究竟，或創生問題。只是反覆地推闡道的虛靜、柔後之用。換言之，在這六、七千字的內容中，我們所看到的，大多是道在應用方面的推闡，而不大見到本體或創生方面的論述。它論「道」也罷，論「天道」也罷，目的都不在交代那個做爲生化源頭的本體，而是要關照這個虛無本體落實在人生事務上，尤其是政治上的運作問題，這便使它所研論的「道」，幾幾乎全指向人事方面的政道、治道、成敗禍福之道，尤其是人君的統御之道。

不管原來的《文子》內容是不是眞實的君臣對談紀錄，這樣的主體內容至少是符合那樣的說法的。這也使我們願意相信，它比今本現況近古許多。

1.天道謙損、退下，政道無爲不爭

和《老子》，乃至其他黃老學說一樣地，《文子》從「道」開啓它的

論題。

〈道德〉說：

> 夫道者德之元，天之根，福之門，萬物待之而生，待之而成，待之而寧。

〈自然〉說：

> 天下有始，莫知其理……非雌非雄，非牝非牡，生而不死，天地以成，陰陽以形，萬物以生。

> 執道以御民者，事來而循之，物動而因之……故道者虛無、平易、清靜、柔弱、純粹、素朴，此五者，道之形象也。虛無者道之舍也，平易者道之素也，清靜者道之鑑也，柔弱者道之用也，反者道之常也，柔者道之剛也，弱者道之強也，純粹素朴者，道之幹也。

> 夫道無為無形，內以脩身，外以治人，功成事立，與天為鄰。無為而無不為，莫知其情，莫知其真，其中有信。天子有道則天下服，長有社稷；公侯有道，則人民和睦，不失其國；士庶有道，則全其身，保其親；強大有道，不戰而克；小弱有道，不爭而得；舉事有道，功成得福。君臣有道則忠惠，父子有道則孝慈，士庶有道則相愛。故有道則和，無道則苛，由是觀之，道之于人無所不宜也。夫道者，小行之，小得福，大行之，大得福；盡行之，天下

　　服，服則懷之。

可見，它所要論的「道」，是指能使「天下服」的「御民」的政道，旁及一些人事上的禍福成敗之理。這個「道」不但具備了《老子》道的一切條件：虛無、平易、清靜、柔弱、純粹、素朴，也和《老子》所說的一樣，是原本存在於自然現象與事物中的，《文子》稱它做「天道」。〈十守・守弱〉說：

　　　　天之道，抑高而舉下，損有餘，補不足；江海處地之不
　　　　足，故天下歸之，奉之……飄風暴雨不終日，小谷不能須
　　　　臾盈。飄風暴雨行強梁之氣，故不能久而滅；小谷處強梁
　　　　之地，故不得不奪。天道極即反，盈即損，日月是也。

〈精誠〉也說：「天地之道大以小為本，多以少為始。」
〈道德〉說：

　　　　夫道者，原產有始，始于柔弱，成于剛強；始于短寡，成
　　　　于眾長。十圍之木始于把，百仞之臺始于下，此天之道
　　　　也。

對於這個「天道」的內容，《文子》完全賦予《老子》所給的一切質性，除了虛靜、柔弱、素朴、純粹之外，還滿損、謙退，能由小轉大、積弱變強。這樣美好的「天道」，理當由其理想中的統治者——所謂的聖人、聖王來領理，來法效，以完成完美的統治。《文子》因此一再地稱說「聖人法天」。

　　「天之道，裒多益寡，地之道損高益」，聖人之道因此應該「卑而

莫能上」（〈道德〉）「天高澤下」，聖人應該「仿效之」，使「尊卑有序，天下定矣」（〈上德〉）。日月極反、盈損，聖人因此應該「日損而沖氣，不敢自滿，日進以牝，功德不衰」；江海不足，故爲天下歸，飄風、暴雨、小谷以強梁而滅奪不長久，聖人因此「卑謙、清靜、辭讓」，「執雌牝、去奢驕、不敢行強梁之氣」（〈十守·守弱〉）。總之，最高明的治道是從虛靜、柔後、寡少的天道中提煉出來的，聖人治政，應該法天之下退、不盈、卑損、謙柔、虛靜無爲。〈十守〉說：

> 上聖法天，……法天者治天道也，虛靜為主，虛無不受，靜無不持，知虛靜之道，乃能終始，故聖人以靜為治，以動為亂……是謂天道。（〈守法〉）

> 聖人法之（天），卑者所以自下也，退者所以自後也，儉者所以自小也，損者所以自少也。（〈道德〉）

又說：

> 聖人以道鎮之，執一無為而不損，沖氣、見小、守柔，退而勿有法，於江海，江海不為，故功名自化；弗強，故能成其王；為天下牝，故能神；不死自愛，故能成其貴。……夫道大以小而成，多以少為主，故聖人以道莅天下，柔弱微妙者見小也，儉嗇損缺者見少也。見小，故能成其大；見少，故能成其美。……卑謙、清靜、辭讓者見下也，虛心無有者見不足也下。故能致其高；見不足，故能成其賢。矜者不立，奢者不長，強梁者死，滿足

者亡。……執雌牝，故能立其雄牡；不敢奢驕，故能長久。……弗為而成，弗執而得，與人同情而異道，故能長久。

〈自然〉也說：「古之善爲君者法江海」，江海無爲、窊下、不求、不有、不爭、不自貴、不自矜、不自見，故能長久。人君法之，「爲天下王」；王公修之，功成「強固」。這些理論基本上是對《老子》柔後哲學的繼承和闡釋，卻是六、七千字的內容中再三反覆推闡的主題。《老子》喜歡以水喻道，說水近于道，（八章）說道在天下，猶川谷之於江海（32章）說江海以下爲百谷王（66章）。《文子》也多次以江海爲喻，說：「江海近于道」（〈自然〉）。不過，這種「執雌牝」以「立雄牡」的道，極明顯的就是對《老子》的詮釋。比《老子》更明顯地夾帶著積極權謀的意味；〈道原〉曾明白地說要「以亡取存，以卑取尊，以退取先」，《文子》拈它來做爲領導統御的指導原則。〈自然〉說：「無爲者，治之常也」，又說：

> 所謂天子者，有天道以立天下也。立天下之道，執一以為保，反本無為，虛靜無有，忽怳無際，遠無所止，視之無形，聽之無聲，是謂大道之經。

在六、七千字的內容中，總是一再出現這類無爲、守靜、戒驕泰、守柔後的論述。〈上仁〉總結這一切，鋪敘出理想中的完美統御；說：

> 古之善為天下者，無為而無不為也。故為天下有容，能得其容，無為而有功；不得其容，動作必凶。為天下有容者，豫兮其若冬涉大川，猶兮其若畏四鄰，儼兮其若容，

渙兮其若冰之液，敦兮其若樸，混兮其若濁，廣兮其若
谷，此為天下容。豫兮其若冬涉大川者，不敢行也；猶兮
其若畏四鄰者，恐自傷也；儼兮其若容者，謙恭敬也；渙
兮其若冰之液者，不敢積藏也；敦兮其若朴者，不敢廉成
也；混兮其若濁者，不敢清明也；廣兮其若谷者，不敢盛
盈也。進不敢行者，退不敢先也；恐自傷者，守柔弱，不
敢矜也；謙恭敬者，自卑下，尊敬人也；不敢積藏者，自
損弊，不敢堅也；不敢廉成者，自虧缺，不敢全也；不敢
清明者，處濁厚而不敢新鮮也；不敢盛盈者，見不足而不
敢自賢也。夫道，退故能先，守柔弱故能矜，自卑下故能
高人；自損弊，故實堅；自虧缺，故盛全；處濁辱，故新
鮮；見不足，故能賢。道無為而無不為也。

這裏很明白地完全是對《老子》十六章的發揮與詮釋，它把《老
子》謙退、雌後、柔弱的應用哲學，作了全面性的提掇和推衍，以解證
「無為而無不為」，講的也是「為天下」的政術，構成了近七千字理論中
篇幅佔最多，論述也最著力的部分。這種天道、政道一理相通、政道法天
道的論述，正是黃老極典型的理論形態。

2.大道無為、無形而有名

不過，除了承繼並發揮《老子》虛靜、柔後、謙下、無為的要旨，以
為政術的依據之外，相對於《老子》，《文子》也有不少轉化。比如，它
雖然也承繼《老子》尚「虛無」的精神，主張無為、無形、無聲、無言，
強調「無」的妙用，〈精誠〉說：

大道無為，無為即無有，無有者不居也，不居者即處而無

形，無形者不動，不動者無言，無言者即靜而無聲。無形
無聲者，視之不見，聽之不聞，是謂微妙，是謂至神。

〈道原〉說：

> 夫無形大，有形細；無形多，有形少；無形強，有形弱；
> 無形實，有形虛；有形者遂事也，無形者作始也；遂事者
> 成器也；作始者朴也。有形則有聲，無形則無聲，有形產
> 于無形，故無形者，有形之始也。

虛無近本體，是根源，自然高；有形是成跡，是具器，自然低；《文子》
對於《老子》的尚「無」說做了相當的詮釋。但，《老子》尚虛無，也主
「無名」，《老子》說：「道隱無名」，道不但無形，也無名。《文子》
卻不同，《文子》雖推崇無為、無聲、無言，無形卻並不推崇「無名」，
它甚至把「名」與「功」結合起來講求和提倡，〈道原〉說：

> 廣厚有名，有名者貴全也；儉薄無名，無名者，賤輕也；
> 殷富有名，有名者尊寵也；貧賤無名，無名者卑辱也；雄
> 牡有名，有名者章明也；雌牝無名，無名者隱約也；有餘
> 者有名，有名者高賢也；不足者無名，無名者任下也。有
> 功即有名，無功即無名。有名產于無名，無名者有名之母
> 也。

它雖然也承認「無名」是「有名」的根源；但，卻以「有名」為貴全、
為尊寵、為章明、為高賢；以「無名」為賤輕、為卑辱、為隱約、為任

下。〈道德〉篇說聽「道」是為了「達智」，為了「成行」，為了「致功名」，〈微明〉說：「事無功，德不長」，德的長否，與事功的有無相關，這些都與原本老學有距離，而清楚顯現了黃老學說對老學的歧出。這樣的歧出，馬王堆黃老帛書也出現過。帛書〈經法・論約〉說：「功不及天，退而無名，功合於天，名乃大成，人事之理也。」〈經法・論〉說：「強主（剛愎自是之君）滅而無名」。基本上也主張成功有名，和老莊的無名棄用走著相反的方向，這基本上因為黃老之學是積極用世的統御術，自然重視建功立名。

　　不過，一本柔後不爭的老學本旨，它也承認「名」非爭求可得，而必須以「道德」去自然獲取，〈上仁〉說：

　　　　夫欲名之大而求之、爭之，吾見其不得已；而雖執而得之，不留也。夫名不可求而得也，在天下與之。與之者，歸之；天下之所歸德也。

〈自然〉說：

　　　　夫道德者功名之本也，民之所懷也；民懷之，則功名立。

　　　　人道深即德深，德深即功名遂成。

3.學道以神聽，虛心而清靜

　　而在《老子》裡，「道」非感官知覺對象，無法透過一般知覺官能的管道去獲取，為學和為道工夫相反，前者要「益」，後者須「損」，「為道」因此必須去學和反智。《文子》的說法卻很不同；〈道德〉篇說：

文子問道，老子曰：學問不精，聽道不深。凡聽者，將以達智也，將以成行也，將以致功名也。不精不明，不深不達，故上學以神聽，中學以心聽，下學以耳聽。以耳聽者，學在皮膚；以心聽者，學者肌肉；以神聽者，學在骨髓。故聽之不深，即知之不明；知之不明，即不能盡其精；不能盡其，精即行之不成。凡聽之理，虛心清靜，損氣無盛，無思無慮，目無妄視，耳無苟聽，專精積蓄，內意盈并；既以得之，必固守之，必長久之。

對於「道」的獲取，它說是用「聽」的，而且把它歸入「學」領域中，且分這種「學」為上、中、下深淺不同的三種層次。「學」道要用「聽」的工夫，「聽」道內以開展智慧、圓滿行為，外以獲取功名。而依著「聽」的工夫之深淺，所「學」得的結果也不同，最下等用感官去得知，這樣所學得的，只是表層皮毛；其次用心靈去體悟，這樣可以學得更入裏；最高層次用生命的自然契機去回應，這樣可以深入核心，而達到通體冥合的地步。這種說法很像《莊子‧人間世》的「心齋」工夫；〈人間世〉說：

若一志，無聽之以耳而聽之以心，無聽之以心而聽之以氣……；氣也者，虛而待物也。唯道集虛；虛者，心齋也。

《文子》的「以神聽」，相似於《莊子》的「聽之以氣」。這個「神」類同於那個「氣」，指的是生命的自然氣機，丁原植說：「神聽，是一種自

然的喚回」，是「排除人爲的意識而回歸於自然運化的整體」[16]，是很好的詮釋。《莊子》接下去因此特別解釋「聽之以氣」，說那是一種「虛而待物」的「心齋」工夫。《文子》接下去也特別詮釋這種「上學」的「神聽」之理，說那須「虛心清靜」，透過對外在官能感知與內在心智活動的澈底排除，讓自然的氣機流通冥合，便臻入了最上乘的道境。這樣的「學」和「聽」其實是一種澄心淨慮以回返自然的工夫。《老子》說：

　　　　致虛寂，守靜篤，萬物並作，吾以觀復。（十六章）

《文子》「神聽」的「上學」至境至少要達到這樣。

4.道德連稱與「四經」

　　在《老子》的哲學理論中，道與德是有所區分的，「道」是至高的生化根源與價值依據，「德」被視爲是「道」的下跌，是「道」在現象世界裡的功能顯現。《老子》說：「道生之，德蓄之。」（五十一章），「道失而後有德」（三十八章），二者之間是有所區別的。

　　在五千言的《老子》中，「道」與「德」因此總是分開來提，有並稱，沒有合一連稱的。但，在《文子》裡，卻明顯有了不同。它雖然也說「道者德之元」（〈道德〉），顯示道更爲本初根源。又說：「道以存生，德以安形」（〈自然〉），在一定程度上承繼了《老子》道生、德蓄的旨意。但由於著重人事，尤其是政治層面的論述，不多談本體與創生，因此，二者之間的區分便時而模糊混同。換言之，在近七千言的內容中，「道」與「德」常並稱甚或連稱，以做爲最高的人文價值標準，以與一般世俗所推崇的儒法一系價值標準相比對。我們就以與殘簡《文子》有

---

[16] 詳見丁著：〈《文子》思想的哲學基本結構〉，《文子》與道家思想發展兩岸學術研討會論文，臺北輔仁大學哲學系主辦，1996年6月1–3日。

較多對應，卻與《淮南子》不相重應的今本《文子·道德》篇問答體各章節來看，這種情況最爲明顯。〈道德〉篇第一問「問道」，第二問依次「問德、問仁、問義、問禮」，第四問問「以道蒞天下」，第五問問「王道」，第八問問「非道德無以治天下」。就所問的主題看來，由「道」與「德」分稱，終而「道德」合稱。其次，針對這些問，我們看其所安排的回答與詮釋——對於第一問問「道」，所安排的回答分爲幾層：

⑴學「道」應該以「神」聽，虛心而清靜。講的是修道的三層工夫（前已論過，此處從略）。

⑵道始于柔弱，始于短寡，始于下，聖人應法之而卑、退、儉、損。

⑶道是「德之元、天之根、福之門」，萬物萬事生成的根源與依據。

⑷道「無爲無形」，內以修身，外以治人，上自天子、公侯，下至士庶，君臣之間、父子之際，成功立事，戰勝得福，「無所不宜」，「無爲而無不爲」，戒驕泰，戒矜慢。

這裡，「道」固然有本體、根源的自然義，但更多的是人事層面、政治層面應用的人文義。末了，並說：「罪莫大于無道，怨莫深于無德」，不但「道」、「德」並稱，且意義無別。

對於第二問，「問德」，所安排的詮釋是：

畜之，養之，遂之，長之，兼利無擇，與天地合。

大致上仍是《老子》道生德蓄的自然義。但到了第七問「問政」時，所安排的回答是：

御之以道，養之以德，無示以賢，無加以力。

不但「道」、「德」並稱，並且以與「賢」、「力」對舉。到了第八問問

何以「非道德無以治天下？」時，所安排的回答是：

> 天下時有亡國破家，無道德之故也。有道德則夙夜不懈，
> 戰戰兢兢，常恐危亡。無道德，則縱慾怠情，其亡無時。
> 使桀紂循道行德，湯武雖賢，無所建其功也。夫道德者所
> 以相生養也，所以相畜長也，所以相親愛也，所以相敬貴
> 也。

道與德或並稱，或連稱，不但有生化的自然義，更強烈的是做為最高人文
價值標準的意義。

到了第九問，問有道賢人遭淫亂之世，能化民否？所安排的回答
是：

> 夫道德者匡邪以為正，振亂以為治，化淫敗以為樸，淳德
> 復生，要在一人，……上有道德，則下有仁義，……積德
> 成王，積怨成亡。……積道德者，天與之，地助之，鬼神
> 輔之，鳳凰翔其庭，麒麟遊其郊，蛟龍宿其沼，以道蒞天
> 下，天下之德也；無道蒞天下，天下之賊也。

則是時而「道」，時而「德」，時而「道德」，意義混用不分，全都用以
指稱最高人文價值。

不僅如此，在第二問裡，它並安排「德」與「仁」、「義」、
「禮」並列，合稱「四經」，以構成「道」的內容，〈道德〉說：

> 文子問德，老子曰：畜之、養之、遂之、長之，兼利無

擇，與天地合，此之謂德。何謂仁？曰：為上不矜其功，
為下不羞其病，于大不矜，于小不偷，兼愛無私，久而不
衰，此之謂仁。何謂義？曰：為上則輔弱，為下則守節，
達不肆意，窮不易操，一度順理，不私枉撓，此之謂義
也。何謂禮？曰：為上則恭嚴，為下則卑敬，退讓守柔，
為天下雌，立于不敢，設于不能，此之謂禮。

故修其德則下從令，修其仁則下不爭，修其義則下平正，
修其禮則下尊敬，四者既修，國家安寧。

故物生者道也，長者德也，愛者仁也，正者義也，敬者禮
也；不畜不養，不能遂長；不慈不愛，不能成遂；不正不
匡，不能久長；不敬不寵，不能貴重。

故德者民之所貴也，仁者民之所懷也，義者民之所畏也，
禮者民之所敬也，此四者文之順也，聖人之所以御萬物
也。

君子無德則下怨，無仁則下爭，無義則下暴，無禮則下
亂。四經不立，謂之無道；無道不亡者，未之有也。

原本在《老子》三十八章中，德與仁、義、禮依次被安排爲「道」的逐次
下跌；但在這裡，它們被安排爲平等的並列，以合組成人文意義下「道」
的內容。在這個安排裡，德、仁、義、禮四者都被儘量賦予了含帶《老
子》氣質的意義詮釋：德是畜養、遂長、兼利萬物；仁是不矜、不偷、兼

愛、無私；義是輔弱、守節、不肆意、不易操、順理、不枉撓；禮是恭嚴、卑敬、退讓、不敢、不能。然後它稱述它們的功能及其在政治上的成效：德是遂長，使下從令，民貴而不怨；仁是成遂，使民懷而不爭；義是久長，使下平正，民畏而不暴；禮是貴重，使下尊敬，民敬而不亂。德長，仁愛，義正，禮敬，這是《文子》對這幾個儒家所推崇的高人文價值標準，在「道」的統合下所作的詮釋。在這樣的安排下，德與仁、義、禮是等高的，沒有下跌和墮失的落差。從這裡，我們明顯看見做為黃老理論紀錄的《文子》，如何在以老子為基礎的前提下，揉採、吸收、消化儒（墨）的理論觀點，來營養、強化自己的政治理論。

不過，《老子》三十八章的基本精神，做為黃老理論紀錄的《文子》並沒有全然揚棄，而在〈上仁〉的部份內容中，以改裝過的面貌繼承了下來；〈上仁〉說：

> 古之為君者，深行之謂之道德，淺行之謂之仁義，薄行之謂之禮智。此六者，國家之綱維也。深行之則厚德福；淺行之則薄得福；盡行之，天下服。古者修道德即正天下，修仁義即正一國，修禮智即正一鄉。德厚者大，德者小。……故云上德者天下歸之，上仁者海內歸之，上義者一國歸之，上禮者一鄉歸之。無此四者，民不歸也。……是以君子務于道德。

它把道、德合為一組，仁、義合為一組，「禮」落了單，因此補「智」合成第三組，依次品鑑它們在政治上的效用功能：仁義不如道德，禮智不如仁義。承繼了《老子》三十八章由道、德而仁、義，而禮，層級依次下降的觀點，在推崇「道德」的前提下，陳述「四經」的政治功能。故末云「上德者……上仁者……上義者……上禮者……無此四者，民不歸也。」

　　我們不知古本幾篇和今傳十二篇《文子》篇目有多少異同；但從今傳十二篇篇名看來，有〈道原〉、〈道德〉、〈上德〉、〈下德〉、〈上仁〉、〈上義〉、〈上禮〉各篇，配合著〈道德〉篇的「四經」與〈上仁〉篇的「四者」之說，則道、德、仁、義、禮（或許加上智與樂）正是古本《文子》所論述的核心議題。換言之，將《老子》以生畜、長養與清靜柔後爲內容的道德論，結合著儒家以仁、義、禮（智……）爲內容的道德論，努力地揉合轉化成爲「採儒墨之善」的黃老政論，或許正是古本《文子》的主要思想內容。如果前面所推論，這近七千字，分居九篇的情況的確是古本原貌的話，則今本所多出的〈下德〉、〈下義〉、〈下禮〉三篇的篇名，會不會是後人有鑑於古本《文子》德、仁、義、禮並論的思想內容篇名卻只有道、德、仁，沒有義、禮而增列進去的？

5.陰陽與氣

　　此外，在六、七千字的內容中，少部分文字也談到了陰陽與氣的問題；然而不論是談陰陽還是氣，目標也都通向治道。比如它說：「天氣下，地氣上，二氣交通，萬物齊同。」說「天氣不下，地氣不上，陰陽不通，萬物不昌。」目的並不是在講創生，而是要講「小人得勢，君子消亡」。它說：「陽不下陰則萬物不成」，目的是要提出「君不下臣，德化不行。故君下臣則聰明，不下臣則闇聾。」說「陽滅陰，萬物肥；陰滅陽，萬物衰」，目的在講「王公尙陽道則萬物昌；尙陰道則天下亡」。它說：「河水深，壤在山；丘陵高，下入淵。陽氣盛，變爲陰；陰氣盛，變爲陽」，目的在戒人君「欲不可盈，樂不可極」。它說：「陽氣動，萬物緩而得其所」，目的是要「聖人順陽道」，才能「不失物之情性」。它說「陽氣蓄而後能施，陰氣積而後能化，未有不蓄積而能化者也」，目的是要說明聖人「愼所積」，積什麼？自然是積道德，積仁義，積民心。（以上皆見〈上德〉）

　　不過，總地說來，它一方面尙陽而賤陰，另一方面卻也重視陰陽轉化

的自然之理，呼籲以陽下陰。既呼應了黃老政論中貴陽賤陰的傳統，也關照了老學中虛柔、謙退的本旨，和黃老帛書所表現的既主陽尊陰卑，雌節的思想形態一致。

然後，《文子》也談「氣」，〈下德〉說：

> 人有順逆之氣生于心，心治則氣順，心亂則氣逆。心之治亂在於道，得道則心治，失道則心亂。心治即交讓，心亂即交爭。讓則有德，爭則生賊。有德即氣順，賊生即氣逆，氣順則自損以奉人，氣逆則損人以自奉。夫氣者可以道而制也。

> 人之情性皆願賢己而疾不及人。願賢己則爭心生；疾不及人即怨爭生；怨爭生即心亂而氣逆。故古之聖王退爭怨，爭怨不生，即心治而氣順。故曰：「不尚賢，使民不爭。」

它藉用「氣」與「心」的交互關係來詮釋《老子》「不尚賢」之旨。它說，心是主導統御著氣的，一個人行為表現的好壞，決定於氣的順逆。而氣的順逆根源于心的治亂；心之所以不治，根源於世俗虛浮不實價值判斷的牽引與攪擾，尚賢（重視才智）便是其一。因此，在它看來，氣其實是可以從心下手去疏導調制的，心也是可以調理的。體道退爭，心便平治。而更重要的，說這一切的終極目的，是要執政者退爭心，不尚賢。不過，前則它說，是心的治、亂產生讓、爭，後則卻又說，是爭的念頭使心生亂，二者之間究竟孰先孰後，似乎並非《文子》所關注的焦點，它所要照應的只是：統治者應該重道德，不重才智，以使民平心、順氣、止爭。

6.兵道

　　對於兵道，《老子》是深惡痛絕的；但是，戰國秦漢以下的黃老學說，不論是黃老帛書、《管子》、《呂氏春秋》，還是《淮南子》，在退一步的考量上，都沒有不談兵的。《文子》也不例外。〈上仁〉在論到無德、仁、義、禮四者爲政，則「民不歸」時，接著說：

> 不歸，用兵，即危道也。故曰：兵者不祥之器，不得已而用之。殺傷人，勝而無美，故曰：死地荊棘生焉，以悲哀泣之，以喪禮居之。是以君子務于道德，不重用兵也。

這基本上是《老子》三十、三十一兩章的叮囑和繼承。但是，在最對應殘簡的今本〈道德〉篇裡，卻說：

> 文子問曰：「王道有幾？」老子曰：「一而已矣。」文子曰：「古有以道王者，有以兵王者，何其一也？」曰：「以道王者德也，以兵王者亦德也，用兵者王？有義兵，有應兵，有忿兵，有貪兵，有驕兵。誅暴救弱謂之義；敵來加已，不得已而用之謂之應；爭小，故不勝其心謂之忿；利人土地，欲人財貨謂之貪；恃其國家之大，矜其人民之眾，欲見賢于故國者謂之驕。義兵王、應兵勝、忿兵敗、貪兵死、驕兵滅，此天道也。

　　「王道」本是儒家最高的政治理想，儒家論王道是以德不以力，只有法家才正面講富國強兵、勵農戰。《文子》雖也將王道歸結於「德」，其管道與步驟卻分道、兵兩途，大概也是考量到常態與非常態的退一步狀況。而不管是常態或非常態的處理，都不能放棄「德」的原則堅持，這基本上也

是戰國以來各家論兵的一致原則。然後,它分兵為五,簡單地說:第一等是為誅暴救弱而戰,叫「義兵」;第二等是被動地為免受侵略,求自保,不得已而戰,叫「應兵」;第三等是為小事起爭,壓不下忿怒的念頭而戰,叫「忿兵」;第四等是為貪奪他國土地財貨而戰,是不折不扣的侵略,稱「貪兵」;第五等是為炫耀強大,向人示威而戰,更是無端的挑釁和欺凌了,叫「驕兵」。這五種兵戰,除了第一、二等基於是非和自保,不能不戰,能必贏之外,其餘三種都是基於不正確心態下發動的攻擊,註定要失敗。這樣的兵論既合道家戒驕忿、止貪爭的本旨,也合儒家德義原則,這是近七千字《文子》內容中的兵學相關理論。

三、結論

　　不論是推定今本《文子》與《淮南子》的相互抄襲問題,還是成書的先後問題,乃甚至是古本《文子》的思想內容,在目前所能掌握的有限條件下,都是相當困難的。本文只是就個人實際整理所得的結果與掌握所及的條件,試做一點推進性的探索。這其中仍不免有一些風險;比如:在所割捨的三萬多兩書相重應的內容中,有沒有同出一源(包括同承先秦他典,或同出古本《文子》等情況)而非相抄襲的部分?這不相重應的六、七千字,與古本《文子》的內容有多少距離?⋯⋯等等問題,一時之間都無法斷定。本論文只是往較大可能的方向去推論,試圖為目前的《文子》研究推展出一點空間。但就前述的情況看來,一向被歸為道家後期學說,乃至於是老子弟子所撰的《文子》,呈現出這樣的思想主題,應該是相當可信的推斷。

　　至於兩書之間三萬多相重應的文字內容,其重應的相關問題,由於牽涉因素複雜,論證與研判所需篇幅甚大,一時無法納入,容他日另文探討。

　　(本篇原刊於香港道教學院與北京大學中國哲學與文化研究所合辦

「第一屆道家文化國際學術研討會」論文（1996年8月12-15日），
後收入陳鼓應先生主編《道家文化研究》第十八輯。）

貳、從竹簡《文子》看古、今本《文子》與《淮南子》的先後關係

　　一九七三年河北定縣（今定州）八角廊40號漢墓所出土的竹簡《文子》，推翻了宋黃震以來，以《文子》爲僞書的說法。從墓主爲中山懷王（卒於宣帝五鳳二年，紀元前五五年）的推斷看來[17]，應是西漢時已有的先秦古籍，其時代當在淮南子之前[18]。透過整理小組所整理出的釋文內容，我們可以清楚看到，所謂《文子》非僞書，其實是指的西漢時確實已有這樣一部書。而事實上這部書的內容，就出土簡文看來，與今本被指爲「僞書」的《文子》仍有很大距離。

　　首先是簡文散亂、殘缺太甚，數量又少，經整理比對，能與今本文字相應的，只有〈道德〉、〈道原〉、〈精誠〉、〈微明〉、〈自然〉等五、六篇，其中較完整可用的，事實上只有相應於〈道德〉篇的部分。即使就這部分的釋文內容看來，與今本《文子‧道德》仍有相當大的差異：
㈠簡文以「平王曰」、「文子曰」的君臣對答體式行文，與漢志所說依託
　　周平王的情形相合，而與今本《文子‧道德》的「文子問」、「老子
　　曰」，學生提問，老師作答體式不同，換言之，今本《文子》是將古本

---

[17] 參見河北省文物研究所：〈河北定縣40號漢墓發掘簡報〉，《文物》1981年8期（1981年8月），頁10。

[18] 唐蘭：〈馬王堆出土《老子》乙本卷前古佚書之研究〉，《考古學報》1975年1期（1975年1月），頁7–38下接166–181。

君臣對答改成了師生對答。唯末節仍存留有古本「平王問」、「文子曰」的形式。

(二)不過，在今本《文子》中，這種文子提問，老子作答的形式也只見於〈道德〉與〈上仁〉中的第四、五、末三節，〈上義〉中的第六節。其餘九篇與〈上仁〉、〈上義〉中的他節，幾乎都是以「老子曰」行文。就是在〈道德〉篇裏，各節「文子問……老子曰」之後，也都有一段「老子曰……」的論議。簡言之，今本《文子》的行文體式大致是這樣的：

(一)〈道原〉、〈精誠〉、〈十守〉、〈符言〉、〈上德〉、〈微明〉、〈自然〉、〈下德〉、〈上禮〉各篇：「老子曰……」

(二)〈道德〉

1.「文子問……老子曰……」

老子曰……（第八節連列四則老子曰）……」（一—八節）

2.「平王問文子……文子曰……」（第九節）

(三)〈上仁〉

1.「老子曰……」（一、二、三、六、七、八、九、十、十一各節）

2.「文子問……老子曰……」（四、五、十二各節）

(四)〈上義〉

1.「老子曰……」（第六節以外各節）

2.「文子問……老子曰……」（第六節）

很明顯的，今本《文子》除了〈道德〉與〈上仁〉、〈上義〉的極少數章節外，絕大多數都是以「老子曰」的形式來行文的，難怪江世榮說它是《老子》古註之一。[19]而舉凡這些以「老子曰」的形式論述的，其內容

---

[19] 參見江世榮：〈先秦道家論集《老子》古註之一 ——《文子》述略——兼論《淮南子》與《文子》的關係〉，《文史》（北京：中華書局，1982年）18輯。

幾乎都見於《淮南子》各篇，與《淮南子》內容相重出。去除這些與《淮南子》相重的文字，今本《文子》所剩文字篇幅並不太多。

一、從〈道德〉看竹簡《文子》、今本《文子》與《淮南子》的異同

今本《文子‧道德》大致可分九大章節，前八大章節一律以問答體「文子問……老子曰」的形式論述八個課題，緊接著每一個課題的問答之後，照例有一段非問答體「老子曰……」的推闡與發揮，它們依次是：

㈠文子問道，老子曰……

老子曰……

㈡文子問德（問仁、問義、問禮），老子曰……

老子曰……

㈢文子問聖智，老子曰……

老子曰……

㈣文子問曰：「古之王者以道蒞天下，為之奈何？」老子曰……

老子曰……

㈤文子問曰：「王道有幾？」老子曰……

老子曰……

㈥文子問曰：「王者得其歡心，為之奈何？」老子曰……

老子曰……

㈦文子問政，老子曰……

老子曰……

㈧文子問曰：「夫子之言，非道德無以治天下，上世之王繼嗣因業，亦有無道，各沒其世而無禍敗者，何道以然？」老子曰……

老子曰……

老子曰……

老子曰……

老子曰……

　　然而，到了第九節，卻變成了「平王問文子曰……文子曰……」的
形式。而且，在一問一答之後，也沒有像前八章節那樣有一段「老子曰」
的論述。它的問答主題是：「吾聞子得道于老聃，今賢人雖有道而遭淫亂
之世，以一人之權而欲化久亂之民，其庸能乎？」而在文子回答之後，末
了，以「王曰：『寡人敬聞命矣』」總結全文。

　　不僅如此，上列各節非問答體的「老子曰……」，繁簡雖有不同，大
抵重出於《淮南子》各篇。比如在第一節緊接「文子問道，老子曰……」
之後，〈道德〉說：

　　　老子曰：「夫行道者，使人雖勇，刺之不入；雖巧，擊之
　　　不中。夫刺之不入，擊之不中，而猶辱也；未若使人雖勇
　　　不敢刺，雖巧不敢擊。夫不敢者，非無其意也；未若使人
　　　無其意。夫無其意者，未有愛利之心也；不若使天下丈夫
　　　女子莫不懽然皆欲愛利之，若然者，無地而為君，無官而
　　　為長，天下莫不願安利之。故勇于敢則殺，勇于不敢則
　　　活。」

　　這段文字繁簡雖有不同。大抵同見於《淮南子‧道應》論證《老
子》第七十三章的一段文字。〈道應說〉：

　　　惠孟對曰：「臣有道於此，使人雖勇，刺之不入，雖巧有
　　　力，擊之不中，大王獨無意邪？」宋王曰：「善！此寡人
　　　之所欲聞也。」惠孟曰：「夫刺之而不入，擊之而不中，
　　　此猶辱也，臣有道於此，使人雖有勇，弗敢刺，雖有力，

不敢擊。夫不敢刺，不敢擊，非無其意也，臣有道於此，使人本無其意也。夫無其意非有愛利之心也，[20]臣有道於此，使天下丈夫女子莫不歡然皆欲愛利之，此其賢於勇有也，四累之上也，大王獨無意邪？」宋王曰：「此寡人所欲得也。」惠孟對曰：「孔墨是已，孔丘墨翟無地而為君，無官而為長，天下丈夫女子莫不延頸舉踵而願安利之者。今大王王也，誠有其志，則四境之內皆得其利矣，此賢於孔墨也，遠矣。」宋王無以應。惠孟出，宋王謂左右曰：「辯矣，客之以說勝寡人也。」故老子曰：「勇於不敢則活。」

兩相比較，很明顯的，今本《文子‧道德》少了大篇對話與敘事，卻簡要地保留了論題的核心要義與重要結論。在第二節緊接「文子問德，老子曰……」之後，今本《文子‧道德》說：

老子曰：「至德之世，賈便其市，農樂其野，大夫安其職，處士修其道，人民樂其業。是以風雨不毀折，草木不夭死，河出圖，洛出書。及世之衰也，賦斂無度，殺戮無止，刑諫者，殺賢士，是以山崩川涸，蠕動不息，野無百蔬。故世治則愚者不得獨亂，世亂則賢者不能獨治。聖人

---

[20] 此句本作「皆欲愛利之心」王念孫云：「『愛利』之下不當有『心』字，此因上文末『有愛利之心』而誤衍也。《文子》、《列子》、《呂氏春秋》皆無心字。」，說見劉文典集解：《淮南鴻烈集解》（臺北：文史哲出版社，1992年），卷12〈道應〉，頁386當句下，今從校改。

和愉寧靜，生也；至德道行，命也。故生遭命而後能行，命得時後能明。必有其世，而後有其人。」

這段文字大致上也見於《淮南子‧俶眞》，〈俶眞〉說：

古者至德之世，賈便其肆，農樂其業，大夫安其職而處士脩其道。當此之時，風雨不毀折，草木不夭，九鼎重味，珠玉潤澤，洛出丹書，河出綠圖，故許由、方回、善卷、披衣、得達其道。何則？世之主有欲利天下之心，是以人得自樂其閒。四子之才非能盡善蓋今之世也，然莫能與之同光者，遇唐虞之時。逮至夏桀殷紂，燔生人，辜諫者，為炮烙，鑄金柱，剖賢人之心，析才士之脛，醢鬼侯之女，葅梅伯之骸，當此之時。嶢山崩，三川涸，飛鳥鍛翼，走獸擠腳。當此之時，豈獨無聖人哉？然而不能通其道者，不遇其世。夫鳥飛千仞之上，獸走叢薄之中，禍猶及之，又況編戶齊民乎？由此觀之，體道者不專在于我，亦有繫于世矣。夫歷陽之都，一夕反而為湖，勇力、聖知、與罷怯不肖者同命。巫山之上，順風縱火，膏夏、紫芝與蕭艾俱死。故河魚不得明目，犀稼不得育時，其所生者然也。故世治則愚者不能獨亂，世亂則智者不能獨治。身蹈于濁世之中，而責道之不行也，是猶兩絆騏驥，而求其致千里也。置檻中，則與豚同，非不巧捷也，無所肆其能也。舜之耕陶也，不能利其里，南面王，則德施乎四海，仁非能益也，處便而勢利也。古之聖人，其和愉寧

靜，性也；其志得道行，命也。是故性遭命而後能行，命得性而後能明。

兩段文字兩相比較下，很明顯地，今本《文子‧道德》少了許多例證，卻仍存留有首、尾與重要論述結論。

第三節緊接「文子問聖智，老子曰……」之後，〈道德〉說：

老子曰：「君好義則信時而任己，棄數而用惠，物博智淺，以淺贍博，未之有也。獨任其智，失必多矣。好智窮術也，好勇危亡之道也，好與則無定分，上之分不定，則之望無止。若多斂，則與民為讎，少取而多與，其數無有。故好與，來怨之道也。由是觀之，財不足任，道術可因，明矣。」

這段文字大致上也見於《淮南子‧詮言》，〈詮言〉說：

君好智則倍時而任己，棄數而用慮，天下之物博而智淺，以淺贍博，未有能者也。獨任其智，失必多矣，故好智窮術也。好勇則輕敵而簡備，自偵而辭助，一人之力以禦強敵，不杖眾多而專用身，才必不堪也，故好勇危術也。好與則無定分，上之分不定，則下之望無止，若多賦斂，實府庫，則與民為仇，少取多與，數未之有也。故好與、來怨之道也。仁智勇力，人之美才也，而莫足以治天下，由此觀之，賢能之不足任也，而道術之可脩明矣。

兩相比較，也是《淮南子》繁而今本《文子》簡，其繁簡的關鍵就其
《淮南子》多了幾句對好智、好勇的補充說明。

第四節緊接「文子問曰：『古之王者以道蒞天下，為之奈何？』老子
曰……」之後，今本《文子·道德》說：

> 老子曰：「民有道所同行，有法所同守，義不能相固，威
> 不能相必，故立君以一之。君執一即治，無常即亂。君道
> 者，非所以有為也，所以無為也。智者不以德為事，勇者
> 以力為暴，仁者不以位為惠，可謂一矣。一也者，無適之
> 道也，萬物之本也。君數易法，國數易君，人以其位達其
> 好憎，下之任懼，不可勝理，故君失一，其亂甚于無君
> 也，君必執一而後能群矣。

這段文字大致也見於《淮南子·詮言》，〈詮言〉說：

> 民有道所同道，有法所同守，為義之不能相固，威之不能
> 相必也，故立君以一民。君執一則治，無常則亂。君道者
> 非所以為也，所以無為也。何謂無為？智者不以位為事，
> 勇者不以位為暴，仁者不以位為惠[21]，可謂無為矣。夫無
> 為，則得於一也。一也者，萬物之本也，無敵之道也。凡

---

[21] 此句本作「不以位為患」王念孫云：「劉本『患』作『惠』……是也……謂不假位以行其
惠。為惠與為暴相對。」其說見劉文典集解：《淮南鴻烈集解》，卷14〈詮言〉，頁474當
句下，今從校改。

人之性，少則猖狂，壯則暴強，老則好利，一人之身[22]既數變矣，又況君數易法，國數易君，人以其位通其好憎，下之徑衢，不可勝理，故君失一，則亂甚於無君之時。

兩相比較，雖繁簡互見，但論題相同，文字也大致相差不多。第五節緊接「文子問曰……老子曰……」之後，今本《文子・道德》說：

老子曰：「釋道而任智者危，棄數而用才者困，故守分循理，失之不憂，得之不喜，成者非所為，得者非所求，入者有受而無取，出者有授而無與，因春而生，因秋而殺，所生不德，所殺不怨，則幾于道矣。」

這段文字大致上見於《淮南子・詮言》，〈詮言〉說：

釋道而任智者必危，棄數而用才者必困，有以欲多而亡者，未有以無欲而危者也，有以欲治而亂者，未有以守常而失者也。故智不足免患，愚不足以至於失，寧守其分，循其理，失之不憂，得之不喜，故成者非所為也，得者非所求也。入者有受而無取，出者有授而無予，因春而生，因秋而殺，所生者弗得，所殺者非怨，則幾於道也。

---

22 「一人之身」本作「一身之身」。俞樾云「上身字當作『人』，〈氾論〉篇云：『故一人之身而三變者，所以應時矣。』文義與此同」其說見劉文典集解：《淮南鴻烈集解》，卷14〈詮言〉，頁474當句下，今從校改。

兩相比較，也是《淮南子》詳，而今本《文子》簡略，其繁簡之關鍵就在《淮南子》少了兩則「欲多」、「無欲」的側面論述，《文子》則一路正面論下，也少了「其」、「者」、「也」等等稱代或語氣詞。

　　第六節緊接著「文子問曰：『王者得其歡心，為之奈何？』老子曰……」之後，今本《文子·道德》說：

> 老子曰：「執一世之法籍，以非傳代之俗，譬猶膠柱調瑟。聖人者，應時權變，見形施宜。世異則事變，時移則俗易，論世立法，隨時舉事。上古之王，法度不同，非故相反也，時務異也。是故，不法其已成之法，而法其所以為法者，與化推移。聖人之法可觀也，其所以作法不可原也，其言可聽也，其所以言不可形也。三皇五帝輕天下，細萬物，齊死生，同變化，抱道推誠，以鏡萬物之情，上與道為友，下與化為人，今欲學其道，不得其清明玄聖，守其法籍，行其憲令，必不能以為治矣。」

這一段文字大致上也見於《淮南子·齊俗》。〈齊俗〉說：

> 今握一君之法籍，以非傳代之俗，譬由膠柱而調瑟也。故明王制禮義而為衣，分節行而為帶，衣足以覆形，從典墳，虛循撓，便身體，適行步，不務於奇麗之容，隅眥之削。帶足以結紐收衽，束牢連固，不亟於為文句疏短之靸，故制禮義，行至德，而不拘於儒墨。所謂明者，非謂其見彼也，自見而已。所謂聰者，非謂聞彼也，自聞而已。所謂達者，非謂知彼也，自知而已。是故，身者道之

所託，身得則道得矣。道之得也，以視則明，以聽則聰，以言則公，以行則從。故聖人財制物也，猶工匠之斲削鑿枘也，宰庖之切割分別也，曲得其宜而不折傷。拙工則不然，大則塞而不入，小則窕而不周，動於心，枝於手而愈醜。夫聖人之斲削物也，剖之判之，離之散之，已淫已失，復揆以一，既出其根，復歸其門，已雕已琢，還反於樸，合而為道德，離而為儀表，其轉入玄冥，其散應無形，禮義節行又何以窮至治之本哉。世之明事者多離道德之本，曰：「禮義足以治天下」此未可與言術也。所謂禮義者，五帝三王之法籍、風俗，一世之跡也。譬若芻狗土龍之始成，文以青黃，絹以綺繡，纏以朱絲，尸祝袀袨，大夫端冕，以送迎之，及其已用之後，則壤土草芥而已，夫有孰貴之？故當舜之時，有苗不服，於是舜脩政偃兵，執干戚而舞之。禹之時，天下大雨，禹令民聚土積薪，擇邱陵而處之。武王伐紂，載尸而行，海內未定，故不為三年之喪始。禹遭洪水之患，陂塘之事，故朝死而暮葬，此皆聖人之所以應時耦變，見形施宜者也。今之脩干戚而笑钁插，知三年非一日，是從牛非馬，以徵笑羽也，以此應化，無以異於彈一弦而會棘下。夫以一世之變，欲以耦化應時，譬猶冬被葛而夏被裘。夫一儀不可以百發，一衣不可以出歲，儀必應乎高下，衣必適乎寒暑。是故世異則事變，時移則俗易，故聖人論世而立法，隨時而舉事。尚古之王封於泰山、禪於梁父七十餘聖，法度不同，非務相反也，時世異也。是故不法其已成之法，而法其所以為法，

所以為法者，與化推移者也。夫能與化推移為人者，至貴
在焉爾。故孤梁之歌可隨也，其所以歌者不可為也；聖人
之法可觀也，其所以作法不可原也；辯士之言可聽也，其
所以言不可形也；淳均之劍不可愛也，而歐治之巧可貴
也。今夫王喬赤誦子，吹嘔呼吸，吐故內新，遺形去智，
抱素反真，以游玄眇，上通雲天，今欲學其道，不得其養
氣處神，而放其一吐一吸，時詘時伸，其不能乘雲升假亦
明矣。五帝三王輕天下，細萬物，齊死生，同變化，抱大
聖之心，以鏡萬物之情，上與神明為友，下與造化為人，
今欲學其道，不得其清明玄聖，而守其法籍憲令，不能為
治亦明矣。

兩段文字相較之下，也是《淮南子‧齊俗》多了禮義芻狗土龍、舜與有
苗、大禹治水、武王伐紂、尚古之王、孤梁之歌、淳均之劍、歐冶之巧、
王喬、赤松子等等例證，與文字的鋪衍，《文子》則只提挈出重要結論，
文字的表達上也省去了一些「也」、「而」、「者」等等非關文義的字，
表現出強烈的隱括意味。

　　第七節「文子問政，老子曰……」之後，今本《文子‧道德》說：

老子曰：「上言者下用也，下言者上用也。上言者常用
也，下言者權用也，惟聖人為能知權。言而必信，期而必
當，天下之高行。直而證父，信而死女，孰能貴之？故聖
人論事之曲直，與之屈伸，無常儀表，祝則名君，溺則捽
父，勢使然也。夫權者聖人所以獨見，夫先迕而後合者之
謂權，先合而後迕者不知權，不知權者，善反醜矣。」

這段文字大致同見於《淮南子‧氾論》，〈氾論〉說：

周書有言曰：「上言者下用也，下言者上用也。上言者常也，下言者權也，此存亡之術也。唯聖人為能知權。言而必信，期而必當，天下之高行也，直躬其父攘羊，而子證之，尾生與婦人期而死之。直而證父，信而溺死，雖有直信，孰能貴之？夫三軍矯命，過之大者也。秦穆公興兵襲鄭，過周而東，鄭賈人弦高將西販牛，道遇秦師於周鄭之間，乃矯鄭伯之命，犒以十二牛，賓秦師而卻之，以存鄭國。故事有所至，信反為過，誕反為功。何謂失禮而有大功？昔楚恭王戰於陰陵，潘尪、養由基、黃衰微、公孫丙、相與篡之，恭王懼而失體，黃衰微舉足蹴其體，恭王乃覺，怒其失禮，奮體而起，四大夫載而行。昔蒼吾繞娶妻而美，以讓兄，此所謂忠愛而不可行者也。是故，聖人論事之曲直，與之屈伸偃仰，無常儀表，時屈時伸，卑弱柔如蒲葦，非攝奪也；剛強孟毅，志屬青雲，非本矜也。以乘時應變也。夫君臣之接，屈膝卑拜，以相尊禮也。至其迫於患也，則舉足蹴其體，天下莫能非也。是故，忠之所在，禮不足以難之也。孝子之事親，和顏卑體，奉帶運履，至其溺也，則捽其髮而拯，非敢驕侮，以救其死也。故溺則捽父，祝則名君，勢不得不然也，此權之所設也。故孔子曰：「可以共學矣，而未可以適道也；可與適道，未可以立也；可以立，未可與權。權者，聖人之所獨見也，故忤而後合者謂之知權；合而後舛者，謂之不知權。

　　不知權者，善反醜矣。

前後相較，在今本《文子》少了直躬證父、尾生期婦人、弦高犒師，楚襄
王陰陵之戰，蒼吾繞讓妻等等例證之論述。
　　第八節繼「文子問曰……老子曰……」之後，今本《文子》連續論列
了四則「老子曰……」，大致都見於《淮南子》。第一則見於〈主術〉，
第二則見於〈詮言〉，第三則見於〈齊俗〉，第四則見於〈道應〉。 第
一則說：

　　　　老子曰：「法煩刑峻，即民生詐。上多事則下多態，求多
　　　　即得寡，禁多即勝少。以事生事，又以事止事，譬猶揚火
　　　　而使無焚也；以智生患，又以智備之，譬猶撓水而欲求其
　　　　清也。」

《淮南子・主術》說：

　　　　上多故則下多詐，上多事則下多態，上煩擾則下不定，上
　　　　多求則下交爭。不直之於本，而事之末，譬猶揚堁而弭
　　　　塵，抱薪以救火也。

本則與《淮南子》取義相同，文字差異卻相當大，在各則中是較特殊的。
第二則說：

　　　　老子曰：「人主好仁，即無功者賞，有罪者釋。好刑，即
　　　　有功者廢，無罪者及，無好憎者，誅而無怨，施而不德，

放準循繩，身無與事，若天若地，何不覆載？合而和之，
君也；別而誅之，法也。民以受誅，無所怨憾，謂之道
德。」

這則內容與《淮南子‧詮言》相當一致。〈詮言〉曰：

人主好仁，則無功者賞，有罪者釋，好刑則有功者廢，無
罪者誅。及無好者，誅而無怨，施而不德，放準循繩，身
無與事，若天若地，何不覆載？故合而舍之者，君也；制
而誅之，法也。民已受誅，無所怨憾[23]，謂之道。

第二則說：

老子曰：「天下是非無所定，世各是其所善，而非其所
惡。夫求是者，非求道理也，求合于己者也，非去邪也，
去迕于心者。今吾欲擇是而居之，擇非而去之，不知世所
謂是非也。故治大國若烹小鮮，勿撓而已。夫趣合者，即
言中而益親；身疏，而謀當即見疑。今吾欲正身而待物，
何知世之所從規我者乎？吾若與俗遽走，猶逃雨，無之而
不濡。欲在于虛，則不能虛，若夫不為虛而自虛者，此所
欲而無不致也。故通于道者如車軸，不運于己，而與轂致

---

[23] 此句本作「怨無所滅」，王念孫依據《文子‧道德》篇校改作此，其說見劉文典集解：《淮南鴻烈集解》，卷14〈詮言〉，頁480當句下，今從校改。

于千里，轉于無窮之原也。故聖人體道反至，不化以待化，動而無為。」

本則文字大致見於《淮南子・齊俗》，〈齊俗〉說：

天下是非無所定，世各是其所是，而非其所非，所謂是與非各異，皆自是而非人。由此觀之，事有合於己者，而未始有也；有忤於心者，而未始有非也。故求是者，非求道理也，求合於己者也；去非者，非批邪施也，去忤於心者也。忤於我，未必不合於人也；合於我，未必不非於俗也。至是之是無非，至非之非無是，此真是非也。若夫是於此而非於彼，非於此而是於彼者，此之謂一是一非也，此一是非隅曲也，夫一是非，宇宙也。今吾欲擇是而居之，擇非而去之，不知世之所謂是非者，不知孰是孰非？老子曰：「治大國若烹小鮮，為寬裕者曰：「勿數撓」。為刻削者曰：「致酸而已矣。」晉平公出言而不當，師曠舉琴而撞之，跌衽宮壁，左右欲塗之。平公曰：「舍之，以此為寡人失。」孔子聞之曰：「平公非不痛其體也，欲來諫者也。」韓子聞之曰：「群臣失禮而誅，是縱過也，有以也夫，平公之不霸也。」故賓有見人於宓子者，賓出，宓子曰：「子之賓獨有三過：望我而笑，是擽也；談語而不稱師，是返也；交淺而言深，是亂也。」賓曰：「望君而笑，是公也；談語而不稱師，是通也；交淺而言深，是忠也。故賓之容一體也，或以為君子，或以為小

人，所自視之異也。故趣舍合，即言忠而益親，身疏，即謀當而見疑。親母為其子治扢秃，而血流至耳，見者以為其愛之至也。使在於繼母，則過者以為嫉也。事之情一也，所從觀者異也。從城上視牛如羊，視羊如豕，所居高也。窺面於盤水則員，於杯則摂。面形不變其故，有所員，有所摂者，所自窺之異也。今吾雖欲正身而待物，庸遽知世之所自窺我者乎？若轉化而與世競走。譬猶逃雨也，無之而不濡。常欲在於虛，則有不能為虛矣。若夫不為虛而自虛者，此所慕而不能致也。故通於道者如車軸，不運於己，而與轂致千里，轉無窮之原也。不通於道者若迷惑，告以東西南北，所居聆聆，一曲而辟然忽不得，復迷惑也，故終身隷於人，辟若綩之見風也，無須臾之閒定矣。故聖人體道反性，不化以待化，則幾於免矣。

兩篇相較，仍然是《淮南子》繁，而《文子》簡，其繁簡歧異的狀況大抵有二：㈠《文子》只存留核心旨意，也帶著濃厚的隱括意味，《淮南子》則有較多的推衍與論證。㈡《淮南子》多出了師曠舉琴撞平公，宓子與賓對談，親母治子秃，逃雨必濡，綩見風轉等等例證。

第四則說：

老子曰：「夫亟戰而數勝者，則國必亡。亟戰則民罷，數勝則主驕，以驕主使罷民，而國不亡者，則寡矣。主驕則恣，恣則極物；民罷則怨，怨則極慮。上下俱極，而不亡者，未之有也。故功遂身退，天之道也。」

這則文字與《淮南子‧道應》解證《老子》第九章文字相應。〈道應〉說：

> 魏武侯問於李克曰：「吳之所以亡者何也？」李克對曰：「數戰而數勝。」武侯曰：「數戰數勝，國之福，其獨以亡，何故也？」對曰：「數戰則民罷，數勝則主憍，以憍主使罷民而國不亡者，天下鮮矣。憍則恣，恣則極物；罷則民怨，怨則極慮，上下俱極，吳之亡猶晚，夫差之所以自剄於干遂也。故老子曰：「功成、名遂、身退，天之道也。」

兩者相較，仍然是《淮南子》敘議並有，今本《文子》則僅有議無敘，且所議幾乎就是《淮南子》所議的結論或核心要旨。

　　從上述以《淮南子》與今本《文子‧道德》相對應比照的結果，很明白地呈現出幾種情況

㈠舉凡今本《文子‧道德》篇中非問答體的「老子……」部分，其內容詳略繁簡儘管不同，卻幾乎都重出於《淮南子》。所不同的，各則一律都是《淮南子》詳而繁，《文子》簡而略。

㈡其繁簡、詳略的關鍵，通常是《淮南子》有敘事、有舉證，有議論；《文子》則只有議論，無敘事，也不舉證。

㈢其議論且常是直論，既不側說，也無反證，比較起其所對應的《淮南子》各篇內容，竟常常是全節的結論與核心要旨。並簡約其文，而帶著濃厚的隱括、摘要意味。

㈣而更重要的，這些內容竟都與出土的竹簡《文子》釋文不相應。極有可能都是後人的竄增，非古本《文子》的內容。反之，凡屬問答體的各章節，不論是「文子問……老子曰……」，或者是末節的「平王問文子

日……文子曰……」，在出土竹簡中，或多或少都有對應的文字，這點李學勤早已提過[24]。而由於朽壞殘損的程度不一，文字對應的多少因此也各章節不等。

　　這種種的現象似乎顯示了：

㈠古本《文子》原先應是問答體的，其典型的行文體式，照出土竹簡看來，原本應該如今本《文子‧道德》末節，一般以「平王問……文子曰……」君問臣答的固定形式闡論。今本卻改成了「文子問……老子曰……」的師生對答。又摻入很多非問答體的內容（老子曰……），末節的「平王問文子，文子曰……」既為問答體，又沒有「老子曰……」，正是古本的殘痕。〈道德〉篇因此成了今本《文子》中唯一保留古本痕跡的一篇，這點早經李學勤指出。[25]

㈡從今本《文子》各篇絕大多數都是以「老子曰……」的形式行文的情況看來，今本《文子》遭竄增的情況相當嚴重，其竄增的常態，基本上是以「老子曰……」的形式摻入與《淮南子》相重或相應的文字內容。去除這些與《淮南子》相應的文字內容，今本《文子》所剩文字並不太多，此詳下篇專文論述，此不贅述，那樣或許較近古本《文子》原貌。

㈢從今本唯一保存古痕、相應古本的〈道德〉篇遭竄增的情況看來，其與《淮南子》內容相應的部分，如果不是抄錄自同一本古書，而詳略有異，便是今本《文子》節取《淮南子》的要義以摻入，而不大可能如江世榮所說是「《淮南子》採用了《文子》的文字，但對之有不少加工。」[26]換言之，竹簡一系古本《文子》極有可能如唐蘭的推論，是先

---

[24] 說見李學勤：〈試論八角廊簡《文子》〉，《文物》1996年第1期（1996年1月），頁36–37。

[25] 同見注24。

[26] 同見注19。

秦古籍,當在《淮南子》之前[27]。然今本十二篇《文子》的形成年代卻應在《淮南子》之後,因為唐柳宗元所見古書已是十二篇且「渾而類者少,竊取他書以合之者多」[28]了。即今所見,其所「竊取」之書主要應是《淮南子》及其取援引的先秦道家典籍。總之,個人認為:竹簡《文子》固在《淮南子》之前,今本《文子》的形成則當在《淮南子》之後。極有可能就在張湛注列子後,隋以前。江世榮推斷《淮南子》採用今本《文子》的內容,主要因為他寫該文的時候,或尚未見到出土竹簡文字內容,誤以為與今本《文子》內容一致,簡本既在《淮南子》之前,今本亦因而推斷為在《淮南子》之前,卻不知簡本、今本歧異如是。

二、殘簡《文子》的幾個思想論題

(一)天道與政道——卑退、柔弱

從出土《文子》的釋文看來,古本《文子》不像今本《文子》和《淮南子》有那麼多的相重相應之處,文字的表達也較《淮南子》古拙簡直,而和馬王堆黃老帛書有著相似的氣味,兩者的撰寫時代可能相去不遠。其思想內容雖因簡文的殘損而難能完整拼成章段,可用者並不多,然對應著文字可以相應的今本〈道德〉等六篇,卻仍依稀可以見到其所討論的幾個焦點論題。首先,它和戰國以下的黃老學說一樣,是推闡「道」、「德」的。不過,這個「道」並不是指的本體「道」,而是人事方面的政道、治道、成敗、禍福之道,尤其是人君的統御之道。對照著今本《文子·道德》,合併0590、0629.2281.0619.2462.0625.2445.1179、0937等號簡文,《文子》說:

---

[27] 同見注18。

[28] 參見《柳河東集》卷4,頁6〈辨文子〉,《四部備要》(臺北:中華書局,1965年)。

有道則天下皆服；長有□社稷，公侯……道，則人民和
睦，長有其國，士庶有……身葆其親，必強大，有道則不
戰。……弱小有道則不諍得識，舉事有……則功成得福，
是以君臣孝慈，是以君臣之間有道，則……間有道則孝
慈，士庶間有道則……之。道之于人也，□□小行之小得
福；大行之，大得福。

合併0885.0707.2205.2324.0876.0826.0898.0886等號簡文，《文子》說：

平王曰：「為正（政）奈何？」文子曰：「御之以道，□
之以德，勿視以賢，勿加以力，□以□□……□言。平王
曰：「御……□□以賢則民自足，毋加以力則民自……可
以治國，不御以道，則民離散，不養……則民信（背）
反（叛）。視之賢，則民疾諍，加之以……則民苛兆
（逃）；民離散，則國執（勢）衰；民倍（背）……上位
危。」平王曰：「行此四者何如？」文子……

可見這個「道」，指的是治國養民的政道，這個治國養民的政道根源是什
麼？竹簡《文子》說是「天道」，它說：

「法天道」，平王曰：「人法天道奈何？……」（0689號
簡文）

聖人法于天道，〔民者以自下〕，卑、退、斂、損所以法
天也。平王曰……（0871.0912號簡文）

「胡象于天道？」文子曰：「天之道，高……（0585號簡文）

大者，損有損之；持高者，下有下之。（0926號簡文）

□曰：「何謂損有損之，下有下之？」（0813號簡文）

文子曰：「□夫御以道者下之也者。……」（2364號簡文）

能從天道中去體悟卑退、雌後之理，應該就是它所說的聖人（聖王）之道。但在卑退、雌後的同時，它又有寓弱於強的意味，合0581.2331.1178號簡文說：

產于有，始于弱而成于強，始于柔而……于短而成于長，始寡而成于眾，始……之高始于足下，千〔方方群始于寓強〕。

㈡無爲、守靜與仁義、教化

除了卑退、雌後之外，聖王之「道」的內容似乎還包括了無爲、守靜與仁義、教化。

釋文說：

平王曰：「吾聞古聖立天下，以道立天下，□何？」文子

曰：「執一無為（2262.0564簡文），地，大器也，不可執，不可為，為者販（敗），執者失，是以聖王執一者見小也；無為者……下正。」平王曰：「見小守靜奈何？」文子曰：「……也，見小故能成其大功，守靜……」（0870、0593.0775號簡文）

在0917號簡文中提到了「用仁何如？」在第0920、1097.0208.0874各簡都殘存著論「仁」的文字。在0869中提到了「用義如何？」，而在0852.0759.2436.2236.2373.2356.1188.0575.0567各簡中也都殘存著論義的文字。

其次，2310號簡文提到「教化」說：「教化之。」平王曰：「何謂以教化之？」文子……

0694號簡文說：「古聖王以身先之，命曰教。平王……」
0635號簡文說：「反本教約而國富，故聖……」
2260號簡文說：「猷。故民之化教也，毋卑小行則君服之。甚」

㈢一道與修德

此外，全書不只一處提到有德、無德、脩道德，

0737號簡文說：「積怨成亡，積德成王，積……」
2315號簡文說：「天之道也，不積而成者寡矣。臣聞……」
2255號簡文說：「平王曰：子以道德治天下，……」
2252號簡文說：「□使桀紂脩道德，湯武唯（雖）賢，毋所建……」
2211號簡文說：「聖王務脩道德」

0716號簡文說：「君子之驕奢不施，謂之無德。……」

簡本《文子》除了以「執一無爲」、「守靜」爲治國之道外，也以「德」爲爲政之方。

2419號簡文說：「『王者幾道乎？』文子曰：『王者一道』」
2385號簡文說：「王道唯德乎？臣故曰一道。」

「德」就是王者的「一道」。

0885與0707號竹簡說：「為正（政）奈何？」文子曰：「御之以道，□之以德，勿視之賢，勿加以力，□以□□……」

2324號簡文說：「□□以賢則民自足，毋加以力則民自……」

可見它所謂的「德」與「道」一樣，主要是相對於「賢（才智）」、「力（強力）」而說的，這樣的「德」只怕不僅指儒家的「仁」、「義」而帶有道家反智、反刑法的意味。

㈣論兵

而治政爲王除了「無爲」、「仁義」、「道德」之外，用兵也是爲「王」之道。簡文0850、2210.1035號都提到了「以道王者」、「以兵王者」。0572號簡文並且談到了用「兵」，它說：

> ……者，謂之貪兵，恃其國家之大，矜其人民……欲見賢于適（敵）者謂之驕兵；義兵……

可見，「兵」至少有貪兵、驕兵、義兵。「貪兵」、「義兵」的內容，因簡文殘損，不得而知，「驕兵」卻很明顯可以看出是仗恃國力強大，展炫雄厚實力之意。顯然竹簡《文子》也和黃老帛書的理論一樣，文武並行，威德兼施。不過，從它為驕兵所下的定義看來，驕兵之下又列有義兵，則顯然和黃老道家一貫雌柔卑約的理論性格相合。

　　從前述勉強拼組或語句較為完整的各條簡文內容會觀起來，定州《文子》殘簡的思想論題幾乎涵蓋了戰國以下黃老學說的一般論題：道德、柔後、謙退、執一、無為、守靜、兵爭等等，還參採了仁義、教化。因此，歸之為黃老道家一系的理論著作，大致上是不會錯的。

　　（本篇原刊於輔仁大學哲學系主辦「文子與道家思想發展兩岸學術研討會」論文（1996年6月1-3日），後刊登於《哲學與文化》第23卷第8期（總267期），1996年8月。）

參、定州竹簡《文子》及其相關問題

　　定州竹簡《文子》發現於1973年，一九九六年六月一～三日，海峽兩岸學者聚集輔仁大學，召開《文子》學術研討會。八月十一日～十六日，陳鼓應先生又於北京召開之第一屆「道家國際學術研討會」中安排兩場相關於《文子》之討論，此為近年來較大型，專論《文子》之會議。

　　過去，定州竹簡未發現前，一般說法咸以《文子》為偽書。因為，今本《文子》中大約有百分之八十左右內容與《淮南子》相重或相應（即內容可以相應，或文字相重），因而認定今本《文子》抄襲《淮南子》。

　　有關《文子》最早的著錄是班固《漢書·藝文志·諸子略》，漢志著錄有《文子》九篇，至《隋志》、《唐志》所著錄卻為十二篇，多出三篇。唐代柳宗元於其著作中提及所見《文子》亦十二篇，柳宗元並評之

為：「渾而類者少，竊取他書以合之者多」。明指其內容多抄自他書，導致後來學者咸認今本《文子》為偽書，抄襲自《淮南子》。

一、定州竹簡文獻之出土

至一九七三年，定州（河北定縣）八角廊四〇號漢墓——中山懷王劉修墓葬被發覺（劉修死於漢宣帝五鳳三年，也就是西元前五五年），裡面有過火竹簡，很不幸，也很幸運，因為墓被盜，帶進氧氣，引起火燒，嚇跑盜墓者，殉葬物因此沒被盜走。挖掘小組推測是這樣的原因而使這批竹簡雖過火，卻沒有被盜。到底燒了多少？卻無由得知。就殘存竹簡計數，共有二七七片，文字大約二七九〇字，總之，不到三千字。因為燒過，文字內容散亂，殘損嚴重。仔細查看內容，赫然發現為《文子》，因取今本《文子》相對照。

由於沒有篇目，無以得知確切篇數，對照結果發現，今本《文子》可與相對應者僅五、六篇。原本可以對應者，究竟有多少，已無從知道，只知二七七片竹簡中可以對應者有八十七片，而二千七百多字中可以對應者大約一千多字。其中尤以〈道德〉篇文字對應較為完整。因此，此後各家討論，幾乎全集中於〈道德〉一篇。

自一九七三年，竹簡發現後，陸續有相關報導及研究論文出現：最早為一九八一年（與發現時間已相隔了七、八年）發表於《文物》八月號上之〈河北定縣四〇號漢墓發掘簡報〉，唯簡報並不涉及《文子》內容。之後，始終沒人整理，直至一九九五年，輔仁大學哲學系補助十萬美金，由河北文物處理小組加以整理，並於一九九五年十二月號《文物》發表〈釋文〉、〈校勘記〉、〈整理與意義〉三篇。一九九六年一月，大陸知名學者李學勤撰寫〈試論八角廊竹簡《文子》〉，前此他也撰寫過〈老子與八角廊竹簡《文子》〉。一九九六年六月一日至三日，臺北輔仁大學哲學系召開「《文子》與道家思想兩岸學術研討會」，在會中總共發表了14篇論文，這些論文後來整理發表在一九九六年《哲學與文化》第二十三

卷八～九期，總共十四篇，分爲上、下兩輯。八月，陳鼓應先生所籌劃的「道家文化學術研討會」，亦專闢時段討論《文子》及《淮南子》相關問題，總共發表六篇文章。以下所述，即個人參與兩次學術會議所理解，《文子》相關論題中，部份學者的大致論點，及個人的心得淺見。

二、今本《文子》行文體式

　　吾人若將被認爲僞書之今本《文子》細加分析，可以發現，今本《文子》十二篇之普遍行文體式如下：

　　第一篇〈道原〉中僅第四節是「孔子問道，老子曰……」，其餘皆以大篇幅「老子曰……」行文。

　　第二篇〈道德〉共九節，第一至八節，有兩種行文體式，一是「文子問……老子曰……」，一是「老子曰……」，只是第九節較爲特殊，作「平王問文子……文子曰……」，也是問答體，然之前皆師生相問，唯此爲君臣相問。第三篇〈上仁〉一至三節與六至十一節皆作「老子曰……」，第四、五、十二節則爲「文子問……老子曰……」。第四篇〈上義〉除第六節爲「文子問……老子曰……」外，其餘各節皆作「老子曰……」。此外，〈精誠〉、〈十守〉、〈符言〉、〈上德〉、〈微明〉、〈自然〉、〈下德〉、〈上禮〉各篇皆僅非問答體之「老子曰……」一種情形。

　　經上述分析可以發現：「老子曰……」爲十二篇行文常態，且凡用「老子曰……」皆爲問答體，而凡屬非問答體「老子曰……」者，內容幾全與《淮南子》相重。所謂「相重」，未必文字完全一樣，然大致相當對應。如果去除百分之八十左右與《淮南子》相重部份，今本《文子》只剩百分之二十左右，大致屬問答體，個人推算約六千六、七百字，不到七千，大陸學者陳廣忠專治《淮南子》，估算結果與我相當，亦七千字左右，輔仁大學丁原植之估算則有八、九千字，何者正確，仍有待細部論證。

三、今本《文子·道德》與《淮南子》之重應情形

其次，吾人抽樣取今本《文子》與竹簡《文子》對應最多的〈道德〉篇與《淮南子》相對照。〈道德〉篇中本有兩種問答體式：一是「文子問……老子曰……」，一是「平王問文子……文子曰……」，中間夾有一部份非問答體式「老子曰……」，將之與《淮南子》相對應情形作一分析，可以發現：

第一節，「文子問道，老子曰……。老子曰……」，取後段非問答體「老子曰……」與《淮南子》相比較，發現和〈道應〉篇文字大致相應。

第二節，「文子問德（依次又問仁、問義、問禮），老子曰……。老子曰……」，和〈俶真〉篇文字相重。

第三節，「文子問聖智，老子曰……。老子曰……」，和〈詮言〉相重。

第四節，「文子問曰『古之王者以道蒞天下，爲之奈何？』老子曰……。老子曰……」，和〈詮言〉相重。

第五節，「文子問曰『王道有幾？』老子曰……。老子曰……」和〈詮言〉相重。

第六節，「文子問曰『王者欲得共歡心，爲之奈何？』老子曰……。老子曰……」和〈齊俗〉相重。

第七節，「文子問政，老子曰……。老子曰……」，和〈氾論〉相重

第八節，爲一段問答體與四段非問答體之「老子曰……」，這四段「老子曰……」依次可以在《淮南子》〈主術〉、〈詮言〉、〈齊俗〉、〈道應〉四篇中找到對應文字。唯獨第九節「平王問文子曰……文子曰……王曰『寡人敬聞命矣。』」沒有對應文字。

換言之，取今本《文子·道德》與《淮南子》對照結果，可以發現：凡今本《文子·道德》中非問答體「老子曰……」皆重出於《淮南子》。唯重出情況大致是：《淮南子》文字很多、很繁複，今本《文子》

則較簡略。尤爲特殊者，今本《文子》舉凡與《淮南子》對應部份，與竹簡《文子》皆不對應。換言之，竹簡《文子》與《淮南子》幾乎不對應。燒毀部份已無由得知，由殘存《文子》簡文看來，和《淮南子》似不相干，古本《文子》與今本《文子》事實上應作不同處理。今本《文子》中，所保留文字可以分成兩部份，一部份和竹簡《文子》相對應，一部份與《淮南子》相對應，兩部份竟然沒有混雜的現象，至少就出土竹簡情況看來如此。因此，舉凡非問答體今本《文子》，多多少少可以在《淮南子》中找到相應文字。反之，凡問答體文字，在《淮南子》中皆無相應情形，此種現象不免令人懷疑，今本《文子》是否即古本《文子》與《淮南子》的綜合體？去除今本《文子》與《淮南子》相重之百分之八十左右文字，剩餘百分之二十左右內容是否較接近古本《文子》原貌？

　　就百分之八十左右與《淮南子》各篇相重部份而言，個人分析其相重相應情形發現，文字與《淮南子》大約相同，表達形態卻不大一致。所謂不大一致是指其文字雖重見於《淮南子》某篇，卻僅有結論、直接議論，而無反證、側證或舉例。《淮南子》好舉例，例證甚多，今本《文子》文字雖見於《淮南子》，卻較《淮南子》簡單很多，不舉例、也不側證、反說，與《淮南子》表現風格大不相同，有時甚至直接截取《淮南子》之結論，或純議論部份，大有隱括或抽繹核心要旨之意味。爲此，個人傾向相信二書相重部份係今本《文子》抄襲《淮南子》，而非《淮南子》抄襲今本《文子》，否則何以凡今本《文子》能與《文子》對應部份，《淮南子》皆不抄入？此必古本《文子》與《淮南子》原爲不同之二書，今本《文子》抄古本《文子》，又抄《淮南子》，因此不影響兩邊之歧異。如爲《淮南子》抄襲今本《文子》，而今本《文子》中本已含有古本《文子》內容，何以凡與竹簡《文子》相應部份，《淮南子》均不抄入？個人因此推測：在時間上應是古本《文子》先出現，然後《淮南子》，今本《文子》最後，綜採二者而成。

四、殘簡《文子》所呈顯之思想論題

　　今取竹簡《文子》文字，整理、分析，並歸納其內容，可知2700多字思想內容大致包括下列幾大論題：

㈠天道與政道之相關問題。作者大致沿承《老子》卑退柔弱之主旨以談論天道，再由天道延伸至政道。而且文字表達相當古拙簡直，與馬王堆黃老帛書風格相近，個人因此懷疑其成書時間相去不遠。近幾年來，個人長期處理馬王堆黃老帛書，發現竹簡《文子》文字風格與之甚相近，比較拙直，不似《老子》、《莊子》流美。至其內容，主要推闡道德。然而，從這些有限的殘片文字拼讀起來，可以發現，簡本《文子》雖談「道」，卻非本體「道」，而係人事應用之政道、治道、與人生禍福之道，尤其是人君之統御術。作者認為：人事之政道根源於天道，此正黃老之學基本思想形態。

㈡無為、守靜、仁義教化等問題。

㈢部份殘片論及「一道」、「修德」、「有德」、「無德」，如何修道德等等，至於何謂「一道」？其下竹簡殘缺，無由得知。

㈣較為特殊者，殘簡中少數一、二片涉及「兵」道。從有限殘片中，歸納出其論，「兵」有三類：一曰貪兵，二曰驕兵，三曰義兵。可惜有關三類兵之解釋文字部份燒毀，不知「貪兵」、「義兵」內容為何？僅能由部份殘片看出其對「驕兵」一詞之定義大約為：仗恃強大，無端展示雄厚國力，亦即無端欺凌其他國家，純屬強權、霸權之擴展與表現。就殘簡277片有限文字初步歸納起來，可以發現，竹簡《文子》所著重論題，已大致涵蓋戰國以下黃老學說之一般議題。由此可以肯定一般學者之結論，《文子》屬黃老學派論著。

五、就重應內容之文字風格論證今本《文子》成書後於《淮南子》

　　由上文論述大致可以推測：㈠古本《文子》非是偽書，古代確有其

書，成書年代至少在西漢宣帝以前；㈡古、今本《文子》並不相同，在討論偽書問題時，宜分別處理。然而，這其中仍有許多問題未解決，如：今本《文子》與《淮南子》何者為先？何者為後？百分之八十五相重應部份誰抄誰？另外，古本《文子》篇幅究竟多少？詳細內容為何？等等問題，都因竹簡《文子》殘缺太甚，而難以斷言。然而，在上述基礎上，試著繼續推進，仍能有一些蛛絲馬跡。

首先，由今本《文子》與《淮南子》相重應之百分之八十左右內容看來，可以發現，文字鋪排情形在《淮南子》中很普遍，隨處可見，係《淮南子》獨特之文字風格。今本《文子》則只有與《淮南子》相重應部份才鋪排，與竹簡《文子》相重應，或目前雖未發現與竹簡《文子》相重應，然與《淮南子》不相應部份，則無此種現象；在其他先秦諸子中，亦未發現如此文字形態。至於相應情形，則如上文所言，《淮南子》通常又鋪排、又議論、又舉證，今本《文子》則只有議論，且是直接議論。不僅如此，百分之八十五與《淮南子》重應部份，與古本《文子》風格也不相同。個人因此推測，當是今本《文子》抄襲《淮南子》。

個人曾取《淮南子‧原道》與《文子‧道原》相對照（兩篇皆闡述「道」，文字相重也甚多），結果發現，與上述情形相當一致。此外個人又舉《淮南子‧覽冥》與《文子‧精誠》相重應之篇幅相對照，結果也與上二篇相同。要之，此類情況在今本《文子》與《淮南子》相重應部份皆明顯表現出一致性。另外，個人再舉《淮南子》不與《文子》對應之篇章文字加以觀察，發現結果也一樣。不管與《文子》對不對應，《淮南子》全書文字風格相當一致，甚為鋪排，而《文子》則不然，個人因此相信今本《文子》抄襲《淮南子》可能性較高。部份學者則持相反意見，如江世榮先生和李定生先生皆認定《淮南子》抄《文子》而加工[29]，然而，江文

---

[29] 參見徐慧君、李定生校注：《文子要詮》（上海：復旦大學出版社，1988年），頁9。

寫成於一九八三年，而竹簡《文子》釋文發表於一九九五年，江氏根本未曾看過竹簡《文子》，只聞出土消息，確定《文子》非僞書，因據今本《文子》與《淮南子》重應情形而猜測《淮南子》加工自今本《文子》。以下個人試圖透過百分之二十左右今本《文子》與《淮南子》兩書不重應部份，釐清古本《文子》之大致風貌。

六、就今本《文子》與《淮南子》不重應內容，試理古本《文子》之思想論題

㈠由四萬到七千，由十二篇到九篇

今本《文子》總共四萬多字，去掉與《淮南子》相重部份，僅剩六千六、七百字，這六千六、七百字相當特殊地，大致散布在九篇之中。這種現象令人既興奮又緊張，其詳細內容個人於第二屆「道家文化國際學術研討會」中即曾提出。全文已刊載於《道家文化研究》第十八輯，此處篇幅所限，姑且從略。換言之，今本《文子》有三篇與《淮南子》內容完全相重，不相重者僅九篇，依次是〈道原〉、〈精誠〉、〈十守〉、〈符言〉、〈道德〉、〈上德〉、〈自然〉、〈微明〉、〈上仁〉；換言之，〈下德〉、〈上義〉、〈上禮〉三篇文字與《淮南子》完全相重相應。九篇之呈現或許只是巧合，尤令人興奮者，竹簡《文子》與今本《文子》相重應之五、六篇竟然全在九篇之中。如此結果或不能完全反應事實，卻令人相當興奮。因為，今本《文子》去除與《淮南子》相重部份，竟由十二篇變成九篇，而今本《文子》與竹簡《文子》相對應部份全部在這九篇之中。這其中當然另有問題存在，如：此九篇與班固所載九篇是否一致？仍然無法遽下定論，然觀測其內容，然如此巧合，畢竟給予研究者莫大鼓勵。

(二)近七千字內容所反映《文子》思想

其次，個人試就此九篇，近七千字，不與《淮南子》相重部份，觀測其內容，發現大致可以歸納成六大論題；此六大論題與前論竹簡《文子》277片思想內容相距並不太遠。比如它們幾乎都談政道、治道，與先秦黃老論題，儘管文字不完全一致，主題卻差不多，約有三分之二篇幅推闡「柔後」理論，足以印證學者《文子》屬黃老之學理論之推斷。換言之，去除百分之八十左右與《淮南子》相重部份，可以發現，《文子》本身主要仍在推闡老子哲學。其中三分之二篇幅皆由天道論治道、政道。而且，談天道時，不多言創生與本體，而著重「虛靜」、「柔後」之運用。換言之，就老子論題而言，七千文論道，少及創生義、本體義，而偏重於應用層面。戰國秦漢黃老學所呈顯者，正是如此現象。馬王堆黃老帛書、《管子》、《淮南子》、《呂氏春秋》中之黃老理論亦大致如此。

另外，這七千文所論絕大部份是問答體，大致符合班固〈藝文志〉所提出：《文子》乃文子與周平王對話，是君臣問答之記錄。然而，傳本《文子》卻只有〈道德〉篇的第九節爲君臣問答，另一則例外是「孔子問……老子曰……」，其餘盡爲「文子問……老子曰……」之師生問答，與班固所言並不相符。

其次，我們若詳細察看它的內容，可以發現：

第一、七千文首論天道之謙損、退下與政道之無爲不爭。歸納起來，又包括以下幾個要點：

1.天道虛無、柔弱、素樸、純粹，滿損謙退，能由小轉大，積弱變強。七千文對「道」的內容掌握，大致不外乎老子論「道」的質性。如〈道原〉說：

……故道者虛無、平易、清靜、柔弱、純粹、素樸，此五者，道之形象也。虛無者道之舍也，平易者道之素也，清

靜者道之鑑也，柔弱者道之用也，反者道之常也，柔者道
之剛也，弱者道之強也，純粹素樸者，道之幹也。

又說：

夫道無為無形，內以修身，外以治人，功成事立，與天為
鄰。無為而無不為，莫知其情，莫知其真，其中有信。天
子有道則天下服，長有社稷；公侯有道，則人民和睦，不
失其國；士庶有道，則全其身，保其親；強大有道，不戰
而克；小弱有道，不爭而得；舉事有道，功成得福。君臣
有道則忠惠，父子有道則孝慈，士庶有道則相愛。故有道
則和，無道則苛，由是觀之，道之于人無所不宜也。夫道
者，小行之，小得福，大行之，大得福；盡行之，天下
服，服則懷之。

〈十守‧守弱〉說：

天之道，抑高而舉下，損有餘，補不足；江海處地之不
足，故天下歸之，奉之……天道極即反，盈即損，日月是
也。

2.聖人法天。〈十守‧守法〉說：

上聖法天，……法天者治天道也，虛靜為主，虛無不受，
靜無不持，知虛靜之道。乃能終始，故聖人以靜為治，以

動為亂，……是謂天道。

〈道德〉說：

> 聖人法之（天），卑者所以自下也，退者所以自後也，儉
> 者所以自小也，損者所以自少也。

3.老子喜歡以水喻道，《文子》七千文亦以江海喻道，〈道德〉、
〈自然〉兩篇皆然。〈道德〉說：

> 聖人以道鎮之，執一無為而不損，沖氣、見小、守柔、退
> 而勿有，決於江海。江海不為，故功名自化；弗強，故能
> 成其王；謂天下牝，故能神；不死自愛，故能成其貴。

4.《文子·道原》說，「以亡取存，以卑取尊，以退取光」，除發揮
老子「無為無不為」之旨意外，主要談統御之指導原則，完全合乎
黃老思想特質。
　　第二、七千文談論「大道無為、無形而有名」，也與《老子》相
同。然老子反對「名」，七千文《文子》則贊成「有名」。〈精
誠〉篇論大道無為無形曰：

> 大道無為，無為即無有，無有者不居也，不居者即處而無
> 形，無形者不動，不動者無言，無言者即靜而無聲。無形
> 無聲者，視之不見，聽之不聞，是謂微妙，是謂至神。

然而在〈道德〉篇裡，《文子》不但主張有名，又將「功」跟

「名」相結合，說：

> 廣厚有名，有名者貴全也；儉薄無名，無名者，輕賤也。
> 殷富有名，有名者尊寵也；貧寡無名，無名者卑辱也。雄
> 牡有名，有名者章明也；雌牝無名，無名者隱約也。有餘
> 者有名，有名者高賢也；不足者無名，無名者任下也。有
> 功即有名，無功即無名。有名產於無名，無名者有名之母
> 也。

　　雖亦承認「無名」爲「有名」之母，「有名」由「無名」而來，然在
行文中，「無名」、「有名」兩兩相對，舉凡較高、較正面之價值都歸於
有名，較低價值則歸於無名。可知，《文子》雖推崇「無爲無聲無形」，
亦推崇「有名」，並且將之與「功」結合。然而，「有名」仍須藉由「道
德」去自然獲取，以「道德」爲功名之本。〈自然〉篇說：

> 夫道德者功名之本也，民之所懷也。民懷之，則功名立。
> 人道深即德深，德深即功名遂成。

成功名之條件仍是道德，此種觀點基本上亦不離老學。較特殊者尤爲以下
第三、四、五三個論題。
　　第三、《文子》說「學道以神聽，虛心而清靜」，此爲七千文中唯一
明顯與《莊子》對應部份。《莊子・人間世》說：

> 若一志，無聽之以耳，而聽之以心；無聽之以心，而聽之
> 以氣……；氣也者，虛而待物者也，唯道集虛。虛者，心

齋也。

此莊子所謂「心齋坐忘」，《莊子》說，聽有三層，一用耳，一用心，一用氣。用氣聽，指以自然生命之契機回應，境界最高，此種高層工夫必須「虛而待物」，以虛靜的工夫去臻致，莊子稱之爲「心齋」。《文子》〈道德〉亦曰：

> 文子問道，老子曰：「學問不精，聽道不深。凡聽者，將以達智也，將以成行也，將以致功名也。」

文子認爲，「道」可以「聽」得，聽道可以達智，可以成行，可以致功名，明顯以「致功名」爲一崇高之努力目標。

> 不精不明，不深不達。故上學以神聽，中學以心聽，下學以耳聽。

殘簡《文子》分學問之功夫爲上、中、下三層，一用神，一用心，一用耳，令人聯想前述《莊子・人間世》之三層功夫。《文子》又說：

> 以耳聽者，學在皮膚；以心聽者，學在肌肉；以神聽者，學在骨髓。故聽之不深，即知之不明；知之不明，即不能盡其精；不能盡其精，即行之不成。凡聽之理，虛心清靜，損氣無盛，無思無慮，目無妄視，耳無苟聽，專精積蓄，內意盈并。既已得之，必固守之，必長久之。

老子、莊子都曾反對追求知識，文子卻不僅追求知識，更要求「精」，聽道當深。他又分聽道為三層，與《莊子・人間世》所言正相呼應，其最高境界「神聽」功夫亦與莊子「虛而待物」類同，與老子「致虛極，守靜篤」亦十分相近。

　　因此，部份學者認為今本《文子》屬於莊學一系，個人則不以為然。蓋百分之十五中，唯此一小部份與《莊子》相應，其餘皆為老學之反應，豈能以偏概全，忽略三分之二與老學呼應，談柔弱精神應用之內容？然而這一則與《莊子》相應，的確特殊。

　　第四，「道德」連稱，且有「四經」之說。在老子哲學中，「德」被視為「道」之下跌，道失而後有德，「德」又為「道」在現象世界中之功能顯現，故曰「道生之，德蓄之」，道為至高之生化根源與價值依據。在《老子》中，「道」、「德」多分稱或並稱，沒有連稱情形。然而，存在於百分之約二十左右的七千字《文子》中，雖亦曰「道者德之元」，視道為本初根源，然「道」、「德」時而分稱，時而並稱，更常連稱。連稱時，通常作為人文層面最高價值標準，以與儒家、法家一系「賢」、「利」等價值標準相對應。比如在與竹簡《文子》對應對多之〈道德〉篇中，第一問問道，第二問依次問德、問仁、問義、問禮，第四問「以道涖天下」，第五問問「王道」，至第八問問「非道德無以治天下」，光就問題而言，即有稱「道」、有稱「德」、有「道德」連稱。再就實際內容看來，第八問問「何以非道德無以治天下？」作者回答：

　　　　天下時有亡國破家，無道德之故也。有道德則夙夜不懈，
　　　　戰戰兢兢，常恐危亡。無道德，則縱欲怠惰，其亡無時。
　　　　使桀紂循道行德，湯武雖賢，無所建其功也。夫道德者所
　　　　以相生養也，所以相畜長也，所以相親愛也，所以相敬貴
　　　　也。

就文字用法而言，有道德並稱、連稱情形。其中或有生化之自然義，然道德連稱，明顯作爲較高人文價值標準。至第九問，問「有賢人遭淫亂之世，能否化民？」作者回答：

> 夫道德者，匡邪以爲正，鎮亂以爲治，化淫敗以爲樸，淳德復生，要在一人，……上有道德，下有仁義，……積德成王，積怨成亡。……積道德者，天與之，地助之，鬼神輔之，……故以道蒞天下，天下之德也；無道蒞天下，天下之賊也。

其中有道德連稱，有道與德分稱、並稱，在意義上混用不分，並無強烈區別，然皆有一共同指標，即通向一較高人文價值。

不僅如此，第二問並安排「問德、問仁、問義、問禮」將「德」、「仁」、「義」、「禮」並列，合成「四經」，以構成「道」之內容。《文子》曰：

> 文子問德，老子曰：畜之、養之、遂之、長之，兼利無擇，與天地合，此之謂德。何謂仁？曰：爲上不矜其功，爲下不羞其病，于大不矜，于小不偷，兼愛無私，久而不衰，此之謂仁。何謂義？曰：爲上則輔弱，爲下則守節，達不肆意，窮不易操，一度順理，不私枉撓，此之謂義也。何謂禮？曰：爲上則恭嚴，爲下則卑敬，退讓守柔，爲天下雌，立于不敢，設于不能，此之謂禮。

雖不盡合老子原意，大致含帶幾分老子氣質，文末曰：

> 君子無德則下怨，無仁則下爭，無義則下暴，無禮則下
> 亂。四經不立，謂之無道；無道不亡者，未之有也。

合德、仁、義、禮爲「四經」，又曰：「四經不立，謂之無道」，道之主
要內容即此四者。上述引文呈現幾個現象：1.「德、仁、義、禮」均被賦
予帶有老子氣質之意義詮釋：德，畜養、遂長、兼利萬物；仁，不矜、不
偷、兼愛、無私；義，輔弱、守節、不肆意、不易操、順理、不枉撓；
禮，恭嚴、卑敬、退讓、不敢、不能。2.德、仁、義、禮四者原本在《老
子》第三十八章中爲下跌之層級關係，道失而後有德，德失而後有仁，仁
失而後有義，義失而後有禮，依次有層級之分，道最高，依次下跌。然在
《文子》中，四者之價值等高並列，合稱「四經」，並未有下跌之差序，
作爲黃老理論之《文子》，似乎欲以老學爲基礎，揉合儒家以「仁、義、
禮」爲內容之道德論，因而多少使原本老學之堅持妥協與轉化，造成下述
的現象。但是，《老子》三十八章之基本精神，《文子》並未完全揚棄，
道仍高於德、仁、義、禮。在〈上仁〉篇之部份內容中，仍保存此種層級
觀點：

> 古之爲君者，深行之謂之道德，淺行之謂之仁義，薄行之
> 謂之禮智。

有深行、有淺行、有薄行，道德仍最高，仁義其次，禮智又其次。範圍愈
來愈小，功能亦愈來愈小。

> 此六者，國家之綱維也。深行之則厚得福，淺行之則薄得
> 福，盡行之天下服。古者修道德即正天下，修仁義即正一
> 國，修禮智即正一鄉。德厚者大，德薄者小。…

整段文字正面意義皆在闡述道德，除了明顯使用「道德」連稱之外，與上段引文亦有極大不同。作者已將「道」、「德」合爲一組，「仁」、「義」合爲一組，落單之「禮」，則以「智」相補，合爲第三組，然後依次評鑑其在政治上之效用與功能。評鑑結果爲：仁義不如道德，禮智不如仁義。大致仍繼承《老子》三十八章由道德而仁、義、禮逐層下降觀點，在推崇道德爲最高價值之前提下，陳述「四經」之政治功能。從而作出：

> ……故云上德者天下歸之，上仁者海內歸之，上義者一國歸之，上禮者一鄉歸之。無此四者，民不歸也。……是以君子務于道德。

之結論。

　　由此，吾人發現：儘管迄今仍無由得知古本九篇與今傳十二篇《文子》篇目有多少異同，亦即班固所傳九篇是否盡在今傳十二篇中？此需再加細部考證。然而，光就篇名看來，今傳十二篇有〈道原〉、〈道德〉、〈上德〉、〈下德〉、〈上仁〉、〈上義〉、〈上禮〉，與內容中之四經「德、仁、義、禮」相應，有否可能正是古本《文子》所論述之核心議題？如果今本《文子》這百分之二十左右果然保存古本《文子》之樣貌，則是否可以推定，此相關於「道、德、仁、義、禮」之討論，即古本《文子》重要之思想課題？

　　第五，在其餘有限之文字中，尚論及陰陽與氣，唯文字甚少。其論陰陽與氣，與一般漢儒不同。一般漢儒喜談創生，涉及宇宙論，《文子》之目標則指向政道與治道。如〈下德〉：

> 人有順逆之氣生於心，心治則氣順，心亂則氣逆。心之治亂在於道，得道則心治，失道則心亂。心治則交讓，心亂

則交爭。讓則有德，爭則生賊。有德即氣順，賊生即氣
逆，氣順則自損以奉人，氣逆則損人以自奉。夫氣者可以
道而制也。

人之情性皆願賢己而疾不如人。願賢己則爭心生，疾不及
則怨氣生，怨氣生即心亂而氣逆。故古之聖王退爭怨，爭
怨不生，即心治而氣順。故曰：「不尚賢，使民不爭。」

終極目的要求仁君透過修養，由氣之順，達至心之治，以心之治為治國之
依據，然後「不尚賢，使民不爭」。非但自己修養，使氣順不逆而心治，
治民亦須由此入手。行為好壞由氣之順逆決定，目的要求執政者不重才智
而重道德，使民平心順氣，目標仍通向治道。

　　七千文最後論「兵」。在今本《文子·道德》篇中，不但肯定用
兵，甚至說「用兵者王」：

文王問曰：「王道有幾？」老子曰：「一而已矣。」文王
曰：「古有以道王者，有以兵王者，何其一也？」曰：
「以道王者德矣，以兵王者亦德矣，用兵者王。」

「以道王」、「以兵王」都需靠「德」，故曰「一」而已矣。作者又分兵
為五類：義兵、應兵、忿兵、貪兵、驕兵。「誅暴救弱謂之義」，「義
兵」是維持天下公義的正義之師；「敵來加己，不得已而用之謂之應」，
「應兵」係對付外患，被迫反抗，以保衛疆土；「爭小，故不勝其心謂之
忿」，為了小事，壓不下憤怒之氣而與人爭，爭其不該爭，叫「忿兵」，
已有貶斥之意；「利人土地，欲人財貨謂之貪」，「貪兵」已是侵略行
為；「恃其國家之大，矜其人民之眾，欲見賢於敵國者謂之驕」，「驕

兵」則是無端之挑釁與欺凌。由第三種「忿兵」以下已愈來愈差，最後因此說：

> 義兵王、應兵勝、忿兵敗、貪兵死、驕兵滅，此天之道也。

　　前面竹簡《文子》也談三種兵，但卻僅剩下驕兵一種有解釋，此處則分兵爲五，且有清楚說明。由因其用兵動機而分兵爲五看來，可知其雖然肯定用兵，然並不絕對主戰，在一定程度上仍繼承《老子》反對用兵之思想。〈上仁〉說：

> 不歸，用兵，即危道也。故曰：「兵者不祥之器，不得已而用之。」殺傷人，勝而無美，故曰：「死地荊棘生焉，以悲哀泣之，以喪禮居之。」是以君子務于道德，不重用兵也。

從上述七千字左右今本《文子》與《淮南子》不重襲內容看來，和兩千七百字竹簡《文子》所討論論題十分接近。因此，雖不十分確定，個人仍願意大膽推測：有否可能今本《文子》去掉百分之八十左右與《淮南子》相重部份之後，所剩下之百分之二十左右（即前述七千文）之思想內容接近古本《文子》之原貌？

　　一九九六年八～九月份輔仁大學《哲學與文化》是《文子》專輯，分爲上下兩冊，共刊出「文子與道家思想兩岸學術研討會」所發表全部14篇論文。《道家文化研究》十八輯則刊出包括第一屆「道家學術國際研討會」中相關於《文子》之部分選文在內共九篇，討論問題十分廣泛。如「平王」究竟爲「周平王」抑或「楚平王」？以往，班固以爲《文子》

係依託之君子問答，故皆以「平王」為「周平王」，然文子既為楚人，則《文子》若非依託，「平王」即有可能為「楚平王」。又如《淮南子》相對應之百分之八十左右內容是何時添加的？學者推估成書年代應為漢代班固以後至隋以前，最有可能為魏晉張湛注《列子》之時。因為班固所見《文子》為九篇，而唐時柳宗元所見到是十二篇，可見，隋唐之後，《文子》已遭竄改了。唐玄宗曾將《老子》、《莊子》、《列子》、《文子》四經推崇為道家經典，由於《列子》亦被指為偽造，學者因推測是否為同一時間之事？另外，張岱年有〈試探文子的年代及思想〉，李定生（撰有《文子要詮》）亦作〈文子非偽書考〉、〈文子其人考〉，唯其觀點恰與筆者等研究《淮南子》者相反。這些都是近年來相關於出土竹簡《文子》與今本《文子》研究的新資料，相當值得參考。

（本篇原刊於《慶祝莆田黃錦鋐教授八秩嵩壽論文集》，臺北市：文史哲出版社，2001年6月。）

第三章

郭店出土文獻研究

壹、〈太一生水〉研究綜述及其與《老子》丙的相關問題

　　自一九九三年郭店一號楚墓八百多枚竹簡出土後，中國思想文獻的研究又邁入了一個新的領域，尤其是《老子》的相關研究。在八百多枚包括十幾種儒道文獻中，最令舉世震驚的，尤其是與三種竹簡《老子》同被認為屬道家文獻的〈太一生水〉，因為它的內容涉及一個中國哲學研究史上從無前例的，「水」的創生議題。儘管它的內容只有短短14簡，300多字，十年來，圍繞著相關於「太一」的詮釋和「水」的創生問題，自李學勤、李零、龐樸以下，世界各地漢學界學者展開了熱烈的討論，相關的專著、論文至少在近百種以上，它的研究被推展到了一定的高度，所有可能涉及的相關論題也一一凸顯，並被討論到了相當的程度。本文因擬就手邊所有的相關資料中，檢視近十年來各地學者對這篇文獻研究的大致成果，同時對其中部分曾經被學者懷疑為丙本《老子》內容的議題，提出個人淺見。

一、〈太一生水〉研究的重點論題

　　綜觀近十年來學者對〈太一生水〉的研究，大致可歸納為幾個焦點：㈠簡序問題：尤其是第九簡，乃至其後六簡與丙本《老子》內容的銜接問題。㈡該文獻在先秦學術派別中的歸屬問題。㈢「水」生與「氣」化的宇宙論問題。㈣有關「水生」觀點源生的時空背景。㈤討論最多的，尤其是作為構成內容核心與思想成分的幾個重要語辭或觀念的哲學意涵，諸如：太一、生、輔、反輔、相輔、陰陽、歲、藏、青昏、名、字……等等之詮解與確詁，及其與《老子》思想的依違因革關係。其中，有關簡序問題，尤其是第九至十四各簡與丙本《老子》的銜接關係。茲先述〈太一生水〉的學派歸屬問題。

(一)學派歸屬問題

　　〈太一生水〉在剛出土時，與三種《老子》同被荊門市博物館整理小組列為道家著作，而與〈緇衣〉、〈五行〉、〈性自命出〉、〈六德〉、〈唐虞之道〉、〈魯穆公問子思〉、〈窮達以時〉、〈忠信之道〉、〈尊德義〉、〈語叢一～四〉等十幾種儒家著作區隔開來。此後，歸為道家著作幾乎是大家較為普遍的共識，認為它反映了道家早期的宇宙論思想，「創生」因此成了大家研論的共同起點，黃釗說它可能是稷下道家遺著。[1]唯自李學勤指出它的「太一」起源於道家「關尹」一派，全篇思想反映著戰國中晚期「道家深受數術家影響的產物」，故內容「與天文數術有直接密切的關係」後，[2]學界的研究便明顯出現兩條線脈：一方面指出它是關尹學說的人多了起來；另一方面歸之為陰陽數術說的也不少。如郭沂說它的作者就是關尹本人，[3]彭浩說它的幾個思想概念與陰陽家相合，其宇宙生成論有濃厚數術、陰陽家色彩，「應是數術和陰陽家對道家學說充分改造過的理論」。[4]丁四新原本說它是南方楚道家思想文獻，後因改口說它應分兩部分，前部分叫〈太一生水〉，是兼融數術的楚陰陽家作品，後一部叫〈天地名字〉，當屬楚道家作品。[5]蕭漢明則逕指其非道家

---

[1]　參見黃釗：〈竹簡《老子》應為稷下道家傳本的摘抄本〉，《中州學刊》2001年第1期（2001年1月），頁67–74。

[2]　詳見李學勤：〈荊門郭店楚簡所見關尹遺說〉，《中國文物報》，1998年4月8日。與〈〈太一生水〉的數術解釋〉，收入陳鼓應主編：《道家文化研究》（北京：生活・讀書・新知・三聯書店，1999年）第17輯，頁297–300。後收入劉信芳：《荊門郭店竹簡老子解詁・附錄一〈太一生水〉》（臺北：藝文印書館，1999年），頁76–78。

[3]　郭說參見氏著：〈從郭店竹簡看先秦哲學發展脈絡〉，《光明日報》，1999年4月23日。

[4]　參見彭浩：〈一種新的宇宙生成理論—讀太一生水〉，收入武漢大學中國文化研究院編：《郭店楚簡學術研討會論文集》（武漢：湖北人民出版社，2000年），頁540。

[5]　分別參見丁四新：〈太一生水考論〉、〈楚簡〈太一生水〉第二部分簡文思想分析及其宇宙

著作,而爲陰陽家著作。說它確實受《老子》影響,也對後期道家產生過重要影響,然謂其通篇皆屬道家著作則非,並指其寫成是在渾天說與蓋天說的轉換之際。[6]此外,當然也有不但與衆人一樣,說它是道家著作,而且鑿鑿其詞地確定其爲道家創始人老聃受《周易》影響,在他歸隱時所作的。[7]

㈡水生與氣化的宇宙論問題

〈太一生水〉尤其前八簡,是一篇談宇宙生成的文章,這是事實,也是大家一致的共識。其宇宙生成且有別於中國傳統、傳世文獻所表現的「氣化」觀點,而爲「水生」觀念,這一點也正是〈太一生水〉之所以震驚全球漢學界而充滿魅力的地方。因爲,它不僅以「水生」爲核心概念,說「太一生水」、「太一藏於水」,也有「氣」的觀念,說「上,氣也,而謂之天」,學者之研究因圍繞著「水生」與「氣化」的觀點,從《老子》第八與七十八各章,《管子》〈水地〉、〈內業〉、〈心術〉各篇,到《呂氏春秋》、《淮南子》〈天文〉、《列子》〈天瑞〉、張衡〈靈憲〉、《易》緯〈乾鑿度〉等等涉及水生、氣化觀點的重要典籍文獻,進行追索,探討此一特殊「水生」觀念的思想來源,及其與傳統「氣化」觀念之間的關係。從李學勤提醒大家,關尹之說有「其動若水」和「主之乙

論來源考察〉及〈楚簡〈太一生水〉研究—兼對當前〈太一生水〉研究的總體批判〉。前兩篇分別收入丁四新著:《郭店楚墓竹簡思想研究》(北京:東方出版社,2000年),頁110–112,與《學術界》第94期(2002年3月),頁177–188。後者收入丁四新主編:《楚地出土簡帛文獻思想研究(一)》(武漢:湖北教育出版社,2002年),頁183–249。

[6] 參見蕭漢明:〈〈太一生水〉的宇宙論與學派屬性〉,《學術月刊》第391期(2001年12月),頁32–37。

[7] 參見譚寶剛:〈〈太一生水〉乃老聃遺著—讀〈太一生水〉〉,Confucius2000網站http://www.confucius2000.com/taoist/tyssnldyzydtyss.htm,2003年10月14日。

太一」，「太一」和「水」的聯繫是道家特殊一支的標記開始，學者的研究文章幾乎篇篇少不了對《老子》尚水思想和《管子·水地》的討論。許抗生說它是對老子尚水思想和〈水地〉進一步的發揮與發展，不同於〈內業〉一系「尚氣」學說的發展路向；[8]龐樸說它的「生」不是「派生」而是「化生」（詳後文「生」之詮釋）；[9]趙建偉說，先秦的氣化論中原本含有水的因素，〈水地〉其實是氣化論發展的必然結果。〈太一生水〉的本體論一方面爲「水」，又兼「氣」與「土」，是水、氣、土三元論，[10]明顯視「水生」觀晚於「氣化」論。陳鼓應也說：〈太一生水〉突出「水」的地位，卻並不忽略氣的重要性，水與氣在萬物生成過程中是環環相扣，相互作用的，卻並未明言「水生」與「氣化」的先後問題。[11]但與此相反的，也有學者認爲「水生」觀早於「氣化」說，如李存山就認爲，類似〈太一生水〉與〈水地〉一系思想是中國哲學史上的個別現象。它的出現較早，「當氣生天地或氣生五行的思想成爲一種思維模式後，它再出現就不太可能了。」[12]魯端菁也因「太一」一詞屬於半宗教、半哲學性術語，而認爲〈太一生水〉所描繪出來的宇宙生成論應較《老子》、《易

---

[8] 參見許抗生：〈初讀〈太一生水〉〉，收入陳鼓應主編：《道家文化研究》（北京：生活·讀書·新知·三聯書店，1999年）第17輯，頁306–315。

[9] 參見龐樸：〈一種有機的宇宙生成圖式〉，收入陳鼓應主編：《道家文化研究》第17輯，頁303。

[10] 參見趙建偉：〈郭店楚墓竹簡《太一生水》疏證〉，收入陳鼓應主編《道家文化研究》第17輯，頁380–392。

[11] 參見陳鼓應：〈太一生水與性自命出發微〉，收入氏主編：《道家文化研究》第17輯，頁393–411。

[12] 參見李存山：〈莊子思想中的道、一、氣—比照郭店楚簡《老子》和〈太一生水〉〉，《中國哲學史》2001年第4期（2001年11月），頁35–39。

傳》為具象原始,因斷其為早於《老子》、《易傳》的宇宙生成論。[13]然大致說來,認為它繼承發揮《老子》尚水思想的還是佔多數。比如蔡運章與戴霖就剛好與李存山相反,認為它是《老子》和《易‧繫辭》宇宙生成元氣論的深入發展。[14]至於「水」與「氣」的問題,則除了趙建偉、陳鼓應之外,艾蘭(Sarah Allen)也認為「水生」與「氣化」觀念並不衝突,因為「氣以水氣為原型」、「氣概念以水的各種樣態為原型」。[15]

(三)思想產生的時空背景問題

不論「水生」、「氣化」是相異的生成系統?還是相容、相通的生成觀念?是由「元氣論」發展出「水生說」?還是氣以水為原型,水生說在元氣說之先?都涉及其所產生的時空問題。就時間言,不論墓葬年代或作品產生的年代,大致循李學勤之見,以西元前三〇〇年左右為下限。因為根據專家推測,此墓約葬於西元前三〇〇年上下,[16]就歷史斷代言,大致是戰國中期偏晚,寫作時間宜早於此。龐樸、許抗生與莊萬壽或斷其作於戰國中期偏晚,略晚於《管子‧水地》,[17]或以西元前三〇〇年以前為作品撰寫與思想淵源的時間定點。[18]丁四新說它哲學觀念的重構可能是戰國

---

[13] 參見魯瑞菁:〈《郭店楚簡‧太一生水》的思想特色〉,《鵝湖月刊》第297期(2000年3月),頁13–17。

[14] 見蔡運章、戴霖:〈論楚簡〈太一生水〉的宇宙生成模式〉,《四川文物》2004年第2期(2004年4月),頁44–48

[15] 趙說同注10,頁381–382。陳說同注11,頁399。艾說參見艾蘭:〈太一‧水‧郭店《老子》〉,收入武漢大學中國文學院主編:《郭店楚簡國際學術研討會論文集》(武漢:河北人民出版社,2000年),頁525–537。

[16] 李學勤:〈太一生水的數術解釋〉,收入陳鼓應主編:《道家文化研究》第17輯,頁299。

[17] 同注9,頁301。

[18] 莊萬壽之說參見氏著:〈與水之思想探究〉,《哲學與文化》第26卷5期(1999年5月),頁

中期由楚陰陽家完成的。[19]劉學文沒有說明它的寫作時間，卻說它的內容表述了春秋戰國之交道家所主張的宇宙生成論，暗示了它的思想淵源於春秋戰國之際的宇宙生成論，時間提前了不少。[20]

　　就空間地域言，絕大部分學者不論就「水」生的觀點，還是就楚宗教文化「太一」的崇拜而言，都推斷其產生於南方多水的楚地。李存山說它是「南方水澤之國地理環境的產物」，丁四新早先說它是南方楚道家的思想，卻與老莊有別，後雖改口說是陰陽家之作，卻仍然指其為受到「楚文化神學系統的深入影響」，由戰國中期「楚」陰陽家完成，[21]地緣都在楚。趙東栓的觀點也一樣，一方面從保存較濃重的原始宗教巫術色彩與具強烈探索宇宙精神的楚文化角度上推其源生於楚地；另一方面又說：「楚人居水鄉澤國，容易產生對水的崇拜意識，對水的體會也深刻」，因推定其產生於楚地。[22]眾人聯想與推論、引證的依據往往指向《楚辭》的〈東皇太一〉。

　　比較特殊的是阮忠仁的看法，他以《史記・封禪書》中，對齊地八神之祀的相關記載，與〈太一生水〉之內容作詳細比對，論證它們彼此之間緊密的淵源關係，推斷齊地就是〈太一生水〉的故鄉，八神就是〈太一生水〉的源頭。[23]趙建偉則結合齊、楚二說而謂「乃齊湣王後期，諸儒各

394。許抗生之說同注8，頁309。

[19] 丁四新：〈楚簡〈太一生水〉研究—兼對當前〈太一生水〉研究的總體批判〉，頁245。

[20] 參見劉學文：〈論郭店楚簡〈太一生水〉本體生成系統〉，《新疆大學學報》（社科版）2003年第3期（2003年5月），頁41。

[21] 同注19。

[22] 參見趙東栓：〈〈太一生水〉篇的宇宙圖式及其文化哲學闡釋〉，《齊魯學刊》2001年第4期（2001年8月），頁72。

[23] 參見阮忠仁：〈楚簡《太一生水》為中心的考察—宇宙論之淵源〉，「第一屆簡牘學術研討會」論文（嘉義：嘉義大學中文研究所主辦，2003年7月12日），頁1–31。

分散的群體中，稷下學者去齊之楚後所撰作。」[24]顯然將時間定在戰國末期，地域定為楚，思想淵源來自齊。

(四)重要思想概念的探討

其實各家討論的重心與焦點仍然落在相關理論內容的思想探索與詮解，其中最為關切焦點的，尤在下列數端：

1.太一

學者從天文上星座之名、宗教上神靈之號，到哲學上創生的最高根源，乃至占星學與軍事上的吉凶主，進行了各種論證。所引證的典籍文獻涵括了《楚辭》（〈九歌·東皇太一〉）、《管子》、《鶡冠子》〈泰鴻〉、馬王堆「兵避太歲戈」上的圖文、《禮記》〈禮運〉、《莊子》〈天下〉、《荀子》〈禮論〉、《呂氏春秋》〈大樂〉、黃老帛書、《文子》，到《淮南子》〈天文〉、〈精神〉、《列子》〈天瑞〉、長沙子彈庫楚帛書、《史記》〈武帝本紀〉、〈封禪書〉、〈天官書〉、〈禮書〉、〈樂書〉、《漢書》〈武帝紀〉及各志、道教的相關文獻。

李零說：從文獻記載看，「太一」有三種含義，⑴作為哲學上的終極概念，它是道的別名；⑵作為天文學上的星官，它是天極所在，斗歲遊行的中心；⑶作為祭祀崇拜的對象，它是天神中的至尊。[25]學者對於〈太一生水〉中「太一」的詮釋也大約循著這三種概念發揮推闡。著重哲學地詮釋前八簡的創生論者，「太一」的意涵自然等同於「道」，或類近於「道」，是創生者，也是萬物之大法，這是絕大部分學者討論〈太一生水〉的較大交集。將〈太一生水〉循著天文、數術一路去詮解，如李學

---

[24] 同注10，頁380。

[25] 參見李零：〈讀郭店楚簡〈太一生水〉〉，收入陳鼓應主編：《道家文化研究》第17輯，頁320。

勤、艾蘭者，「太一」就是北極星，「水」甚至是銀河（如艾蘭）。循著
宗教神學一系去詮解者，或就楚原始宗教文化，或就齊八神之祀（已如上
述），或就中國古老的宗教神學中去探索「太一」的來源。如李澤厚說：
〈太一生水〉可能是先民對巫舞致雨的客觀理性化的提升理解，[26]就是一
例。後兩種含義尤常結合為一，因為宗教神話中星辰的神就來自於天文中
的星座。劉學文說：就客觀性方面，「太一」本來指北極星；就主觀性方
面，太一就完全演化為神。但最後他又引周勛初之見說，《老子》是東皇
太一的哲學淵源，《老子》中的一、道、自然的內在主體性的廓開和放
大，就成了太一神。[27]艾蘭甚至認為，整部《道德經》利用了與太一崇拜
相關的主題。她這種觀點的大前提是，「整部《道德經》成書似乎當在郭
店之後」，[28]這種觀念多少受到饒宗頤先老學觀念的影響。[29]強昱甚至依
據馮時的推斷，認為「太一」觀念的起源時間，至少在距今七千年以前，
較孔老早許多，但其定名則距孔老不遠。[30]丁四新也認為，「太一」就是
宇宙的本根、本體，也受到陰陽數術家和楚文化神學系統之深入影響，都
是結合三種含義而說的，因此而得出〈太一生水〉完成於陰陽家手之結
論。

---

[26] 參見李澤厚：〈初讀郭店竹簡印象紀要〉，《世紀新夢》（合肥：安徽人民出版社，1998
年），頁206–207。

[27] 同注20，頁42。

[28] 參見艾蘭：〈郭店楚簡新見老子道德經與中國古代宇宙觀〉，收入艾蘭、刑文編：《新出簡
帛研究：「新出簡帛國際學術研討會」論文集》（北京：文物出版社，2004年），頁234。

[29] 參見饒宗頤：〈容成遺說鉤沈——先老學初探〉，《北大學報》（哲學社會版）1998年第3
期（1998年5月），頁63–68。

[30] 參見強昱：〈〈太一生水〉與古代的太一觀〉，收入陳鼓應主編：《道家文化研究》第17
輯，頁357。

2.生

　　與「太一」意涵詮釋的同時，儘管大家基本上都依著《老子》「道生一，一生二……」的命題去比對、證論〈太一生水〉前8簡的創生思想，有些學者卻仍注意到，這個與反輔、相輔觀念結合爲一的生成系統中的「生」，究竟和中國傳統中一般宇宙論中的「生」有何異同？龐樸說：這個「生」，不是派生，是化生。它不是生出一個獨立於母體外的第二代，而是絕對化爲相對，抽象化爲具象，太一與水並不相外，太一在水中，水在太一中，「水就是活生生的太一」，因此才會說「太一藏於水」。[31]其次，有些學者爲了〈太一生水〉所表現出來的濃厚水生觀念，認爲應以水爲生成初源，而主張「太一生水」應是「太一生於水」，省了「於」字，[32]蕭漢民則駁其非。[33]因著「生」字的不同詮釋，太一與水的關係也就有了不同的說法，引出了繁複多樣的討論。比如「太一」爲何不直接生天、地？還要透過「水」這一仲介來「生」？有人說是脫胎於此前的水生論（如龐樸），有人說與《老子》的尙水思想有關（如許抗生）。[34]

3.反輔與相輔

　　與中國哲學傳統氣化生成論不同的是，除了水生的問題之外，〈太一生水〉還多了個反輔、相輔問題，這是〈太一生水〉引發舉世驚訝的重大原因之一，也是這個宇宙論最大的特色。天地的產生，要靠「反輔」的過程，自然萬象的產生，要靠「相輔」的作用。這在傳統，不論是《老子》，還是《周易》都不曾如此曲折。龐樸說，這是「承認作用同時有反

---

[31] 同注9，頁303。

[32] 參見陳松長：〈《太一生水》考論〉，收入武漢大學中國文化研究院編：《郭店楚簡國際學術研討會論文集》（武漢：湖北人民出版社，2005年），頁542–546。

[33] 同注6，頁34。

[34] 龐說同注9；許說同注8，頁315。

作用的發生」，是最爲澈底的運動，〈太一生水〉視宇宙爲有機體。[35]許抗生說，這表示：⑴道（太一）不是無條件地生成。⑵對立者能相輔相成（桂案：其實是「必須」相輔相成，才能生成新事物，形成有序列之宇宙演化。）[36]李零說，「反輔」表示正反合式的三極循環：太一與天依次爲正題，水與太一依次爲反題，天與地是合題，而「相輔」表示二元概念對稱。[37]表述儘管不同，意思其實和龐樸差不多。以後學者所論，篇幅、卷帙雖多，意思要不外此。法國學者賀碧來（Isabelle Robinet）說，「相輔」是指「過程需靠配偶實現」，[38]說得更清楚而絕對。趙建偉的說法較爲特殊，他說，「反輔」表示「太一」不能直接生物，而所有「復相輔」下都省去了「太一」，如果補全，應該是：

天地復相輔（太一），是以生神明；
神明復相輔（太一），是以生陰陽；
陰陽復相輔（太一），是以生寒熱；
寒熱復相輔（太一），是以生溼燥。

換言之，不只天、地，其下的神明、陰陽、寒熱、濕燥……等等的產生，都是「太一通過它們的前者，去生出後者。」[39]照他的意思，作爲最高生

<hr />

[35] 同注9。

[36] 同注8，頁315。

[37] 參見李零：〈讀郭店楚簡〈太一生水〉〉，收入陳鼓應主編：《道家文化研究》第17輯，頁317–318。

[38] 參見賀碧來撰，雷敦龢譯：〈論〈太一生水〉〉，收入陳鼓應主編：《道家文化研究》第17輯，頁334。

[39] 同注10，頁383。

成根源的「太一」，並不能直接生物，而需有所借助。然而，「太一」儘管不能直接生物，一切現象、事物的生成，除了須相養以成外，仍在「太一」的作用之下，仍屬「太一」的作用。丁四新卻認為，反輔與相輔是連結雙方而生物的兩種運動方式。「反輔」屬先天地而生出天地者，連結的雙方在作用上有主從之分；相輔則屬後天地生者，連結的雙方是平等地發生作用的。「太一生水」不屬「反輔」、「相輔」的任一種，因為「水」的生成是「太一」自身直接給的。強昱說，相輔與相養同意。[40]

4.神明、陰陽、寒熱、濕燥

在中國哲學史上，「神明」是個很特殊的語詞，在《莊子》外、雜篇，《管子》四篇，《淮南子》、《荀子》、《禮記》裡都曾程度不一地出現過。曾以指精氣、指靈明的智慧、指靈妙的自然化育功能，也幾等於陰陽⋯⋯。〈太一生水〉的「神明」，各家說法分歧不一。邢文說，「神明」只能是「神祇」，[41]都不大能適切地合於生成說。強昱說是「太一化生天地的表現與過程」。[42]許抗生說，指無形莫測的精氣（神），及其所顯現出來的作用與現象。[43]王博之說甚為清爽：他說，「神明」就是指日月，因為從天地、⋯⋯、濕燥、都是兩物相對相輔，神明應該也是兩相對輔之物。而且，從天地到濕燥，每對的意思都很清楚、具體，神明之義不該模糊。何況，把日月放在陰陽之前，先有日月，後有陰陽，位置也恰當。從《莊子・天下》和〈說卦〉傳都可以證明自古已有釋「神明」為日月之看法。而且，這一特殊生成論的目的不在解釋萬物是如何出現的，

40　同注30，頁363。

41　參見邢文：〈論郭店《老子》與今本《老子》不屬一系——楚簡〈太一生水〉及其意義〉，《中國哲學》第20輯（1999年第1月），頁178。

42　同注30，頁360。

43　同注8，頁312。

而是說明「歲」的構成，在中國古代要說明「歲」，不涉及日月，很難想像。[44]在各家之說中，個人認爲說理較爲明白適切。

5.太一「藏」於水

〈太一生水〉的宇宙論有三大特殊而有別於傳統宇宙論之處：其一是透過「水」去生成，其二是生成過程中有「反輔」、「相輔」之作用，其三即是太一不但生水，還「藏」於水。這三大特點凸顯了〈太一生水〉生成論的特殊性格。這個「藏」字意蘊因此是很特殊的，各家對它的討論因此也多所著墨。龐樸在解釋「化生」時已經說得很清楚了，「太一生水」是「太一變化爲水，太一不復存在，但並不消失，它就在水中，作爲本體而在水中，水可以說是太一所現之象。」[45]王博說，「太一藏於水」是在說太一存在的方式，「藏」是靜的，下面「行於時」是「太一」的動。「時」指「歲」，「太一」所「藏」之處爲「水」，是起點；所「行」之處是「時」，「時」是「歲」，「歲」是生成的終點。「水中有太一，天地中有太一，一直到歲，都體現著太一。」[46]

6.名、字與青昏

〈太一生水〉的前8簡一般都認爲是一個講宇宙生成的完整段落，毫無異辭；但對於第九簡以後至十四各簡，衆人的意見便分歧了。有關簡序與分節的問題，留待下文討論，此處先說「名」、「字」與「青昏」。

自第十～十三簡，裘錫圭稱之爲「名字章」，[47]因爲在這節裡，談

---

[44] 參見王博：〈太一生水研究〉，《簡帛思想論文集》（臺北：臺灣古籍出版社，2001年），頁220–221、223。

[45] 同注9，頁304。

[46] 同注44，頁225。

[47] 參見裘錫圭：〈〈太一生水〉「名字」章解釋—兼論〈太一生水〉的分章問題〉，收入中國古文字研究會，中華書局編輯部編：《古文字研究》（北京：中華書局，2000年）第22輯，

到名、字的相關問題。根據簡文的說法，「道」是「字」，「青昏」是「名」。整理小組原說，「青昏」應讀「請問」，學者多不採從。姜生瀾注以為，簡文說「上，土也，而謂之地；下，氣也，而謂之天」，因此，「土」和「氣」是「名」，「地」和「天」是「字」，「青冥」是「名」，「道」是「字」。則「名」指的是「本名」；「字」指的是慣用名，這是通稱。[48]裘錫圭認為，如此可以和下文「天地名字並立」相應，因贊同其說，說「名」指能直接反映事物的本名，「字」則指不能直接反映實質的一種慣用名，不能和「名」與「實」的關係相混。強昱說它的表述，一望可知其脫胎於《老子》的「吾未知其名，字之曰道，強謂之名曰大」，趙建偉之意同。學者說此多引《管子》四篇、黃老帛書刑名說與《呂氏春秋・大樂》以為證。王博卻有不同的看法，他認為「並立」主要針對「天地」而言，而不是指「名」與「字」。簡文主要強調二者具類似或相當的地位，不是任何一方壓過另一方，因引出下文「過其方，不思相尚（當）（相上，相勝）。」天高處，地就低；地高處，天就低。[49]丁四新則以為，「立者建也」，「天地名字並立」是說天地的「青昏」之名與「道」之字的並建，共同規範、調整、主宰此在的世界。天地生成萬物及其運動是以「青昏」之無序和「道」之有序來規範、確定、建構自身，二者的對立運動造成了天地形勢的變化。[50]經以上各家之論說後，整理小組原先釋「青昏」為「請問」的說法也就自然站不住腳，不為絕大部分學者所採。

頁221。

[48] 參見姜生瀾：《郭店楚簡之研究（一）》（東京：大東文化大學事務室，1999），頁53–61。

[49] 同注44，頁229。

[50] 同注19，頁248。

然則，「青昏」究為何意？趙建偉說是指「陰陽未分之氣」，[51]丁四新說是指天地未分的本原狀態，有昏暗、混沌、無序等意義，（和「道」之表天地已分之事物狀態，有條理、規律、明晰、有序等意義相對），[52]大致上是承李零之說。李零正解「青昏」為「天地未生時的混沌狀態，或為天地所由生的清濁二氣」。其實，「青昏」一詞未見於任何先秦文獻，它應該是由兩個形容詞結合起來的複合詞。「青」可以通「清」，用以指稱「道」初樸未染的本質或狀態；「昏」指「道」渾沌未開、晦暗不明的本始狀態。李零、丁四新、趙建偉諸人所說「陰陽未分」、「天地未分」、「混沌」、「昏暗」都是這個意思，要在指稱「道」的初原本始狀態。李零又說：「字」是人成年後起的名，「道」乃天地後起的名，「青昏」才是它們的「本名」。「天地名字並立」可能指天地名字原已具備，或天地名字彼此相當，本當齊平，但天道偏安排其相錯位，一高則一低。[53]

7.十四支簡的分節與列序問題

這原本是〈太一生水〉研究的基本課題，各家的研究都不免要先涉及。大致說來，前8支簡不論就內容或簡序的安置看來，都很一致，沒有第二種可能，講的就是宇宙生成的問題，是名副其實的「太一生水」本章，眾人無異見。然自第九～十四共6支簡，則不論就分章還是簡序而言，都有歧見。

首先說分章，眾人分章雖有歧異，歸納起來，要不外兩章與三章兩種。裘錫圭分14支簡為3章，說：一至八簡為一章，可名為「太一生水」章，十至十三支簡合為一章，可名為「名字」章，九與十四兩簡可合為

---

[51] 同注10，頁389。

[52] 同注19，頁247。

[53] 同注37，頁319–320。

「天道貴弱」章，但後兩章合一亦可能，只是對簡序之列置有意見。[54]李零則分爲兩段：一至八簡爲一段，講天道（太一）創生天地四時的程式，第8簡「君子知此之謂……」下補了「□，不知者謂□」六字。九至十四簡爲第二段，講「天道」爲何損有餘而補不足。[55]陳偉亦分三部分，卻與裘錫圭的分章抄寫不同，而爲不分章抄寫。他因承李學勤「太一生水」與簡本《老子》不能分割的觀點，主張第一至六簡的「行於時」爲第一部分，如李學勤所說，是對《老子》通行本第四十二章的詮釋。自第六簡「是故太一藏於水」至「功成而不傷」爲第二部分，與傳本《老子》第二十五章對應。自第十一簡「天地名字並立」以下爲第三部分，大意始終圍繞「並」、「方」，亦即「平等」作文章，內容與傳世本《老子》第七十七章密切相關。[56]這樣的說法比較奇怪的是，「太一藏於水，行於時」兩句重屬於第二、三兩部分。郭沂也分三部分，區隔卻較爲合理：自「太一生水」至第六簡「太一之所生也」爲第一部分，論宇宙生成；第二部分自「是故太一藏於水」至第八簡末爲第二部分，專論「太一」；自第九簡「天道貴弱」至第十四簡末爲第三部分，專論天地之道。[57]

　　其次就簡序之列置言，第九簡的列置最是爭議焦點。就整理小組原列，第九簡夾列於完整的第八簡生成論之後，開論「名、字」的第十簡之前，前後都是完整獨立、自有起迄的段落，自己卻殘斷地夾在中間，就結構來說，頗有前不搭村，後不著店之感，意思上也前後不相銜。裘錫圭將之移至十三至十四簡之間，陳偉則將之移至十二至十三簡之間。今試加比

[54] 同注47，頁219。

[55] 同注37，頁317–318。

[56] 參見陳偉：〈〈太一生水〉校讀並論與《老子》的關係〉，收入《古文字研究》第22輯，頁227–229。

[57] 參見郭沂：〈試談楚簡〈太一生水〉及其與簡本《老子》的關係〉，《中國哲學史》1998年第4期（1998年11月），頁34–35。

對，以判其當。依裘錫圭之移置：

> 下，土也，而謂之地；上，氣也，而謂之天。道亦其字
> 也，青昏其名。以10道從事者必託其名，故事成而身長；
> 聖人之從事也，亦託其11名，故功成而身不傷。天地名字
> 並立，故訛（過）其方，不思相尚（當）12。〔天不足〕
> 於西北，其下高以強，地不足於東南，其上……13天道貴
> 弱，削成者以益生者，伐於強，責於……9〔不足於上〕
> 者有餘於下，不足於下者有餘於上。14

依陳偉之移置：

> 下，土也，而謂之地；上，氣也，而謂之天。道亦其字
> 也，青昏其名。以10道從事者必託其名，故事成而身長；
> 聖人之從事也，亦託其11名，故功成而身不傷。天地名
> 字並立，故訛（過）其方，不思相尚（當）12。天道貴
> 弱，削成者以益生者，伐於強，責於……9〔天不足〕於
> 西北，其下高以強，地不足於東南，其上……13〔不足於
> 上〕者有餘於下，不足於下者有餘於上。14

前十至十二簡，裘錫圭所謂「名字」章，兩家看法完全一致，沒有問題。
問題只剩第九簡「天道貴弱」章的表述，究竟是置於十三簡前，作爲該章
節之冠領，下接兩支對天地高下相錯不齊、有餘不足互補之簡以爲說明
（如陳偉所移）比較好？還是置於十三簡後，視第十三簡爲第十二簡「不
思相尙」的說明（如裘錫圭所列）比較好？換言之，第十三簡的意思究竟

是和第十二簡比較密切？還是和第十四簡意思比較銜接？這將是決定第九簡在第十三簡前或後的關鍵。各家的說法大致依違於二者之間，個人卻以為，陳偉之說較勝。因為第十至十二簡剛好講「名字」問題，第9簡「天道貴弱」似是開啓另一話題，第十三、十四兩簡都講天地「不足」與互補的情況，關係應比十二、十三簡緊密，且可視為對「天道貴弱」的例證。

二、〈太一生水〉後六簡與《老子》丙的關係

另一個和簡序相關的問題是，〈太一生水〉後6簡（九至十四簡）究竟和《老子》丙有無銜接關係？是不是它的一部分？自從李學勤把〈太一生水〉看成是對《老子》某些篇章內容的解釋，說「簡本《老子》丙原應有28支簡，包括見於傳世本《老子》的各章和〈太一生水〉」之後，[58]影響所及，不僅陳偉分其內容為三部分，說它們分別解釋傳世本《老子》四十二、二十五、七十七各章（已如上述）；美國學者艾蘭先是沿承李學勤，把〈太一生水〉看成是《老子》的一部分。[59]後又改口說，〈太一生水〉14枚竹簡包含兩個迥然不同的部分，前八簡是邏輯結構清晰的宇宙生成論，後6枚（即九至十四簡）就風格言，與上述8簡之宇宙生成論大相逕庭，應該被歸為《老子》丙的一部分，而不是〈太一生水〉的一部分。[60]比利時的戴卡琳（Carine Defoort）也認為〈太一生水〉前後兩部分沒有太大關聯。[61]法國賀碧來則說，〈太一生水〉是一篇不夠完整的文

---

[58] 參見李學勤：〈太一生水的數術解釋〉，收入陳鼓應主編：《道家文化研究》第17輯，頁297。

[59] 艾蘭：〈太一‧水‧郭店《老子》〉，收入武漢大學中國文化研究院編：《郭店楚簡國際學術研討會論文集》（武漢：湖北人民出版社，2000年），頁526。

[60] 同注28，頁235–236。

[61] 參見戴卡琳：〈太一生水初探〉，收入陳鼓應主編：《道家文化研究》第17輯，頁340。

章,[62]否認九至十四簡與前8簡之關係。個人因就其實際內容之思想脈絡補論之,以見〈太一生水〉不論夠不夠完整,至少14支簡是一體的,後6簡並非簡本《老子》丙之一部分。

艾蘭說〈太一生水〉的前8簡與後6簡風格迥然不同,個人看法是,並沒有什麼不同。就思想內容來看,尤其有相當的關聯性。前8簡所言之生成雖涉及水、神明、陰陽、寒熱、濕燥、四時,其實是以「天地」為核心,講「太一」生「天、地」及「天、地」間各種現象作用之生成與運行。較特殊的,只是這個生化與「水」有特殊密切的關係而已,第九簡以後其實還是講「道」與「天地」。不管分為幾個層次,每一個層次都涉及此一焦點。第九簡講天道有「貴弱」的特性,第十簡講「天、地」的內容與「道」的「名」、「字」,第十一至十二簡講「道」與「天、地」之「名」、「字」,及其在人事方面的重要性,因及其「不相當」之特質。第十三至十四兩簡和第九簡有相當的關聯性,講的都是「天地」之「道」補弱削強的調制性。因此,三百多字的〈太一生水〉,不管殘了多少,前前後後講的都是「天地」與「道」。所不同的,前面講生成,後面講應用與性質;前面稱「太一」,以強調其為生化根源,後面逕稱「道」,以示其為應用之則;前面純粹講生成,後面暗涉人事之理;前面講生成,涉及天文、天象,後面講「名、字」、應用,涉及地理上的現象與狀況(「天不足於東北,……」)從頭到尾都是講「天地」與「道」、「天地」之「道」。所不同的,前面講生成,眉目清楚,後面講性質與應用,涉及名、字問題,稍有歧出,主軸還是很清楚地指向「天地」與「道」。廖名春也認為:〈太一生水〉前8支簡與第9簡以下,「文義是有邏輯關係的,這種邏輯關係是一種上下固定的順承關係,而非可互為上下的並列關

係」也是這個意思。[63]當然，〈太一生水〉的重「水」與貴弱伐強特質，從表面上看，和《老子》觀念似乎很密切，這就是主張和《老子》丙合一者的考量依據。但，《老子》雖重「水」，講生成時卻是「沖氣以爲和」，仍是「氣」化，非「水」生。傳世本《老子》主「無」名，〈太一生水〉講應用，卻「託」名，兩者之間仍是有很大的不同。因此，誠如丁四新所說的，不論就文本脈絡還是思想統一性看，〈太一生水〉都不屬《老子》的一部分，而是另一系道家思想的傳本。[64]

　　總之，〈太一生水〉後6簡雖然和前8簡論述層次不同，前者講自然生成，後者講人事之理，其實都針對著「天地」之論題。前8簡講天地之生成，神明、陰陽、寒熱、濕燥都歸屬天地的現象與內容。後6簡言「天地」的內質，「天地」、「道」的名字，及其在人事上的寓意。透過「天地」這一個課題，前後14簡的思想內容可以是一個整體。這個整體中，前8簡論生成，以「水」爲生之元，不同於《老子》「沖氣以爲和」之以「氣」論生成；後6簡論述天、地、道之名字，強調聖人須「託名」，始成人事之用，兩者都和《老子》觀點不相同。雖然「貴弱」和有餘不足互補之觀點或許和《老子》相關，卻仍不宜歸屬簡本《老子》丙的內容。

　　值得注意的是，這樣的表述情況令人想起上博簡〈亙先〉。〈亙先〉也是一至五簡先言自然的創生（亙、或、氣之作生），第五簡下半至末簡則論述人事名言的建構。這種狀況不只出現在〈亙先〉與〈太一生水〉中，作爲黃老代表論作的《管子》四篇也一樣，尤其是〈內業〉，前面談「道」，後面涉及名言於政治之用。這是否意味著，戰國時期的某階

---

[63] 參見廖名春：〈試論郭店楚簡《太一生水》篇的綴補〉，《出土簡帛叢考》（武漢：湖北教育出版社，2000年），頁55–71。本文另收入艾蘭、邢文編：《新出簡帛研究：新出簡帛國際學術研討會文集》（北京：文物出版社，2004年），頁274–283。

[64] 同注19，頁229。

段，某些學者或學派正流行著，以創生與名論爲主題，並將名論與政治相結合，作爲其主要思想議題的討論？否則爲什麼出土的戰國文獻中一再地反映出這種情形？

三、結論

　　〈太一生水〉有別於中國哲學傳統的生成觀，震驚了全世界的漢學界，從個人所知見六、七十種研究資料來看，眞的是五花八門，從哲學到宗教神學，甚至神話；從天文星象到曆法數術；從老子到道教。但是，整理論證得眉目清楚，軸線分明的並不多，支零、浮泛、猜測、想像的佔了相當大的比率，以上所述只是枝節較少，主軸較清楚的部分學者之見解。從中可以很清楚地看到，各家意見雖分歧不一，就思想史的角度看來，其實大部分還是循著李學勤、裘錫圭等大家所開出的路線在推進、變化、修改，有不同見解或自闢蹊徑，而論證合宜者並不多。因扯太遠，而浮泛、失當的不少。然而，從另一個角度來看，在郭店十幾種文獻的研討中，所涉及論題領域之寬廣，內容之繁複多樣，恐怕以本篇爲最，這無論如何是出土文獻研究史上的盛事、美事。由於時間與篇幅所限，以上所述，僅擇其眉目清楚，主軸分明，或原委可求者述之，並提出個人對後6簡與《老子》丙關係之淺見，以就教於方家。外此的高見和遺珠仍有，卻限於討論焦點與篇幅之考量，必須割愛，留待他日。

（本篇原刊於漢學研究中心《漢學研究》第23卷第2期（總第47號），2005年12月。）

貳、郭店儒簡的外王思想

　　郭店竹簡文獻，曾被推測，極有可能是戰國中晚期（約公元前三〇〇年左右）楚國太子老師（所謂「東宮之師」）的墓葬[65]。其中的十六種儒道文獻，可以想見是墓主生前最喜愛，或最常翻閱的典籍。而從長沙馬王堆三號墓亦有不同抄本《老子》與儒簡合葬的情況看來，《老子》或以本土學術的主流地位，或因戰國中晚期流傳特盛，與當時顯然也是流傳特盛，且具代表性的儒學文獻─〈五行〉，共同成爲楚國知識份子生前常讀的典籍，與死後常陪葬的遺物。其餘的十三種儒簡和〈太一生水〉，則應是墓主生前的偏好或最常翻閱，乃至應用的文獻。如果墓主爲「東宮之師」這一前提可以成立的話，則這些儒簡不但是他生前的最愛，事實上尤其可能就是他用以選教太子的基本教材[66]。換言之，在戰國中晚期，楚國的某位儲君（學者推定有可能就是後來的頃襄王[67]），曾被以這類文獻中的道理教導如何立身治國，內聖外王。

一、十四篇儒簡的論題、內容與呼應性

　　今仔細檢閱其中的14篇儒簡，超過一千字以上的有三篇─〈性自命出〉、〈五行〉與〈緇衣〉。最長的〈性自命出〉1582字，專論心、性、情、志與禮、義、教、習，屬內聖論題。其次的〈五行〉有1283字，論仁、義、禮、智、聖「五行」與君子如何透過「思」與「愼獨」

---

[65] 參見李學勤：〈先秦儒家著作的重大發現〉，收入《中國哲學》編輯部，國際儒聯學術委員會編：《郭店楚簡研究》（瀋陽：遼寧教育出版社，1999年），頁14。然其後隨著學者的起疑與討論，李學勤近日對此亦持保留態度。

[66] 參見李學勤：〈荊門郭店楚簡中的《子思子》〉，其說同見注65，頁79。

[67] 同見注65，頁15。

的功夫，殷憂以啓德，安樂而成德，也是內聖篇什。與今本禮記相重的
〈緇衣〉則有1144字，大談章好惡以示民、言行一致、以身立教、教德
齊禮的長民之道，屬外王篇章。其餘依次爲：〈成之聞之〉971字，主論
反己正身，以順天常，兼及六位三親（父子、夫婦、君臣）。其反己正身
係針對治民的先決條件而言，屬外王之論。〈六德〉924字，討論封建宗
法下的人倫三綱，所謂六位（父子、夫婦、君臣）及其所屬的職（教、
孝、率、從、使、事）與德（聖、仁、智、信、義、忠），是內聖與外王
所要共同面對與處理的課題。〈尊德義〉897字，闡述爲君治政之道，論
教（禮、樂）、道（人道）爲先，率民以德之理，亦外王課題。〈唐虞
之道〉726字，推崇堯舜之禪讓與愛親尊賢之理，兼及時、命，爲外王篇
章。〈語叢四〉405字，討論愼言、知賢與用賢之理，指涉對象當然是有
位之君，仍是外王之論。〈窮達以時〉306字，討論天（時、命、遇）與
人（才、性、德）之間未必相應的現象，歸結於天勝人。〈忠信之道〉
259字，暢論忠信臨民之理，自是外王課題。〈語叢一〉697字，〈語叢
二〉351字，〈語叢三〉472字，多語意獨立之短句，類似格言集錦。
〈語叢二〉討論性與欲及其孳生。〈語叢一〉與〈語叢三〉則句意多重複
而瑣碎，以人爲貴，而涉及仁、義、禮、樂、天命與性。最短的〈魯穆公
問子思〉151字，談忠臣貴能諫之理，也是外王之論。[68]

　　要之，十四篇儒簡，除〈性自命出〉專論心、性、情，〈五行〉專
論臻聖成德，〈六德〉專論人倫，〈語叢一～三〉多爲重複或補充各篇之
內容外，其餘九篇，從最短的〈魯穆公問子思〉，到較長的〈緇衣〉，談

---

[68] 以上各篇文獻字數統計，參見涂宗流、劉祖信合著：《郭店楚簡先秦儒家佚書校釋》各篇解
　　題下統計。唯涂書合〈語叢一〉與〈語叢三〉兩部分爲一，再分上、下篇（上篇包括〈語叢
　　一〉57枚、〈語叢三〉31枚；下篇包括〈語叢一〉56枚，〈語叢三〉40枚），本論文仍沿荆
　　門博物館《郭店楚墓竹簡》之舊稱，分稱〈語叢一〉及〈語叢三〉，並細屬其字數（含闕
　　文），得前者共697字，後者共472字。（臺北：萬卷樓圖書有限公司，2001年）。

的都是外王之道。如果真從選教儲君的相關教材這一角度來看待這十四篇儒簡的內容，則從對內在心、性、情、志的深入了解，臻聖成德的功夫過程，到親親尊尊、內外人倫的層次規範、時命際遇的體悟，終至以身立教，尊賢尚德、愛民正民的基本原則，一應俱全，而且立教治政的外王內容居多，是很當然而合理的。即使不是選教太子的直接教材，至少也是墓主生前的偏好或嗜閱之物。以其習知、習閱之理去教太子，也等於間接教材。（當然，其大前提必須是墓主確為東宮之師。）

　　除此之外，14篇儒簡各篇的主題與理論內容，明顯呈現相當高比率的交叉呼應狀況。同一個主題，你可以在幾個不同的篇章中找到相關的理論呼應，這種呼應有時是一致性的觀點，有時有進一步發揮或補強的效果，有時卻不免有不大一致的說法。這說明了：㈠同樣是儒簡，關切焦點論題差不多。㈡作者不一，說法不免偶有歧異。㈢它是否也反映了選讀者或基於個人偏好，或實際應用需要（比如教學）而選取？因此只在乎論題的需要性與相關性，而未必絕對在乎論點的不完全一致性。比如〈尊德義〉、〈成之聞之〉、〈忠信之道〉、〈緇衣〉皆重窮本反己，〈忠信之道〉、〈成之聞之〉皆推闡忠信以臨民之重要，〈忠信之道〉、〈尊德義〉、〈緇衣〉再三強調言行一致，行重於言的觀點。〈成之聞之〉與〈語叢一〉、〈語叢三〉所及人倫之論可以與〈六德〉相參看。〈語叢一〉的禮樂之論可以和〈尊德義〉並觀，卻未必完全一致。〈魯穆公問子思〉的忠臣之說可以和〈語叢四〉以及〈緇衣〉中的親賢、用賢之論相輝映，〈語叢二〉的性、欲之論可以和〈性自命出〉相參照。然而，〈六德〉、〈五行〉乃至〈尊德義〉、〈語叢〉各篇中對仁、義、禮、樂、聖、智、忠、信諸德的詮解與發揮、運用情況，乍看之下相當紛歧。〈尊德義〉、〈唐虞之道〉與〈緇衣〉中對威刑的觀點可以互補。〈語叢一～三〉各篇的瑣碎內容尤其往往與他篇儒簡相重出或相補充，如〈語叢一〉之「知人」、「知天」、「知命」、以志為「心之司」，都和〈尊德義〉、〈唐虞之道〉的天、人命遇之說，乃至〈性自命出〉的心性理論相

重應。

　　總之，14篇中，不論言內聖的心性之論，或論人倫的職能配位，乃至論外王的君民之道，各篇內容所表現的，大致上是相當比率的交叉呼應情況，其原因不應該只是儒學的共通性而已，而應該有墓主生前所偏愛，或因實際需要而偏選的因素在內。其相關於內聖的〈性自命出〉與〈五行〉，將於本書下篇討論，此不贅述。以下僅就〈緇衣〉等九篇儒簡的內容，探究這一批或有可能曾是戰國時代某位楚儲君所受教的外王思想。唯全篇所引簡文，基本上依荊門市博物館彭浩、劉祖信等人所釋，不另標注。其有兩岸其他學者，若裘錫圭、周鳳五、涂宗流、郭沂等人，尤其是裘錫圭之不同見解，則一一作注說明。

二、〈緇衣〉等九篇儒簡的外王思想

　　〈尊德義〉開宗明義說：「尊德義，明乎民倫，可以爲君。」明白指出爲君立政的兩大要務：一要「尊德義」，一須「明人倫」。「明人倫」，指的應是〈成之聞之〉、〈六德〉、以及〈語叢一〉、〈語叢三〉所述三親、五倫及其相關問題。〈尊德義〉表面上看來，較爲籠統，在郭店儒簡外王的篇章中，這個「德」不只是一般內在修養的「德」，這個「義」也不僅指立身行事之宜，而是含包著較大動作的政治行爲。茲先論「尊德義」。

(一)尊德義

1.以禮樂治民

　　何謂「尊德義」？〈尊德義〉5說：

　　　　率民向方者，唯德可。德之流，速乎置郵而傳命……其載也亡厚焉，交矣而弗知也亡。德者且莫大乎禮樂，故爲政

者，或論之，或養之，或由中出，或設之外，侖求[69]其類安焉。

君民者治民復禮，……為邦而不以禮，猶人之亡也。非禮而民悦，妄此小人矣；非倫而民備服，殊此亂矣。

秉承儒學重德的傳統，〈尊德義〉以「德」為為君治民的要項，以德治、德化為最高的政治成效。為政乏德，或積德不厚，必亡。「德」在政治上的發用與表現，則以「禮樂」為最。為君主政因此要重德、養德，努力推闡禮樂的功能與效用，這叫「尊德」。換言之，所謂「尊德」，是指推闡禮樂之教，以禮樂治民。以禮樂治民，則民悦而不亂；以人倫治民則民服，此為君所以要「尊德」，要「明人倫」之故。

而「禮樂」既然作為君政之「德」的主體內容，當然不會只是外在的形式儀則或曲調表現，而含包更核心的軟體質素。〈性自命出〉說「禮作於情」，〈語叢一〉說：「禮因人情而為之」，又說：「樂，服德者之所樂也」，禮由情發，樂在乎中心之樂，此〈尊德義〉所謂禮樂「由中出」之義。〈語叢一〉又說：「禮生於莊，樂生於度」，禮樂各有其表現上的要求，禮要「莊」，樂要「度」，此〈尊德義〉所謂禮樂「設於外」之義。〈語叢一〉說：「樂，或生或教者也。」「生」是自然內在的，「教」是後天外施的，禮樂因此是內外合一的，〈六德〉說：「仁，內也；義，外也；禮樂，共也」。作為治民大「德」的「禮樂」，不僅要求外在的「宜」與「度」，講求形式上的恰當與完美，也要求內質上的眞材實料。因此，所謂「尊德」，所謂以禮樂治民，所要求的不只是形式上的「齋莊恭敬、「郁郁乎文哉」，或發聲作詠，蹈足為舞而已，也要求

---

[69] 本篇此下郭店各儒簡引文悉依《郭店楚墓竹簡》整理小組與裘錫圭先生所釋解，不逐一標注。其有異於此而較勝者，或為《郭店楚墓竹簡》所未釋者，再行標注。

「心」與「情」的由衷「安」「悅」，才有功效，此其所以勝於政刑之故。〈緇衣〉引「子曰」，重複了《論語‧為政》的觀點說：

> 長民者，教之以德，齊之以禮，則民有勸心；教之以政，齊之以刑，則民有遯心。

禮樂不只是玉帛、鐘鼓之事[70]，三年的喪期也非僅諒闇不言，或廢生事不為，而是「安」與「不安」的問題。它應該有由衷之情，或由衷之哀，作為核心軟體。因此，在郭店多篇儒簡作者心目中，作為治民大「德」的「禮樂」，其內在是很豐富紮實的。〈尊德義〉說「治樂和哀，民不可惑也。」就是這個意思。

比較特殊的是，在禮樂二者之中，郭店儒簡認為樂比禮更直搗人心。〈性自命出〉說：

> 凡學者，求其心為難。從其所為，近得之矣，不如以樂之速也。

〈尊德義〉也說：

> 由禮知樂，由樂知哀……有知禮而不知樂者，無知樂而不知禮者。

樂含包在禮中，是禮的核心要項。禮大樂細，禮寬廣，樂深入。禮要入人

心，須透過樂。樂比起禮來，反映人心更為直接、細膩而深入。要之，透過禮樂去開導人心，教化人心，是為君治政的第一要項，這叫「尊德」。

何謂尊「義」？〈唐虞之道〉的說法可以回答，它說：

> 尊賢，故禪；……禪，義之至也。……禪也者，上德授賢之謂也。上德，則天下有君而世明；授賢，則民興教而化乎道。不禪而能化者，自生民未之有也。

所謂「尊義」，就外王上說，是指能基於公天下的立場，授賢禪讓而不私傳其子。至此我們可以理解，所謂「尊德義」，指的是既能以禮樂治民（而不以刑政），其後又能禪而不傳，公天下而弗私。〈唐虞之道〉對於這種公天下而不利的禪賢尊義之道很推崇，也作了大規模的頌揚。

2.禪而不傳與仁聖之政

堯舜的禪讓之治是儒家外王的最高理想，堯、舜、禹與周文王是儒家一再推崇的聖王。孔子稱堯巍巍蕩蕩，民無能名；說禹無可間，（同見《論語・泰伯》）。不論在先儒、後儒的論說中，這幾位聖王的德操與政教，都被推崇為最高典範，其顯現在郭店儒簡中的，也是一樣的狀況。〈緇衣〉頌揚禹「立三年，百姓以仁道」，〈成之聞之〉引大禹「宅天心」之言，引《詩・大雅・文王》，稱頌文王穆穆之德。其頌揚之最，尤在〈唐虞之道〉的堯舜之禪；〈唐虞之道〉說：

> 唐虞之道，禪而不傳；堯舜之王，利天下而弗利也。禪而不傳，聖之盛也；利天下而弗利也，仁之至也。故昔

賢仁聖者如此，身窮不鈞（慍）[71]，ミ（約）[72]而弗利，躬仁矣。必[73]正其身，然後正世，聖道備矣。故唐虞之□□也……極仁之至，利天下而弗利也。

它推崇堯舜的禪讓是最高的「義」舉，因爲它以天下人的大利爲最終考量，而不是一己之私，一己之利。他們不以一己之窮爲意，而以天下之利爲利，這種襟抱是至高之「仁」，大愛的極至。他們以身立教，努力修得自己的圓滿，從而要求淑世亦圓滿。卻能功成身退，禪位授賢，內外交修圓滿，謂之「聖」。從前子貢問孔子，「如有博施於民而能濟衆，何如？可謂仁乎？」孔子答以「何事於仁？必也聖乎！」（《論語·雍也》）那是堯舜終身努力的目標。「博施於民而能濟衆」是普利天下，孔子許爲仁、聖，〈唐虞之道〉的作者卻認爲，還必須退身禪位，見其「弗利」，才是至仁、至聖，它說：

古者聖人二十而冠，三十而有家，五十而治天下，七十而致政，四肢倦惰，耳目聰[74]明衰，禪天下而授賢，退而養

---

71 此字整理小組本釋作「鈞」，通「均」，今依周鳳五：〈郭店楚墓竹簡〈唐虞之道〉新釋〉，《中央研究院歷史語言研究所集刊》第70本第3分（1999年9月），頁742–743，讀作「慍」。

72 此字釋文未曾釋出，今依周鳳五釋作「約」，其說同見注71，頁743。

73 此字裘錫圭以爲從才聲，「似有始義」，周鳳五以爲此兩句當讀作「必正其身，然後正世。」與〈大學〉修、齊、治、平同旨，乃孔門一貫之道。況「必」字作「朼」，郭店簡文屢見，如同篇「聖者不在上，天下朼壞。」讀作「必壞」。〈語叢三〉「所不行，益；行，員。」，讀作「必行，損。」「豊朼兼」讀作「禮必兼」。〈忠信之道〉：「至信如時，朼至而不結」，「朼」皆讀作「必」義始通。其說同見注71，今從之。

74 此字釋文依形隸定爲「盰」而無說，周鳳五以爲「耳目聰明」爲先秦習語，簡文此字當以

其生，此以知其弗利也。

堯舜以天下爲公器，視治天下爲奉獻心力的志業。一旦心疲力衰，便灑然引退，毫不眷戀，甚且舉賢自代。因爲他「動非爲達」，一心只望「天下有君而世明，……民興教而化乎道。」這不但是至「仁」至「聖」的德業，也是大愛大公的「義」舉。能以天下禪因此就是尊「義」。

　　然而，不管是以禮樂爲治，還是禪賢，其關切的焦點都在「人」，其施治的對象也都在「人」，其所要處理的課題，基本上就是人與人之間的關係，及其所衍生出來的問題，爲君施治的主要工程，因此需要「明人倫」。

㈡明人倫

1.六位、六職與六德

　　儒家將人類各階層彼此間的關係分爲夫婦、父子、兄弟、君臣、朋友五大項，謂之五倫。五倫間關係親疏遠近的界定與規範本是周代封建宗法的核心內容，也是其禮樂文化的設定依據，以後便成了儒學的主要課題。先秦儒家要求「父子有親，君臣有義，夫婦有別，長幼有序，朋友有信」（《孟子‧滕文公上》）。郭店儒簡基本上承繼這種觀點，卻有更進一步的辨証，也有不同的說法。〈成之聞之〉說：

　　　　天降太常，以理人倫，制爲君臣之義，著爲父子之親，分
　　　　爲夫婦之辨。是故，小人亂天常以逆大道，君子治人倫以

「午」爲聲符，古音疑母魚部；聰，清母東部。楚方言東、冬、陽三部互通，魚爲陽之陰聲韻，午與聰二字旁對轉可通，簡文「聰」作「䏏」，正反映楚方言此一特色。其說同見注71，頁755，今從之。

順天德。……君子慎六位以祀天常。

它分人倫為三組，即所謂「三親」、「六位」，並將其根源上推至天，以顯示它們的天經地義。能安善處理這三親六位的人倫關係，就圓滿了天道。〈六德〉進一步討論這三組人倫的內容、彼此間的關係，及其所配屬的「職」與「德」，而有了更詳細的說法。它說：

> 生民斯必有夫婦、父子、君臣，此六位也。有率人者，有從人者；有使人者，有事人 者； 有 教者，有 孝 者，此六職也。既有夫六位也，以任此 六 職 也。六 職 既分，以美六德。何謂六德？聖、智也，仁、義也，忠、信也。聖與智就矣，仁與義就矣，忠與信就矣。

它說「三親」、「六德」的人倫關係各有其配屬的職分，夫率、婦從，君使、臣事，父教、子孝，稱「六職」。「六位」透過對「六職」的掌握與踐履，表現出六種不同質性的德操，稱「六德」——聖、智、仁、義、忠、信。這「六德」也和「六位」、「三親」一樣，兩兩成對。〈六德〉接著詳釋這「六德」的功能，及其與「六位」、「六職」的配屬根由。它說：

> 作禮樂，制刑法，教此民爾，使之有向也，非聖智者莫之能也；親父子，和大臣，寢四鄰之淵[75]，非仁義者莫之能

---

[75] 「虖」字，〈尊德義〉「德者且莫大虖（乎）禮義」「速虖（乎）置郵而傳命」，「虖」皆釋為句中語氣詞「乎」。然〈六德〉中「淵」固釋為「淵」，「虖」字則無釋文。涂宗流等釋作「滸」，其說同見注68，頁193。桂案：此字於此處釋作「乎」或作「滸」意皆有未安，故寧從荊門博物館整理小組存而不釋，以待異日。

也；聚人民、任土地，足此民爾生死之用，非忠信者莫之能也。……。

「聖智」的功能在訂制立法、領導統御，「仁義」的功能在親親、尊賢，妥善處理人與人間（血親與非血親）的關係，增進情誼。「忠信」的功能在聚合民心，安善人民。有關這「六德」功能設定的理據，〈六德〉本身並沒有清楚的說明，我們只能從下文乃至〈忠信之道〉等其他篇章中去了解。〈六德〉緊接著詳細說明「六位」配「六職」、顯「六德」的原由與情況，它說：

□父兄任者，子弟大材藝者大官，小材藝者小官，因而施祿焉，使之足以生，足以死，謂之君，以義使人多。義者，君德也。非我血氣之親，畜我如其子弟，故曰：「苟淒夫人之善匹，勞其 （股） （肱）[76]之力弗敢憚也，危其死弗敢愛也，謂之〈臣〉，以忠事人多。忠者，臣德）也。知可為者，知不可為者；知行者，知不行者，謂之夫，以智率人多。智也者，夫德也。能與之齊，終身弗改之矣，是故夫死有主，終身不變，謂之婦，以信從人

---

[76] 「勞其」以下兩字本作「 」，各家釋讀不一，茲依趙安平釋作「股肱」，義較勝。其說本由趙平安2000年初在「清華簡帛研讀班」所提出，其後廖名春在其《郭店竹簡〈六德〉篇校釋》中首引趙平安說（《清華簡帛研究》第1輯，2000年8月15日，頁73–74。陳偉並於〈郭店簡〉〈六德〉校 〉中加以論證，本文收入中國古文字研究會、吉林大學古文字研究室編：《古文字研究》第24輯（北京：中華書局，2002年），頁395–396。趙平安本人則於〈關於及的形義來源〉一文中正式重提，武漢大學簡帛網：http://www.bsm.org.cn/show_article.php?id=509，2007年1月23日。

多。信也者，婦德也。既生畜之，又從而教誨之，謂之
聖。聖也者，父德也。子也者，會享[77]長材以事上，謂之
義；上共下之義，以掬野野，謂之孝。故人則為□□□□
仁；仁者，子德也。……父聖、子仁、夫智、婦信、君
義、臣宜〈忠〉。聖生仁，智率信，義使忠。

　　人君在封建宗法的架構下（所謂「父兄任者」，子弟爲官有祿）因
任而命官授祿，量才器使，務求恰當合宜，是以「義」爲斷，故君職爲
「使」，其德配「義」。臣感君無先天血親之緣而厚之如血親，故盡心
竭力，事之以回應，故臣職「事」，德配「忠」。夫睿知聰明，引領妻子
行爲方向，故夫職「率」，德配「智」。婦堅貞不移以從夫，不自專，故
婦職「從」，德顯「信」。父生教其子，故父職「教」，德顯「聖」。子
上供其父，其職當孝養，故職配「孝」；而父子，乃血親之至者，親親
以愛，故德配「仁」。這樣的配屬，明顯有著強烈的規範意味。因為既
稱「職」，表示那是責任，不容推卸的本分。尤其，「六位」的根據既
被界定爲來自「天常」，這「六職」自然也就成了與生俱來的天之經地
之義了。而「六德」的要求，就是爲了維繫這三親、六位彼此間的緊密
性；〈六德〉說：「人有六德，三親不斷。」三親各安其「位」，各盡其
「職」，各顯其「德」，名分理分完美搭配，則一切政治上的負面因素，
無由產生；反之，六者敗，則昏亂衰亡，無所不至。六經所載述推闡的，
就是這六位、六職、六德及其相關問題。〈六德〉說：

　　夫夫、婦婦、父父、子子、君君、臣臣六者各行其職，而

---

[77] 此字整理小組依行釋作「墇」，無說解，涂宗流、劉祖信釋作「享」，參見注68，頁202。

　　訕謗無由作也。觀諸《詩》、《書》，則亦在矣；觀諸
　　《禮》、《樂》，則亦在矣，觀諸《易》、《春秋》，則
　　亦在矣……。
　　其反，夫不夫，婦不婦，父不父，子不子，君不君，臣不
　　臣，昏所由也。

這六者之間的關係且是環環相扣、相依相存的，一組離「位」，會產生一連串的連鎖反應，「男女不辨，父子不親；父子不親，君臣亡義」。總之，這三親、六位及其職、德的確認、體悟與踐履，不但是士君子一生所當奉循不違的準則，也是為君立政的主體工程。處理的好壞程度，就是政治成敗的明顯指標；〈六德〉說：

　　凡君子所以立身大法三，其繹之也六，其見十又二。三者
　　通，言行皆通；三者不通，非言行也。三者皆通，然後是
　　也。三者，君子所生與之立，死與之敝也。

2.三親、五倫血緣為先

　　不論是〈六德〉，還是〈成之聞之〉，所涉及的人倫，都僅止於三親、六位，一無及於兄弟、朋友。〈語叢一〉與〈語叢三〉中卻略略提到了兄弟與朋友兩倫。〈語叢一〉說：「父子，至上下也；兄弟，至先後也。」〈語叢三〉說：「長弟，孝之方也」，「長弟，親道也」，明顯以「兄弟」一倫為「父子」一倫的延伸，是親情的橫向擴展，愛弟就是孝親之道的另一種表現。唯獨對於朋友一倫，郭店儒簡沒有特別說明，只在〈語叢三〉約略提到交友的損益情況：

> 與為義者遊，益；與莊者處，益，……，與亂者處，損；
> 與不好學者遊，損……。

而這一段文字原不專爲交友立論。

　　值得注意的是：在三親、五倫中，傳統儒學都沒有太明顯的偏倚現象。《禮記·中庸》甚且說：「君子之道，肇端乎夫婦；及其至也，察乎天地。」以夫婦一倫爲人倫之始，相當看重。《孟子》中對舜不告而娶，合禮不禮的問題，多所討論，主要就是重夫婦爲人倫之始。而夫婦一倫的成立，須透過婚姻嫁娶的形式與過程，此《孟子》所以討論舜「不告而娶」的原因。郭店儒簡卻不同，它們或許是基於周代封建宗法以父系爲主，血緣爲先的主軸精神，特重血親，偏倚父子、兄弟兩倫，也推崇孝道，夫婦、君臣、朋友三倫遠不及之。最特殊的是，列「婦」於「門外」。〈六德〉說：

> 仁，內也；義，外也。內位父、子、夫也，外位君、臣、婦也。門內之治，仁弇義；門外之治，義斬仁。

它以血緣關係（所謂的「血氣之親」）爲依據，將三親、六法的「六位」再分內、外位；規定父、子、夫爲「內」位，君、臣、婦屬「外」位，這是父系社會堅持血緣爲先的必然結果；內父子而外君臣當然更是血緣判準。門內、門外的「門」，指的是族門、血親之門。這裡的「仁」指的是「情感」，「義」指的是理性的是非裁斷。父、子、夫被規定爲族內、血親之門內的人倫關係；君、臣、婦在血親之門外，亦即社會族群中的人倫關係。血親之間的親疏關係以仁（愛，情感）爲基礎，親情重於一切，沒有選擇性；社會族群中的人我關係則以義（理性、是非的裁斷）爲判準，不合道理，隨時可以終止彼此間的關係與情分。換言之，在三親、六位之

中，對於父、子、夫這三位，應該基於情感，視爲天經地義，無有選擇的餘地。其餘君、臣、婦則有選擇性，關係可以依理性的判準而改變。擴大到五倫也一樣，〈語叢一〉說：

> 父孝子愛，非有為也。為孝，此非孝也；為弟，此非弟也。不可為也，而不可不為也。為之，此非也；弗為，此非也。
> 君臣、朋友，其擇者也。
> 父，有親有尊，⋯⋯，君尊而不親。長弟，親道也。友、君、臣，無親也。

〈語叢三〉說：

> 父亡惡，君猶父也，其弗惡也，猶三軍之也，正也。所以異於父，君臣不相在也，則可已，不悦，可去也。不義而加諸己，弗受也。

依順著血緣，將三親擴大爲五倫，則兄弟是親，朋友不是親，兄弟當然屬「內」位、屬「門內」，朋友當然同於君臣是「外」位（門外）了。屬血親之內的父子、兄弟兩倫因此被加重地強調。父子關係、兄弟關係來自血親，發乎天性，應無絲毫勉強，不可輕忽，不必刻意，也永不可改，是不折不扣的無所逃於天地。〈語叢三〉說：「父孝子愛，非有爲也。」所謂「非有爲」，便是發乎自然天性。夫婦、君臣、朋友則不然，它們非血緣之親，關係可視情況而改易轉移。君臣、朋友，甚至夫婦關係都可以有選擇，視情況而改變。父子、兄弟卻定則定矣，別無選擇。就「門外」的社會族群結構而言，君臣關係猶如父子，君似父，永遠權威，居高勢，其是

非不可聞問，不可置疑；然而，君臣關係仍有一定相對性，君臣以「義」合，不「義」則不合而可去。朋友不合，可以絕交；妻子不合，可以休離，都有相當的選擇性。父子關係則不然，它絕對而永不可改，兄弟亦然。這種以血緣爲重的人倫觀點，在〈六德〉中是以喪服之制爲準據而推衍的。它說：

> 疏斬、布絰、杖，為父也，為君亦然。疏衰齊、牡麻絰，為昆弟也，為妻亦然。袒免為宗族也，為朋友亦然。為父絕君，不為君絕父。為昆弟絕妻，不為妻絕昆弟。為宗族殺朋友，不為朋友殺宗族。

這裏以喪服之制爲準據，比較君與臣，婦與昆弟，朋友與宗族之間的親疏先後。有關儒學所規定的喪服之制，《儀禮·喪服》說：

> 斬衰裳、苴杖、絞帶、冠繩纓、菅屨者，父……君……。

《儀禮》規定爲父、爲君都服「斬衰裳、苴絰、杖……」，和〈六德〉所述「疏斬、布絰、杖，爲父也，爲君亦然。」大致相合。《儀禮·喪服》又說：

> 疏衰裳齊、牡麻絰、冠布纓、削杖、布帶、疏屨、期者……妻。……不杖、麻屨者，大夫之適子為妻、昆弟。

爲妻、爲昆弟在《儀禮》中同樣服「疏衰裳齊、牡麻絰……」，喪期同爲期年，與〈六德〉所說「疏衰齊、牡麻絰，爲昆弟也，爲妻亦然。」亦相合。

　　至於朋友與宗族，《禮記・大傳》說：

　　　　四世而緦，服之窮也；五世袒免，殺同姓也。

《儀禮・喪服》說：

　　　　朋友皆在他邦，袒免，歸則已。

可見，在傳統禮制中，為同姓（五世後的宗族）與朋友，皆「袒免」。與〈六德〉所說「袒免，為宗族也，為朋友亦然。」也相合。

　　然《儀禮・喪服》規定：為妻「削杖」、「疏屨」，為昆弟和大夫之適子為妻同樣都「不杖」、「麻屨」。《儀禮・喪服大傳》釋「為妻何以期？」說：「妻至親也。」釋大夫之適子為妻不杖說：「何以不杖？父在，則為妻不杖。」疏則說：「父沒後，適子亦為妻杖。」然則，依《儀禮》的精神，為妻基本上是「杖」（削杖）的，為昆弟則「不杖」，為妻並不輕於為昆弟。對於君父同服制，《儀禮・大傳》說：因為君和父都是「至尊」，也沒有談到為誰絕誰，誰優先於誰的問題。〈六德〉則不然，它明明白白以血緣為優先準據，強調門內優先於門外。在君與父之間，父優先於君。即使在婦與昆弟之間，也堅持血緣，以昆弟為先，為昆弟可以絕妻子。在朋友與宗族之間，自然更是宗族先於朋友了。這和「妻至親也」、為妻「削杖」，為昆弟「不杖」，「君子之道肇端乎夫婦」等傳世儒籍中的觀點明顯有了相當的歧異。

　　總之，就喪服之制而言，「門內」的父等同於「門外」的君，門內的兄弟等同於門外的妻子，門內的宗族關係等同於門外的朋友關係。但，當相對應的門內、門外關係相牴觸時，郭店儒簡說，前者親而後者疏，父優先於君，兄弟優先於妻子，族人優先於朋友，「門內」優先於「門外」。

在郭店儒簡中，因此只強調「孝」，而不大強調「忠」[78]，〈六德〉說：

> 先王之教民，始於孝弟……孝，本也，下修其本，可以斷
> 訕。

以孝弟爲王道、人倫之本。這和《論語・學而》中有子的教訓[79]一致。〈唐虞之道〉說：「孝，仁之冕也」，只因「孝」是以血緣之愛爲主的「門內」第一倫，弟則是孝的擴大與延伸，〈語叢三〉說：「長弟，孝之紡（方）也。」就是這個意思。這和其後漢儒董仲舒的說法很不相同。在董氏的「三綱」說中，忠和孝是同樣被強調的。《春秋繁露・五行之義》說：「五行者，乃忠臣孝子之行。」可爲明証。

　　有關事君的「忠」道，郭店儒簡中正面涉及的，唯〈魯穆公問子思〉一例，該篇載子思對魯穆公問「忠臣」說：「恆稱其君之惡者，可謂忠臣矣。」又說：「爲其君故殺其身者，交爵祿者也；恆稱其君之惡者，遠爵祿者也。」以犯顏敢諫爲不慕爵祿之「忠臣」，爲君犧牲爲求取爵祿之俗臣。前者少有而可貴，後者尋常而無奇。這種不以順從爲貴，而以敢諫爲「忠」的觀點，和先秦傳世儒學孔孟（尤其孟子）的觀點，基本上是一致的，和荀子也有部分交集。而孟子，正是子思的再傳弟子。

　　先秦儒家，孔孟都重孝而不倡忠。《論語》多載孔子答論孝道，季康子、孟懿子、孟武伯所問雖一，孔子所答則各有不同重點。有子且以「孝弟」爲「仁」本。《論語》中的「忠」，如忠恕、忠信、忠告、〈公冶

---

[78] 〈忠信之道〉所論之「忠」，係指君對臣民之盡心與真誠，而非指臣對君之「德」。特別強調臣對君的「忠」德的，是法家，而非儒家，這一點郭店儒簡沒有出軌，只在〈唐虞之道〉中提到「舜忠事堯」而已，沒有特別發揮。

[79] 〈學而〉載有子曰：「孝弟也者，其爲仁之本與！」

長〉中稱美令尹子文「忠矣」，皆作盡心、真心解，而無涉於事君。其指涉事君之道者，如〈憲問〉之「忠焉，能無誨乎？」〈八佾〉的「君使臣以禮，臣事君以忠。」一則以教諫爲要項，一則要求雙方互動，從無單向聽從者。《孟子》則不但以「孝弟」去總括「堯舜之道」，說：「堯舜之道，孝弟而已矣」（〈離婁上〉），更將「孝弟之義」列爲「庠序之教」的主要內容（〈梁惠王上〉）。對於君臣之間的關係，不但說「說大人，則藐之」（〈盡心下〉），尤其主張絕對對等的雙向付出，而有土芥、寇讎之說（詳〈離婁下〉），並無所謂忠不忠的問題。表現在郭店儒簡中的，大致也是這樣的觀點。《孟子》的「堯舜之道」，就是〈六德〉的「先王之教」，都以「孝弟」爲內容。爲人臣必如《孟子》所言，有「說大人則藐」的氣魄，才能犯顏敢諫，如〈魯穆公問子思〉所言，「恆稱其君之惡」。《荀子》則稍有不同。

《荀子》不但有〈君道〉、〈臣道〉、〈子道〉三篇詳細界定，並論證君臣、父子、兄弟、夫婦之間的相處之理，對於忠、孝二德，尤有嚴謹的區等與規範。〈君道〉說：

> 請問爲人君，曰：「以禮分施，均遍而不偏。」請問爲人臣，曰：「以禮待君，忠順而不懈。」請問爲人父，曰：「寬惠而有禮。」請問爲人子，曰：「敬愛而致文。」請問爲人兄，曰：「慈愛而見友。」請問爲人弟，曰：「敬詘而不苟。」請問爲人夫，曰：「致功而不流，致臨而有辨。」請問爲人妻，曰：「夫有禮則柔從聽侍，夫無禮則恐懼而自竦也。」

《荀子》重禮，其思想理論多以禮爲據，禮的核心精神在分辨，荀學理論因此長於區分細辨。爲君要「以禮分施」，爲臣要「以禮待君」，爲父

要「寬惠有禮」，爲妻則視夫之「有禮」、「無禮」而應對，顯然夫道本當合「禮」。〈君道〉因此說，這一切都要「審之禮也」。〈君道〉又說，爲人子要「敬愛」，爲人弟要「敬詘」，爲人兄要「慈愛」，顯然敬上愛下是《荀子》孝弟的主要精神，「愛」便是「仁」，這和郭店〈六德〉的門內之治以「仁」是相合的。但〈君道〉說，爲妻之道，夫有禮則「柔從聽侍」，無禮則「恐懼自悚」，不論夫有禮、無禮，妻道都是柔從低伏。《孟子》說：「以順爲正者，妾婦之道也」（〈滕文公下〉），〈六德〉的婦德，也是從夫無主，堅定不移。孟、荀與〈六德〉三者對於婦道，有柔順伏從的共識，應是周代封建宗法父系體制下的規定，然孟、荀卻不曾劃「婦」於親門之外。剔婦於仁親之外，是郭店〈六德〉的歧出。

對於忠孝之道，《荀子》的論述較之孔孟，不但正面、宗整，而且詳盡深入得多。一本重禮、詳分辨的精神，荀子論臣道，也一再分等列次，在〈臣道〉中，他分臣爲態臣、篡臣、功臣、聖臣四等，以「上忠乎君，下愛百姓」爲「功臣」，「上則能尊君，下則能愛民。」爲「聖臣」。忠君、尊君是爲臣的重要德操。但他同時又分臣德爲順、諂、忠、篡、國賊五種，並以從命利君爲「順」，從命不利君爲「諂」，逆命利君爲「忠」，「利君」與否是臣道的焦點考量。在「利君」的大原則下，能「從」能「順」最好，不能從、順，則雖「逆」亦「忠」。他又分「忠」爲三等：大忠要「以德化君而復之」，次忠則「以德調君而輔之」，下忠才「以是非諫而怒之。」顯然君臣關係的和諧並進，既從命，又能保住原則，是荀子心目中臣道的極則。但，當難以保全時，荀子認爲，是非（所謂「道」與「禮」）更爲基本考量。他說：事「聖君」要「以順上爲志」，事「中君」則要「忠信不諛，諫爭不諂」。荀子努力追求君威與公理之共容無礙，君臣關係之和諧雙贏。但，當二者不可兼得時，荀子仍然回到儒家本位，兼守是非原則，強調公理高過君尊君威。諫諍雖非至上，卻仍是必要的，終得出「從道不從君」的大原則。

　　本著這個「從道不從君」的大原則，對於父子之間的「孝」道，荀子也主張「從義不從父」，推衍出了與孔、孟不同的孝道，〈子道〉說：

　　　國有爭臣，……，父有爭子，……士有爭友。
　　　出孝入弟，人之小行也；上順下篤，人之中行也；從道不
　　　從君，從義不從父，人之大行也。

「孝」和「忠」一樣，當以「道」、以「義」爲準據，照應到是非分寸。〈子道〉詳述孝子不從父命的三種狀況，要皆以親之安危、榮辱、合義與否爲考量，重囑人子當「明於從不從之義」，恭敬、端懿以行之，才是「大孝」。子從父，未必孝；臣從君，未必貞；能「審其所以從之」才叫「孝」，才叫「貞」。荀子顯然將「禮」的內涵中最重要的分寸區辨，落實到事君與事親之道上，企圖得到一種理性而功能良好的君臣、父子關係。這樣的君臣關係顯然與孔孟有合有違，合於可爭可辨，非純單向從順，違於尊君、利君之呼籲。這樣的可爭、可辨的父子之道，明顯不同於孔、孟。孔子固言父杖，「輕則受，重則逃」，似與《荀子・子道》之「三不從命」有部分交集。然孔子論孝，大抵以無違、悅承爲本旨（《論語・爲政》），不可「爭」，亦不宜諫，又以父子相隱爲「直」道（《論語・子路》）。《孟子》一方面秉持自己「自反而縮」、至大至剛的浩然義氣去論臣道，說：「說大人則藐之」、「責難於君謂之恭」（〈離婁上〉），另一方面，對於父子之道，卻沿襲孔子順承無違之旨，說：「父子之間不責善」、「責善、朋友之道也。父子責善，賊恩之大者。」（〈離婁下〉）孔孟都明白表示，父子相接以情恩（所謂「仁」），不以「義」的大原則。

　　郭店儒簡中的忠、孝思想，顯然較近孔、孟（尤其孟子），而遠荀學。它不但多言孝而少及忠，又規定一切是非理性的裁斷僅止於「門外」

的君臣之道，而不及於「門內」的父子之親，正是孔子父子相隱、孟子責善賊恩的同調。其堅持犯顏進諫的「忠臣之道」，則是孔、孟、荀的共識。

推論三親六位的親疏遠近關係之餘，郭店儒簡同時在〈唐虞之道〉中分析它所推崇的，也是以孔子為代表的儒家學者心目中外王的第一典範——堯舜的政治表現說：

> 堯舜之行，愛親尊賢。愛親，故孝；尊賢，故禪。孝之方，愛天下之民；禪之傳，世無隱德。……愛親忘賢，仁而未義也；尊賢遺親，義而未仁也。古者虞舜篤事𠂤瞍[80]瞽瞍，乃式[81]其孝；忠事帝堯，乃式其臣。愛親尊賢，虞舜其人也。禹治水，益治火，后稷治土，足民養□□□，……知□□□禮，夒守樂[82]，孫民教也。

> 古者堯之與舜也，聞舜孝，知其能養天下之老也；聞舜

---

80 「𠂤瞍」兩字釋文無說，李家浩以為：「𠂤」當是「瞽」字，《說文》篆文作「𠂤」，《說文》說：「𠂤，讀若瞽」。「瞍」，疑應讀為「瞍」。《尚書・堯典》偽孔傳說：「無目曰瞽，舜父瞽，有目不能分別好惡，故時人謂之瞽，配字曰瞍；瞍，無目之稱。」，《玉篇》目部：「瞍」，《字統》云：「目不明」。因此，「𠂤瞍」當是「瞽瞍」的別名。其說詳見李家浩：〈讀郭店楚墓竹簡瑣議〉，收入《中國哲學》編輯部，國際儒聯學術委員會編：《郭店楚簡研究》，頁341－343。

81 「式其孝」、「式其臣」，釋文本作「弋其孝」、「弋其臣」，「弋」周鳳五以為讀作「式」，在本文中用為虛字，其說同見注71，頁749–750，今從之。

82 「夒守樂」，釋文本讀作「畏守樂」，周鳳五依陳偉讀作「夒守樂」。其說同見注73，頁750。今從之。

悌，知其能事天下之長也；聞舜慈乎弟，[知] [其] [能] □□
□[83]，為民主也。故其為 𣅔 叜（瞽叟）子也，甚孝；及其
為堯臣也，甚忠；堯禪天下而授之，南面而王天下而甚
君。故堯之禪乎舜也，如此也。

舜孝愛其親，悌其弟，忠事堯，又能推而廣之，以愛天下之
老，是能「明人倫」。能用禹治水，以益治火，以后稷教民稼穡，使夔典
樂，終而禪位於禹，是能知賢、用賢，甚至讓賢，是「尊義」。又「知仁
義明禮」，推行樂教以順民，是「尊德」。他由近而遠，由己而人，由內
而外，圓滿達成了「為君」的兩大要務——「尊德義」與「明人倫」，這
就是孔子等儒家所以推崇為典範聖王的原因，在郭店儒簡中，他是最圓滿
無瑕疵的「君」。

(三)君德與時命

1.窮本反己，忠信臨民

除了標示為君施治的兩大要務之外，郭店儒簡一本儒家躬身示範，以
身立教的本旨，對於人君自身在蒞政施治時的自我要求，對臣、對民的態
度與動作，都有相當清楚的教導與開示。〈尊德義〉說：

教其政，不教其人，政弗行矣。

儒家基本上是德治、人治主義，孟子說：「徒法不能以自行」，政治也
罷，法令也罷，都靠人來推行。什麼樣的人，做出什麼樣的事，有時不是

---

[83] 本句簡文原殘斷，周鳳五依上下文意及句式補「知其能」三字，其說同見注73，頁755，今
從之。

法令、禮儀的規範問題，而是人君本身方向盤的掌舵問題。因此，對人君本身執政心態的要求，是儒學的重要課題，郭店儒簡的觀點也一樣。在〈成之聞之〉、〈忠信之道〉與〈緇衣〉中，都再三要求人君在施政過程中凡事反求諸已，躬身示範，為民先導，才具說服力。〈成之聞之〉說：

> 不求諸其本而攻諸其末，弗得矣。是君子之於言也，非從末流者之貴，窮源反本者之貴。苟不從其由，不反其本，未有可得也者。君子卿（享）成不唯本，工（功）德弗顯矣[84]；農夫務食不強，加糧弗足矣；士成言不行，名弗得矣。是故，君子之於言也……不反其本，雖強之，弗入矣。

所謂「反其本」、「窮源反本」，指的是從根源處——自我要求起。〈成之聞之〉說：

> 古之用民者，求之於己為恆，行不信則命不從，信不著則言不樂，……故君子之蒞民，身服善以先之，敬慎以之，其所在者內矣。

> 君子所復之不多，所求之不遠，察反諸己，而可以知人。是故，欲人之愛己也，必先愛人；欲人之敬己也，則必先

---

84 此句「工」字裘錫圭以為當讀為「功」，其下殘缺四字，郭沂依上下義，補為「德弗顯矣」，其說見郭沂：〈郭店楚簡〈成之聞之〉篇疏證〉，收入《中國哲學》編輯部、國際儒聯學術委員會編：《郭店楚簡研究》，頁288–289。今姑存其說，以待考。

敬人。

凡事講求層次、等差，是儒學的重要精神。「身」親於「民」，「己」近於「人」，由近及遠，以身立教，則能收風行草偃之效。〈成之聞之〉說：

> 上苟身服之，則民必有甚焉者。君袀冕而立於阼，一宮之人不勝其敬；君衰絰而尻（处）位，一宮之人不勝 其哀 ；君甲冑而 ，……，一軍之人不勝其勇。上苟倡之，則民鮮不從矣。……是故君子之求諸己也深。

〈窮達以時〉說：「君子惇於反己」，這叫示範教育，叫「窮本」。〈緇衣〉引《詩·大雅·下武》說：「成王之孚，下士之式」，引〈呂刑〉：「一人有慶，兆民賴之。」〈成之聞之〉說：

> 昔者君子有言曰：「聖人天德」曷？言慎求之於己，而可以至順天常。

都在強調這種典範教育的政治成效。他們相信這樣的治政方式最不具殺傷力，也最合乎精簡省力原則。這是先儒後儒一致公認的治政定理，也爲郭店儒簡所奉守。

不過，在對執政者的自我要求中，郭店儒簡似乎特別強調「忠信」，要求言行一致。不但有〈忠信之道〉專篇推闡「忠」、「信」二德的政治意義與功能，在〈成之聞之〉、〈語叢一〉與〈緇衣〉中都再三叮囑忠信臨民的重要，要求人君言行一致。〈忠信之道〉說：

不訛不達[85]，忠之至也；不欺弗知，信之至也。忠積則可親也，信積則可信也。忠信積而民弗親信者，未之有也。至忠如土，化物而不伐；至信如時，必至而不結。忠人無訛，信人不背。君子如此，故不誑生，不背死。大舊不渝，忠之至也；訇（達）而主常[86]，信之至也。至忠無訛，至信不背，夫此之謂此。大忠不奪，大信不期。不奪而足養者，地也；不期而可要者，天也。順天地也者[87]，忠信之謂此。

忠，仁之實也；信，義之期也，是古之所以行乎閔嘍（蠻貊）[88]者如此也。

它以不訛騙不曉者為「忠」，不欺騙不知者為「信」，強調忠信臨民的重要說，為政臨民，重要的是一顆真誠的心。它並分析忠信的功能與質性，說「忠」如地之孕化斂養，於德似「仁」。「信」有似乎天時，穩定可期，於德類「義」。治政能忠信，便是順天地之德，可以打破因語言、空

---

[85] 「不達」，釋文本作「不窅」，周鳳五以為「窅」乃「達」之省字，當釋為「達」，知曉、了解之意，今從之。其說見〈郭店儒簡〈忠信之道〉考釋〉，收入《中國哲學》編輯部，國際儒聯學術委員會編：《郭店楚簡研究》，頁139。

[86] 此句釋文原作「訇而者尚」，周鳳五以為當讀如「達而主常」，謂君子雖與人隔絕不見，仍堅守恆常之道而不改變。其說同見注71，頁140，今從之。

[87] 此句原釋文句讀有誤，將此句上讀，「卬」並釋為「節」。周鳳五以為此字左旁疵从人，右旁从彳，為彳之半體，即「巽」字，故此字當是「撰」字，讀為「順」。其說同注73，頁141。

[88] 二字整理小組原釋作「閔嘍」而無說，周鳳五以為即「蠻貉」、「蠻貊」，其說同見注71，頁143。今從之。

間的隔閡，或族群歧異，所可能造成的溝通障礙，而達到立政施治上的通行無阻。

　　而「忠」「信」在政治上的最基本實踐便是言行一致，〈忠信之道〉、〈成之聞之〉與〈緇衣〉各篇因此再三闡述領導者言行一致的重要。

2.言行一致，表裡無二

　　〈忠信之道〉說：

> 口惠而實弗從，君子弗言爾；心 疏 而 貌 親，君子弗申
> 爾。故行而鯖悅民，君子弗由也。

所講的不只是言行一致，也包含了心靈與容態上的表裡如一，真實不虛假，有似〈中庸〉的「誠」。〈成之聞之〉說：

> 行不信則命不從，信不著則言不樂。民不從上之命，不信
> 其言，而能念含德者，未之有也。

〈尊德義〉說：「下之事上，不從其所命，而從其所行。」政令的有效性與說服力取決於立政者本身的公信力，而這種公信力又來自其行為表現的可信程度。主政者應該力求自我言行的一致吻合，才具說服力。〈緇衣〉說：

> 子曰：君子導人以言而互以行。故言則慮其所終，行則稽
> 其所敝，則民慎於言而謹於行。……。子曰：言從行之，
> 則行不可匿。故君子顧言而行，以成其信，則民不能大其

美而小其惡。〈大（雅）〉云：「白珪之石，尚可磨也；
此言之玷，不可為也。」〈小（雅）〉云：「允也君子，
展也大成」。

光演不練，或一切的規定只為別人而設，是無法建立起公信力的，必須說
到做到。所謂說到做到，不光指下達命令與驗收成效之間的緊密無誤差，
也同時指要求於人與自我實踐之間的一致與平衡。而後者往往就是前者的
根由。為君者在發號出令之前，或舉措投足之際，都必須考量到這些一致
性，〈緇衣〉說：

子曰：可言不可行，君子弗言；不行不可言，君子弗行，
則民不危行，不危言。《詩》云：「淑慎爾止，不愆于
儀。」

可言不可行者，極可能懸的過高，或虛浮不實；可行不可言者，極可能偏
仄行險，於理不直，皆當禁避。〈緇衣〉說：「君子言有物，行有格。」
並再三叮囑為君發令當審慎不苟。〈緇衣〉說：

王言如絲，其出如婞（緍）；王言如索，其出如綍，故大
人不倡流。《詩》云：「慎爾出話，敬爾威儀。」

出話是「言」，威儀是「行止」，人君言行之間的密合搭配，是撐持一個
堂皇正大政治格局的基本條件。為君者任何一點小動作，牽動的層面相當
大，一言既出，其後續效應往往難以評估，豈可不慎？

3.明示好惡，用賢納諫

先秦儒家以「德」立教，也主張以「德」治民。在以身立教，先修身而後齊家，先內聖而後外王的前提要求下，要求施治者拿出一定的標準，作為被治者仿效的樣板，學習的典範。因此，郭店儒簡也要求人君彰顯好惡，以明示人民是非價值的標準。〈緇衣〉說：

> 有國者章好章惡以示民厚，則民情不弌。《詩》云：「靖恭爾位，好是正直。……君民者章好以示民欲，謹惡以渫民淫，則民不惑。」

> 子曰：「上好仁，則下之為仁也爭先。」故長民者，章志以昭百姓，則民致行己以悅上。《詩》云：「有德行，四方？順之。」

> 子曰：「長民者，衣服不改，容有常，則民德一。」《詩》云：「其容不改，出言有」，黎民所信。」

這些內容顯示幾個意義：⑴在儒家德治、人治、典範政治的前提下，為君須明示其好惡，使民知見。⑵其好其惡不是指的如法家所說人君一己的主觀欲求傾向，而是提供人民一個判斷是非價值的可靠標準。為此，人君必先調整好自己的好惡，妥善整治自己的形象，使與可靠的是非價值標準相合，才足以作為人民依樣仿效的標竿。

而為了塑造自己，或調整自己成為可靠的價值標準，郭店儒簡認為：人君必須用賢、尊賢而納諫，〈語叢四〉說：

> 早與賢人，是謂訣行。賢人不在側，是謂迷惑；不與智

謀，是謂自欺；早與智謀，是謂重基。

賢士有智，可以為君謀劃，能用賢則政基穩，不知賢、不用賢則昏瞶迷惑。人才若能妥善使用，則多多益善。〈語叢四〉說：

> 山亡地則阤，城無蓑則阤，……君有謀臣，則壞地不鈔；
> 士有謀友，則言談不弱。

又說：

> 利木陰者，不折其枝；利其渚者，不塞其溪。善使其
> 下，若跰蛩之足，眾而不害，害而不仆，……善 使 其 士
> 者[89]，若兩輪之相轉，而終不相敗。

除了知賢、用賢之外，〈魯穆公問子思〉和〈緇衣〉並談到了待賢之道。〈魯穆公問子思〉以能為君殺身效死者換取爵祿，以能犯顏進諫「恆稱其君之惡」者為「遠爵祿」之「忠臣」。則顯然相對地，要求國君必須有受諫納謗，知過能改的襟抱與雅量。〈緇衣〉則呼籲勿以褻佞侮大臣，它說：

> 子曰：大臣之不親也，則忠敬不足，而富貴已過也。邦家
> 之不寍寧也，則大臣不治，而褻臣託也。此以大臣之不可

---

[89] 此句本缺殘三字，本小節上有「善使其下者……，善事其上者」，下有「善事其民者」，劉祖信等因據補此句為「善使其士者」其說同見注68，頁326，今從之。

不敬，民之蘊也。故君不與小謀大，則大臣不怨。彗祭公
顧命員云：「毋以小敗大作，毋以嬖御塞莊后，毋以嬖士
塞大夫卿士。大人不親其所賢，而信其所賤者，教以此
失，民以此變。

正是親賢臣、遠小人之意。

4.君民一體，慎用兵、刑

　　除了施政要項、自我要求，與君臣關係之外，郭店儒簡也談到了君民
之間的關係，〈緇衣〉說：

　　　子曰：民以君為心，君以民為體。心好則體安之，君好則
　　　民欲之。故心以體廢，君以民亡。

《荀子・哀公》曾以舟喻君，以水喻臣，將整個政治事件比擬為水上行
船，水能載舟，亦能覆舟。相當驚悚地提醒人君，與人民保持良好關係之
重要，論述重點在「民」。〈緇衣〉則以心、體為喻，雙向強調：先解釋
「民以君為心」說：「心好則體安之，君好則民欲之」；再解釋「君以民
為體」說：「心以體廢，君以民亡。」以明示君民之間一體同命，無一能
失的緊密關係。

　　而為了維持這心、體之間，雙面的健全無恙，郭店儒簡一方面如上所
述，大力加強對人君政德的要求；另一方面，對於被統治者，也主張要愛
而正之。基本上，〈郭店儒簡〉和傳統儒家一樣都是主張教重於威，德先
於刑的，〈成之聞之〉說：

　　　威服刑罰之屢行也，由上之弗身也。昔者君子有言曰：

　　「戰與刑，人君之墜德也。」

刑殺濫多，標示著政治之失敗。〈尊德義〉也說：「殺不足以勝民」。
〈緇衣〉說要「教之以德，齊之以禮，使民有勸心。」又說要「慈以愛
之，……信以結之，……恭以蒞之。」並以「教之不成」爲刑賞不足立威
的根由，〈緇衣〉說：

　　　　子曰：政之不行，教之不成也，則刑罰不足恥，而爵不足
　　　　勸也，故上不可以褻刑而輕爵。

　　然而，當教、愛不足以爲治時，郭店儒簡也主張考量情況而用刑，甚
至出兵。〈緇衣〉引〈呂刑〉說：「非用臸（旨）[90]，制以刑，惟作五虐
之刑曰法。」〈唐虞之道〉說得更明白了，它說：

　　　　陶皋內用五刑，出弋兵革，罪桔，□□用威夏用戈，征不
　　　　服也。愛而正之，虞夏之治也。

可見，德教固然才是治政之本，但爲了維護政治的穩定，適度的刑賞與用
兵仍是不能完全排除的。

5.時命與際遇

　　此外，郭店儒簡中另有一個相當突出的論題——時命與際遇。〈窮達
以時〉專篇討論這個問題，〈唐虞之道〉對它也有相當的呼應。〈窮達以

---

[90] 此字整理小組原釋作「臸」而無說，涂宗流、劉祖信等依劉信芳解詁讀爲「旨」，「非用
　旨」應即不聽令之意。其說同見注68，頁356、358。今從之。

時〉說：

> 有天有人，天人有分，察天人之分，而知所行矣。有其
> 人，無其世，雖賢，弗行矣。苟有其世，何難之有哉？初
> 滔，後名揚，非其德加。子胥前多功，後戮死，非其智衰
> 也。驥駟張山，驥於邵棘，非亡體壯狀也。窮四海，致
> 千里[91]，遇造父故[92]也。遇不遇遇，天也。動非為達也，
> 故窮而不□；□非為名也，故莫之知而不吝。芷 蘭 生於
> 深 林 ，非 以 無 人 □ （嗅）而不芳。⋯⋯。窮達以時，
> 德行一也，毀譽才在仿旁。窮達以時，幽明不再，故君子
> 惇於反己。

它把決定人一生榮辱窮通的因素歸納為二：一為天，一為人。人，指的自
己的才德；天，指的是操之在外的時、命、際遇。這種時、命、際遇是自
然的定限，非人力所可抵拒，故稱「天」。而按照〈窮達以時〉作者的意
思，原本是要教誡士君子，砥德修行，勿孳孳以榮辱窮通為念，當明白
富貴窮達自有無可如何之命限，不應強求，而當盡其在我，努力人事。正
《孟子》「修其天爵」，「求為可知」之意。故不惜大量列舉古聖先賢榮
達以「時」「遇」之例為證，以為教勸。〈窮達以時〉說：

> 舜耕於鬲歷山，陶拍於河，立而為天子，遇遇堯也。皋陶

---

91 「至千里」，裘錫圭以為似當讀為「致千里」，其說同見注69，頁146。今從之。

92 「遇告古也」，裘錫圭以為「告」當讀為「造」，其下蓋脫「父」字，全句當即「遇造父故
也」，其說同見注69，頁146。今從之。

衣胎蓋帽経冢巾，釋板築，佐天子，遇武丁也。呂望為牂
棘津，戰監門棘地，行年七十而屠牛於朝歌，舉遷而為天
子師，遇周文也。管夷吾拘囚束縛，釋桎梏而為諸侯相，
遇齊桓也。白百里轉賣五羊，為伯牧牛，釋板而為朝卿，
遇秦穆。孫叔三斥思少司馬，出而為令尹，遇楚莊也。

是窮是達，緣於際遇，非關才德。有才德而無命、遇，徒呼奈何？因教誡
士君子「居易以俟命」、「造次必於是，顛沛必於是。」全文旨趣本無關
於為君立政。然〈唐虞之道〉在頌揚堯舜之道時，對它卻有強烈的呼應；
它說：

古者堯生於天子，而有天下，聖以遇命，仁以逢時，未嘗
遇不明。並於大時，神明均從，天地佑之。縱仁聖可與，
時弗可及矣。

排名第一的盛世、盛治與聖王，之所以能成其盛、聖之名，除了「尊德
義」、「明人倫」，竭盡一切努力去全其政治功德外，原來也得天獨厚，
錦上添花，時、命、際遇一應俱全，天人因素圓滿無缺，所以能全其功。
旁人縱有其才、其德，亦努力「尊德義」、「明人倫」，若無其「命」，
恐亦不能竟其功，這是〈唐虞之道〉對堯舜的美頌。作者之意，原來應是
要圓滿堯舜的天人條件，以說明外王成就之崇高與難能，除了自身政治功
德外，還需要時命的配合。卻無形中使「時」「命」成為全部偉大外王功
業的「臨門一腳」，缺乏這一腳，即使大舜亦無法踢出曠古的偉大政績。

(四)仁義與忠信

此外，郭店儒簡中，仁、義、禮、智、忠、信諸德，在心性、成德與

外王等等不同議題上，表面上義界相當參差紛歧，內在義涵其實仍有相當的關聯。即以相關於外王的論題上，出現頻率較高的仁、義、忠、信四德而言，〈六德〉以忠爲臣德，信爲婦德，仁爲子德，義爲君德。並詮釋其配德之義涵說，臣之所以配「忠」，是因爲感念君與我非親故，而畜我如子弟，故竭盡其材力與生命，毋敢吝惜以相報。照這樣的解釋，「忠」是盡心竭力，無敢自愛之意。以婦配「信」，是因爲爲婦者須對其夫「終身弗改」、「終身不變」。可見，「信」是永不改變之意。以子配「仁」，根據〈六德〉的說法，是因爲「人則爲內者必以仁」，這句話的意思不甚清楚，大抵是說，就人而言，對內須以情恩（仁）爲基礎，爲人子弟對內之親人須先知恩、能愛，知仁，能仁，故子德配「仁」。仁在此處，指謂情、恩、愛之意。君德配「義」，指爲君者在世爵世祿的宗法背景之下，對官宦子弟能依「才藝」之大小高下，對爵祿官位作公平、合理的分配，「義」因此是恰當、合宜、理性之義。這與後文所說，對父、子、夫的「門內」當以「仁」爲主（「仁弇義」），情恩勝於理性的裁斷；對君、臣、婦的「門外」，當以「義」爲斷（義斬仁），妥善一依理性裁斷，切除一切因私情所可能導致的困擾糾葛，基本義涵並無太大歧異。〈六德〉在論釋「仁義」的功能時因此說：

> 親父子，和大臣，歸四鄰之淵睪，非仁義者莫之能也。

親父子以仁，以情恩：和大臣以義，依理性以處之，這和前述子「仁」、君「義」大致上可以呼應，並不違背。總之，就〈六德〉而言，「仁」、「義」的義涵基本上前後相應不背。

再說「忠信」。臣德之「忠」，指盡心竭誠，弗敢自愛，婦德之「信」，指終身不變。但〈六德〉同時又合稱「忠信」之功能說：

聚人民，任土地，足此民爾生死之用，非忠信者莫之能也。

此處忠信合稱，其義是外王的，其功能在凝聚民力，以開發資源，富裕民生。與此相應的，〈忠信之道〉論忠信臨民之理，其「忠信」亦是外王義。它以「不訛不達」爲「忠之至」；以「不欺弗知」爲「信之至」，「忠信」是不對百姓欺瞞要詐。〈忠信之道〉又說：

至忠無訛，至信不背……大忠不奪，大信不期。

不背、不奪是不改易之意，無訛、不欺是眞心、眞誠。然則，「忠信」之外王義，不論在〈六德〉或〈忠信之道〉中，根本義涵並無太大不同。

〈忠信之道〉又說：「忠，仁之實也；信，義之期也。」此時的「仁」已由由衷之情恩轉爲軟性內質之義，義則由理性之裁斷轉爲硬性之德。「忠」因有盡心、竭誠之義，較具軟性內質，故爲「仁之實」；「信」因有堅定、不變之義，較具硬性之質，故爲「義之期」。

要之，在郭店儒簡中所出現的各德目，至少就出現在〈六德〉與〈忠信之道〉中的仁、義、忠、信而言，其使用情況表面上看雖相當紛歧，就基本意涵而言，其實仍是相牽繫而不相抵牾的。

三、結論

郭店十四篇儒簡，除了專論心性的〈性自命出〉，與專論「成德」的〈五行〉外，其餘十二篇全都涉及爲君立政的外王之理。這些篇章彼此之間，容或有德目上意義的界定範圍、名稱使用的層次寬窄不一等問題，甚至思想上小有參差，不能嚴謹相繫，大致說來，沒有太嚴重的牴牾。其彼此之間文字理論的呼應性且相當高，這說明了它們之間原本極可能因學

派差距不大，因此相容性極高。他們以「尊德義」、「明人倫」為爲君施政的兩大要項，以「愛親」、「尊賢」爲主軸，展開外王理論。所謂「尊德義」，一方面要求以禮樂爲治，一方面要求政權轉移之和平理性，公正無私。所謂「明人倫」指的是三親六位關係的清楚界定，及其「職」、「德」之有效推行。在以〈六德〉爲主的郭店儒簡中，大別於傳統儒學的五倫並倡，和以「夫婦」爲人倫之始的觀點，轉爲以「血緣」爲判準，依喪服之制，強調親疏輕重。重視父子、兄弟兩倫，乃至宗族的「血緣」之親。重孝、重弟而剔「婦」於族門之外，使與君臣、朋友同屬「門外」，是很特別的，又重孝而不重忠。這一切顯示著，流傳在南方楚國一帶的儒家文獻，相較於先秦北方傳世儒典中的某些觀點，既有交集，亦明顯有所偏倚和強化。

此外，郭店儒簡重忠（誠）信，也強調「反己」的重要，只是這些「忠信」與「反己」都指向外王的義涵。忠信，指的是不欺詭人民；反己，非關慎獨與自省，而是指的以身立教，躬身示範。要求人君加強自我規範，以提供全民一個可以仿效的典範。它同時呼籲人君知賢、用賢、親賢遠佞，納諫能容，並重囑君民之間的密切關係，而輔以兵刑。也注意到時、命的問題，同時抬出儒家所最推崇的聖王——堯舜，尤其是舜，來承擔這一切外王理想的完美條件與任務，以圓滿它自己所要求的典範政治。

（本篇原刊於國立臺灣大學文學院《台大文史哲學報》第55期，2001年11月。）

參、郭店儒簡〈性自命出〉所顯現的思想傾向

郭店所出土14種儒簡，原推測爲思孟學派作品，其實並不盡然。除了〈五行〉篇所顯現仁內義外的觀點與孟子所極力辯爭的「義內」觀點明

顯不同外，〈性自命出〉中所界定的「性」內容，及其對「教」功能與禮、樂的肯定與強調，也在在和孟子背離，而傾向於告子、荀子一系。

　　在總共67枚竹簡中，〈性自命出〉以「心」、「性」爲核心，討論了它們和「物」、「情」、「義」、「道」之間的關係，以及「禮」、「樂」的功能。

一、性與心、物、勢、悅

　　〈性自命出〉開宗明義便說：

> 凡人雖有性，心亡定志，待物而句後作，待悅而後行，待習而後定。喜、怒、哀、悲之氣，眚性也；及其見於外，則物取之也。性自命出，命自天降。

這一小節幾乎是全文論「性」的總綱，後文論性，大致不離這個總綱的界定。短短五十字，包涵了好幾個重要觀點：㈠心與性是區分的，志是心的作用，心志決定了性的呈顯。性要作用，須有內心相當強度的主觀意願（悅），始能充分呈顯。㈡性是內藏的喜、怒、哀、樂等自然情緒之氣，必賴外物的牽引而後發動。㈢性的穩定成型，則賴後天不斷學習與積累。㈣性是天生自然的。這是總綱。對於這個總綱，下文續有發揮與說明，〈性自命出〉說：

> 好惡，性也；所好所惡，物也。善不 善 ， 性 也[93]；所善所不善，勢也。凡眚性為主，物取之也。金石之有聲，□

---

[93] 本篇此下〈性自命出〉引文悉依《郭店楚墓竹簡》整理小組與裘錫圭先生所釋解，不逐一標注。其有異於此而較勝者，或為《郭店楚墓竹簡》所未釋者，再行標注。

　　　　□□□□，人 雖有性，心弗取不出。凡心有志也，亡與
　　　　不□，□□□□蜀（獨）行，猶口之不可獨言也。牛生而
　　　　長，雁生而伸，其性……而學或使之也。

這段文字雖因殘損，無法全然呈顯其義，但仍可明顯的看出它關鍵性的要
義至少有數：

㈠性是天生本然的身心狀態，包括了好惡本能與形身特質。

㈡本能之「性」所好所惡的客觀存在對象便是「物」，「性」賴「物」引
　而後呈顯，〈性自命出〉一再強調這一點。下文說：「凡動物者，性
　也」，亦是此意。不過，除了「物」能引動「性」之外，〈性自命出〉
　又提出了「勢」與「悅」。下文說：「逢[94]性者，兌（悅）也……出性
　者，勢也」，都顯見作者認爲，「性」除了會因「物」誘引而發動外，
　還會因「勢」表露（出），因內心主動的意願（悅）而充分呈顯。這
　個「物」、「勢」、「悅」都是使內在之性向外呈顯的關鍵，其間的不
　同，根據下文的解釋：

　　　　凡見者之謂物，快於己者之謂悅，物之勢者之謂勢。

會合前述「所好所惡，物也」、「所善所不善，勢也」觀之，物與勢的
差別似乎是：「物」指可見的、足以引發其性的具體存在，「勢」可能
是指的這個具體可見之物存在的情況條件，它牽涉到「物」足以引動
「性」的可能強度。比如，存在的情況條件良好，其「取」性、「動」
性的程度強。反之，則弱些。「悅」是「快於己」，內在主動甘願，則

94　「性」上之字，整理小組沒有把握地釋作「逢」。然文中既說「逢性者悅也」，又說「性」
　　「待悅而後行」，可見這「逢」當是「行」字之意，釋作「逢」，義似未妥，故存而不論。

干涉到內心與外物互動的密切程度。心與外物互動密切，自在無間，性便充分地表露無遺，因此稱爲「行」。

㈢性雖由物引而動，然由靜態的本然存在到動態的表露呈顯之間，主要仍有一個心（志）的意願抉擇，「性」靠「心」與外「物」互動的情況而呈顯，因此說：「凡人雖有性，心弗取不出」。

㈣性雖是天生本然的存在，卻是可以透過學（習）而（增進、改變、養成……等等）。統攝這一切，〈性自命出〉因此說：

四海之內其性一也，其用心各異，教使然也。

性既是天生好惡本能，飲食、男女等基本欲求與本能，人人大致相同，因此說「四海之內其性　也」。但「心」（志）與「性」不同。它不只是自然的本能反應，而含主觀意願抉擇，主觀意願抉擇人各不同，它牽涉到價值判斷，因此說：「用心各異」。而價值判斷的向度非先天本然，而是後天學習和教導培成的。總之，心和性雖有別，但，都一樣可以透過學、習、教去培養、因此說：「羕（養）性者習也」，說「學或使之」，說「教使然也」，意思是一樣的，學、習、教三者似異實同。強調學與教，應該是荀學一系的觀點。

二、性與義、道、習、教

「性」不但以「物」動、以「勢」出，以「悅」（逢？），還可以以「義」厲（磨鍊），以「習」養（培成），以「道」長（增益提升）。〈性自命出〉說：

凡性動之，或逢之，或交之，或萬（厲）之，或出之，或羕（養）之，或長之。……厲性者，義也；出性者，勢

也；養性者，習也；長性者，也。

習也者，有以習其性也。

透過不斷學習和積染，藉由「義」與「道」的磨鍛和提昇，作者認為：天生本然，易受物引之「性」，可以更趨穩定成熟。

很顯然的，作者不但重視「學」、「習」，又將「義」與「道」作為「習」的主要內容。「義」與「道」，尤其是「義」，被推崇得很高，似乎凌駕於「道」之上，〈性自命出〉說：

義也者，群善之蕝也。習也者，有以習其性也。道者，群物之道也。凡道，心術為主。道四術，唯人道為可道也，其三術者，道之而已。

蕝，本為束茅而立，用以縮酒；此處應是「總撮」之意，言「義」是一切善的總稱。在孟子的學說中是很推崇「義」和「道」，尤其是「義」的，孟子說浩然之氣，「其為氣也，配義與道」。浩然之氣的培成，需要以義和道作為養料，時時旦旦有恆地澆灌，才能蔚為天地間至大至剛、不屈不餒的永恆力量（詳《孟子・公孫丑上》）。然而，孟子只將心力焦點集中在「義」，使「義」成為其學說的核心，卻不大見其對「道」有特別的論述，或許，這就是儒學的基本特質之一。儒家或推崇仁、或推崇義，或推崇禮，推崇一切的道德，卻並不著力論釋「道」。

〈性自命出〉也一樣，在〈性自命出〉中，道的地位似乎不特別高，它既被界定為「群物之道」，應是「理」的總稱，又被區分成四種，四種之中並特別聲明「心術為主」、「唯人道為可道」、「其餘三術者道之而已」。則顯然四道之中，有一道是「人道」，這人道主要是涉及治「心」之術的，也是四道之中唯一值得深入一談的，更是涉及「性」的增

進與提昇最重要的「道」。「長性者，道也」的「道」，指的就是這個「道」。換言之，在〈性自命出〉中，「道」的地位雖未必最高，「人道」的地位卻是高的。

　　有關四道的詳細名稱與內容，〈性自命出〉沒有進一步說明。與〈性自命出〉同時出土的另一儒簡「尊德義」中卻有一段關於「道」與「人道」的敘述，或可相互印證、發明；〈尊德義〉說：

> 聖人之治民，民之道也；禹之行水，水之道也；造父之御馬，馬之道也；后稷之藝地，地之道也。莫不有道焉，人道為近，是以君子人道之先取。

這裡提到民之道、水之道、馬之道、地之道四種道，涉及了人性與水、馬、地等自然物與生類之性，雖未必就是〈性自命出〉所說的「四道」；但，〈尊德義〉說水、馬、地「莫不有道焉」，〈性自命出〉也說：「其參術者，道之而已。」同樣視其餘三術為平凡無甚可論。而〈性自命出〉重人道，重心術，說：「凡道，心術為主」，「唯人道為可道也」。〈尊德義〉也說：「人道為近，是以君子人道之先取」，其所說的「人道」，根據上文，指的是「聖人之治民」的「民之道」，是帶有相當外王意味的。〈性自命出〉與〈尊德義〉的關係，雖有待進一步深入研究，但這「四道」之說的仿相呼應是很有趣的。儒家不論講內聖、論外王，所稱的「道」都是偏指人道。〈性自命出〉就整體內容看來，主要還是談內聖，並不涉及外王，這是和〈尊德義〉不相同的。其所謂的「道」，不但與「義」相結合，還與「情」相結合。

三、道、禮與情、義

㈠、道始於情而終於義

〈性自命出〉說：

> 道始於情，情生於性。始者近情，終者近義。知□□□出
> 之，知義者能入之。

「道」由「情」發，始於「情」；而「情」由「性」來，因爲「性」包括了喜、怒、哀、悲之氣，合「情」入「性」始稱「道」。合「情」、近「情」是「人道」的基本條件，也是起點，其終點則是「義」。人道以「情」爲始，以「義」爲歸趨。知「情」，人道始能充分顯露；合「義」，人道始能圓滿完成，〈性自命出〉因此相當重視「義」，也重視「情」，它說：

> 凡聲，其出於情也信，然後其入拔人之心也厚。凡人情為
> 可悅也，苟以其情，雖過不惡；不以其情，雖難不貴。苟
> 有其情，雖未之為，斯人信之矣。未言而信，有美情者
> 也。
> 忠，信之方也；信，情之方也。

「情」，由衷而眞實無僞。聲音能深深打動人心，必須是發乎本情的眞實無僞。由衷的眞情，勝過千言萬語的表白，「情」是人間軟性心靈交通的媒介，而「情」以「信」爲核心成分，「情」必須眞實可「信」，而只有盡心、眞心才可信。《中庸》說：「不誠無物」，〈性自命出〉重「情」，主「忠」，講「信」，也是這個意思。因爲重「情」，故反對

「僞」，〈性自命出〉說：

> 凡人偽為可惡也，偽斯吝矣，吝斯慮矣，慮斯莫與之結矣。
> 凡悅人勿吝也，身必從之，言及，則明舉之而毋偽。

作者強調言行一致，無虛假不實，其所謂「情」，含帶著由衷、不虛假之意。

㈡、禮作於情而制於義

「情」除了軟性的，是人與人間心靈交流的核心媒介之外，它同時也是一切硬性人文儀節訂定的基本依據，〈性自命出〉說：「禮作於情」。然而，除了核心軟體的「情」之外，「禮」的訂定不免涉及較為硬性的尺度規範，這就有賴「義」，〈性自命出〉說：

> 禮作於情，或興之也，當事因方而制之，其先後之舍，則義道也。或舍為之，即則度也。至容貌，所以度節也。君子美其情，□□□，善其節，好其容，樂其道，悅其教，是以敬焉。

這段文字雖有許多存疑字；但，仍可大致理解其義：「禮」不僅要求有真實美好的內在心靈，還要講求恰當的分寸與節度，乃至完美的形式表現，才算圓滿。「情」與「義」，不僅如前文所言，是道的始末、本標，也同時是「禮」的內、外要質。結合著「情」與「義」，「道」才首尾完足，圓滿無缺，「禮」也才內外一致，表裏相稱。「道」和「禮」都以「情」和「義」為核心要素。或許，在〈性自命出〉作者心目中，「禮」就是

「道」，「禮」是「人道」的核心課題。而在現存的儒學諸家典籍中，《荀子》是特重「禮」的。

四、情與心

「情」既是由衷的眞實不虛假，由衷便是發乎本心，〈性自命出〉在主「情」的同時，因此也重視「心」。以「情」動人，其實是以「心」交「心」。「性」也罷，「情」也罷，其實都因「心」的作用，才呈顯而產生功能，「情」和「心」關係密切。〈性自命出〉說：

> 其過十舉，其心必在焉，察其見者，情安失哉？
> 凡用心之躁者思爲甚，……用情之至者，哀樂爲甚。至樂必悲，哭亦悲，皆至其情也。哀樂，其性相近也，是故，其心不遠。
> 凡憂思而後悲，凡樂思而後忻，凡思之用，心爲甚。

作者認爲情緒舒放至極，不論是喜、是悲，本質其實是差不多的，都是「情」與「心」深度合一的結果，因此說：「皆至其情」，「其性相近」，「其心不遠」。所謂「憂思後悲」，「樂思後忻」，憂、樂轉「思」，因生悲、喜之情，在憂、樂和悲、喜之間，作者增入了一個「思」字，既說：「凡『思』之用，『心』爲甚」，又說：「凡用『心』之躁者，『思』爲甚」，「心」與「思」似乎是二而一的。這個「心」與「思」是如何地作爲憂樂與悲喜之間的過渡與轉折，〈性自命出〉說：

> 哭之動心也，。其烈，戀如也，戚然以終。
> 樂之動心也，濬深膩舀（鬱陶），其央，則流如也以悲，悠然以思。

這裏我們即使不確知「濬深鬱陶」之意，也仍然可以理解作者極力地要陳述悲、喜之情在內心孕生、起伏的變化過程與狀況。總之，不論悲、喜之情，基本上都和「心」、「思」的作用有關。

〈性自命出〉又說：

> 其聲變，則其心變；其心變，則其聲亦然。

這個「聲」從上下文看來，指的既是哭聲、笑聲的「聲」，也是歌謠之聲、琴瑟之聲的「聲」，作者似乎堅信「言為心聲」、「誠於中必形於外」，認為一切內在的心靈狀況，終必表露於外在的情緒或聲音中，「心」的掌握與調理因此是很重要的，〈性自命出〉說：

> 凡學者，求其心為難，……雖能其事，不能其心，不貴。
> 求其心有偽也，弗得之矣。人之不能以偽也，可知也。

而「心」的調理和「情」一樣，務求真實無偽。要之，「情」發乎中，〈性自命出〉重情、主情，反對「偽」，也講求「心」的掌握與調治，務求無偽。

> 凡人偽為可惡也，偽斯吝矣，吝斯慮矣，慮斯莫與之結矣。

五、禮樂的裁教與培成

如前所論，〈性自命出〉既以「性」為不穩定，須賴「學」、「習」以培成，又認為：「心」與「性」皆可「教」、需「教」。學、習

什麼？教什麼？依儒家的傳統，自然是五經之道，〈性自命出〉因此說：

> 《詩》、《書》、《禮》、《樂》，其始出皆生於人，
> 《詩》有為為之也，《書》有為言之也，《禮》、《樂》
> 有為舉之也。聖人比其類而論會之，觀其前後而逆訓之，
> 體其義而即節度之，理其情而出入之，然後復以教。教，
> 所以生德于中者也。

「教」是要透過對《詩》、《書》、《禮》、《樂》之理的吸收和領悟，
去轉化成為內在之德，這是很典型的儒家觀點。值得注意的是：五經之
中，這裏只提到《詩》、《書》、《禮》、《樂》，獨缺《易》，應該是
因為《易》所言重天道，而〈性自命出〉卻重人道，認為四道之中，「唯
人道為可道」，而《詩》、《書》、《禮》、《樂》四經，「其始生皆出
於人」，所言是很絕對的「人道」，很適合入教以培德，聖人因此用心地
加以綜會、裁理，取以入教。

　　不過，在四經之教中，〈性自命出〉顯然特重禮、樂之教。在全篇
六十七枚的竹簡中，我們只看對《禮》、《樂》的闡述，而不大見到有關
《詩》、《書》的論證，甚至，如前論「心」、主「情」的理論也全都是
圍繞著《禮》、《樂》，尤其是《樂》的闡釋而衍生；我們不知道郭店這
六十七枚是否就是〈性自命出〉的全文；但，如果僅就這六十七枚內容看
來〈性自命出〉確實是重人道，而推崇《詩》、《書》、《禮》、《樂》
之教，尤其是《禮》、《樂》的。〈性自命出〉說：

> 凡聲，其出於情也信，然後其入拔人之心也厚。聞笑聲，
> 則鮮如也斯喜；聞歌謠，則舀如也斯奮；聽琴瑟之聲，則
> 如也斯歎；觀賚武，則齊如也斯作；觀韶夏，則勉如也斯

儉……鄭衛之樂，則非其聲（聽）而從之也[95]。凡古樂龍心，益樂龍指，皆教其人者也。賚武樂取，韶夏樂情。

不同的「樂」，可以激盪出不同的心靈，興發不同的「情」，產生不同的教化功能，這是〈性自命出〉的樂教理論。〈性自命出〉又說：

其聲變則其心變，其心變則其聲亦然。吟游哀也，噪遊樂也，愁遊聲，嘔遊心也。喜斯慆，慆斯奮，奮斯咏，咏斯猷（搖）[96]，猷（搖）斯迁（舞）[97]；迁（舞），喜之終也。慍斯憂，憂斯戚，戚斯戁，戁斯寀（撫）[98]，寀（撫）斯踴；踴，慍之終也。

這段文字儘管有許多存疑字，令人很難確知其意；但仍可大略看出：主要講的是「心」與「情」的變化，卻和「聲」和「咏」有一定關係。換言之，也牽扯到了「樂」的問題。「情」與「心」是絕對和「樂」緊密相關的，〈性自命出〉積極地肯定了這一點，它說：

凡學者，求其心為難，從其所為，近得之矣，不如以樂之

---

[95] 此句「聖」，整理小組原釋作「聽」，裘錫圭以為：也有可能應讀為「聲」。桂案：此段上文諸「聖」字有通作「聲」者，亦有通作「聽」者，此處作「聽」、作「聲」，義皆可通，因兩存之。

[96] 此字廖名春依《禮記・檀弓下》鄭注，釋為「搖」，其說見氏著：〈郭店楚簡〈性自命出〉篇校釋〉，《清華簡研究》第1輯，（北京：清華大學思想文化研究所，2000年），頁51。

[97] 此字從彭林釋為「舞」，其說同見注96，頁51所引彭說。

[98] 此字從龐樸釋為「撫」，其說見注96，頁51所引龐說。

　　速也。

學習的重點要項就是要把握其心；而能「從其所爲」，變庶幾可以把握其心。只是我們不知道此處所謂的「從其所爲」指的是什麼，更不知「從其所爲」可以「近得之（心）」，是否指如道家所推崇的，自然不拘迫，可以使「心」自在（所謂的「遊心」），從而孳生美「情」？但，很明顯的，〈性自命出〉的作者顯然認爲：掌握心靈、調理心靈，最快速有效的方法，莫過「樂」教。

　　「樂」之外，〈性自命出〉對於「禮」的闡釋也不少。除了前述「禮」「作於情」、「貴其義」，須以情、義爲核心內容，又要求「好其容」，講求完美的形式表現外，〈性自命出〉對於揖拜、儀物、應對言詞、乃至笑、樂等相關於「禮」的一切形式、信物、以及心靈的內外活動都有所論述；〈性自命出〉說：

　　　　拜，所以□□□其度也；幣帛，所以為信與證也；其詞，
　　　　義道也；笑，禮之淺澤也；樂，禮之深澤也。

　　我們不知道這個「深淺」、「淺澤」其正確的詮釋究竟何解？但看這兩句的意思，「笑」和「樂」似乎也被納入「禮」的作用或內涵之中。換言之，「禮」既「作於情」，也含包「笑」與「樂」，「笑」與「樂」也都是「情」的作用和表現。「禮」因此也就不徒爲外在的儀文，形式或規範，而有豐富的軟體生命。至少，它不只是「行禮如儀」之類的硬性與刻板，而是內心的由衷與悅從，這應是「笑」、「樂」之爲「禮」之「深淺」、「淺澤」意。

　　此外，一如一般儒家的篇章與論著，〈性自命出〉提出了一種理想的心性修養典範，那是一種內中有情、有德，行爲合理合度，又無過、不

及，沈穩篤實，堅定能任的人格與風範；〈性自命出〉說：

> 君子執志必有夫注注之心，出言必有夫柬柬之信，賓客之
> 禮必有夫齊齊之容，祭祀之禮必有夫齊齊之敬，居喪必有
> 夫戀戀之哀。

由內到外，由心靈至言行，不同的情況、不同的場合，都能恰當的配合表
現。內外如一，表裏一式地眞實不苟，這是儒家所推崇的理想模式，也是
〈性自命出〉典範人物的基本模式，稱之爲「君子」；〈性自命出〉又
說：

> 凡憂患之事欲任，樂事欲後，身欲靜而毋 言火，慮欲淵
> 而無偽，行欲勇而必至，貌欲壯而毋拔，欲柔齊而泪，喜
> 欲智而亡末，樂欲睪而又有志，憂欲儉而勿惛，怒欲盈而
> 毋義，進欲遜而勿巧，退欲豢而毋輕，欲皆度而毋偽。

總之是先天下之憂而憂，後天下之樂而樂，思慮深靜而可信，行爲果敢堅
定，勇於負責，外表莊重而淡遠，喜樂恰當而合度，進退有節，不滑巧，
這該就是〈性自命出〉所推崇的，心性修養的終極目標。

六、結論

　　或許多少受到文字殘損、存疑字太多的影響，〈性自命出〉所呈現
的思想內容不似孟、荀有較高的緊密度，而明顯有著統合的傾向，和《禮
記》中的部分篇章表現出類似的風格與氣質。或許因爲這樣，所以它沒能
如孟、荀之流傳。不過，從中，我們仍然可以清楚地辨識出其所要凸顯的
幾個主題：心、性、情、義、道、禮、樂、習（學）、教。

　　它將「心」與「性」區分，以「性」爲天生的本能與需求，「心」爲有主體意識的存在，和「志」、「思」相結合。「性」因「物」引與「心」的作用而呈顯。「性」和「心」一樣，可以透過「學」（「習」）與「教」，經由「義」與「道」的磨鍛、提昇而培成。〈性自命出〉因此重習與教，其所謂的「道」亦特指爲「人道」。在儒家傳統的五經之教中，《易》言天道，〈性自命出〉因此只提及《詩》、《書》、《禮》、《樂》而不及《易》，因爲四經皆「始生於人」，屬「人道」之教。尤其《禮》、《樂》二者，更是〈性自命出〉所著力論述的。在論及「禮」「樂」的相關道理時，作者特別強調「情」的重要，它一方面將「情」與「義」結合，作爲「禮」與「道」的核心內容；又將「情」與「心」緊密結合，闡述「樂」教的重要，而皆歸結於眞信無僞。

　　在先秦的儒學中，孟子重「義」，主集「義」以養氣成德；荀隆「禮」「樂」，主張以「禮」「樂」化「性」起僞；〈性自命出〉主張以「義」屬「性」，也推崇「義」與「道」，以「義」爲一切善德的總代表，皆和孟子有一定的類似點。但，〈性自命出〉雖主以「義」屬「性」，卻不講養氣成德，而重「禮」「樂」之「教」。孟子於學「求放心」，重攝「心」；又以「性」爲先驗能德之基因；荀子則勸「學」、重「教」，以「性」爲天生之本能反應，〈性自命出〉論「性」、重「學」、「教」，尤其重「禮」「樂」之教，在在類近荀子一系。然其特別強調「樂」對「心」與「情」的陶化功能，以「樂」爲可以速得其「心」，其觀點和傳說中〈樂記〉的作者——公孫尼子或許也有一定淵源。相傳爲子思寫定的〈中庸〉說：「天命之謂性，率性之謂道，修道之謂教。」〈性自命出〉說：「性自命出，命自天降」，又以「道」爲可以長「性」，學與習、教爲可以養「性」、養「心」。〈中庸〉講「誠」，〈性自命出〉言「情」，其「情」是眞信無僞之意，和「誠」之眞實無妄，意思相同。凡此皆見其彷相擬似，卻又略有違隔。觀其所標榜的典範形象，和《禮記・儒行》所描述的「儒」者形象，基本上也有一定的類似

點，卻又遠不及〈儒行〉之詳盡、完備、而深入。

　　總之，〈性自命出〉以論心、性、情與禮、樂爲主體內容，儘管迄今我們仍不便武斷地判定它確切的寫作時代；但從它所關切論證的主題與內容看來，屬於儒家學派的作品應該是不會錯的。此外，它的主題理論，和荀子、告子，乃至《禮記》的〈樂記〉、〈中庸〉等部分篇章，都有著相當的類似或關係。一般學者推爲思、孟學派之作品，從實際的內容思想看來，恐不盡然。

　　（本篇原刊於國立台灣師範大學國文研究所《中國學術年刊》第二十期（抽印本），1999年3月。）

肆、從郭店竹簡〈五行〉檢視帛書〈五行〉說文對經文的依違情況

一、簡帛《老子》重出及其合抄卷的可能意義

　　一九九三年出土的湖北荊門郭店一號楚墓殉葬文獻與一九七三年出土的馬王堆三號漢墓殉葬文獻，有一些類似現象值得注意：

㈠它們都在楚地。

㈡它們都有不同抄本的《老子》陪葬，郭店簡本《老子》有三種抄本，[99]
　　馬王堆三號漢墓帛本《老子》則有隸篆兩體抄本。

---

[99] 參見王博：〈關於郭店楚墓竹簡《老子》的結構與性質——兼論其與通行本《老子》的關係〉收入陳鼓應主編：《道家文化研究》（北京：生活・讀書・新知・三聯書店，1999年）第17輯，頁149–166。

㈢與不同抄本《老子》合抄並置的，都有儒家典籍在內，郭店《老子》有一篇講宇宙創生的道家作品——〈太一生水〉，與14種儒家作品〈緇衣〉、〈魯穆公問子思〉、〈窮達以時〉、〈五行〉、〈唐虞之道〉、〈忠信之道〉、〈成之聞之〉、〈尊德義〉、〈性自命出〉、〈六德〉、〈語叢〉一至四。馬王堆三號漢墓除了道法融合的〈經法〉等四篇、專論刑名的〈伊尹‧九主〉、力主用兵戰守的〈明君〉外，亦有〈五行〉與〈德聖〉兩篇儒家作品。

㈣較特殊的是：兩個墓葬的儒家作品中都有〈五行〉。所不同的，郭店〈五行〉只有經文，馬王堆三號墓〈五行〉卻有經也有說。

　　這些情形，除了可解釋爲墓主生前的學術偏好外，是否也多少反應了從郭店楚墓下葬時代的戰國中晚期前後（此處姑依《文物》一九九七年7期〈荊門郭店一號楚墓〉挖掘者的推斷），迄馬王堆三號墓下葬時代的西漢文帝時期，其間楚地學術的某些現象？比如：

㈠《老子》以本土學術的身分與地位，在楚地，始終是熱門的顯學，傳抄極盛。

㈡在楚地，《老子》與儒家學說原本是相融的，從郭店墓葬多達十四種儒家文獻與《老子》合葬的情況看來，戰國中晚期儒家後期學說在楚地的流行狀況應該是很可觀的。而從郭店《老子》的文字內容看來，誠如陳鼓應先生與諸多研究者的初步判斷，亦是儒道交融而不絕對相斥[100]，這些是否多少說明了：至少在戰國中晚期前後的楚地，儒家後期學說與《老子》是同步流行的。

㈢然而，在馬王堆三號漢墓中，與《老子》合卷的不再是大量的儒家作品，而代之以道法融合的〈經法〉等四篇、充滿法家刑名色彩的〈伊尹‧九主〉與力主戰守用兵的〈明君〉，儒家後期的作品只有〈五行〉

---

[100]　參見陳鼓應：〈初讀簡本《老子》〉，《文物》1998年第10期（1998年10月），頁55–56。

與〈德聖〉兩篇，有否可能是：戰國中晚期以後，尤其秦漢之間，在楚地，法家勢力抬頭，超過了儒學，《老子》轉化為「黃老」，道法緊密結合，發展為統御術，固然也兼採儒學，卻是盛況不再，淡薄許多。

㈣從戰國中晚期前後至漢初的百餘年間，〈五行〉一類理論思想極可能是楚地流傳的儒家學說理論中，相當普遍而具代表性的一種。因此，不但《荀子‧非十二子》篇中以之為思孟學派的主要思想，加以撻伐，斥之為「案往舊造說」，兩座楚墓中也都以之陪葬。

總之，多種抄本的《老子》與〈五行〉不只一次地合置於楚墓中，應該不只是一個全無意義的巧合現象而已。

二、簡帛〈五行〉經說文的依違情形

不過，我們如果仔細地加以比對和分析，可以發現：郭店竹簡〈五行〉和馬土堆帛書〈五行〉之間，仍有不同。其不同，主要並不是文字的多少、篇幅的大小問題，而是思想觀點的輕重轉移。換言之，帛書〈五行〉較之竹簡〈五行〉，由於「說」文的增入，在詮釋上多少添加或轉移了原「經」文的思想重點，郭店竹簡〈五行〉的出土，正好提醒了我們重新檢視帛書〈五行〉「經」、「說」之間的不全然一致性[101]。

㈠〈五行〉經文所呈現的思想主題

從郭店竹簡有「經」無「說」的情況看來，〈五行〉極有可能原本只有「經」，流傳開來以後，後學才加「說」。而由於加「說」者個人主觀的體悟，或學派觀點的偏倚，以致於對原「經」文的詮釋產生出不全然脗合的狀況。如果僅就「經」文的部份而言，帛書〈五行〉和竹簡〈五行〉

---

[101] 以下引文經文部分主要依據《郭店楚墓竹簡》原整理小組與裘錫圭先生所釋、注，其有特殊需要，則參引帛本經、說文以及他家所釋以為佐助，不逐一標注。

儘管小部分文句和段落先後次序稍有不同，部分字體也小有差異，大體上相當一致，依次闡釋幾個論題：

1.「德之行」與「行」

　經文以涵懷仁、義、禮、智、聖諸德的行為表現為「德之行」，不涵德的行為表現為「行」。〈五行〉經文說：「仁行於內謂之德之行，不行於內謂之行」，以下對義、禮、智、聖的論述亦然。

2.德與善、天道與人道

　〈五行〉經文以仁、義、禮、智、聖五行全備合融為「德」，上臻「天道」。以仁、義、禮、智四行兼融為「善」，歸屬「人道」。天道、人道之分，德與善之別，端在能否達「聖」而全備「五行」，能達聖而全備五行，則成德而入「天道」，已能全備仁、義、禮、智四行而未達聖，則全「善」而成「人道」，〈五行〉經文說：

> 德之行，五和謂之德，四行和謂之善。善，人道也；主德，天道也。

「聖」因此是「五行」的最高層境與整體表現，也儼然就是「德」與「天道」的明顯表徵，〈五行〉說：

> 聖，智、禮、樂之所由生也，五 行 之 所 和 也。聖人知天道。

　此外，「人道」之「善」有特定施予對象與時空界圍，「天道」之「德」則上下流衍，隨時遍在，無窮無止，經文因此說：

　　　君子之為善也，又（有）與司（始）、又（有）與冬（終）也；君子之為德也，有 與 始、無 與 終 也。

而人道之善重在「為」，天道之德則在「志」，經文因此說：「善弗為亡近，德弗之（志）不成。」

3.殷「憂」啓德，「安」、「樂」成德

　　經文說：

　　　君子亡中心之憂則亡中心之智，亡中心之智則中心 之 悦 ，亡中心之 悦 則 安 [102]，不安則不樂，不樂則亡德。（君子）無中心之憂則無中心之聖，無中心之聖則無中心之悦，無中心之悦則不安，不安則不樂，不樂則無德。

這兩節論述，簡本〈五行〉只有上段殷憂啓「智」一節，缺下段啓「聖」一節。帛本〈五行〉則兩節兼有，啓「智」一節內容與簡本完全一致。兩本皆無相關於啓「仁」、啓「義」、啓「禮」之論述。這種現象與其視為簡、帛本〈五行〉共同的缺佚，不如視為經文作者於「五行」中，對聖、智二行之成德，特別強調由衷之「憂」，亦即內心深處的自覺。而從全篇經文的論證看來，前半確較著重對聖、智、仁的論述，中間則五行錯綜並論，後半轉而多論仁、義、禮。

　　此外，從上述兩節引文看來，經文認為，成德固當由「中心之憂」亦即內在由衷之自覺與感悟以發。然而，成德的終境，卻必須是自在而安

---

[102] 此處原缺四字，讓帛書應補作「之悦則不」，其中三字重文號，末一字重文號尚未殘去，上兩句補足後作「亡中心之智則亡中心之悦，亡中心之悦則不安」。

適，充滿德喜的，不該只是深刻而苦澀的「憂」思，因此在「憂」之後安排了「悅」、「安」、「樂」三個進程，以示「德」之完成雖源自憂思之自覺，其過程與終境卻必須是自然的順從與穩定，由衷的甘願和服膺，終而成爲心靈與生命的甜美滋潤。經文因此再三地反覆述說「樂則有德」、「聞而樂者，好德者也。」以「樂」爲成德的終極心靈狀態，以示成德是一件無上圓滿完美的喜事，而不只是動心忍性的苦差事。

4.仁、智、聖由中發「思」以成德

　　經文不但開宗明義以「行於內」與否作爲「德之行」與「行」的區分關鍵，在前述殷憂成德的論述中，不論憂、聖、智、悅皆再三強調其發自「中心」，亦即由衷的自覺與感悟，又說「德」弗「志」不成。「志」也是心的活動，凡此皆顯見經文相當強調「心」爲成德與否之關鍵。心能自覺，能思，經文因此也重視「思」，反覆論證「思」爲成仁、成智、成德之核心要素，而有所謂「仁之思」、「智之思」、「聖之思」。它先說：「智弗思不得」，然後論述清、長、輕等不同質性之「思」，分別臻成仁、智、聖等不同質性之德；它說：

> 思不清不察，思不長不得，思不輕不形。不形不安，不安不樂，不樂亡德。不仁，思不能清；不智，思不能長。不仁不智，未見君子，憂心不能惙惙；既見君子，心不能兌（悅）。……不仁，思不能清；不聖，思不能輕。不仁不聖，未見君子，憂心不能終忡忡；既見君子，心不能降。仁之思也清，清則察，察則安，安則溫，溫則悅，悅則戚，戚則親，親則愛，愛則玉色，玉色則形，形則仁。智之思也長，長則得，得則不忘，不忘則明，明則見賢，賢人則玉色，玉色則形，形則智。聖之思也輕，輕則形，形

則不忘，不忘則聰，聰則聞君子道，聞君子道則玉音，玉
音則形，形則聖。

經文安排仁、智、聖各「思」分別透過各自的進程去成德；然而，既無
「義之思」，也不見「禮之思」 這點簡本與帛本經文一致，這是值得注
意的。簡化前述殷「憂」啟德與三「思」成德的過程，可以做成如下的簡
式：

1. 憂－智－悅－安－樂－德
   憂－聖－悅－安－樂－德
2. 仁之思－清－察－安－溫－悅－戚－親－愛－玉色－形－仁
   智之思－長－得－不忘－明－見賢人－玉色－形－智
   聖之思－輕－形－不忘－聰－聞君子道－玉音－形－聖

這類由憂、思到成德過程的文字表述，在後續的經文中大同小異、略有增
減地，至少反覆論述了三次，都是五行並論，與義、禮並列，卻無附加
「思」、「憂」、「中心」等字眼，這是否意味著：依經文作者之意，
仁、智、聖三行，尤其是聖、智二行的源生與修成，較諸義、禮二行更為
由「內」？如果照一般學者的推測，將本篇視為思孟學派的作品，則至少
在經文的部分，並不如孟子之極力強調「義內」。

5. 五行的成德進程與要質

經文說：

不聰不明、不聖不智、不智不仁，不仁不安，不安不樂，
不樂亡德。不變不悅，不悅不戚，不戚不親，不親不愛，
不愛不仁。不德不進，不進不果，不果不簡，不簡不行，
不行不義。不遠不敬，不敬不嚴，不嚴不尊，不尊不恭，

不恭亡禮。

這是用反推的方法來論述聖、智、仁、義、禮五行的成德過程。它先以「聰」、「明」分別詮釋「聖」、「智」然後反推仁、義、禮的成德過程，依次是：

聰→聖
明→智
變（戀）→悅→戚→親→愛→仁
直→迣→果→簡→行→義
遠→敬→嚴→尊→恭→禮

經文由是逐一詮釋五行成德過程中的這些聰、明、戀、悅、戚、愛、直、迣、果、簡、行、遠、敬、嚴、尊、恭等由淺而深的各階段要質與性徵，它說：

> 未嘗聞君子道謂之不聰，未嘗見賢人謂之不明。聞君子道而不知其君子道也，謂之不聖；見賢人而不知其有德也，謂之不智。見而知之，智也；聞而知之，聖也。明明，智也；赫赫，聖也。明明在下，赫赫在上，此之謂也。聞君子道，聰也；聞而知之，聖也。聖人知而天道。知而行之，義也；行之而時，德也，見賢人，明也；見而知之，智也。知而安之，仁也；安而敬之，禮也。

它先說聰、明與聖、智的關係：聖主聽，智主見；能聽君子道而知覺謂之聖，能見賢人而知覺謂之智。換言之，「聖」是聰且知，智是明而知。經文又以「聖」為上德，「智」為下德，上德須「聰」而善聽知「天道」，下德應「明」而能見知「賢」。同時並簡述仁、義、禮與知的關係，大

抵知而能安謂之「仁」，知而能行謂之「義」，知而能安、能敬謂之
「禮」。仁主安，義主行，禮主敬。

　　經文於是進一步詮釋仁、義、禮三行成德進程中各階層的特質，它
說：

> 顏色容貌，溫戀也。以其中心與人交，兌悅也；中心悅焉
> 遷於兄弟，戚也；戚而信之，親；親而篤之，愛也，愛
> 父，其攸愛人，仁也。

「溫」下之夐字，簡本整理小組以爲即「并」字，讀作「變」，帛本
「說」文亦釋爲「變」，應是通「戀」，顧念不捨之意。「攸」本作
「祄」，攸之異體，帛本作「絲=」，整理小組釋作「繼」裘錫圭先生疑爲
「稽」之異體，讀爲「繼」，進也。這段引文是說：仁德的修養進程包括
了待人接物時外表容態的溫和、顧念不捨，到內心由衷地與人交流；把這
種由衷喜樂地與人交流之情移於兄弟之上，彼此就能一體同感；將這種一
體同感加以擴充延伸，就親密了；深厚地親密，就是愛；將愛父、愛親之
心進而推廣去愛人，就是仁德。這是詮釋「仁」。按著詮釋「義」，經文
說：

> 中心辯然而正行之，直也；直而遂之，迣也；迣而不畏強
> 禦，果也；不以小道害大道，簡也；有大罪而大誅之，行
> 也。貴貴，其等尊賢，義也。

「直而遂之」下之字本作「遙」，依帛本「說」文作「迣」，終也，指
能貫徹到底。內心能明辨事理，循正道以行之便是「直」。直而能堅持以
成，叫做「迣」（澈底有終）。能澈底有終地直，而不畏強大的外力，叫

做「果」。堅持正理與分寸，不使小道小理妨害大道大理，便是能判別輕重，叫做「簡」。治政裁量時對有大罪者能加以重誅重罰，便是能踐履。能尊崇賢者，依其不同程度之賢而尊之就是「義」。然後，它繼續詮釋「禮」，經文說：

> 以其外心與人交，遠也；遠而莊之，敬也；敬而不節，嚴也；嚴而畏之，尊也；尊而不驕，恭也；恭而博交，禮也。

帛本說文解釋「外心」說：「外心者，非有他心也，同之（此）心也，而有謂外心也，而有謂中心。中心者，諔然者；外心者也，其𥈊廓然者也。」所謂諔然，是指柔好、貼近之意；𥈊，即「覭」之古文。覭，面見。廓，寬綽以遠。覭廓，意指保留一定空間，只求照面而不交心。因此，所謂「中心」是指彼此內心順貼以近；「外心」則謂不入裏情，保持分際以交往。「敬而不」下之字；整理小組以為「節」，帛本經文、說文皆作「懈」，謂敬而不已。經文說，一個人以保持分際之心與人交往，叫做「遠」；遠而能莊重，叫做「敬」；莊敬不已便能高（嚴），高而使人敬畏便是「尊」；能尊而不驕傲叫做「恭」；恭而能周遍地與人往來便是「禮」。總之，仁主愛悅溫親，義重正直果行，禮則遠嚴恭敬。

6.仁義相對，剛柔互濟

前文已經說過，在論述並詮釋五行及其進程與要質之前，簡本五行曾以聖、智相應，大大論述了仁、聖、智之憂思與由衷；在論完五行之進程與要質之後，簡本又以仁義相對，對義的簡、行兩性與仁的匿（匿）、輇之質作了重複地強調，而歸結於剛柔互濟。簡本經文說：

> 不簡不行，不匿不察於道。有大罪而大誅之，簡也；有小

罪而赦之，匿也。有大罪而弗大誅也，不行也；有小罪而
弗赦也，不察於道也。簡之為言猶練練也，大而罕者也；
匿之為言也猶匿匿也，小而訪軨者也。簡，義之方也；
匿，仁之方也。剛，義之方也；柔，仁之方也。「不強不
林，不剛不柔，此之謂也。」

「柬（簡）」是能判別是非輕重，「匿」是隱小惡，「軨」是堪憫、可憫
之意。經文說，義貴能判別是非輕重，然後能執行，大罪大誅便是能判別
輕重而澈底執行。仁貴能隱小惡而赦小罪，小罪不赦，是不仁。因此，義
重嚴判是非，仁重隱憐小惡，義剛而仁柔，剛柔宣相濟。

7. 心為四體官能之主

除了主張成德須出中心發思之外，〈五行〉也強調心對官能的絕對主
宰功能，經文說：

耳、目、鼻、口、手、足六者，心之役也。心曰唯，莫敢
不唯；諾，莫敢不諾；進，莫敢不進；後，莫敢不後；
深，莫敢不深；淺，莫敢不淺。

把心對四體與官能的絕對統御功能說到了無有分毫違失差爽的地步，直是
澈底的唯心論。

8. 君子、志士、賢者、舉賢與尊賢

此外，在經文偏前、偏後部分都片斷、瑣碎地界定了君子、志士與賢
者。經文稍前說：

五行皆型（行）于內而時行之胃（謂）之君 子 ，士有志

於君子道胃（謂）之時（志）士。

君子是五行兼備，成德者的總稱，也是〈五行〉全篇所推崇的最高人物典範，有志於此者謂之志士。在詮釋「智」德時，經文曾以見賢爲「明」，以見賢而知之爲「智」；經文稍後又論述了「賢」與「尊賢」的問題，經文說：

> 疋膚膚達諸君子道謂之賢。君子知而舉之，謂之尊賢；知而事之，謂之尊賢者也。前，王公之尊賢者也；[103] 後，士之尊賢者也。

「疋膚膚」帛本作「索纑纑」， 應是指通達君子道之情況或程度，「君子道」應是指全備五行以成德之道，亦即全文所推崇的至高之「天道」。所謂賢者因此也就是能通達此成德之天道者，君子與賢者的粗淺區分似乎就在：君子已達體踐五行而成德的「大成」至境，賢者則尚在通達階段，志士則但有志而已，尚未能達。居上位之王公對於賢者，當知而舉之，在下位之士對於賢者，則當知而事之，這是經文的叮嚀。

9.金聲玉振與愼獨

　　不僅如此，經文在偏前論完仁、智、聖之「思」後，即引《詩·曹風·鳲鳩》「淑人君子，其儀一也。」與〈邶風·燕燕〉「差池其羽」而歸結於「愼獨」。帛本說文對於「獨」與「一」的詮釋很能切中經文的意思，說文說：

---

[103] 此句簡本原缺，帛本則於「後，士之尊賢也」上有「前，王公之尊賢者也」意較完足，因從校補。

　　慎其獨也者，言舍夫五而慎其心之謂也……一也者，夫五
　　夫為□心也，然後德（得）之一也，乃德已。德猶天也，
　　天乃德已。……獨也者，舍體也。

「獨」是指相對於「體」的「心」，孟子所謂與「小體」相對的「大
體」。「一」是指總此仁、義、禮、智、聖五者於「心」而慎修之、慎行
之，終能全備、成德以達天道，這是五行修成的至境，經文因此繼之以
「爲善」（人道）有始有終，「爲德」（天道）有始無窮，金聲而玉振之
論述，正是孟子「始條理」、「終條理」、「金聲玉振」之意，經文說：

　　金聲而玉振之，有德者也。金聲，善也；玉音，聖也。
　　善，人道也；德，天 道 也，唯 有德者然後能金聲而玉振
　　之。

經文以樂曲終了敲鐘、擊磬，鐘、磬齊奏和鳴，以終全曲，來說明透過
「心」的不斷努力修省，終於成德，而上臻「天道」至境。方其修得仁、
義、禮、智四行時，已臻「善」境，猶如樂曲將終之前，先敲鐘以表。及
其修得「聖」行，則內成其德而上達天道，全部進程圓滿了結，猶如樂曲
圓滿結束，擊磬以終之。
　　因此，經文在偏後詮釋完仁、義、禮，剛柔互濟之後，又云：「君子
集大成，能進之，爲君子；弗能進也，各止於其里。」能修至五行圓滿和
合，德全而天道達的「大成」至境，稱爲「君子」。其有不繼者，亦一步
一腳印，各自有其進境與成果。
　　綜覽〈五行〉全文，先由「德之行」與「行」的區分中，去提出
「五行」，進而區分德與善、天道與人道，繼言殷憂啓德，再論仁、智、
聖由中發思以成德，繼而言慎獨與集大成，然後綜論五行之重要質性與進

程，爲全篇之主體，故先則聖、智、仁合論，繼而五行並論，終則仁、義、禮合論。以股憂啓聖、智開論成德，而以仁義、剛柔互濟作結，並呼應前文「金聲玉振」而論集大成。末後論賢與尊賢，同時對應文前「中心」、「憂」、「思」、「愼獨」等核心觀念，強調心對四體、各官，亦即大體對小體的絕對主宰功能。以上是竹簡〈五行〉的大致思想論題。我們如果以主體論五行之重要質性與進程爲中軸，向前、後檢視、比對，可以明顯地看出全文前後議題呈現出相當明顯的對稱情況。前重仁、智、聖，後重仁、義、禮；前論金聲玉振，後談集大成；前論「君子」「志士」，後論賢與尊賢；前有「中心」之「憂」、「思」，後便有心役六官。帛書〈五行〉經文儘管小部分次序先後或文字詳略和簡本略有不同，大致沒有太大出入（參見附表）。然而，其後「說」文的詮釋卻不盡然。大體而言，帛本說文對於經文的詮釋尚稱合理、恰當，也達到相當的明「經」功能。不過，部分關鍵性的觀念，卻不可諱言地出現歧異與轉變。

㈡〈五行〉說文對經文的依違情況

1.「說」文明「經」

就「說」對「經」的正面功能而言，在詮釋五行成德進程中的各階段特質時，「說」文確實常能精確而明晰地解經。比如：它解釋君子爲善有始有終，說：「言與其體始，與其體終也」。解釋爲德有始無終，說：「言與其體始，……舍其體而獨其心也。」解釋「義」的進、果、簡，說：「進也者，終之者也」，並舉例說明：「弗受於衆人，受之孟賁，未進也。」清楚地告訴我們，「進」就是不分對象，堅持到底。又說：「果也者，言其弗畏也，無介於心也」，說明「果」就是堅定不移，內心絲毫不爲所動。解釋「簡」說：「簡也者，不以小害大，不以輕害重」，說明「簡」就是能準確地把握重點，識大體。對於「禮」的「遠心」、「嚴」、「博交」也都有不錯的詮釋。比如，它說「遠心」就是「外心」，這「外心」與前文的「中心」是同一個「心」，只是狀態不

同，「中心」是「然」柔順貼內，「外心」是「覷廓然」，保留一定寬綽空間與分際，照面而不貼近。說「嚴」是「敬之積者也」，是「敬之不懈者」。說「恭而博交」的「博」是「辯也」，魏啓鵬解釋「辯」爲「遍」，都清楚精當地詮釋了經文的關鍵字義。又詮釋聖與聰，智與明的關係說：「聰」是「聖之藏於耳者也」，「明」是「智之藏於目者也」。解釋「不智不仁」說：「不知所愛則何愛？言仁之乘智而行之」，以明「智」爲仁的先決條件。不智，則對象沒有弄對，如何能愛？能仁？詮釋《詩》的「不爭不絿」說：「非強之也，非急之，非剛之也，非柔之也。言無所稱（爭）焉也。」說明應該自然平和，不激烈對立，不走極端。詮釋「君子集大成」、「金聲而玉振之」說：「成也音，猶造之也，……大成也者，金聲玉振之也」。「成」是到達某種境界，「大成」的境界就如樂曲全部奏完，鳴鐘、擊磬般地表示圓滿完成。「說」文因此說：「金聲而玉振之者……然後己仁而以人仁，己義而以人義，大成至矣，神而矣！人以爲弗可爲□，曷由有至焉耳，而不然」，更進一步說明了「集大成」的「金聲玉振」至境，是非特內聖，且以外王，有體有用，至高至妙之境，一般人以爲難能到達，其實不然。大有孟子「舜何人也……有爲者亦若是」的遺意。解釋「心」與「耳目鼻口手足」說：「耳目鼻口手足六者，……人體之小者也；心，人體之大者也，故曰君也。」這些詮釋都相當地精確而明晰，也很能呼應關照經文全文的旨意，尤其和孟子的學說有相當明顯的呼應處。然而，在部分相當關鍵性的觀點上「說」文的詮釋與「經」卻明顯有了出入。

2. 「說」文違「經」

(1)由「思」到「氣」

不論是強調「中心」之憂、之悅、之智，「行於內」，還是仁之思、智之思、聖之思，乃甚至是主「愼獨」，強調心對四體五官之絕對主宰性，都顯見經文強烈的唯心觀點。「說」文對於「形於內」與「中心」

之憂、之智、之悅並無解說。但解釋「慎獨」之「獨」為「心」，又以「大體」、「小體」釋心與五官四體，在詮釋「聖之思也輕，輕則形，形則不忘」時也說：「不忘者，不忘其所思也，聖之結於心者也。」這些都相當精確地掌握了經文的意思。然而，當進入核心正題，詮釋五行的成德進程與各階段的性徵時，卻明顯有了改變。在詮釋「仁」的「不戀不悅」時，它說：「戀也者，勉也，仁氣也⋯⋯」。在詮釋「義」的「不直不迣」時，也說：「直也者，直其中心也，義氣也」。詮釋「禮」的「不遠不敬」時說：「遠心也者，禮氣也」。同樣地，在詮釋「知而行之，義也」時也說：「知君子之所道而然行之，義氣也」。詮釋「智而安之，仁也」時說：「知君子所道而然而安之者，仁氣也。」釋「行〈安〉而敬之，禮也」時又說：「既安之矣，而又覤廓然而敬之者，禮氣也。」以後在重複詮釋「知而安之，仁也」，「安而行之，義也」，「行而敬之，禮也」時，依然同樣重複「仁氣」、「義氣」、「禮氣」之說。換言之，「說」文在前前後後數次詮釋仁、義、禮的成德進程時，一再以「氣」稱之，卻始終不見有「聖氣」、「智氣」。或有學者雖據馬王堆與〈五行〉同時出土的〈德聖〉中有「聖氣」，推斷帛書「說」文原本應有「智氣」與「聖氣」，其後缺漏。[104] 然有關五行成德進程的相關論述，全文反反覆覆至少出現三次，都同樣只有仁氣、義氣、禮氣，而沒有「聖氣」、「智氣」顯見問題不在遺漏，而是「說」文作者本就以「氣」詮釋仁、義、禮，而不以「氣」詮釋聖、智。此與經文只有「聖之思」、「智之思」、「仁之思」而沒有「義之思」、「禮之思」恰成有趣對比。經文作者似乎以為：仁、智、聖較諸義、禮更為內在；說文作者的看法則是仁、義、禮由「氣」以呈顯。然則，「仁」究竟是由「思」或近「氣，經文與說文

---

[104] 參見汪義麗：《帛書五行篇思想研究》（臺北：私立文化大學中文研究所博士論文，李威熊先生指導，1995年6月），頁91–92。

似乎有不同看法。

　　此「氣」若依孟子的觀點，既是生理生命力，也可轉化爲精神生命力，且必然應該轉化爲精神生命力，成爲道德培成的基素。換言之，「氣」在孟子是經驗義與超越義並有的，但從經文全篇看來，澈頭澈尾充滿了唯「心」氣質，而無半點「氣」之類慨念。換言之，經文但言心與思，說文則有心、有思、亦有氣。不僅如此，在詮釋過程中，時時可見說文作者將仁、義連結，重視仁義甚於聖、智、禮的跡象，這與經文崇「聖」的觀點明顯有了出入。

　　⑵由崇「聖」到重「仁」、「義」

　　經文在談到善與德，天道與人道時，原本就以「聖」之有無爲善與德、天道與人道之間的區分關鍵。聖因此也就是天道的表徵，成德的至境，經文因此說「聖人知天道」。在論金聲玉振的成德至境時也說：「金聲，善也；玉音，聖也。善，人道也；德，天道也。」這點簡本、帛本一致，望、德、天道幾乎三位一體。簡本經文在綜論五行時說：

　　　　聖，智、禮、樂之所由生也，五行之所和也，和則樂，樂
　　　　則有德，有德則邦家興。……仁，義、禮所由生也，四行
　　　　之所和，和則同，同則善。

從簡本經文看來，其意當謂：「聖」爲五行之所和，能臻「聖」則成德而興邦，所謂內聖而外王，是通天道之極致。能至仁，則四行和合而達善，是人道之極至。帛本經文缺前半「聖」爲「五行之所和」一小節。「說」文則補爲「仁義禮樂之所由生也」，並詮釋曰：「言禮樂之生於仁義也。」則不但偏離經文原意，尤顯見其推高仁、義之私意。這樣的推高與偏離應該是錯誤的，豈有「五行之所和」言「仁義，禮樂所由生也」，「四行之所和」則言「仁義禮智所由生也」，究竟是「禮智所由生」？還

是「禮樂所由生」？說文明顯陷入了混亂。這明是帛本經文缺遺聖爲五行之所和一節，說文作者不明經文崇「聖」之旨，亦不顧五行、四行之分際，徒據後以補前，故至此。

自此以下，帛本「說」文便一而再、再而三地仁、義連結，成爲主體思想。比如，在詮釋「君子集大成」時，它說：

> 金聲而玉振之者，然後己仁而以人仁，己義而以人義。

以後在詮釋「能進之，爲君子；弗能進，各止於其人」時也同樣以仁、義爲說，它說：

> 不藏欲害人，仁之理也；不受吁嗟者，義之理也……終充其不藏欲害人之心，而仁覆四海；充其不受吁嗟之心，而義襄天下。仁覆四海，義襄天下，而誠由其中心行之，亦君子已。

以「仁覆四海、義襄天下」爲「君子」，大有仁義爲「五行」之核心與代表之態勢。與經文以「君子」爲「五行皆形於內而時行之」，五行全備成德者之稱，內容有出入。此後至文末說文對經文的詮釋也大抵如此，幾全以仁、義爲說。比如，詮釋心是四體、各官的主宰時說：

> 心也者，悅仁義者也……有天下美聲色於此，不義，則不聽弗視也；有天下之美臭味於此，不義，則弗求弗食也；居而不見尊長者，不義，則弗爲之矣。

詮釋「和則同」說：

> 和也者，……和於仁義。……同者，……與心若一
> 也……，同於仁義。仁義，心也，同則善耳。

詮釋「目（侔）而知之，謂之進之」說：

> 循人之性，則巍然如其好仁義也，目（侔）萬物之性而知
> 人獨有仁義也。

詮釋「譬而知之，謂之進之」說：

> 舜有仁，我亦有仁，而不如舜之仁，不積也。舜有義，我
> 亦有義，而不如舜義，不積也。

總之，自提出剛柔互濟之後，說文幾乎都是以仁、義為譬，來解證經文，大有以仁、義總結、取代五行之勢，這是否意味著：說文作者較之經文作者對於「仁」「義」有更大的偏好與更多的熟悉程度，故信手拈來、念茲在茲皆仁、義。

值得注意的是，若依龐樸先生的分法，帛書「說」文解「經」是從第六節「仁之思」、「智之思」、「聖之思」開始的。其前五節經文，分論德之行與行，天道與人道，善與德，聖、智與仁，恰是對聖、智，尤其是「聖」較為著重的論述部份。其無「說」的原因有許多可能，「說」文作者的重仁、義會不會是這些可能之一？值得深入研究。換言之，前五節，尤其是前三、四節經文無說，與說文偏後之著重仁、義，會不會有一定的關係？可以再加思考。

三、結論

　　竹簡〈五行〉與帛書〈五行〉，一般皆推斷爲思孟學派的作品，從其主體思想觀念看來，比如強調心、思、憂、臻聖成德、金聲玉振、心役四體形官、慎獨、集大成……乃至以氣論德等，都可以在《孟子》、〈中庸〉中找到呼應，孟子正是講集義養氣的。但是，孟子堅持仁、義皆內，〈五行〉經文則不盡然。而說文對於經文，儘管詮釋多能明經，卻仍有不盡脗合之處，經文、說文寫定的時代，與寫作者的學派偏倚應是主要關鍵。相較之下，說文似更切近孟子觀點，經文則仍有不同。

　　（本篇原刊於輔仁大學哲學系主辦「本世紀出土文物與中國古典哲學研究兩岸學術會議」論文（1999年1月15-17日），後收入會議論文集（上冊）中（1999年4月），又刊登於《哲學與文化》第26卷第5期（總300期），1999年5月號。）

伍、再論簡帛〈五行〉經、說文之歧異

　　上篇個人已對郭店竹簡〈五行〉與馬王堆帛書〈五行〉經、說觀點的歧異，有過簡單的提出與述說。今再次檢示帛書〈五行〉的經、說歧異處，仍覺有許多須更細加辨析之處。

　　帛書〈五行〉說文，若依龐樸先生分節，係自第六章「聖之思也輕」以下，亦即郭店簡文的第十五簡開始，始有解「經」之「說」文，前此5章（郭店前14簡）皆有「經」無「說」。儘管在龐分第十～十九章間，簡帛本「經文」次序略有不同，「說」文亦隨「經」而移易；然整體說來，共23章「說」文之解「經」，由於逐句爲解，雖「十分拘謹」，

「也沒說出什麼新思想來」[105]，但大致尚能順合「經」文原旨。唯在配合經義的詮釋過程中，仍有部分觀點明顯歧出。今試就第六～二十八章（共23章）中「經」、「說」之明顯歧異者而論之，以見「說」文中的孟子學派觀點。

一、「經」首缺「說」

首先，「說」文前5章不但對於論「德之行」與「行」、善與德、天道與人道、憂思以啓德、安樂以成德、重仁、智、聖的論述「經」文無解，即使是第6章，「經」文明說：

仁之思也精[106]……智之思也長……聖之思也輕……

「說」文卻只見「聖之思也輕……」的說解，不見對「仁之思也精」、「智之思也長」之說解。而「仁之思也精」、「智之思也長」、「聖之思也輕」三者是應成組的，原「說」者竟只解「聖之思」而不解「仁之思」、「智之思」，這是「說」文對「經」文的第一大歧異。

今實際詳查文物出版社所出之帛書原件圖影，馬王堆、乙兩匣帛書《老子》及其合卷都是連抄卷，甲匣的〈五行〉從第一七〇～三五一行，其中第二一四行是「經」文，共45行；第二一五～三五一行是「說」文，共137行。「經」文末行（第二一四行）與「說」文起行（第二一五行）間，是清楚銜接的，並無殘損。它們和周圍數行，是保存相當完整的

---

[105] 參見龐樸：〈竹帛〈五行〉篇比較〉，《竹帛〈五行〉篇校注及研究》（臺北：萬卷樓圖書公司，2000年），頁93。

[106] 魏啓鵬釋為「清」，說見氏著：〈簡〈五行〉校箋〉，《簡帛五行箋釋》（臺北：萬卷樓圖書公司，2000年），頁13–14。

一片。也就是說，「說」文真的是從「經」文的第六章開始為「說」，「經」文的「仁之思」、「智之思」與前5章真的無「說」，並非殘損。

按理說，「說」文作者即使略過前五章「經」文不「說」，也應從第六章的「仁之思」、「智之思」開始「說」才對，說什麼都不該由「聖之思」開始作「說」。因為它和「仁之思也精」、「智之思也長」是成套的。對於前五章重「聖」、「智」的各「經」文之無「說」，我們或可從第十章以下各章「說文」偏重仁、義、禮，解釋為「說」文作者因思想觀點的歧異而刻意無「說」，但對這第六章仁、義、聖三思「說」文之三缺二，除了解釋為作者之粗疏之外，就很難再為說了。

龐樸先生說，「『經』文原本說理清楚，自我圓滿，無須多加解說，帛書所見之『說』，是某個時候弟子們奉命綴上去的」[107]，是不是弟子「奉命」而為，雖尚有待考證，然其與「經」文本非一體，而係後學綴上情況則甚為明白。這不僅從郭店竹簡〈五行〉之有「經」無「說」可以肯定，實際從「說」文與「經」文論述思維與重點之歧異，更可以得到印證。

二、五行與氣

第六章以前「說」文既缺，難以比對，固無論矣，第七章言慎獨，第八章言善與德，第九章言金聲玉振，「說」文釋「經」大致無虞；然自第十章開始，「說」文對「經」文的詮釋，明顯有了不同轉化。

「說」文第十章解「經」文「不變（戀）不悅」曰：「變（戀）也者，勉也，仁氣也」，釋「不直不迣」曰：「直也者，直其中心也，義氣也」；釋「不遠不敬」曰：「遠心者也，禮氣也。」其後至第十八章解「經」文「知而行之，義也」，也說：「知君子之所道而然行之，義氣

---

107 同見注105，頁94。

也」；解「經」文「知而安之，仁也」說：「知君子所道而然安之者，仁氣也」；釋「經」文「行而敬之，禮也」，說：「既安之止矣，而又愀愀然而敬之者，禮氣也。」。第十九章又重複第十八章的文字說：

> 「知而安之，仁也」，知君子所道而然安之者，仁氣也。
> 「安而行之，義也」，既安之矣，而然行之，義氣也。
> 「行而敬之，禮也」，既行之矣，又愀愀然敬之者，禮氣也。

「說」文在第十、十八、十九三章中，一再地將仁、義、禮三「行」之發動，解釋爲一種「氣」，一種內蘊的潛發動力。這樣的說法是很特殊的，應該是「說」文作者別出於「經」的體會。因爲儘管簡、帛本經文在第10至19章間各「行」論述次序先後略有不同，按照前幾章「經」文的意思，仁、聖、智諸「行」之培成，基本上都是源自內心深長的憂、思。因此有所謂「仁之思」、「智之思」、「聖之思」。又說：「無中心之憂則無中心之智」、「無中心之憂則無中心之聖」，聖、智尤其是殷「憂」以「啓」的。第十、十八、十九3章「說」文卻再三強調仁、義、禮三行的發動是一種「氣」，卻沒有說「聖」、「智」之發動也是一種「氣」。「思」和「憂」是一種向內深入回省的工夫，「氣」則是一種內蘊的潛發動力。然則，就「仁」而言，「經」文、「說」文作者的觀點，顯然不一致。「經」文視之爲一種精細深入的憂、思，「說」文則視之爲內蘊之「氣」。

由於「經」文前5章半無「說」，我們很難斷定依作者之意究竟「聖」、「智」兩行之發動是否眞的與「氣」無關？但它前後說了三次，都只有仁、義、禮三氣，而沒有聖、智之氣，顯然〈五行〉「說」者的意思就是這樣。但在與〈五行〉同時出土而抄列於較後（自第四五一行

起，迄於四六三行止）處，另有400多字的小文獻，整理小組稱之爲〈德聖〉，魏啓鵬先生稱之爲〈四行〉，其內容雖因後半殘缺太多，以致文義不明，然與〈五行〉之內容呼應性極高。它開頭便呼應〈五行〉的「四行和謂之善」、「仁義禮智之所由生也，四行之所和則同，同則善」……各章，且略帶補充與統括性的說明曰：

> 四行成，善心起；四行形，聖氣作；五行形，德心起。和謂之德，其要謂之一，其愛謂之天，有之者謂之冑（君）子，五者一也。

〈德聖〉完全同於〈五行〉，以四行之成爲「善」，五行之和爲「德」，成德在愼獨一「心」，〈五行〉「經」、「說」作者的觀點一致。但它又稱「聖」行之「形」爲一種興發的動力——「氣」，和「經」文的意思明顯不同。而從簡帛兩種〈五行〉看來，「經」文都不見任何「氣」之類說法，顯見以「氣」爲「善」與「德」之啓動，是其後「說」者與〈德聖〉一系詮釋者的觀點與解說。令人起疑的是：既然「四行成，善心起……五行形，德心起。」說得夠清楚了，爲什麼又要說「四行形，聖氣作」？我們若要替〈德聖〉的作者力爲說解，可以釋之爲：「四行」修成是「善」，但若讓這「善」、這「四行」持續不斷「形於內」，便能啓「聖」，以達「五行形」，乃至「五行和」，便是「德」。不過，對於「聖」的發啓，〈德聖〉卻和〈五行〉「經」文作者不同，而和「說」文作者之解「仁」、「義」、「禮」相同，皆視之爲一種「氣」。可惜由於〈德聖〉後部殘缺太多，我們看不到有關「智氣」的表述，但這應足以說明〈德聖〉的寫作，時代近於〈五行〉「說」文，較遠於「經」文。

學者相當一致地推定〈五行〉篇係思、孟學派的作品，但子思和孟子

之間，誠如王博的考證，思想原本亦存在著一定的差異[108]，孟子及其後學的觀點應該也是這樣。這「經」與「說」之間，「憂」、「思」與「氣」的不同說法，或許類似這類的觀點歧異。

以「氣」解說道德的培成與力量，應該與孟子學派有相當關係。「憂」、「思」與「氣」之間，就孟子理論來看，也未必截然不相容。孟子雖然基本上認爲仁、義、禮、智是「發乎本性，根於心」（〈離婁上〉），而有所謂「四端」之說；但他同時也鋪敘一種本始的、布乎四體的生理生命力──「氣」，如何透過集「義」與養「氣」的工夫，不斷擴充、陶鍊、提昇，而轉化成爲一種超越的精神生命力、道德生命力，其極致正是所謂驚天地、泣鬼神、至大至剛、沛然莫可抑遏的道德力量，稱做「浩然之氣」（詳〈盡心〉）。它可以讓人殺身成仁、捨生取義而無怨、無悔。只是在培成的過程中，不論集「道」、「義」或養「夜氣」，都是要在「心」上作。這和「憂」、「思」之直接發「心」，看似不同，其實是相關的。照這樣的說法，道德心或許根源於「性」，道德行爲的表現卻是一種「氣」的驅動。〈五行〉「說」文這種再三強調道德的興發是「氣」的驅動之說法，與孟子較近。龐樸曾以〈五行〉中「能進端，能終端」的「端」「大概是孟子中的四端」，說明「『說』文無疑是用《孟子》來解釋〈五行〉篇」[109]。其實例證並不只止此，仁氣、義氣、禮氣之說，亦可並觀。

其次，對於孟子大別於孔子之「氣」論，有學者認爲可能和稷下學說有一定關係，這並不一定意味著孟子的「氣」論內容和稷下黃老精氣論有思想上的關聯。因爲黃老精氣說表現爲後期道家的宇宙論和養生論，與儒

---

[108] 參見王博：〈孟子與五行〉，《簡帛思想文獻論集》（臺北：臺灣古籍出版社，2001年），頁132–135。

[109] 其說同見注105，頁138。

家學說關係不大。而孟子不若荀子，其學說自主性極強。但是，孟子既曾兩次至齊稷下，前後長達近二十年，學生且多齊人，如公孫丑、萬章等皆是。[110]期間，並曾將其保民而王之壓箱大論，力說齊盛主－宣王。「氣」論又是戰國中期由稷下黃老道家創發以流行的當代重要學說議題，孟子身處其時，遊學其間，說學論理援取以爲素材，亦極自然之事。先秦道家重「道」、重修養，黃老道家以「氣」說「道」之創生與修養；先秦儒家重道德，孟子及其後學亦以「氣」談道德，也很自然。如此說來，〈五行〉「說」文的作者爲孟子學派後人，應該可靠。龐先生說，「說」文作者以《孟子》來解釋〈五行〉的觀點，自有一定理據，其例證尚不只此。

三、崇聖、智與重仁、義

除了以「氣」述說德行的興發之外，〈五行〉「說」文自第二十章以下幾乎全以「仁」、「義」詮釋「經」文。第二十章「經」文主論「仁」、「義」之質性一匡一簡，一柔一剛。「匡」是赦小罪，「簡」是誅大罪，最終並引《詩》爲說，要求一種不強、不急、不剛、不柔的適中之德。「說」文依「經」逐句爲解，當然也以「仁」、「義」爲論述對象，而歸之於「和」，曰：

> 《詩》云：「不誅不不剛不柔，此之謂也」勮者強也，誅

---

110 孟子游齊，在稷下甚久，前後兩次至少長達16–17年左右。第一次據錢穆先生的考證，應在齊威王24年以前至30年後（333–327 B. C.），前後共7–8年；第二次則在其宣王新立，稷下中興時，至宣王8年，派兵發燕，不聽孟子之勸，取燕，燕人叛，（319–322 B. C.），前後計留7年之久，合第一次，共計16–17年左右。說見錢穆：〈孟子在齊威王時先已遊齊考〉，《先秦諸子繫年》（香港：香港大學出版社，1956年），頁314–317。孫開泰：〈孟子與齊稷下學宮的關係〉，《齊魯學刊》1983年第3期（1983年5月），頁21–23。林麗娥：《先秦齊學考》（臺北：臺灣商務印書館，1992年），頁207–210。

者急也，非強之也，非急之也，非剛之也，非柔之也，言
无所稱焉也。「此之謂者」，言仁義之和也。

「經」文本有其意，「說」文依「經」詮說，可以理解。但自第二十一章
以下，「經」文並不以「仁」、「義」爲焦點議題，「說」文卻幾全以
「仁」、「義」解「經」。

　　第二十一章「經」文主述「君子集大成」、以及何謂「君子」？何
謂「賢」？何謂「尊賢」？王公與士「尊賢」之不同。唯中間夾雜了兩句
「大而罕者，能有取焉；小而軫者，能有取焉。」應是承上（第二十章）
的簡、匼（義、仁之質），來補充說明「君子」之治政。「說」文卻因而
逐句以「仁」、「義」爲內容，大作文章，曰：

　　「君子集大成」：……「大成」也者，金聲而玉振之也，
　　唯金聲而玉振之者，然後己仁而以人仁，己義而以人
　　義……「弗能進，各止於其里」：不藏尤（怨）害人，仁
　　之理也；不受吁嗟者，義之理也。弗能進也，則各止於其
　　里耳矣。充其不藏尤（怨）害人之心，而仁覆四海；充其
　　不受吁嗟之心，而義襄天下。仁覆四海、義襄天下而誠，
　　由其中心行之，亦君子矣。「大而罕者能有取焉」：「大
　　而罕也」，言義也，……；「小而軫」者，言仁也。……
　　「衡盧盧」也者，言其達於君子道也。能仁義而遂達於君
　　子道，謂之賢……

魏啓鵬說：「衡盧盧」即「赫矑矑」、「赫朗朗」，指「集大成」之境顯
盛光明。本「說」文明顯以仁、義之徹行爲「集大成」與「君子道」之終

境。能遍天下，滿四海地行仁義便是「君子道」的達致，也是金聲玉振的「大成」至境。這樣的說法與「經」義是不相容的。依「經」文之意，所謂「君子道」便是「天道」，「聞君子道」而「知之」，叫做「聖」，不叫「仁」或「義」；經第十七章說：

> 未嘗聞君子道謂之不聰，……聞君子道而不知其君子道也，謂之不聖；……聞而知之，聖也。……赫赫，聖也。

第十八章「經」文接著說：

> 聞君子道，聰也；聞而知之，聖也。聖人知天道。

第二章「經」文早已說過：

> 德之行，五和謂之德；四行和謂之善。善，人道也；德，天道也。

「四行」與「五行」之差，「德」之「善」之別，「天道」與「人道」之異，就在「聖」之能否達致。而「君子道」就是「天道」，是五行全備的至德之境，須賴最後「聖」之「形」成，始能臻至。只有能上臻「聖」境，始能謂知「天道」、知「君子道」，那才是「經」文作者所說，集大成的「赫赫」至境。「說」文卻以徹行仁、義為集大成之「盧盧（朗朗）」至境，二者顯然是不同的。

接著，第二十二章「經」文主說「心」役耳、目、口、鼻、手、足六官。六官之唯諾、深淺完全應命於心，一無涉及「五行」任何一行。「說」文之詮釋卻重重地增入了仁、義的內容，說耳目悅聲色，鼻口悅臭

味，手足悅佚愉：

> 心也者，悅仁義者也……有天下美聲色於此，不義則不聽弗視也；有天下之美臭味於此，不義則弗求弗食也。居而不間尊長者，不義則弗為之矣。

又將「心」與「六官」喻為「大體」與「小體」，從而解釋「和則同，同則善」曰：

> 和也者，小體戀戀然不 逆 於心也。和於仁義，仁義心同者，與心若一也，□約也，同於仁。仁義，心也，同則善耳。

這「大體」、「小體」之說，與「仁」、「義」對舉或連稱，都是孟子的說法。〈告子上〉以「心之官」能「思」，為「大體」；「耳目之官」不「思」，為「小體」。《孟子》學說雖以「義」為主、為稱，實則獨稱「義」者僅6例，遠不如居首之獨稱「仁」27例。《孟子》言「義」，多結合「仁」或「禮」為說。七篇之中，「仁」、「義」連稱或並舉者高達23例以上，「禮」、「義」並舉或連稱者也在9例以上。這第二十二章「說」文的仁、義之論，完全是「說」文作者援孟子的思維以增入，故以「仁」、「義」為「心」的內容。「經」文之「和」本有「四行和」和「五行和」的不同，「五行和」稱「德」，「四行和」稱「善」。「德」是「天道」，「善」是「人道」。並無所謂「和於仁義」。「和於仁義」只是二行和，如何稱得上「同」與「善」？換言之，依「經」文，「人道」、「善」的整體內容至少是仁、義、禮、智四行並形才算，「說」文卻一下子以能徹行仁、義為「君子道」、為「天道」，為「德」，一下子

又以仁、義爲「人道」、爲「善」。這樣的思維，似以仁、義爲至高，亦即「君子道」的全部內容，既無視於聖、智、禮，也無所謂天道與人道之分，德與善之別。以下數章也大致如此。

我們續看「經」文第二十三章「目而知之，謂之進之」，「說」文解釋說：

> 弗目也，目則知之矣，知之則進耳。目之也者，比之也。……循草木之性則有生焉，而無好惡；循禽獸之性，則有好惡焉，而無禮義焉；循人之性，則巍然知其好仁義也。不循其所以受命也，循之則得之矣，是目之已。故目萬物之性而□□獨有仁義也，進耳。「文王在上，於昭於天」此之謂也。」文王源耳目之性而知其好聲色也。「天監在下，有命既雜」者也，天之監下也，雜命焉耳。源心之性則巍然知其好仁、義也，故執之而弗失，親之而弗離，故卓然見於天，箸於天下，無他焉，目也。故目人體而知其莫貴於仁義也，進耳。

「草木之性」、「禽獸之性」……等等譬說，同見於《荀子‧王制》。但〈王制〉原本所說人異於禽獸之性是「義」（其實指「禮義」），而不是「仁義」，這裏也是先循荀意，說的是「禮義」，但接著便直接以「仁義」抽換「禮義」，一貫而下地論說。原「經」文並無「天監在下，有命既雜」兩句；「文王在上，於昭於天」，「經」文原置於第十九章「有德則邦家興」之後，此章「說」文與「經」文搭合並不密切，卻因此而增生出許多仁、義之論。雖然理序與思維都有些突兀、不合調，總地看來，應是說「好仁、義」是人「心」、「性」，能「目（侔）」得此理，推知此

理，便是「進」道了。經過「說」文這一詮釋，「仁、義」儼然成了「五行」的主體，這與「經」文差異甚大。

　　再看第二十四節「經」文「譬而知之，謂之進之」，這章簡帛本「經」文與第二十五章「喻而知之，謂之進之」對調。「說」文隨「經」以解，雖只此一句，也是舉仁、義以爲說，曰：

> 「譬而知之，謂之進之。」弗譬也，譬則知之矣，知之則進耳。譬丘之與山也，丘之所以不□名山者，不積也。舜有仁，我亦有仁，而不如舜之仁，不積也；舜有義，而我亦有義，而不如舜之義，不積也。譬比之而知吾所以不如舜，進耳。

此處「目而知之」、「譬而知之」，似乎只是作者所最熟悉、順用的語詞與材料，順手取來作譬而已，並沒有什麼特別推崇的義涵。

　　至釋第二十五章「經」文「喻而知之，謂之進之」，「說」文則歸於「禮」，它說：

> 喻之者，自所小好喻乎所大好。「窈窕淑女，寤寐求之」，思色也；「求之弗得，寤寐思伏」，言其急也；「悠哉悠哉，輾轉反側」，言其甚□□。□如此其甚也。交諸父母之側，爲諸？則有死弗爲之矣；交諸兄弟之側，亦弗爲也；交諸邦人之側，亦弗爲也。……畏父兄，其殺長人，禮也。由色喻於禮，進耳。

舉〈關雎〉這樣優雅的例子，卻作這樣粗糙的詮解以說明「禮」，「說」

文不但破壞了〈關雎〉原詩的美好情味，離整體「經」文嚴謹圓滿而有深度的義理亦遠。

　　「經」文這「目而知之」、「譬而知之」、「喻而知之」原本應是承上，言進德之事可經由目、譬、喻而知之、進之，是總括仁、義、禮、智、聖「五行」而說的。但「說」文之解釋卻以「仁」、「義」爲例，去詮釋「目而知之」、「譬而知之」，主說的是「仁」、「義」；又以「禮」爲例，去詮釋「喻而知之」，主說的是「禮」，「聖」、「智」都不見有「說」。最後第二十八章再因順「經」文，以仁、義、禮、樂、德總結全文，卻幾乎只是增字爲解，並無發揮。

　　從第二十至二十八章看來，自第二十章因順「經」意，解說「仁」、「義」之後，第二十一至二十五章「經」文明是整體性地說，「說」文作者卻都以「仁」、「義」爲解，充滿規定意味地增入了「仁、義」。其所謂的「仁、義」，也缺少「經」文原本由精、長、輕的憂、思，經由悅→安→樂等過程，逐漸培成出來的深重「德」味，而呈現出一種近乎教條的氣質。第二十六章才說「禮」，對「聖」、「智」仍沒交代。這樣的詮釋，其實並不顧慮整體「經」文的原意與脈絡，卻隨處散見著《孟子》的用辭與材料。若配合著第十至十二與十八、十九章的以「氣」釋仁、義、禮看來，這〈五行〉「說」文其實眞的是隨處充滿著《孟子》學說的殘跡，卻遠不如《孟子》之閎思與條理，或是孟派後學之作。

　　總之，從「經」文原本完整而周密的結構看來，它強調「德之行」與「行」，再三反覆論述「德」與「善」、「天道」與「人道」、「心」之「憂」與「思」對成德的重要，幾次相當均勻地分別闡述仁、義、禮、智、聖諸行的特質與或成德過程，而特崇「聖」、「智」。「說」文則不然，其對前5章重「聖」、「智」之「經」文無「說」，或是思想上的偏倚；而從有「說」的二十三章看來，也較少看到對「聖」、「智」的論述，卻遍佈著對仁、義、禮，尤其是仁、義的述說；又以仁、義、禮三

行之發動爲一種「氣」，其述說且不精采，整體表現出諸多形似於《孟子》，卻又遠不如《孟子》的情況，應是孟子後學所作。

（本篇原刊於武漢大學簡帛研究中心主辦《簡帛》第六輯（抽印本），上海：上海古籍出版社，2011年11月。）

陸、從郭店儒簡看孔孟間禮、義之因承與轉變

　　郭店儒簡，一般推斷爲孔子之後迄於孟子之前的儒家學者，如七十子之徒及其門人所作。內中思想理論反映了由孔子到孟子之間，尤其是《韓非子・顯學》所稱「儒分爲八」之後，儒學傳衍、漉嬗與演變之一斑[111]。唯各家所討論，大多集中於〈五行〉與〈性自命出〉兩篇。今試以儒學中另一重要議題－「禮」、「義」爲例，探看其在郭店儒簡中的內涵，及其與論、孟理論間之因革、異同，以了解其在春秋晚期以迄戰國中期間的演變狀況。[112]

一、《論語》中的禮、義

　　孔子學說以「仁」爲核心，也崇「禮」而重「義」。有關「仁」的論述，在《論語》中佔了最大的比重，「禮」與「義」的推闡也有相當的

---

[111] 可參看李學勤：〈郭店楚簡與儒家經籍〉，收入《中國哲學》編輯部，國際儒聯學術委員會編：《郭店楚簡研究》（瀋陽：遼寧教育出版社，1999年），頁18–21，暨其它許多相關於郭店儒簡與思孟學派關係的討論文章。

[112] 此下所論引郭店竹簡引文基本上依荊門市博物館：《郭店楚墓竹簡》（北京：文物出版社，1998年）之釋文爲依據，其有不同者，另注標出。

份量。「仁」、「義」與「禮」在《論語》中關係相當密切,「仁」與「禮」尤見一體相合。

作為周文核心課體的「禮」,內涵相當豐富。在充滿宗教神秘的上古社會中,它應該是源起於初樸的宗教生活與風俗習慣。從孔子所說,夏、商、周三代之禮彼此間的因革損益可以察知的論述中(詳《論語‧八佾》、〈為政〉),我們可以清楚知道,它早在夏、商兩代就已經發展成為有特質,且有一定成熟度的文化了。迨至周定天下,周公制禮作樂,更正式地將它規劃處理,使之成為治天下的總綱與定制,或群體生活的總則,由中央全面加以推動,終而成為周文化的主體內涵,甚至是周以後幾千年中華文化最明顯的標記。期間最關鍵的人物與事件便是以孔子為首的儒家學者群長期的推闡與傳揚。

做為王室禮樂制作人的周公封於魯,不論是先天上基於傳揚周文化無可旁貸的職責,還是事實上難能避免的必然,周公對其封地─魯的治理,大致依循周室的步轍,走的禮樂文教的路線。魯文化是周文化的縮影,卻更精緻。孔子生於魯,又以周公為心儀之典範,其所開創之儒學,「祖述堯舜,憲章文武」,崇奉周公所創制「郁郁乎文哉」的禮樂文化,並加以改良、發揚,使之不但是宗教性儀則、群體生活的規範,更內化成為人類心靈的道德軌則。從此,因著儒學在中國思想、文化史上主體地位的確立,「禮樂」便成了中華文化的標記。在先秦東周晚期如火如荼展開的諸子哲學活動中,對於周公以來推行了四、五百年,已近乎崩盤的禮樂文化,儒家是唯一接納,從而加以改造的。

因著對周文化、魯文化的重視與因承,《論語》中所見,孔子論「禮」之內容不少。從這些理論中,我們可以清楚看到,「禮」是如何地由初民社會的宗教性功能、治天下的總綱,向內深化成為士君子立身行事的道德準則。

(一)禮以爲政

　　自周公制禮作樂，奠定周文化的丕基開始，「禮」便由初民社會時代，廣泛、零散的風俗習慣與宗教節目，被規畫性地處理，除了保留一定的宗教儀式功能外，開始上升成爲治天下的總綱與定制，或全民生活的總則。《論語》中所呈現，孔子口中的「禮」，有不少屬這一義涵，〈衛靈公〉說：

　　　　孔子曰：「天下有道，則禮樂征伐自天子出；天下無道，
　　　　則禮樂征伐自諸侯出。」

「禮樂」與「征伐」同被列爲政治要項，一文一武，涵蓋了天子之政的主要內容。〈子路〉也說：

　　　　名不正則言不順，言不順則事不成，事不成則禮樂不興，
　　　　禮樂不興則刑罰不中，刑罰不中則民無所措手足。

「禮樂」不但是治政的要項，而且是「刑罰」的前提。在儒家德化政治的主張下，「禮樂」是推行教化的主要工具，「刑罰」則代表政令的執行。禮樂教化的順利推行，是政令推動的前提與保證。〈先進〉說：「爲國以禮」，「禮」不論在周文或儒學中，都是治國的總綱。而「禮」做爲教化的媒介，通常是以人文節目的定制、尊卑次序的規範，或生活的儀節來呈現的。〈八佾〉所載子貢所欲去，孔子所惜愛的那個「告朔之餼羊」的禮，便是一種人文節目的定制。〈子罕〉所載，「麻冕，禮也」、「拜下，禮也」的「禮」，指的也是一種定制。〈八佾〉載孔子譏刺管仲有「三歸」、「反坫」、「樹塞門」，不知「禮」，正是說他逾越了應守的定制與規範。〈雍也〉說：「君子博學以文，約之以禮」，〈學而〉載有

子說：

> 禮之用，和為貴……知和而和，不以禮節之，亦不可行
> 也。

所說的「禮」，都是泛指種種人文定制與規範，及其所形成的生活軌則。
這些內涵的「禮」，是周公制作的成果在周代政治社會、文化各層面的展
現。這些層面內涵的「禮」義，在孔子看來是不夠的，因為它們到了孔子
的春秋時代，已經千瘡百孔，難以撐持。孔子追索其因，發現關鍵在它的
整體架構缺乏軟體性的精神生命，因此當東周中晚期，貴族的生命腐化，
無以撐持時，它們便產生崩解。孔子因此將它們重新改造，為它們灌注了
軟體生命，大事推闡「禮」的精神內質，讓它本身有了可以自我撐持的主
體。「禮」從此不但是周、魯文化的核心主體，也是儒學道德教化的總內
容，

(二)仁、義入禮

〈陽貨〉說：

> 禮云，禮云，玉帛云乎哉？樂云，樂云，鐘鼓云乎哉？

孔子認為，「禮樂」之可貴不在其器、其文、其音，而在其情，情才是
「禮樂」的生命，禮樂需有內在情質，才能動人，發揮其應有之功效。子
夏由孔子的「繪事後素」中體悟「禮後」的道理（〈八佾〉），說明了
「素」質更為「禮」的前提。其所謂「素」是什麼？孔子說，是「仁」，
〈八佾〉說：

人而不仁，如禮何？人而不仁，如樂何？

「仁」是「禮」最樸素的內在本質，沒有了活脫脫的眞摯之心做爲內在本質，禮便失去了撐持的生命，只剩了軀殼，有了內在軟體，其場面的盛大、節文的繁縟與否，其實是無關緊要的；〈八佾〉說：

> 林放問禮之本。子曰：「大哉問！禮，與其奢也，寧儉；喪，與其易也，寧戚。」

「禮」之本是「仁」，「仁」既是一種知所節制的心靈狀態（儉），也是一種由衷發抒的眞摯之情（戚）。〈先進〉說：

> 先進於禮樂，野人也。後進於禮樂，君子也。如用之，則吾從先進。

在前人「質勝文」與後人「文勝質」不同的「禮樂」推行中，孔子選擇了前者，基本上就是認清素樸的內質更爲禮之根源。

　　不過，「禮」的內質卻不只有「仁」，「仁」之外還有「義」：〈衛靈公〉說：「君子義以爲質，禮以行之。」「義」也是「禮」的核心內質。「義」是一種知分寸的理性，有了這種理性，「禮」的功能表現才能恰當無失，「禮」也才堪做爲一切人文節目的總綱；〈泰伯〉引孔子之言：

> 恭而無禮則勞，愼而無禮則葸，勇而無禮則亂，直而無禮則絞。

「禮」所以能使恭、愼、勇、直諸德的功能準確無偏失地發揮出來，就在它以「義」爲質，內在有著能精確掌握分寸的理性。仁與義的注入，是孔子對周「禮」最大的改造與提昇。

㈢仁、禮一體

唯孔子的學說以「仁」爲核心，故《論語》言「仁」者遠較「義」爲多。「仁」較「義」更爲「禮」的核心，「仁」與「禮」在孔子心目中是一體的。因此，當最優秀的弟子顏回向孔子問他所最重視的議題——「仁」的實踐時，孔子的答覆也是「禮」。〈顏淵〉說：

> 顏淵問仁。子曰：「克己復禮爲仁，一日克己復禮，……」顏淵曰：「請問其目」，子曰：「非禮勿視，非禮勿聽，非禮勿言，非禮勿動。」

「禮」固然以「仁」爲核心內質，「仁」德的培成，同樣以「禮」的實踐爲內容，需賴「禮」圓滿無缺地完成，始克達至。總之，仁、禮一體，行仁的目的在踐禮，彼此之間關係是很緊密的。

㈣君子尚義

相較於「仁」，孔子雖然也以「義」爲「禮」之內質，卻不如「仁」之緊密，推闡篇幅亦不如「仁」之廣大而豐富。《論語》中所見對「義」之論述，很簡明，幾乎都是做爲「君子」立身行事之德，孔子說：

> 君子之於天下也，無適也，無莫也，義與之比。（〈里仁〉）
> 君子喻於義，小人喻於利。（〈里仁〉）

> 子產有君子之道四焉……其使民也義……。（〈公冶
> 長〉）
>
> 君子義以為質，禮以行之。（〈衛靈公〉）
>
> 君子義以為上，君子有勇而無義為亂，小人有勇而無義以
> 為盜。（〈陽貨〉）

〈子張〉也載子張論「士」，以「見得思義」為「士」之重要情操。又罵小人「群居終日，言不及義。」在《論語》所見12例對「義」的論述中，至少就有上述7例是與「君子」、「小人」之區判緊密相連，以做為士君子立身行事的基本條件。孔子以「君子」自勉自勵，亦曰：「不義而富且貴，於我如浮雲」，「聞義不能徙……是吾憂也。」、「主忠信，徙義，崇德也。」可以說，「義」在孔子心目中，主要是用來作為士君子立身行事之基本情操，以與「小人」區隔。其作為「禮」之內在本質者，只有前述兩例。禮、義關係在孔子學說中不如禮、仁緊密。

「禮」的核心內質除了仁、義之外，〈八佾〉說：

> 居上不寬，為禮不敬，臨喪不哀，吾何以觀之哉？能以禮
> 讓為國乎？何有；不能以禮讓國，如禮何？

「敬」、「讓」也是「禮」的核心內質。為禮不能敬，行禮不能讓，「禮」便成徒具的虛文，故朱注：「讓者，禮之實也。」

因著這些仁、義、敬、讓等內質的強調與注入，「禮」從此不再只是外在的儀則、定制與軌範，「禮」本身的體質開始產生變化，逐漸深入、內化為一種內外兼治之「德」，〈學而〉引有子曰：

> 信近於義，言可復也；恭近於禮，遠恥辱也……。

「信」和「恭」都是處事的態度和情操，「義」和「禮」是這兩種情操的終境與標竿，可見「禮」和「義」一樣，成了一種德境。〈衛靈公〉又說：

> 知及之，仁能守之，莊以涖之，動之不以禮，未善也。

知、仁、莊是美善的能力、操持或態度，三美具備，其關鍵性的臨門之舉，還需仰賴「禮」來完成。這樣的「禮」，不論內容或層次，較之知、仁、莊、恭、信都要來得廣闊而高遠，「禮」在孔子心目中的地位與份量可知矣。

　　總之，從《論語》看來，「仁」與「禮」是孔子學說的重心，它們二者之間關係是很密切的。孔子遠紹周公，將周文中最重要的「禮」，作了關鍵性的改造，他一方面承繼周文中以禮樂為治政總綱、宗教儀節、社會規範、生活準則等的廣大內涵與功能，另一方面將之深入推闡，注入了仁、義、敬、讓等道德生命，使之成為一種內外如一，質文相符的道德軌則，而為諸德之目的與歸趨。從此「仁」、「禮」一體，「禮」以「仁」為核心生命，而行「仁」、踐「仁」的目的，就在展現一個合「禮」的美好群體與社會。「義」雖然也被納入「禮」中，和「仁」一樣，做為「禮」的核心內涵，在《論語》中卻不如「仁」一般，得到較大的重視推闡，孔子學說還是重「仁」的。然而，這種情況到了郭店儒簡，卻有了轉變。

二、郭店儒簡中的禮、義

　　郭店儒簡上承孔子的禮觀，不但以禮為治政的總綱，尤其強調禮之內質，而有深入細膩、精彩豐富的推闡。它們一方面轉化孔子側重「仁」為「禮」質的觀點，而轉向「義」，使由孔子的仁、禮結合變成義、禮結

合，加重了對「義」的端抬與推闡。同時根源性地由「性」、「情」起論，下開孟子重「義」的道德論與四端心性論說的根源。

㈠治民復禮

〈尊德義〉說：

> 尊仁、親忠、敬莊、歸禮。
> 君民者，治民復禮，……為邦而不以禮，猶人之亡從也。
> 非禮而民兌，此小人矣。

「禮」不但是立身修德的終趨，也是爲君治政的極則。這是周文以「禮」爲治政總綱觀點的延續，也是孔子「禮讓爲國」觀點的繼承。〈尊德義〉又說：

> 率民向方者，唯德可；……德者且莫大乎禮樂。

禮樂之教的普遍推展，是人君率民治政最大的德澤。〈尊德義〉清楚點明了最成功有效的政治是德化政治，而德化政治是要靠禮樂來完成的。這其實是孔子「道之以德，齊之以禮」（《論語‧爲政》）的另類表述。〈六德〉也說：

> 作禮樂，制刑法，教此民爾，使之有向也，非聖智莫之能也。

同樣以禮樂、刑法爲「率民向方」的兩大要項，而禮樂更在刑法之前，德先於刑，文高於武，這是儒學一向的堅持。

　　不過，相較於《論語》的仁、禮緊密結合，〈六德〉的作者，卻將「禮樂」與「聖智」結合，而非「仁義」。又把「仁、義」兩德的功能配置爲「親父子、和大臣、歸四鄰」，以與「聖、智」、「忠、信」四德區分，且說：

　　　　仁，內也；義，外也；禮樂，共也。

按照〈六德〉的說法，夫婦、父子、君臣稱做人倫「六位」，這「六位」不但各有其職—夫率、婦從、父教、子孝、君使、臣事，謂之「六職」，亦各有其德—夫聖、婦信、父智、子仁、君義、臣忠，謂之「六德」。這「六位」、「六德」之配置且是以血緣爲據，而有內、外之分的。有血緣關係的父、子，與雖無血緣卻絕對爲主、爲尊的「夫」是「內」位，無血緣關係的君、臣、婦是「外」位，其相應之德，也就隨之而區分爲內、外了。「仁」德既配內位的「子」，自居「內」；「義」德既配外位的「君」，自屬「外」，而「禮樂」所以一人倫、合內外、敦教化，故曰「共也」。〈六德〉全篇講的就是「禮」對人倫的嚴密規範與區分，故若依〈六德〉的義理思維，此內、外、共之說應作如是解。

㈡禮始於情，終於義

　　和孔子強調「禮」的內質相應，郭店儒簡也重視「禮」的根源。「禮」的根源是什麼？〈性自命出〉說是「情」。「禮」發乎人情，因著人情之所需，「禮」的興立才能發揮其功能。〈語叢一〉說：「禮因人之情而爲之」，〈語叢二〉說：「禮生於情」，〈性自命出〉說：「禮作於情」，孔子所說的「仁」，基本上也是一種發乎自然之「情」。〈性自命出〉又說：

> 道始於情……，始者近情，終者近義。知情者能出之，知
> 義者能入之。

「道」以「情」爲始，以「義」爲終，這個「道」是「人道」。〈性自命
出〉說：「道四術，唯人道爲可道也，其餘三術者，道之而已。」整篇
〈性自命出〉講的都是「人道」，這個「人道」就是「禮」。因爲〈性自
命出〉既說「道始於情」，又說「禮作於情」，「道」當然指的「禮」。
〈性自命出〉又說：「養性者，習也；長性者，道也。」全篇講的其實
就是士君子該如何透過各種學習陶鑄，去復返於「禮」的過程。「道」
以「情」爲始，以「義」爲終，就是「禮」以「情」爲始，以「義」爲
終，「義」是「道」的極致，也是「禮」的極致，必得合「義」，才圓滿
了「禮」。「義」和「禮」在〈性自命出〉中緊密結合起來，轉換了《論
語》中的「仁」、「禮」關係。〈性自命出〉說：

> 禮作於情，或興之也，當事因方而制之，其先後之舍，則
> 義道也，或舍為之節，則文也。至容貌，所以文節也。

「禮」以「義道」之制先後爲主要依據，因爲「禮」重分際、分寸、等
差、秩序，要求形式完美、分寸合理合度，規矩次序一絲不苟，故以
「義」爲依據。〈性自命出〉說：

> 拜，所以□□□，其□取也。幣帛，所以為信與徵。其
> 治，義道也。

拜和幣帛都是「禮」的相關項目，治「禮」之事要合乎「義道」。〈性自
命出〉又說：

> 君子美其情，貴其義，善其節，好其容，樂其道，悅其教，是以敬焉。

由發乎「情」到合於「義」的過程，就是一個對「性」完整的陶塑培養過程，也是一個完整的「禮」的實踐過程。

> 君子執志必有夫注注之心，出言必有夫柬柬之信，賓客之禮必有夫齊齊之容，祭祀之禮必有夫齊齊之敬，居喪必有夫戀戀之哀。（〈性自命出〉）

必得內在禮情與外在禮文、禮容的圓滿統一，才是君子培情養性的終極目的。〈性自命出〉的作者對於孔子以來的「禮」，作了這樣的發揮。

㈢「禮」的德化與「仁」內「義」外

相較於〈性自命出〉之將「禮」推崇爲陶情塑性之「道」，將「義」推崇爲「德」與「善」之極致，〈五行〉卻德化了「禮」。「仁」、「義」與「禮」在〈五行〉中，不再似《論語》中互爲內質的緊密關係，而是並列的平行關係。相較於〈尊德義〉之絕對外王，與〈性自命出〉之陶情塑性以成教，〈五行〉的「禮」和其他仁、義、智、聖一樣，向內深入。〈五行〉說：

> 仁形於內謂之德之行，不形於內謂之行；義形於內謂之德之行，不形於內謂之行；禮形於內謂之德之行，不形於內謂之行；智形於內謂之德之行，不形於內謂之行；聖形於內謂之德之行，不形於內謂之行。

仁、義、禮、智、聖都是「德」，「禮」和其他四行一樣，必須「形於內」，始成其德，否則仍只是一種行為動作，不足以稱德。〈五行〉對這五德的內容與質性一再作了反覆的描述，它說：

> 聞君子道，聰也；聞而知之，聖也；……知而行之，義也。……見賢人，明也；見而知之，智也；知而安之，仁也；安而敬之，禮也。

> 以其中心與人交，悅也；中心悅焉遷於兄弟，戚也；戚而信之，親也；親而篤之，愛也。愛父，其繼愛人，仁也。中心辯然而正行之，直也；直而遂之，迣也；迣而不畏強禦，果也。不以小道陵大道，柬也；又大罪而大誅之，行也；貴貴，其等尊賢，義也。以其外心與人交，遠也；遠而莊之，敬也；敬而不懈，嚴也；嚴而畏之，尊也；尊而不驕，恭也；恭而博交，禮也。

每一德的培成，都有一個逐漸積養累進的過程，由輕而重，由小而大，依其各自不同的質性，積漸以成。「仁」之發端是由衷的悅愛，由悅而親，而戚，而仁。「義」之發端是中心了然的正直，由正直而強毅、果敢、清明，終以合義。「禮」的起點是一顆保持距離的分寸之心，心生分寸因不膩，從而產生莊重、尊敬，端肅不苟，因以成禮。因此，「仁」的質性，悅愛溫親；「義」的質性，正直強毅，明辨果行；「禮」的質性，莊重不苟，端肅恭敬。從此，周公孔子以來，意涵宏博、堂皇大氣，作為外王總綱的「禮」，有了明顯的轉變，成了須縣長培育，始能成就的「德」。它是士君子立身行道的五德之一，其列位尚在仁、義或聖、智之後。從〈五

行〉中，我們明顯看到這樣的轉變。

值得注意的是，在〈五行〉全文闡論成德過程中，最為細膩深入的殷「憂」啓德，與深「思」成德兩大段論述中，前者只論及「聖」與「智」，後者則有「仁之思……」、「智之思……」、「聖之思……」，都不及「禮」與「義」。這是否意味著，聖、智、仁三德的源生與修成，較諸禮、義兩德更為由中由內？若果如此，則「禮」儘管在〈五行〉中被德化，其作為規範、軌則之「外」義，並沒退盡，而「仁內義外」的觀點亦隱然而有。

從郭店儒簡整體看來，各篇作者或非一人，其「仁內義外」的觀點卻相當一致。較之孔子，郭店儒簡的作者們對於「德」的內在質性，有了嚴密的析分。〈語叢一〉說：

> 仁生於人，義生於道，或生於內，或生於外。

顯然「義」是與「仁」相對，且被界定為「外」的。〈語叢一〉又說：

> 天生百物，人為貴；人之道也，或由中出，或由外入：由中出者，仁、忠、信；由（外入者，……）。

〈六德〉也說：

> 仁，內也；義，外也。

〈語叢一〉的「仁內義外」之分，和〈六德〉依血親人倫配屬的「仁內義外」應該不一樣。其依據不是血緣、親門，而是人心的主體性。故其內、外之配分，不盡與〈六德〉的「六位」、「六德」相應。在〈語叢〉中，

「仁」被界定爲由人自身主動興發，故曰「內」。「義」則被界定爲來自外在客觀理則與規律，故曰「外」。但是，它們卻作了「仁內義外」的相同表述。可能這樣的觀點在孔子之後、孟子之前的郭店儒簡時期，一直被普遍認定與傳揚。直至孟子，才透過與告子等等人的論辯，極力扭轉爲仁、義皆內。郭店儒簡的「仁內義外」論點，應該是這一時期相當有代表性的觀點呈現，故一再被提及。

㈣「義」的提昇與強化──「義」爲善蘊

值得注意的是，不論〈尊德義〉、〈性自命出〉，還是〈語叢〉，「禮」都不再和「仁」有特殊密切關係。取而代之的，反倒是「義」的重要性被提昇且強化了。除了〈性自命出〉以「義」爲「道」與「禮」之極致外，〈語叢三〉說：「義，德之盡也」、「義，善之方也。」〈性自命出〉說：

> 厲性者，義也……義也者，群善之蘊也。

「義」不再只是君子立身行事之則，它成了「德」的極致，衆「善」的表徵，儼然取代了孔子心目中「仁」的地位，在郭店儒簡中一再地被凸出推揚，一如「仁」在《論語》中一般。這以後到了《孟子》，「義」更得到了前所未有的推闡，成了其道德哲學的核心。

三、《孟子》中的禮、義

孟子上承孔子的道德思想，卻強化了「義」的內涵與功能。在《孟子》七篇中，相關於「仁」之論述高達50處左右，其中「仁」、「義」並論或連稱者高達20幾處，可見孟子基本上還是崇仁尙義的。唯較之孔子，「義」與「禮」的關係更爲緊密。

(一)人文事物的定制與規範

　　繼郭店儒簡之後，《孟子》上承孔子以來的儒學觀點，「禮」有數義：或以指周文之定制與規範，所謂「生事之以禮，死葬之以禮，祭之以禮」、「三年之喪，齊疏之服，飦粥之食，自天子達於庶人，三代共之」（〈滕文公上〉）、「男女授受不親」（〈離婁上〉）、「朝廷不歷位而相與言，不踰階而相揖也」（〈離婁下〉）、「諸侯失國，而後託於諸侯」（〈萬章下〉）、「庶人不傳質爲臣，不敢見於諸侯」（〈萬章下〉）等皆是。或以指群體蔚成的俗尚，所謂「觀其禮而知其政」（〈公孫丑上〉），或以泛指當循守的矩度與規範，〈離婁上〉所謂「上無禮，下無學…喪無日矣」，〈盡心上〉所謂「食之以時，用之以禮」等皆是。

　　然而，沿承孔子以迄郭店儒簡以來，「禮」的德化，《孟子》中的情況愈加明確。郭店〈五行〉有仁、義、禮、智、聖五行，並以「聖」爲上通天道，金聲玉振，集大成之至德。《孟子》亦有仁、義、禮、智四端之說，亦敷論金聲玉振、集大成之成德盛況。郭店〈性自命出〉以禮、義陶鑄情性，以「禮」爲人道之內容，又崇「義」，以爲「禮」之極盡。《孟子》亦有心性之論，而以集「義」所培成的「浩然正氣」爲道德充養、推擴之極致，終推崇「義」以爲功能廣大、溥天瀰地、不可抑遏之至德。

(二)由五行到四端

　　郭店竹簡〈五行〉不但將士君子立身行道之德分爲仁、義、禮、智、聖五類，對於這五德的形成又作了嚴格的界定：

　　1.德須「形於內」始成其德，舉凡不能「形於內」者，只是「行」，不是「德」。

　　2.德須由中憂思，安而樂之，始成其德。

　　3.「聖」集五德之大成，上通天道，是「德」之極致；其餘四德是「人道」之「善」的完成。

這些界定清楚揭示了：

　　1.德與心關係密切。

　　2.德重內在自覺。

　　3.聖在五德中地位特殊而崇高。

　　4.「天道」之德與「人道」之善有別。

在竹簡〈五行〉中，「聖」的地位特殊而優越，高於其餘四行，而爲「五行」之所合。在《孟子》中，「聖」因地位崇高而被提除，以仁、義、禮、智爲人性的基本內容，有所謂「四端」之說。這「四端」並極其根源性地被界定爲人人內在本具，不假外爍，以保證修德基本能力之普遍存在。其次，在竹簡〈五行〉中，仁、義、禮、智、聖五行有「形於內」與否的不必然性，其中的仁、智、聖三德又須有殷憂以啓、由中發思的綿長培養過程，與安樂的穩定狀況，始能培成；《孟子》也說，仁、義、禮、智只是人善性的「端」，充滿不穩定性，有待長期充養。郭店〈五行〉說，四行合，只達「人道」之「善」；五行合，始達「天道」之「德」。《孟子》亦言，人充養四端，擴其善性，可以上達天德，所謂盡心知性可以知天。儘管有關〈五行〉的作者是否爲子思一系儒者，仍有不同聲音，我們也不確知作者與孟子在學術上確切的關係如何，但從理論內容的解析中，我們確實可以得到如上所述的相應性。

　　此外，和竹簡〈五行〉相當一致地，在《孟子》中，除了相關於「四端」的討論之外，仁、義、禮、智也經常相提並論。〈公孫丑上〉說：「不仁、不智、無禮、無義，人役也。」〈盡心上〉說：「仁、義、禮、智根於心」，〈離婁上〉說：「愛人不親，反其仁；治者不治，反其智；禮人不答，反其敬」，〈盡心下〉說：

　　　　仁之於父子也，義之於君臣也，禮之於賓主也，知之於賢
　　　　者也，聖人之於天道也，命也；有性焉，君子不謂命也。

則不但五德並列，並以「聖」爲可以上契天道，和「五行」之說相合，而且以「仁」配父子，「義」配君臣，和郭店〈六德〉子「仁」、君「義」的德配也相合。《孟子》與郭店諸多儒簡間的相應關係，應該可以從思想流變的角度來加以詮釋。

(三)「禮義」連用，「義」非外爍

在郭店〈性自命出〉中我們看到了禮、義的密切關係，「禮」（亦即「道」）的完成，以「義」爲終盡，「禮」的實踐以「義」爲制。在竹簡〈五行〉中，更可以清楚看到作者刻意區分仁、智、聖三德與禮、義兩德，並且只論述前三德之憂思成德過程，其外「禮」、「義」之意圖相當明顯。到了《孟子》，則不但將禮、義緊密相連，說：

> 夫義，路也；禮，門也。唯君子能由是路，出入是門也。（〈告子上〉）

甚至一再將禮、義連稱，以泛指士君子立身行事的道德規範；說：

> 無禮義，則上下亂。（〈盡心下〉）

> 言非禮義，謂之自暴也。（〈離婁上〉）

> 萬鍾則不辨禮義而受之，萬鍾於我何加焉。（〈告子上〉）

而「四端」既被界定爲天生本具之潛能，孟子當然必須將它們規定爲由內興發，非由外爍，在〈告子上〉中因此有了對告子與答公都子的「義

內」之辯。而從郭店儒簡各篇屢言「仁內義外」，與〈五行〉不論簡帛本皆不載「義之思…」與「禮之思…」，殷憂啓德，安樂成德的細膩過程看來，告子的「仁內義外」說或許非僅一人之見，孟子的「義內」駁辯也應有較廣大的針對性。我們不知道和「義」連稱並用的「禮」，在孟子心目中是否也因爲「我固有之，弗思已」，「思則得之，不思則不得」，「求則得之，舍則失之」（皆詳〈告子上〉）完全操之在己，而一併歸屬爲「內」？孟子亦無相關論辯。然而，「義」卻得到特別的維護與推崇。

(四)集「義」養「氣」以成德

或許是踔厲風發，飆越飛揚的個性使然，孟子雖以仁、義、禮、智四者爲善性之端、成德之基，事實上，養氣治心、臻聖成德皆以「義」爲核心。

郭店簡本〈五行〉原本有〈經〉無〈說〉，馬王堆帛書〈五行〉則不但有簡本原有的〈經〉文，從第五節（亦即〈經〉文「不仁，思不能清」以下各節）又多出了許多簡本所沒有的〈說〉文。[113]在第十、十一、十二三節，與第十八、十九兩節〈說〉文中，皆以「氣」釋仁、義、禮，而有所謂「仁之氣」、「義之氣」、「禮之氣」，此其一。其次，第十四至十六節三節，以及末後的9節（第二十至二十八各節）共十二節，幾全以「仁」、「義」爲說，偏重仁、義，此其二。

因爲馬王堆三號墓的下葬時間在西漢文帝時期，我們不知道〈五行〉〈說〉文的形成是在《孟子》之前或之後？但這些情況和〈經〉文原本較崇聖、智、仁，以金聲玉振的大成之境爲「聖」之至境很不相同，而

---

113 帛書〈五行〉通抄在絹帛上，原無簡序問題，龐樸將之分為28節，本文〈五行〉分節通依龐說。參見龐樸：《帛書〈五行〉篇校注及研究》（臺北：萬卷樓圖書有限公司，2000年），頁93。

和《孟子》的重「義」、集「義」、養「氣」成德說很有相應性。〈說〉
文釋仁、義、禮說：

> 「不變不悅」，變也者，勉也，仁氣也，變而後能悅。
> （第十節）

> 「不直不迣」，直也者，直其中心也，義氣也，直而後能
> 迣。（第十一節）

> 「不遠不敬」，遠心也者，禮氣也，…「恭而後禮」也，
> 以有禮氣也。（第十二節）

> 「知而行之，義也」，知君子之所道而（忄殺）然行之，
> 義氣也。…「行而敬之，禮也」，既安之矣，而又愀愀然
> 而敬之者，禮氣也。（第十八節）

> 「知而安之，仁也」，知君子所道而？然安之者，仁氣
> 也。「安而行之，義也」，既安之矣，而？然行之，義氣
> 也。「行而敬之，禮也」，既行之矣，又愀愀然而敬之
> 者，禮氣也。（第十九節）

「氣」在中國哲學史上是個極其特殊的概念與意涵，它本指流衍於自然界
的生機或生理生命力。這種生機或生理生命力因著自然對萬物的賦生而賦
予了萬物，成為萬物展現生機或生命力的基元。其在人身上的，則從形骸
到精神，從生理反應到心靈活動，莫不與之息息相關。此處的「仁氣」、

「義氣」、「禮氣」，指的應該是一種潛藏著的發「德」動力。作者之意似謂，仁、義、禮三德之發啓需有一種動力。修德固然須由「中」發思，是心的作用，然「心」的作用，須有動力、動能的催作，這種動力、動能叫做「氣」。在《孟子》裡，講養性成德，尤其大用此「氣」，而特別推崇「義」氣之成德功效。

〈告子上〉說，人的心性雖有「四端」，其穩定性卻非絕對，「操則存，舍則亡」，故須時時培固充養。如何充養？就從掌握清明的「夜氣」開始。這個「夜氣」，指的應是一種午夜夢迴時分，四下無干擾之際，把心獨對的反思能力與動力。這種四下無干擾時的反思，心境最清明無雜質，是非最了然，理智朗然展現，是返性進德的最好時機。〈公孫丑上〉也說，孟施舍的養勇要領是「守氣」，把持住生理生命力，使勿衝動興發。孟子自述其養心修性是「不動心」，「持其志，毋暴其氣」，充分掌握住理性心靈，勿使其生理生命力暴發失控。因爲身與心，氣與志是一體相牽的，志專則動氣，氣專則動志。

但和帛書〈五行〉說文一樣，「氣」並非盡是生理質性、物理質性，也同時可向上提昇轉化成爲一種精神、道德生命力。得到完整的培養，便能充分展現其巨大、無以倫比，亦難以抑遏的精神力量，去踐履道德，叫做「浩然之氣」。不過在「四端」當中，孟子可能因個性使然，較爲推闡帶著強毅、果決、正直、清明質性的「義」。〈公孫丑上〉說「浩然之氣」：

> 其爲氣也，至大至剛，以直養而無害，則塞於天地之閒。其爲氣也，配義與道，無是，餒也。是集義所生者，非義襲而取之也。行有不慊於心，則餒矣，……必有事焉而勿正，心勿忘，勿助長也。

《孟子》所載相關於「仁」或「仁」、「義」並列、連稱的文例，雖高達50例左右，然其真正深入析論養性成德的，卻只選擇了「義」，以「義」之培成為例，大論其養氣成德說。

其實，《孟子》書中雖不言「義」，然所言皆「義」的文例甚多。在孟子看來，一種最頂天立地、驚天動地的不朽之德，是「義」德的高度發揚。這樣的「義」，如何能斷其為「外」？如果說，〈五行〉中的〈說〉文寫成時間與〈經〉文相去不遠，皆在《孟子》之前，則孟子之尚「氣」崇「義」觀點或許受到〈五行〉說文一類思維的啟發。但，不論說文寫成在《孟子》之前或之後，其彼此之間的關係確實相當密切。〈五行〉為思、孟學派作品應無疑慮，這同時也是一般學者的共識。

四、結論

做為周文核心內容的「禮」，在東周以後逐漸腐化殘解，以孔子為代表的儒家將之收拾整理，重新闡揚，並取以入德，成為士君子立身行事的要目。從孔子的春秋時代，經郭店儒簡撰寫時期，以迄孟子的戰國中期，其義涵與內容之沿革可得而察。

不論在記載孔子言行的《論語》，還是郭店儒簡，甚至《孟子》中，「禮」作為治國總綱、人文定制與群體生活規範的原本義涵始終存在，這是孔子憂其缺乏主體生命，取仁、義以入之，堅持一定軟體依據的結果。在《論語》中，「禮」是為政要項，也是群體生活的總綱。它以仁、義、恭、讓、敬……為內質，和「仁」一體和合，成為儒門立身行事的終境。在郭店儒簡中，它成為「人道」的總內容，被要求須有自然的根源，並與「義」緊密結合，以「義」為制，為極則。並開始因著心性學派的推闡而深度德化，與仁、義、智、聖並列為士君子需要深入培成的德目。至孟子時，更將之深入人的心性中，使成為基本的道德潛能。且因著孟子對「義」的大肆強調與推闡，而常與「義」並用或連稱。

「義」在《論語》中原為士君子立身行事的基本情操，儒家學者用

以區判君子、小人，孔子亦取以入「禮」，使成爲「禮」的主要內質，卻不及「仁」之爲眾德之最，論述之普遍。至郭店儒簡中，「義」被推崇爲人道之極則，眾善之表徵，地位大爲提高，既是一切禮文活動的總依據，也被納入士君子需要深入培成的德目。或許因著陽剛的質性，它開始被與「仁」區隔，而有內、外之分，並與較爲硬性的「禮」相結合。下至孟子，更被規定爲人類心性中基本的道德潛能之一，卻是威力最強大者，可以不斷充養培育，而產生天地間最震撼的效果。孟子用它來代表性地詮釋道德精神力量之廣大無窮。因爲它的由衷與本然，當然要被堅持爲由內而非外爍了。不過，爲了強調它無形而可以遍在的特質與功能，孟子以「氣」做爲詮解的媒介，將整個集義成德的事件推衍爲長期養氣以轉德的過程，這或許受到戰國以來氣化觀念的影響。而這類觀點，在馬王堆帛書〈五行〉中有相應的論述。

（本篇原刊於國立臺灣大學中國文學系編印《中國簡帛學國際論壇論文集》（抽印本），2011年12月。）

柒、從傳世儒典與郭店儒簡看先秦儒學的忠信之德

忠、信在先秦儒家典籍文獻中非家庭倫理道德，而是社會上人際往來的行爲準則。它從稍早作爲士君子立身行道的行爲準則，是內聖之本德，到隨著士君子由修身而治民，由內聖而外王，這種準則亦外擴而爲蒞政治民的君德，或爲官事上的臣操。各種紛歧的「忠信」意涵，我們可以從傳世儒典《論語》、《孝經》、《孟子》、《荀子》、《禮記》，以及郭店出土多篇儒簡文獻中，清楚看到這樣的狀況。

一、《論語》與《禮記》的忠信之德

「忠」字不見於甲、金文，有關其義涵根源，學者有多種說法，或以為由「敬」觀念發展而來，或以為由「孝」觀念發展而來，或以其概念比定於「中」。諸多說法，可參看佐藤將之〈國家社稷存亡之道德—春秋戰國早期「忠」和「忠信」概念之意義〉中所歸納濱口富士雄、湯淺邦弘、城山宣陽、高田眞治、李承津、童書業、王子今、陳筱芳諸人之見。[114]

不論各家意見如何，在儒學第一部文獻《論語》中，「忠」與「信」都已是絕對的人文義涵了。《論語》中忠、信並見或分見者合共20餘例，《禮記》中則有50餘例。從《論語》的20餘例看來，忠信從士君子立身行事的基本情操，外擴而為朋友相處之德，與上下相交之道。

《禮記》雖成書於西漢，然內中所記多為孔子之後、荀子之前，七十子及其門人之所作，其論述本當置於《論語》之後，《荀子》之前討論，然因其述忠、信多有與《論語》相呼應者，因取其相應者，與《論語》並論。

㈠士君子立身行事之本德

《論語·述而》說：「子以四教：文、行、忠、信。」朱熹集注引程子注曰：「教人以學文、修行而存忠信也。忠信，本也。」照程子的說法，這四教不是並列平行的，「文」指知識的學習，「行」指德行修養，這是儒門之教的兩大要項。但這兩者以忠、信為基底，架構在忠、信之上。

114 佐藤將之：〈國家社稷存亡之道德 —— 春秋戰國早期「忠」和「忠信」概念之意義〉，《清華學報》第37卷第1期（2007年6月），頁3–9。

與此相應的,《禮記‧禮器》說:

> 先王之立禮也,有本有文,忠信,禮之本也。
> 甘受和,白受采,忠信之人可以學禮。苟無忠信之人,則禮不虛道,是以得其人之為貴也。[115]

孔穎達疏曰:

> 甘為眾味之本,不偏主一味,故得受五味之和;白是五色之本,不偏主一色,故得受五色之采。以其質素,故能勻受眾味及眾采也。忠信之人可以學禮者,心致忠誠,言又信實,質素為本,不有雜行,故可以學禮也。……人若誠無忠信為本,則禮亦不須空而從人也,言雖學禮而不得也。[116]

《禮記》以「禮」為論述核心,「禮」以「忠信」為本。依孔疏,「忠信」是一種了無添加的真純本德,各類禮物、禮器、禮文、禮度之設定,悉以之為基礎。以「忠信」為「禮」之本,猶以「忠信」為學文、修行之本,缺乏這種真純的質樸之德,非惟知識、德行修習不好,一切的禮文、禮度都將成為徒具形式的空殼,顯不出任何價值與意義。如果說,「禮」

---

[115] 兩則引文依次見〔漢〕鄭玄注,〔唐〕孔穎達疏,〔唐〕陸德明音義:《禮記注疏》,景印清嘉慶二十年(1815)將西南昌學府十三經注疏本(臺北:藝文印書館,1989年),卷23〈禮器〉,頁449;卷24,頁474。
[116] 同注115,頁474。

是一切人文節目的總稱,則忠、信便是一切人文節目的基礎,〈大學〉說:

> 君子有大道,必忠信以得之,驕奢以失之。[117]

修習君子之道,心態很重要,「忠信」是其成敗的關鍵心態,〈學而〉說:

> 君子不重則不威,學則不固,主忠信……。[118]

此處一如〈述而〉的「四教」,亦以「忠信」爲學、行的基礎。〈儒行〉說:

> 儒有……懷忠信以待舉,力行以待取……不寶金玉,而忠信以為寶。儒有忠信以為甲冑,禮義以為干櫓。[119]

在這些引例中,「忠信」都作爲士君子立身行道、進德修業的本德,觀點相當一致。〈禮運〉說:

> 天子以德為車,以樂為御,諸侯以禮相與,大夫以法相序,士以信相考,百姓以睦相守。[120]

---

[117] 〔宋〕朱熹:《四書集注》(臺北:學海出版社,1989年),頁13。

[118] 同注117,頁3。

[119] 同注115,頁974–976。

[120] 同注115,頁440。

不同階段、身分的人，須有不同的道德條件，階段身分越高者，條件要求也越高，「信」是「士」階層的道德條件。〈大學〉論士君子修、齊、治、平的功夫進程，在解釋「止於至善」時說，「與國人交，止於信。」也以「信」爲社會上人際往來之德。

　　總之，在《論語》與《禮記》的部分篇章中，明顯呈現出一致的觀點：忠信以其純粹素樸的本質，被推爲士君子爲學修德、立身行道的基本情操。

㈡處友、交遊之道

　　儒門之教，從修身到齊家、治國、平天下，從內聖到外王是一貫之事。隨著士君子從修德到立身處事、外王從政，忠信之德也由內聖之基本情操外擴爲與人相交之德或統下事上之操。就立身處事而言，孔門弟子中除顏淵之外，最爲躬省愼德的，要推曾子。曾子每日頻省其身，所最戒懼謹愼、念茲在茲者，亦在「忠」、「信」。曾子戒「爲人謀而不忠」，戒「與朋友交而不信」，戒「傳不習」三項。「傳不習」是學知之事，「爲人謀」和「與朋友交」是進德立身之事，進德立身以忠信爲核心要則，「忠」以處人，「信」以交友，此曾子立身處事之教。

　　其後，《禮記・曲禮上》和〈祭義〉述及孝或孝子之行時，都把「忠」或「忠」、「信」納入其中，「信」指的都是朋友或交遊之道，「忠」則已被規定爲臣操了。〈曲禮上〉說：

> 夫爲人子者，三賜不及車馬，故州里鄉黨稱其孝也，兄弟親戚稱其慈，僚友稱其弟也，執友稱其仁也，交遊稱其信也……此孝子之行也。[121]

121　同注115，頁17–18。

孔疏：「慈，篤愛也……交遊，泛交也。」「信」是社會上與人交往之德。〈祭義〉說：

> 事君不忠，非孝也；蒞官不敬，非孝也；朋友不信，非孝也；戰陣無勇，非孝也。[122]

這些「孝」或「孝子之行」指的應是卿大夫之「孝」，故上涉事君，旁涉僚友、蒞官、戰陣，普及鄉黨、州里、朋友、交遊。事上以「忠」，處友、交遊以「信」。〈中庸〉也說：「信乎朋友有道，不順乎親，不信乎朋友矣。」是皆以「信」為處友、交遊之道。《孟子・離婁上》亦言「信於友有道」，基本上都是同一觀點。

㈢上下相交之德

士君子一本忠信，進德立身，其從政臨民亦以此上事下使。〈子張〉曰：

> 君子信而後勞其民，未信，則以為厲己也；信而後諫，未信，則以為謗己也。[123]

「信」以勞民，為統下之德。「信而後諫」以事君，信是事上之操。不論統下之德或事上之操，「信」皆純誠足賴。方其為事上之操，則〈八佾〉說：「君使臣以禮，臣事君以忠」，要求雙向互動，非單向輸出。方其為統下之德，則〈陽貨〉載孔子答子張問「仁」，曰當能行恭、

---

[122] 同注115，頁821。

[123] 同注117，頁132。

寬、「信」、敏、惠五者於天下：

> 恭則不侮，寬則得眾，信則人任焉，敏則有功，惠則足以
> 使人。[124]

　　恭

這恭、寬、信、敏、惠五者都是爲政統下之德。〈中庸〉載爲天下國家之「九經」，由近及遠，依次是：修身、尊賢、親親、敬大臣、體群臣、子庶民、來百工、柔遠人、懷諸侯，由內聖而外王。其述「體群臣」曰：

> 體群臣則士之報禮重……，忠信重祿，所以勸士也。[125]

朱注「忠信重祿」曰：「待之誠而養之厚」，可見此「忠信」指的是上待下之德。

　　其實《論語》中以「忠」爲下德者不僅指臣操，亦以指民心之歸附。〈爲政〉說：

> 季康子問：「使民敬忠以勸，如之何？」子曰：「臨之以
> 莊則敬，孝慈則忠，舉善而教不能則勸。」[126]

朱注「孝慈則忠」曰：「孝於親，慈於眾，則民親於己。」依朱注，則「忠」指民心之親附。

---

[124] 同注117，頁120。

[125] 同注117，頁17。

[126] 同注117，頁11。

㈣忠、信合義以行仁

忠、信既爲儒門學文、進德、立身行道之基礎，儒門學說以仁、義爲核心，忠、信與仁、義之關係當然相當緊密。

孔子學說以「仁」爲諸德之總，孔子在應答弟子問「仁」的細目時，都少不了以「忠」或「信」爲內容。子張問「仁」，孔子答以「恭、寬、信、敏、惠」；曾子解析孔子「一貫之道」時，以「忠恕」爲內容（〈里仁〉）；樊遲問「仁」，孔子告訴他，「居處恭，執事敬，與人忠」（〈子路〉）。恭、忠、敬是踐「仁」的要目。

有趣的是，《論語》中孔子述及忠、信，有數則竟都是針對子張之問所作的回答。子張數次向孔子提問不同的議題，孔子的回答竟都不離「忠」、「信」。如子張問「崇德」，孔子答以「主忠信，徙義。」（〈子張〉）；子張問行，孔子告訴他「言忠信，行篤敬。」（〈衛靈公〉）；子張問政，孔子告以「居之無倦，行之以忠。」（〈顏淵〉）；子張問令尹子文三仕三已、不喜不慍，舊令尹之政必以告新令尹，如何？孔子答以「忠矣。」（〈公冶長〉）。不論子張問仁、問政、問行、問德，問令尹子文之表現，孔子的回答恆不離「忠、信」，學者因有以忠信之德爲子張一系所傳。以夫子因材施教之宿習看來，孔子再三叮嚀子張以忠、信，顯示子張在這方面較爲缺乏。一如子路好勇，孔子常退之。若謂因其缺乏而加強教導，子張一系於「忠信」因特受用，或亦不無可能。然若以《論語》所見忠信之義與郭店楚簡〈忠信之道〉、〈魯穆公問子思〉所論忠臣意涵看來，不論忠信或誠敬，都在強調內心由衷的眞純與竭盡，由講究心性功夫之曾子、子思一系來傳承與推闡，可能性或許更大。

其次，孔子應答樊遲、子張問仁，雖都以「忠」、「信」爲內容，曾子解析孔子一貫之道也以「忠」爲核心，然令尹子文孔子許其「忠」，卻不許其「仁」。可見，忠信雖爲習學、進德、爲政之「本」，「本」欲有成，仍須合「義」；孔子說：「信近於義，言可復也。」（〈學而〉）

「君子義以爲質……信以成之。」（〈衛靈公〉）孔子答子貢問「士」，談到第三等的「士」，說：「言必信，行必果，硜硜然小人哉，抑亦可以爲次矣。」（〈子路〉）。能「言必信，行必果」卻仍然列第三等，可見「信」雖重要，然若不合「義」，拘謹褊淺，格局太小，仍非上等之士。反之，氣度硜硜，卻仍可勉入「士」林，因其諾言果行，合乎「信」。《禮記・曲禮上》也說：

君子不盡人之歡，不竭人之忠以全交也。[127]

「忠信」雖爲交友之道，卻仍忌避一次耗盡，再無餘力地披肝瀝膽，而應預留適當餘地，這便是「義」。交友要「忠」、要「信」，仍當據「義」、合「義」。

二、郭店楚簡文獻論忠、信

　　郭店楚墓儒簡文獻，一般認爲定於孔子至孟子之間，內中多子思學派的思想痕跡。這14篇儒簡除〈性自命出〉論情、性，〈五行〉多論君子臻聖成德之過程，屬內聖篇章外，其餘大致皆論外王之道。[128]〈唐虞之道〉李學勤認爲與孔子關係密切，〈忠信之道〉、〈唐虞之道〉、〈窮達以時〉三篇，鄭剛也認爲可以繫聯，與孔子關係密切[129]。其中的〈忠信之道〉、〈六德〉與〈魯穆公問子思〉都涉及「忠」或「信」問題的討論，〈忠信之道〉尤其專篇討論忠、信議題。以下我們便根據出土儒簡中相關於忠、信的論述，觀察忠、信兩德在後儒學說中的發展。

---

[127]　同注115，頁13。

[128]　有關郭店儒簡的外王之理，個人已於前文〈郭店儒簡的外王之理〉中討論過，茲不贅述。

[129]　參見鄭剛：〈關於「忠信之道」性質的再討論〉，收入武漢大學《簡帛》光碟第3輯。

㈠〈忠信之道〉論忠、信

李存山說，〈忠信之道〉所言「忠信」，意旨不在教化民眾，也不是講普遍的道德倫理，而是要求當權者做到忠信。換言之，指的都是君道、君德。[130]嚴格說來，郭店14篇儒簡，除〈性自命出〉與〈五行〉的大部分內容外，都是外王篇章，每一篇都是針對當權者所作的要求。個人認為，〈忠信之道〉全篇所言，要在論述「忠信」之德的高度發揮與大用，亦即使民親信之道，所論專指君德，確實有別於《論語》中「忠信」之為士君子立身處世的普遍道德。

1.臨民之君德

不論相較於論、孟、《禮記》等傳世典籍，或其他出土文獻，〈忠信之道〉有其特殊的表達風格。它一再以下定義的表述方式，專門針對忠、信兩德的內涵、意義之高度發揮與大用，做層層深入的解析。

《論語》、《禮記》雖一再以「忠」、「信」為士君子立身行事的本德或交友處世之情操，甚至上下交接之道，卻從未對它們的義涵做過任何直接或正面的界定，彷彿那是不言可喻，人人一提皆知，無用贅言的。只有《禮記・聘義》在談到君子比德於玉時，述說玉有忠、信之德，由中略可得知忠、信兩德之義涵，它說：

> 瑕不揜瑜、瑜不揜瑕，忠也；孚尹旁達，信也。[131]

孔疏：「孚尹」讀如「浮筠」，玉采色也。又釋「旁達」為「無翳隱」。

---

[130] 參見李存山：〈讀楚簡〈忠信之道〉及其它〉，收入《中國哲學》編輯部、國際儒聯學術委員會編：《郭店楚簡研究》（瀋陽：遼寧教育出版社，1999年），頁263–277。

[131] 同注115，頁1031。

據此，則〈聘義〉所謂「忠」，指的是眞實不假；所謂「信」，指的是如玉之色彩，質純而清亮，無有瑕隱。忠、信皆指君子之德原質、原貌，如玉之清亮無瑕，了無添飾。其於立身行事，則爲純誠不欺、質樸可信賴的表現。然而，這是孔疏《禮記》的詮釋，論、孟本身從未對忠、信兩德直接下過定義。

〈忠信之道〉則不然，它雖然只有9簡，短短259字，卻自始至終不斷正面而直接地爲忠、信下定義，反覆詮釋忠、信，說：「忠……，信……」、「忠之道……，信之道……」、「忠之人……，信之人……」，這是郭店其他竹簡文獻所未見。依其表述順序：

> ……，忠之至也；……，信之至也（二次）
> 至忠……，至信……。
> 忠人……，信人……（二次）。
> 大忠……，大信，……。
> 忠之道……，信之道……。
> 忠，仁之實也；信，義之期也。[132]

忠之至＝至忠＝大忠，信之至＝至信＝大信，「大」和「至」都是「極」、「盡」之意。全篇再三反覆叮囑的，就是忠、信的高度發揮與大用，所謂外王、臨民之理，亦即統治者如何澈底地以忠信自持，使民親之、信之之道。

⑴純誠不渝，生死不欺

〈忠信之道〉一開始便清楚點出了全文的宗旨，它說：

---

[132] 荊門市博物館編著：《郭店楚墓竹簡》（北京：文物出版社，1998年），頁163。

> 不誋不達[133]，忠之至也；不欺弗知，信之至也。忠積則可親也，信積則可信也。忠信積而民弗親信者，未之有也。[134]

全篇講的是在上位者如何積忠信以親民之道。所謂「積」，是指長期而大量，非蹴爾一曝之功。它爲忠、信下定義說：忠之極，不唬騙不了解者；信之極，是對死者堅守誠信。

馮時釋「弗知」爲「亡人」，謂其指無法知之往生者。「不欺弗知」是指堅守對死者的誠信，與下「不背死」相應。「不誋不達」謂不唬不通達者，與下文「不誑生」相應，下文因此說：「君子如此，故不誑生，不背死也。」[135]若不從古祭祀之盡心誠敬義去理解，「不背死」一句便很難解釋。馮時因此推「信」的思想來源於生人對待鬼神的態度，發展爲人與人間普遍的行爲準則。所謂「忠信」，因此是一種澈底而絕對的眞純之德，其施應對象，不論有知、無知、生前、死後，通貫不變。[136]所說雖未必確爲「信」之思想根源，卻非全然無依據。因爲在《禮記》裡，這樣的觀點有相當的呼應記載。

《禮記・檀弓上》引子思之言曰：

> 喪三日而殯，凡附於身者，必誠必信，勿之有悔焉耳矣。

---

[133] 此字本作「⻆」，周鳳五釋爲「達」，說見〈郭店楚簡〈忠信之禱道〉考釋〉，收入《中國哲學》編輯部，國際儒聯學術委員會編：《郭店楚簡研究》，頁137–138。今從之。

[134] 同見注132。

[135] 同見注132。

[136] 馮時：〈西周金文所見信、義思想考〉，收入李學勤、林慶彰等著：《新出土文獻與先秦思想重構研討會論文集》（臺北：臺灣書房出版有限公司，2007年），頁126–128。

　　三月而葬，凡附於棺者，必誠必信，勿之有悔焉耳矣。[137]

〈祭統〉也說：

　　夫祭者，非物自外至者也，自中出生於心也，心怵而奉之
　　以禮。……賢者之祭也，致其誠信，與其忠敬，奉之以
　　物，……此孝子之心也。……外則盡物，內則盡志，此祭
　　之心也。……身致其誠信，誠信之謂盡，盡之謂敬，敬盡
　　然後可以事神明，此祭之道也。[138]

前則把「信」與「誠」連結，作爲治喪的核心情操。後者將「忠」、
「信」連接「誠」、「敬」，說祭祀以忠敬、誠信爲本，「忠」的「盡
心」義與「信」的「誠」義連結爲一，成爲祭祀的主要精神。其核心意
涵，便是由衷眞誠。〈忠信之道〉所說：「不譌不違，忠之至也；不欺弗
知，信之至也。」在這裡得到很好的呼應。

　　值得注意的是，〈祭統〉標明是「子思」的話，郭店竹簡〈魯穆公
問子思〉也藉子思之口談「忠」的問題。〈忠信之道〉乃至〈性情論〉、
〈五行〉、〈魯穆公問子思〉等多篇儒簡，一般推定爲子思學派作品，忠
信或誠敬，都強調由衷內發。思孟學派也主心性，則先秦儒家忠信之德的
早期傳揚應與子思學派有相當淵源，在此又得到一有力之證。

　　〈忠信之道〉接著說：

---

[137] 同見注115，頁112。

[138] 同見注115，頁830–831。

忠人無諆，信人不背，……故不誑[139]生，不背死也。[140]
夫久而不渝[141]，忠之至也；達而主常[142]，信之至也。[143]

「不誑生」呼應「忠人」，「不背死」呼應「信人」。忠信既是一種生死不欺、純誠不變之德，也是一種有定準、定則的操守，故曰「達而主常」。這令人想起〈衛靈公〉的「義以爲質……信以成之」，「信」須以「義」爲質，有適當之則，才能持久不渝。

此外，「忠信」還包括了表裡如一，眞實無偽，它說：

口惠而實弗從，君子弗言爾；心疏而貌親，君子弗信爾；故行而爭悦民者，君子弗由也。三者，忠人弗作，信人弗爲也。[144]

一切不由衷的心機和偽裝都不合乎忠信的條件，這樣的說法和《論語》忠信的質樸義涵是相承的。

⑵厚生成物如天地

〈忠信之道〉又將「忠」比如地，「信」比如天時，雖不言、不約而

---

[139] 「誑」字本作「𦅫」，裘錫圭以爲疑是「皇」之別體，讀爲「誑」，今從之。其說同見注132，頁163〈忠信之道〉釋文注釋。

[140] 同見注132。

[141] 「夫久」本作「大舊」，周鳳五以爲義不可通，當是「夫久」，其說同見注133，今從之。

[142] 此句整理小組本釋作「訇而者尚」，周鳳五既釋篇首「不諆不達」之「𩂋」爲「達」，又以「尚」當讀如「主常」，謂君子雖與人不見，仍堅守恆常之道而不改變。其說同見注133，頁140–141。

[143] 同見注132。

[144] 同見注132。

可以厚生成物。〈忠信之道〉說：

> 至忠如土，化物而不伐；至信如時，必至而不結。……大
> 忠不說[145]，大信不期。不說[146]而足養者，地也；不期而可
> 要[147]者，天也。節天地也者，忠信之謂此。……忠之為道
> 也，百工不楛，而人養皆足；信之為道也，群物皆成，而
> 百善皆立。[148]

以「忠」比「地」，因為它們同樣竭盡其誠，給予而無所企報，以「信」
比「天」，因為它們不約不期，而足賴可要，不失不爽。為政者若能守
忠、信之德，則能如天地之厚生以成物。此種以「忠信」連結厚生觀念，
在郭店另一篇儒簡〈六德〉中，有了呼應，此容後述。

2.忠信以踐仁義

　　從前子張問「仁」，孔子告以「能行五者於天下」，「信」在
其列；曾子釋夫子一貫之「仁」道，亦以忠、恕為核心內涵。樊遲問
「仁」，孔子答以恭、敬、忠。可見在孔門德目中，忠、信以其由衷真
純，成為行仁之要目。這種觀點在郭店儒簡中有明顯的繼承，〈語叢一〉
說：

---

[145] 此字整理小組本釋作「奪」，裘錫圭疑當讀為「說」，今從之。其說同見注132，頁162
〈忠信之道〉釋文注釋。

[146] 同見注132。

[147] 此字整理小組本釋作「蠅」，裘錫圭以為疑當讀為「要」，約也，今從之。其說同見注
132，頁163〈忠信之道〉釋文注釋。

[148] 同見注132。

　　　　天生百物，人為貴。人之道也，或由中出，或由外入；由
　　　　中出者，仁、忠、信。[149]

以仁、忠、信同為內發之德，關係密切。〈忠信之道〉說得更為精要，它
說：

　　　　忠者，仁之實也；信者，義之期也。[150]

「忠」是「仁」的核心，「信」是「義」的如期呈現，再一次呼應了《論
語》的「以義為質……信以成之」，「信近於義，言可復也。」忠信與仁
義關係之密切可知。龐樸說，〈忠信之道〉的「忠信」，〈語叢〉的廉恥
孝慈，（〈語叢一〉的「由中出者，仁、忠、信」亦然）都被歸結到「仁
義」，被看成是「仁義」的某種表現或存在，[151]所指就是這種現象。其實
不只〈忠信之道〉，前此《論語》的〈里仁〉、〈子路〉、〈陽貨〉，後
此在《荀子》的許多篇章中，這樣的觀點一再顯現，此容後述。

㈡〈六德〉論忠、信

1.凝民厚生之大德

　　除了〈忠信之道〉外，另一篇郭店楚簡〈六德〉也談到了忠、信，其
所論忠、信和〈忠信之道〉有相當的呼應性。〈六德〉說：

149　同見注132，頁194。

150　同見注132。

151　龐樸：〈古墓新知〉，收入《中國哲學》委員部、國際儒聯學術委員會編：《郭店楚簡研
　　　究》，頁7–12。

何謂「六德」？聖智也、仁義也、忠信也，……聚人民、任土地、足此民爾生死之用，非忠信莫之能也。[152]

「聖智」可大創制，制作禮樂刑法；「仁義」可以「親父子、和大臣、歸四鄰」；「忠信」以其眞誠可靠，可以凝聚民力而厚生，是凝民厚生之大德，這和〈忠信之道〉說法一致。

2.臣、婦之操

不僅如此，〈六德〉在講到「六位」之配德時，以「忠」爲臣德，「信」爲婦德，說：

義者，君德也；忠者，臣德也；智也者，夫德也；信也者，婦德也……聖也者，父德也；仁者，子德也。[153]

隨後並詮釋這樣的配法說：

非我血氣之親，畜我如其子弟，故曰：苟淒夫人之善，勞其股肱[154]之力弗敢憚也，危其死弗敢愛也，謂之臣，以忠

---

[152] 同見注132，頁187。

[153] 同見注132，頁187。

[154] 「勞其」以下兩字本作「⿰⿱⿱⿱ 」，各家釋讀不一，茲依趙安平釋作「股肱」，義較勝。其說本由趙平安2000年初在「清華簡帛研讀班」所提出，其後廖名春在其《郭店竹簡〈六德〉篇校釋》中首引趙平安說（《清華簡帛研究》第1輯，2000年8月15日，頁73-74。陳偉並於〈郭店簡〉〈六德〉校釋〉中加以論證，本文收入中國古文字研究會、吉林大學古文字研究室編：《古文字研究》第24輯（北京：中華書局，2002年），頁395-396。趙平安本人則於〈關於及的形義來源〉一文中正式重提，武漢大學簡帛網：http://www.bsm.org.

事人多。……能與之齊，終身弗改之矣。是故，夫死有主，終身不變謂之婦，以信從人多也。[155]

以「忠」為臣德，是因為君非親，卻厚畜臣，故臣當竭力效死以報君。「忠」成為對君竭力效死的臣操，卻仍以君之「畜我如其子弟」為前提，猶不失孔子「君使臣以禮，臣事君以忠」之遺意。

至於「婦」之配「信」，似乎僅規定並強調其永遠順從，不可改易之堅貞。但它同時規定，對婦、君與臣的關係，以「門外」來看待與處理，因為沒有血緣關係做為依據。周代封建下血緣為重，男尊女卑的父系威權一覽無遺。「忠」、「信」在此明顯被界定為無血緣關係之卑對尊、下對上，堅貞不移、效死不渝的情操，而且說得相當正面、肯定而絕對。早期儒家士君子立身行事之準則、與朋友往來之情操、為政者臨民之德……等等較為質樸真誠之古義，有了明顯轉化，「三綱」說之雛形隱然出現。

(三)〈魯穆公問子思〉的「忠臣」之道

與〈忠信之道〉、〈六德〉同時出土，郭店另有〈魯穆公問子思〉一篇短小文獻，明白討論了「忠臣」之道。「忠」雖被界定為「臣」德，然其所謂「忠」，卻有了截然不同於「六德」的看法，它說：

魯穆公問子思曰：「何如而可謂忠臣？」子思曰：「恆稱其君之惡者，可謂忠臣。」公不悅，揖而退之。成孫弋見，公曰：「向者吾問忠臣於子思，子思曰：『恆稱其君之惡者可謂忠臣矣。』寡人惑焉，而未之得也。」成孫弋

---

cn/show_article.php?id=509，2007年1月23日。
[155] 同見注132，頁187。

曰：「為其君之故殺其身者，交祿爵者也；恆稱其君之惡者，遠祿爵者也。為義而遠祿爵，非子思，吾惡聞之矣。」[156]

不論是子思的話，還是成孫弋的補強性詮釋，「忠」雖被列為臣德，卻以能諫、恆諫為「忠」，以為君效死為「交祿爵」，不入「忠」列。從子思的話中，我們似乎看到了《孟子》君輕思想的上源。

值得注意的是，上下關係不論如孔子所說的雙向互動；還是如〈六德〉所說，君畜臣如子弟，所以臣當竭死效忠以報之；或甚至是如成孫弋與子思所說的，為臣當恆諫君惡，不僅為君效死而已，皆可見以「忠」為臣道，由來已久，非自荀子始。

三、《孝經》論「忠」

㈠《孝經》之思想淵源及其相關問題

《孝經》相傳為孔子為曾子說「孝」之作，由曾子弟子及後學所記。有關其作者及成書時代，歷來說法不一，或謂孔子所作，或謂曾子所作，或謂曾子門人，甚至明指為子思所作，亦有以為漢儒所撰。

較早如司馬遷的《史記·仲尼弟子列傳》、班固的漢志、《孝經·鉤命訣》、鄭玄的〈六藝論〉，皆以為係孔子為曾子陳孝道之作，漢人觀點大抵如此。此後《隋志》、宋刑昺《孝經正義序》、清俞樾《古書疑義舉》皆承其說，歸為孔子所作。[157]

---

[156] 同見注132，頁141。

[157] 《史記·仲尼弟子列傳》曰：「曾參，南武城人……孔子以為能通孝道，故授之業，作《孝經》。」〔漢〕司馬遷著，裴駰集解：《史記》（臺北：藝文印書館，1955年），頁

孔安國《古文尚書‧序》與一部相傳爲陶潛所作的《五孝傳》中,則以爲是孔子告其意,由曾子集錄寫定,歸之爲曾子所作。[158]

883。

班固《漢志》說:「《孝經》者,孔子為曾子陳孝道也。」〔漢〕班固著,〔唐〕顏師古補注:《漢書補注》(臺北:藝文印書館,1955年),頁884。

《孝經‧鉤命訣》引孔子之語曰:「吾志在春秋,行在《孝經》。」〔清〕馬國翰:《玉函山房輯佚書‧經編‧緯書類》(臺北:文海出版社,1967年),頁2160。

《隋志》說:「夫孝者,天之經,地之義,人之行,……實生靈之至德,王者之要道,孔子既敘六經,題目不同,指意差別,恐斯道離散,故作《孝經》以總會之,明其枝流雖分,本萌於孝者也。」楊家駱主編:《新校本隋書》第2冊(臺北:鼎文書局,1990年),頁934–935。

〔宋〕刑昺:《孝經正義》說引鄭玄〈六藝論〉說:「孔子以六藝題目不同,指意殊別,恐道離散,後世莫知根源,故作《孝經》以總會之。」〔唐〕李元宗注,〔宋〕刑昺疏:《孝經正義》,景印清嘉慶二十年(1815)江西南昌府學刊十三經注疏本(臺北:藝文印書館,1989年),頁4。

《孝經正義‧序》又說:「孝經者,孔子之所述作也。孔子遂乃定禮樂,刪詩書,贊易道,以明道德仁義之源;修《春秋》,以正君臣父子之法……說孝經一十八章,以明君臣父子之行……。」〔唐〕李元宗注,〔宋〕刑昺疏:《孝經正義》,頁3。

俞樾《古書疑義舉例》卷三「三十寓名例」引《孝經正義》轉劉炫《述義》亦云:「炫謂孔子自作《孝經》,本非曾參請業而對也。……按經,夫子先自言之,非參講也。諸章以次言之,非待問也。且辭義血脈,文連旨環,而開宗題其端緒,餘者廣而成之,非一問一答之勢也;理有所據,又非請業請答之事。」俞樾:《古書疑義舉例》(臺北:世界書局,1956年),頁30。

158 《古文孝經‧序》說:「曾子躬行匹夫之孝,而未達天子諸侯以下揚名顯親之事,……故夫子告其意,於是曾子喟然而知孝之為大也,遂集而錄之,名曰《孝經》。《古文孝經孔氏傳》(臺北:藝文印書館,1967年。)《五孝傳》曰:「至德要道,莫大於孝,是以曾參受而書之。」〔晉〕陶潛:《靖節先生集》(臺北:河洛圖書出版社,1975年)卷8,頁4。

其後，晁公武《郡齋讀志》與王應麟《困學記聞》引胡寅說，以爲《孝經》首章即言「仲尼居，曾子侍。」顯非孔子所作，亦非曾子自爲，而是「曾子問孝於仲尼，退而與門弟子言之，門弟子類而成書。」是「曾子弟子所爲書」。同時推翻了孔子與曾子撰定兩說。《困學記聞》又引馮椅說，更肯定其「成於子思之手」，因爲它和〈大學〉、〈中庸〉一樣，「於仲尼則稱字」，因爲是祖；「於曾子則稱子」，因爲是師。說得相當肯定。[159]

姚際恆《古今僞書考》卻認爲，《孝經》不但非孔子作，甚至，「非周秦之言」，它「和〈曾子問〉、〈哀公問〉、〈仲尼燕居〉、〈孔子閒居〉之類，同爲漢儒之作。」近人徐復觀氏承之，並確指其乃西漢武帝末年淺陋之人，爲符應當時政治要求，所僞造的著作。[160]

各類說法雖然紛歧，卻一致承認《孝經》的基本思想來自孔子。唯《呂氏春秋・先識覽》曾引《孝經・諸侯章》，〈孝行〉亦曾引《孝經・天子章》，知姚氏謂「漢儒所撰」，非也，先秦時期當已有了《孝經》之作。〈先識覽・察微〉曰：

> 凡持國，太上知始，其次知終，其次知中，三者不能，國必危，身必窮。《孝經》曰：「高而不危，所以長守貴也；滿而不溢，所以長守富也。富貴不離其身，然後能保

---

[159] 晁說詳見〔宋〕晁公武：《郡齋讀書志》（臺北：廣文書局，1968年），卷1下，頁405。

王說詳見〔宋〕王應麟：《困學記聞》（臺北：臺灣商務印書館，1966年），卷7，頁17。

[160] 姚說詳見〔清〕姚際恆：《古今僞書考》（臺北：新文豐出版社，1984年），頁6–8。

徐說詳見徐復觀：〈中國孝道思想的形成，演變，及其在歷史中的諸問題〉，《中國思想史論集》（臺北：臺灣學生書局，1983年），頁155–200。

其社稷而和其民人。」楚不能之也。[161]

〈孝行〉亦曰：

愛其親，不敢惡人；敬其親，不敢慢人。愛敬盡於事親，
光耀加於百姓，究於四海，此天子之孝也。[162]

可見《孝經》成書至少在《呂氏春秋》之前。

　　其實不僅《呂氏春秋》曾徵引《孝經》，在《呂氏春秋》之前，
《孟子》中已有不少可以和《孝經》相印證或呼應之內容。近人陳伯陶在
其所著《孝經說》中，曾詳細演繹其師陳澧《東塾讀書記》之見，認為
「《孟子》七篇中，多與《孝經》相發明者。」[163]不論陳澧之比對、推論

---

[161] 〔秦〕呂不韋編，陳奇猷校釋：《呂氏春秋校釋》（臺北：華正書局，2006年），頁
1003。

[162] 同見注161，頁731。

[163] 陳伯陶《孝經說》演繹其師陳澧《東塾讀書記》之見說：「《孟子》七篇中，多與《孝
經》相發明者。」《孝經》曰：「非先王之法服不敢服，非先王之法言不敢道，非先王
之德行不敢行。」《孟子》曰：「子服堯之服、誦堯之言、行堯之行。」亦以服、言、
行三者並言之。《孝經・天子章》曰「刑於四海」，〈諸侯章〉曰「保其社稷」，〈卿大
夫〉章曰「守其宗廟」，〈庶人章〉曰「謹身節用，以養父母。」《孟子》曰：「天子不
仁，不保四海。」、「世俗所謂不孝者五，惰其四支，不顧父母之養」云云，正與「謹身
節用，以養父母」相反。《孝經・士章》曰：「故以孝事君則忠，以敬事長則順。」〈廣
揚名章〉曰：「事親孝，故忠可移於君；事兄悌，故順可移於長。」《孟子》曰：「入以
事其父兄，出以事其長上，可使制梃以撻秦、楚之堅甲利兵矣。」《孝經・事君章》曰：
「進思盡忠，退思補過。」〈卿大夫章〉曰：「非先王之法言不敢道。」《孟子》曰：
「事君無義，進退無禮，言則非先王之道者，猶沓沓也。」《孝經・開宗明義章》曰：

是否夠嚴謹，足以證明《孟子》諸多篇章內容確是推衍或約言《孝經》而來。至少，《孝經》雖非孔子所寫定，其思想淵源則確乎來自孔子，而和孔門以孝著聞的曾子有絕對的關係。而由書中稱「曾子」爲「子」看來，又知非曾子所作。由曾子以後下推至呂覽之前，由承其祖、師之說的曾子門人或孟子前後的曾門後學所寫定纂輯，應是較爲穩定可靠之說法，近代學者之研究，亦大多以此爲斷。[164]今因暫不考慮其與《孟子》的先後問

「先王有至德要道，以順天下。」〈廣要道章〉曰：「教民親愛，莫善於孝；教民禮順，莫善於悌。」〈德章〉曰：「君子之教以孝也，非家至而日見之也。教以孝，所以敬天下之為人父者也；教以悌，所以敬天下之為人兄者也。」《孟子》曰：「道在邇而求諸遠，事在易而求諸難。人人親其親、長其長，而天下平。」《孝經》〈開宗明義章〉曰：「身體髮膚，受之父母，不敢毀傷，孝之始也。」又曰：「夫孝始於事親。」《孟子》曰：「事孰為大？事親為大。守孰為大？守身為大。不失其身而能事其親者，吾聞之矣；失其身而能事其親者，吾未之聞也。孰不為事？事親，事之本也。孰不為守？守身，守之本也。」《孝經‧喪親章》曰：「生事愛敬，死事哀慼，生民之本盡矣！死生之義備矣！孝子之事親終矣！」《孟子》曰：「養生者不足以當大事，惟送死可以當大事。」《孝經‧聖治章》曰：「人之行莫大於孝，孝莫大於嚴父，嚴父莫大於配天，則周公其人也。」《孟子》稱舜曰：「孝子之至，莫大乎尊親；尊親之至，莫大乎以天下養。為天子父，尊之至也；以天下養，養之至也。」《孝經‧孝治章》曰：「治家者不敢失於臣妾，而況於妻子乎？」又古文〈閨門章〉曰：「妻子臣妾，猶百姓徒役也。」《孟子》曰：「身不行道，不行於妻子；使人不以道，不能行於妻子。」觀此諸文，其殆即《孟子》之說《孝經》歟？

以上所引參見許振興：〈民國時期香港的經學－陳伯陶《孝經說》的啟示〉，中央研究院文哲所「變動時代的經學和經學家（1912–1949）」第三次學術研討會論文，2008年7月18日）。

[164] 李師鍌：〈六十年來之《孝經》學〉，收入程發軔主編：《六十年來之國學》（臺北：正中書局1975年），第1冊，頁645–652。莊雅州：《經學入門》（臺北：臺灣書店，1997年），頁228–228。

題，僅據其與孔子、曾子思想之深厚淵源，姑置《孟子》之前討論。

(二)忠為臣德

　　《孝經》全經18章，以「孝」為論述核心，「孝」屬家族倫理，非社會道德，故遍觀18章，不見相關於「信」之論述。然《孝經》論「孝」，由家庭倫理擴大而為社會與政治倫理，由事父、事兄而事君、事長，「忠」、「敬」出焉。《孝經》論及「忠」處僅有三章，皆以指事君之德，〈士章〉說：

> 資於事父以事君而敬同，……以孝事君則忠，以敬事長則順，忠順不失，以事其上，然後能保其祿位而守其祭祀，蓋士之孝也。[165]

〈廣揚名章〉說：

> 君子之事親孝，故忠可移於君；事兄悌，故順可移於長；居家理，故治可移於官……。[166]

〈事君章〉說：

> 君子之事上也，進思盡忠，退思補過，將順其美，匡救其

---

[165]　〔漢〕鄭玄注，〔唐〕孔穎達疏，〔清〕阮元校勘：《十三經注疏附校勘記》，第8冊《孝經注疏》（臺北：藝文印書館，民國78年），〈士章〉，頁24。

[166]　同見注165，頁47。

　　惡，故能上下相親也。[167]

　　在這三章中，「忠」是事君之德，這種德且是由家而國，由「孝」之推擴延伸（所謂「移」）而來，要求盡心且恭順，由於是對士說「孝」的教誥，觀點絕對而單向。

　　須附帶說明的是：儘管《孝經》中不見相關於「信」之論述，然《禮記》裡記載「孝」或「孝子之行」的內容，如前述的〈曲禮上〉與〈祭義〉等，卻都一再以忠君、信友爲「孝」的重要節目與內容，將忠、孝納入其範疇中，大大推擴了「孝」的範圍與內涵。觀〈祭義〉所述「事君不忠，非孝也；蒞官不敬，非孝也；朋友不信，非孝也；戰陣無勇，非孝也。」和〈廣揚名章〉所說，其實是一回事，可相發明。

四、《孟子》論忠信──朋友與人際往來之德

　　較之《論語》內容之警策、叮囑、嚴謹、凝鍊而緊密，《孟子》多針對大議題，作大開大闔地敷論，氣勢飛揚而跋扈，一開論便如長江大河，高崖飛瀑，一瀉千里，滔滔不絕。不論談心性、知言養氣，還是保民而王，恆言仁、義、禮，少及忠、信。只有在〈滕文公上〉、〈告子上〉、〈梁惠王上〉三章略及忠、信，〈滕文公上〉說：「教人以善謂之忠」。[168]「忠」指的是眞心、盡心以待人。

　　〈滕文公上〉又敘古司徒之教的內容曰：

　　　父子有親，君臣有義，夫婦有別，長幼有序，朋友有

信。[169]

「信」是朋友一倫往來之德。〈告子上〉又將「忠信」與「仁義」並列，作爲「天爵」的內容，說：「仁義、忠信，此天爵也；公卿、大夫此人爵也。」「忠信」指的是一種操之在我的、內發的本然之德。〈梁惠王上〉論「百里而可以王」說：

> 壯者以暇日修其孝弟忠信……[170]

將忠、信與孝、弟並列，作爲教導青年的基本德目。修「孝弟」是加強家庭倫理道德，修「忠信」是加強對外與人往來的社會交際能力，所說都沒有超越《論語》之外。可見孟子承繼子思的精神，卻沒繼承其對於「忠信」的討論，而是把〈魯穆公問子思〉中以諫諍爲「忠」之子思觀點，推擴而爲民貴君輕、聞誅一夫、土芥寇讎之說，大大超過了子思的「恆稱君惡」，擴大了「忠」的發用。

五、《荀子》論忠信

　　《荀子》雖爲儒學大家，一般卻推定其爲先秦融合各家思想之始。「忠信」之德在《荀子》中所呈現的，也是多重、多面義涵。它既保留有同於《論語》中所呈現的由衷、誠敬而可賴的本義，是士君子立身處事的本德與規範；較之〈忠信之道〉、〈六德〉的忠信觀，有相應，也有改造。「忠信」在《荀子》中，除了是士君子立身處世的本德，同時也是爲君蒞政、治官臨民之德；更多時候，「忠」尤其是恭順的事君之道。

---

[169] 同見注117，頁74。

[170] 同見注117，頁11。

(一)士君子立身之本德

〈修身〉說：「士君子不爲貧窮怠乎道，體恭敬而心忠信。」「體」表於外，「心」著於內；士君子立身行道，內忠信而外恭敬，外在恭敬之容態是內心忠信之質的自然外發。〈哀公〉說：「所謂君子者，言忠信而心不德（不自以爲有德）。」〈不苟〉說：君子要愼「六生」。所謂「六生」，是「公生明，偏生闇，端愨生通，詐僞生塞，誠信生神。」其中端愨、誠信都是眞實、可靠、不虛假之義。端愨、誠信、恭敬、忠信諸詞，在《荀子》許多篇章中常並列連用，結合爲一。〈子道〉說：「能致恭敬、忠信、端愨」便是「大孝」。〈彊國〉說：古之吏「恭儉敦敬忠信」，要辦好政治，應該用「端誠信全」的君子來治天下。〈王霸〉說，若能「與端愨信全之士爲之」，則能霸。〈仲尼〉載孔子「言天下之行術」說，欲事君必通，爲仁必聖，須「恭敬以先之，忠信以疏之，端愨以守之。」「忠信」、「信全」指的都是士君子立身行道之本德。

(二)臨民之德

與〈忠信之道〉一致，《荀子》的「忠信」亦指爲政臨民，亦即上對下眞誠足賴之德。〈富國〉說：「仁人之用國，將修志意，正身行，伉隆高，致忠信。」基本上，荀子是儒家，由修身而治平在儒家是一貫之事，其反映於《荀子》中的「忠信」義也是如此。從內心忠信到忠信臨民，在《荀子》是一貫相通的。〈儒效〉說：

> （王問：）「儒者之爲人上何如？」孫卿曰：「其爲人上也，廣大矣，……忠信愛利形乎下，行一不義，殺一無罪而得天下，不爲也。」[171]

---

[171] 〔周〕荀子著，〔清〕王先謙集解：《荀子集解》（臺北：藝文印書館，1977年），頁265。

這裡的「忠信」，指的當然是君對民的態度真誠而可靠，與《論語·子張》「信而後勞其民」、〈忠信之道〉「忠積則可親，信積則可信」相似不違。《荀子·富國》又說：

> 先王明禮義以壹之，致忠信以愛之，尚賢使能以次之，爵服慶賞以申重之。
> 致忠信，著仁義，足以竭人矣，兩者合而天下取。[172]

「忠信」也都是指在上位者治官、臨民之德。

(三)為臣之德

　　儘管〈富國〉、〈儒教〉所載忠、信義涵不出早期儒學上對下治官、理民真誠足賴之意。然而，或因隆禮，或因久居齊國稷下，齊學擁護中央，重霸道，走的是富強的軍國路線，有法家傳統。《荀子》對於周代宗法制度下的尊卑關係，較之思孟固不同，較之孔子的雙向往來亦有別，對於單向的事上情操有些確定與要求。

1.忠與敬、順結合

　　《荀子》隆禮而尊君，對於「忠」，更多的時候是取以連結「敬」、「順」，專指下事上、臣事君之德操。在《荀子》全書二十餘起相關於「忠」的論述中，除了前述〈儒教〉與〈非相〉外，幾乎全是指的臣對君的「敬順」之德。〈君道〉先說：

> 上好禮義，尚賢使能，無貪利之心，則下亦將慕辭讓，致

忠信，而謹於臣子矣。[173]

〈君道〉雖以君上好禮、尙賢、無貪利爲臣下致忠信的前提，仍有上下雙向要求之意，「忠信」卻不再是爲君臨民治政之道，而轉成臣下敬謹事君之德，〈王制〉說：「能以事上謂之順」，〈君道〉隨後愈說愈明：

> 請問為人臣，曰：「以禮待君，忠順而不懈。」……請問為人妻，曰：「夫有禮則柔從聽侍，夫無禮則恐懼而自悚。」君子……其待上也，忠順而不懈。[174]

這裏雖沒有像〈六德〉一般，以妻之卑從自竦爲「信」，卻將「爲人臣」事君與「爲人妻」事夫之道等同卑順不違，並兩次以「忠」結合著「順」，作爲訓勉士君子爲臣事君之道，這一切都和〈六德〉的臣、婦之道旨意相同。

2.諫、諍、輔、弼不違「忠」

《荀子》將臣分爲四類：態臣、篡臣、功臣、聖臣。其釋「功臣」曰：「上忠乎君，下愛百姓而不倦，是功臣。」[175]其釋「篡臣」曰：

> 上不忠乎君，下善取譽乎民，不卹公道通義，朋黨比周，以環主圖私為務，是篡臣者也。[176]

173　同見注171，頁421。

174　同見注171，頁422–423。

175　同見注171，頁444。

176　同見注171，頁445。

可見，荀子雖以「忠順」爲臣德，其所謂「忠順」，主要指不有私心邪念。〈臣道〉說：

> 事聖君者，有聽從，無諫爭；事中君者，有諫爭，無諂諛……以順上爲志，是事聖君之義也。忠順而不諛，諫爭而不論，撟然剛折端志而無傾側之心，是案曰是，非案曰非，是事中君之義也……。[177]

可見其以順爲忠是有條件的，其條件是，「君」必須是聖君。若非聖君而爲「中君」，則「諫爭」仍是不可免。事君「忠順」是有前提的，要「順」而不「不諛」、「不諂」，是非高於一切。因爲「中君」行事不免偏仄，「聖君」沒有這類問題，人臣當然應該「順上爲志」了。〈非相〉說：

> 君子必辯，……君子辯言仁也，……仁言大矣，起於上，所以道於下，正令是也；起於下，所以忠於上，諫救[178]是也。[179]

雖以「忠」爲事上之道，卻以「諫救」爲「忠」之內容，和子思之意並不違背。〈臣道〉又說：

---

[177]　同見注171，頁452。

[178]　「諫救」本作「謀救」，王念孫以爲，「謀救」二字於義無取，當爲「諫救」，字之誤也，謂諫止其君之過。其說同見注58，頁221，今從之。

[179]　同見注171，頁221。

通忠之順，權險之平，禍亂之從聲，三者非明主莫之能知
也。爭，然後善；戾，然後功，出死無私，致忠而公，夫
是之謂通忠之順，信陵君似之矣。奪然後義，殺然後仁，
上下易位，然後貞，功參天地，澤被生民，夫是之謂權險
之平，湯武是也。[180]

非常時候，在非常狀況下，採取非常手段，《荀子》還是贊成的。臣對
君，基本上能「忠順」最好，但有一種通達的大「忠」之「順」，站在
「公」益的考量上，即使不免爭、戾，也仍是「忠」。《荀子》雖隆禮而
尊君，但它同時也說自己是「從道不從君」，「君」須「尊」，只因他
代表公權力，象徵公權力的存在，所以要「尊」。在《荀子》，「忠順不
懈」以尊君，不是無條件的絕對。這些觀念和〈魯穆公問子思〉的「忠
臣」義涵，其實沒有絕對牴牾。

3.諫而怒之為下

　　然而，隆禮端重的荀子和潑辣飛揚的思、孟畢竟不同，他不主露骨激
烈，對於君臣關係，力求其圓滿和諧。因此，他又分臣之「忠」有四：大
忠、次忠、下忠、國賊。「以德復君而化之」最圓滿，若周公之於成王，
上下盡歡，是大忠；果不成，則「以德調君而補之」，若管仲之於桓公，
稱「次忠」；再其次，「以是諫非而怒之」，有了激烈的對立、衝突、爭
執，關係弄得很僵，一如子胥之於夫差，忠則忠矣，不免傷感遺憾，如此
狀況，荀子認為應當力免。〈臣道〉說：

　　事人而不順者，不疾者也；疾而不順者，不敬者也；敬而

---

[180] 同見注171，頁458–459。

> 不順者，不忠者也；忠而不順者，無功者也；有功而不順
> 者，無德者也。故無德之為道也，傷疾墮功滅苦，故君子
> 不為也。[181]

下對上，還是要透過各種努力，力求其「順」才好。上下關係的撕裂，一方面不合「禮」，另方面不利社稷。在「禮」與是非、公道、社稷大利之間，荀子是有所堅持，也有所猶豫的。

　　總之，在思孟「恆稱君惡」、「君輕」與其後法家若韓非等絕對尊君的兩極間，《荀子》「忠順」以「諫救」的臣操，無疑還是既能兼顧是非又圓融的善策。

㈣忠信為仁之質

　　此外，誠如龐樸所說，和《論語》、〈忠信之道〉相同，荀子也以「忠信」和「仁」相結合，成為「仁」的本質和內涵，〈富國〉說，仁人用國，當「致忠信」，〈臣道〉在談到「仁者必敬人」時也說：

> 若夫忠信端愨而不害傷，則無接而不然，是仁人之質
> 也。忠信以為質，端愨以為統，禮義以為文，倫類以為
> 理……。[182]

　　仁、敬、忠、信甚至「誠」，以其同具由衷內發之質性，在先秦儒家相關典籍中，一再地被連結相繫，互為表裡、體用，即使是明顯以忠順為臣德的《荀子》亦不例外，〈臣道〉的表現只是此一現象的自然呈現。

---

[181] 同見注171，頁454–455。

[182] 同見注171，頁457。

六、結論

　　從儒家傳世典籍《論語》、《禮記》、《孝經》、《孟子》、《荀子》以及郭店楚墓出土儒家文獻——〈忠信之道〉、〈魯穆公問子思〉、〈六德〉、〈語叢一〉等篇的內容看來，忠、信兩德以其由衷、眞心、純誠不渝的內在質性，成爲儒家學行培成與修養的基礎。它們常和誠敬相結合，成爲仁、義的某種表現或存在。隨著儒家所陶塑的主體對象——士君子由修身而齊家、治國、平天下，這兩德在儒家典籍文獻中的義涵也由內而外，由微而顯，由近而遠地不斷推擴。從個人學文進德之基礎，拓展爲待人交友之社會倫理，與治政臨民、爲官事上之政治倫理。這幾種層面不同卻相關聯的「忠信」義涵，推擴過程儘管有先後之別，其呈現時期則無明顯先後。其於不同的儒家文獻中所表現的狀況，亦因文獻的宗旨與教誥對象的不同而有輕重不等的歧異與偏倚。

　　在《論語》中，多種義涵的「忠信」是並存的：既是君子學行的基礎、交友的準則、爲政臨民之德，也同時是臣操，有時還指民心之歸附。只是當其爲臣操時，同時要求人君以「禮」相待，是雙向規範，非單向輸出。其顯示於《禮記》中的，也大致是這樣的狀況，可以作爲《論語》之補證。在《論語》與《禮記》中，皆可見忠、信與仁、義互爲表裡，關係密切。

　　就出土楚簡〈忠信之道〉而言，全篇所討論的，除了「忠信」純誠堅貞的本質之外，主要目的乃在論證忠信之德在政治上的高度發揮與大用，亦即凝民、治民的問題，保留了「忠信」較早的義涵，「忠信」是厚生成物之大德，也依然與仁義連結。在〈六德〉中，忠信除了是凝民厚生的大德外，也同時被界定爲臣、婦當奉守不渝的情操，已微具「三綱」說的雛影。〈魯穆公問子思〉專論「忠臣之道」，大異於前此諸說，以能指謫君惡而諫諍爲「忠」，大別於〈六德〉中的臣操，《孝經》專論「孝」，卻循著齊家→治國的進程，不但界定臣德爲「忠」，且以之爲由「孝」推擴

而來，由家庭倫理推擴而爲政治倫理，是「齊→治→平」的具體實踐。《孟子》循《論語》與古司徒之教，以「信」爲教授弟子之本德與朋友往來之準則，也確認忠信與仁義之密切關係，並不以「忠」爲臣操，又承襲〈魯穆公問子思〉中子思一系輕君觀念，發展而爲民貴、君輕、獨夫、寇讎之說。《荀子》則以其綜合各家思想之特質，「忠信」既是士君子立身之本德，又是居上臨民之道。值得注意的是，在更多的理論中，《荀子》一本尊君的觀點，以「忠」爲敬順的臣操；當然也堅持是非，贊同必要的諫諍，卻力求君臣關係的圓滿和諧，故細分「忠」之層次，而以敬順全擔爲「大忠」，對立死諫爲「下忠」，固猶存儒家「君君臣臣」之遺教。然經此尊君敬順「忠」義之推闡，孔子以來作爲君德之「忠」義逐漸成爲過去，「忠」終確定爲臣操。而不論《論語》、《禮記》、楚簡〈忠信之道〉、〈語叢一〉還是《孟子》、《荀子》，幾乎在所有儒家典籍中，忠、信與仁、義的關係始終如一地密切；義是忠、信之質，仁是忠、信所歸。

（本篇原刊於國立臺灣師範大學國文學系《國文學報》第47期，2010年6月。）

捌、從傳世與出土儒簡看先秦儒學的聖、智之德——從孔子到子思學派

「聖」與「智」，在先秦，曾是道家所非斥，甚至「棄」「絕」的，卻是儒家所推崇的德目。帛本與今本《老子》都說：「絕聖棄智，民

利百倍。」[183]「以智治國，國之賊。」[184]「智慧出，有大僞；聖人不死，大盜不止。」[185]儘管因郭店簡本《老子》相應之文句，所呈現的是「絕智去辯」，而不是「絕聖棄智」，今本《老子》中亦至少三十次提及「聖人」，以之爲理想之治者，看起來《老子》似乎並不非「聖」；但，至少《老子》是絕智而守愚的。所以絕「智」，因爲它違反自然，不夠素樸。郭店《老子》也說：「人多智，而奇物滋起。」（甲本第3簡）[186]不論任何一種本子的《老子》，儘管其「智」的義涵和儒家的「智」義有所不同，基本上都明載著反「智」的理論。因爲就崇自然、主無爲的《老子》而言，「智」是後天的人「文」，非先天的自然，當然不贊同。《莊子》〈應帝王〉的殘鑿混沌，也是一個入骨的譏諷。[187]《老子》以「聖人」爲理想治者，或許也是一種從衆從俗的權稱，不然不會以「聖人不死」、「大盜不止」驚聳對論。要之，「聖」與「智」在早期道家至少是不推崇的。儒家則不同，在儒家，「智」是一種知所區辨的清明思慮或德操，它總是和「仁」並稱，或和仁、勇並稱「三達德」，或和仁、義、禮、信，或和仁、義、禮、聖相結合，稱爲「五行」或「五德」，是絕對正面價值的難能之德。這不論從傳世儒典《論語》、《孟子》、《荀子》、《禮記》或近年楚墓出土戰國儒家文獻看來，都是如此。然因時間與篇幅所

---

[183] 參見王弼：《老子道德經》（臺北：世界書局，1969年），第19章，頁23。本文此下《老子》之引文，悉依此版本，不一一註明。

[184] 同見注183，第65章，頁94。

[185] 同見注183，第8章，頁23。

[186] 荊門市博物館編：《郭店楚墓竹簡》（北京：文物出版社，1998年），《老子甲本》，頁113。本文此下有關《郭店楚墓竹簡》的《老子甲本》、〈六德〉與〈五行〉之相關引文，悉依此版本，不一一註明。

[187] 參見郭慶藩：《莊子集釋》（臺北：漢京文化公司，1983年），卷3下〈應帝王〉，頁309。

限，本文只論及孔子與子思學派，孟、荀的「聖」、「智」之論，留待他日另撰專文討論。

一、《論語》中的仁、知、聖—外王的才智與功德

就傳世儒典《論語》的情況看來，「仁」、「智」的連結是相當緊密的，「仁」、「聖」也有並列共崇的例證；卻不見對「智」的凸出推闡，或聖、智的緊密連結。「智」的推闡與凸出，及其與「聖」的緊密連結，要到後儒的撰作中，尤其是強調向內反思的子思學派思想理論中。

㈠「知」與仁—明識的能力與智慧

不論就「仁」為孔子學說的核心或諸德之總稱而言，「仁」在先秦傳世儒典中，出現頻率都遠較其餘各德高出許多，這是就整體而言的。若實際細察各德之間的結合情況也是如此。「仁」與「義」、與「禮」，或「禮」與「義」常連結並論，其與「智」亦如此，《論語》中論「知」必及「仁」，「仁」、「知」並論的例子，至少有七起，在〈雍也〉與〈顏淵〉中，樊遲先後兩問「仁」與「知」。〈雍也〉中先問「知」，再問「仁」；〈顏淵〉中先問「仁」，再問「知」。問的時間不同，或許問時的情境也不同，孔子的回答因此也不同，卻都偏向外王義涵，偏指政治事件。在〈雍也〉中，孔子以「務民之義，敬鬼神而遠之」為「知」，「先難而後獲」為「仁」。「務民之義，敬鬼神而遠之」是知所當為，理性清明；「先難後獲」是宅心敦厚，勉事不爭功。〈顏淵〉中孔子以「愛人」為「仁」，「知人」為「知」，又補充「知人」為「舉直錯諸枉，能使枉者直。」樊遲卻仍然不解，子夏舉舜用皋陶，湯用伊尹為例以釋之。包咸注「愛人」為「泛愛濟眾」，注「知人」為「識人賢才而舉之」，[188]〈陽

188　參見魏·何晏等注，宋·邢昺疏：《論語注疏》，景印清嘉慶二十年（1815）江西南昌府

貨〉載陽虎逼孔子出仕，以「懷其寶而迷其邦」責孔子「不仁」，以「好從事而亟失時」責孔子「不知」。[189]可見，在陽虎思維中，判斷準確，不坐失良機是「知」。在〈衛靈公〉中，「仁」與「智」不但並列，且是相持之德：

> 子曰：「知及之，仁不能守之，雖得之，必失之；智及之，仁能守之，不莊以蒞之，則民不敬；知及之，仁能守之，莊以蒞之，動之不以禮，未善也。」[190]

這裏的「知」，應是指治官的才智，「仁」指治政之德，「仁」以持「知」；「知」之用，須以「仁」持守，而歸結於「莊」敬合「禮」。從上列各例看來，《論語》中各則「仁」、「知」之說，議題背景大致都是圍繞著政治而發論的。

〈雍也〉說：

> 知者樂水，仁者樂山；知者動，仁者靜；知者樂，仁者壽。[191]

包注「樂水」曰：「樂運其才智以治世，如水流而不知已。」注「動」

學刊十三經注疏本（臺北：藝文印書館，1989年），卷12〈顏淵〉，頁110–2。本文此下有關包咸注之引文，悉依此版本，不一一註明。

[189] 同見注117，下論，卷9，〈陽貨〉，頁118。

[190] 同見注117，下論，卷8，〈衛靈公〉，頁111。

[191] 同見注117，上論，卷3，〈雍也〉，頁38。

曰：「日進故動」，[192]則非特就「治世」釋「智」，並以「智」爲日起有功；更顯然以「知」爲靈動不絕的才思。〈里仁〉說：「仁者安仁，知者利仁。」[193]「安仁」是自然體「仁」，「利仁」是知「仁」之美而行之。

　　不論〈雍也〉理性清明、知所區辨的「知」，〈顏淵〉「知人（賢）」的「知」，〈陽貨〉判斷準確、不失良機的「知」，還是〈衛靈公〉能治官任事之才智，〈里仁〉識得「仁」美的「知」，〈雍也〉源出不窮的才思之「知」，指的都是一種能識物、辨人、妥善治事的優越才能與智慧。〈子罕〉說：「知者不惑，仁者不憂，勇者不懼。」[194]孔穎達正義釋「知」曰：「明於事，故不惑。」[195]都清楚說明了「知」是一種清明之才能，其後「知」雖與「仁」、「勇」合稱「三達德」，實則所指仍是一種辨識、理解之才能與智慧。這種才能與智慧，是需要透過後天不斷學習、培養才能穩固、完善。〈陽貨〉因此說：「好知不好學，其蔽也蕩……。」[196]這個「學」，義涵相當廣，與其後《孟子》深思入心的「求放心」之「學」義涵顯然不同。

(二)「聖」與仁―圓滿整全的人格、事功

　　作爲儒家最高道德典範的「聖人」，在儒家經典《論語》中鮮少直接被論及；在道家經典《老子》中，反以理想統治者的義涵被推崇了三十餘次，這是很有趣的。《老子》中的「聖人」是清靜無爲的統治典範，《論語》中的「聖」或「聖人」是內聖外王並臻完美的典型，在孔子心目中，它是至高無上，圓滿整全的人格與事功標竿。〈雍也〉載：

192　同見注188，卷6，〈雍也〉，頁54–2。

193　同見注117，上論，卷2，〈里仁〉，頁20。

194　同見注117，上論，卷2，〈子罕〉，頁20。

195　同見注188，卷9，〈子罕〉，頁81–2。

196　同見注117，下論，卷9，〈陽貨〉，頁121。

子貢曰：「如有博施於民，而能濟眾，何如？可謂仁
乎？」子曰：「何事於仁，必也聖乎！堯舜其猶病諸！夫
仁者己欲立而立人，己欲達而達人，能近取譬，可謂仁之
方也已。」[197]

這是《論語》唯一一次較爲清楚論述「聖」的內涵。「聖」高於「仁」，
是一種外王至極，功業廣大，德澤普施的大「仁」盛境，是道德、事功整
全圓滿的呈現。相較之下，「仁」自在許多，規模格局可大可小，但能由
己及人，人己同此一理之心，便是「仁」。作爲像「聖」這樣道德事功
整全圓滿的盛境，事實上只能作爲一種理想性的存在，很難是現實中的事
實。因其爲理想性的存在，故可以成爲現實中永遠的奮鬥目標，適合作爲
士君子一生努力的志業。故孔子說，即使儒家所標榜的招牌人物─堯、舜
亦尚有努力的空間。

　　對於這樣整全圓滿的條件，孔子不敢自居，〈述而〉引孔子之言，
說：「若聖與仁，則吾豈敢？」弟子即使高才如子貢也仍然很難理解，故
太宰與子貢皆曾以「聖」推許孔子，〈子罕〉說：

太宰問于子貢曰：「夫子聖者與？何其多能也？」子貢
曰：「固天縱之將聖，又多能也。」子聞之，曰：「太
宰知我乎？吾少也賤，故多能鄙事。君子多乎哉？不多
也。」牢曰：「子云：『吾不試，故藝。』」[198]

---

[197] 同見注117，上論，卷3，〈雍也〉，頁40。

[198] 同見注117，上論，卷5，〈子罕〉，頁56。

這裏顯示幾個觀點：1.「聖」非才幹問題：君子所務，不在才幹。2.才幹是環境的陶鑄與培成；太宰顯然將「德」與「能」相混，徒見孔子之能而忽其德，或無以察其「德」；子貢了解老師較深入，故既知其「德」，又見其「能」。

　　總之，從《論語》看來，「聖」與「知」儘管所論不多，卻都與「仁」緊連並論。因爲儒家崇「德」，「德」須由人心中去尋求依據，「仁」從二人，講的就是人心的互動與交流問題，「仁」因此是諸「德」之總，諸「德」因多合「仁」而論。「知」偏指一種清明辨識的能力與智慧，這種能力與智慧之培成和增強需要「學」，透過「學」，可以使其準確而有效。在《論語》裏，「知」尚未成爲一種主體自覺之「德」。「聖」卻是一種內聖外王並臻，全備圓滿的道德盛境，是德境，也是功業，更是一種理想性的標竿，故舉以爲士君子一生道德志業的終的。「聖」與「知」質性原本相去甚遠；然而，在近年郭店出土的戰國儒簡文獻〈六德〉與〈五行〉中，「知」卻與「聖」、「仁」齊竝，被凸顯推闡了起來。

二、〈六德〉的仁、智、聖—人倫的規範與要求

　　在郭店楚簡文獻〈六德〉中，「聖」、「智」與仁、義、忠、信結合，一起被規定成爲政治與家庭倫理內容，所謂三親、六位的條件要求。〈六德〉說：

> 何謂「六德」？聖、智也，仁、義也，忠、信也。聖與智戚矣，仁與義戚矣，忠與信戚矣。作禮樂、制刑法，教此民爾，使之有向也，非聖、智者莫之能也。親父子、和大臣，歸四鄰之淵澗，非仁、義者莫之能也。聚人民、任土

地，[199]足此民爾生死之用，非忠、信者莫之能也。[200]

〈六德〉作者將聖智、仁義、忠信兩兩配分成三組，並且就「外王」的方向上去界定它們的功能說：制定禮樂、刑法，使人民的行為有了指引的方向與目標，要靠聖、智；敦睦家庭、政治與社會上的人倫關係，要靠仁、義；妥善處理各類民生問題，要靠忠、信。在這裏，聖、智和仁、義、忠、信一樣，都是指外王方面的才智和能力。這樣的「聖」、「智」義涵大致仍是承襲《論語》中的「聖」、「智」而來。

　　然而，〈六德〉接著說：

> 生民〔斯必有夫婦、父子、君臣，此〕[201]六位也。有率人者，有從人者；有使人者，有事人者；有教者，有孝者，此六職也。既有夫六位也，以任此六職也；六職既分，以表六德。[202]

作者提出了家庭與政治上的三組人倫關係－夫婦、父子、君臣，稱之為「六位」；並分別規定其職：夫率、婦從、君使、臣事、父教、子孝；又說：這六位中的各成員，在執行「六職」時，當依循「六德」，呈顯「六德」。這聖、智、仁、義、忠、信「六德」於是從前述制作禮樂、刑法，

---

[199] 此處本作「任地＝」，裘錫圭以為「＝」非重文號，是表示此字當讀為「土地」二字的意思，此文當讀為「任土地」，其說同見注186，頁189。

[200] 同見注186，頁187。

[201] 「生民」與「六位」之間本殘，裘錫圭據下文有「生民斯必有夫婦、父子、君臣」之語，疑此句本作「生民斯必有夫婦、父子、君臣，此六位也」，今據以補入，其說同見注186。

[202] 同見注186，頁187。

親睦各類人倫關係和有效處理民生問題的政治智慧與才能，成為家庭和政治倫理。由於此下第6.7.11.12.13支簡的殘損，使我們不能確定這「六德」從上述存留《論語》原旨的政治德能到同時成為倫理規範的義涵之間，是否有較清楚的依據或道理說明；但，自13簡末起，〈六德〉便開始全面界定六位、六職與六德的緊密關係，它說：

父兄任者，子弟大材藝者大官，小材藝者小官，因而施祿焉，使之足以生，足以死，謂之君，以義使人多；義者，君德也。非我血氣之親，畜我如其子弟，故曰：苟濟夫人之善施，勞其股肱[203]之力弗敢憚也，危其死弗敢愛也，謂之〔臣〕，[204]以忠事人多；忠者，臣德也。知可為者，知不可為者；知行者，知不行者，謂之夫，以智率人多；智也者，夫德也。能與之齊，終身弗改之矣。是故，夫死有主，終身不變，謂之婦，以信從人多也；信也者，婦德也。既生畜之，或從而教誨之，謂之聖；聖也者，父德也。子也者，會享長材以事上，謂之義，上共下之義以

203　「勞其」以下兩字本作「❋❋」，各家釋讀不一，茲依趙安平釋作「股肱」，義較勝。其說本由趙平安2000年初在「清華簡帛研讀班」所提出，其後廖名春在其《郭店竹簡〈六德〉篇校釋》中首引趙平安說（《清華簡帛研究》第1輯，2000年8月15日，頁73–74。陳偉並於〈郭店簡〉〈六德〉校　中加以論證，本文收入中國古文字研究會、吉林大學古文字研究室編：《古文字研究》第24輯（北京：中華書局，2002年），頁395–396。趙平安本人則於〈關於及的形義來源〉一文中正式重提，武漢大學簡帛網：http://www.bsm.org.cn/show_article.php?id=509，2007年1月23日。

204　「臣」字本無，裘錫圭以為：依上下文例，此句「謂之」下，本應有「臣」字，其說同見注186，頁199。

> 供社稷，謂之孝；仁者，子德也。故夫夫、婦婦、父父、子子、君君、臣臣六者各行其職而訕謗亡由作也。……父聖、子仁、夫智、婦信、君義、臣忠。聖生仁，智率信，義使忠。[205]

在封建宗法架構下，君當適當給予臣合理的祿位，以使令臣，故君職「使」，君德「義」。臣與君非親，卻受其祿位，當竭忠盡死以事之、報之，故臣職「事」，其德「忠」。孟子說：「是非之心，智之端也。」[206]夫必須較妻子更具備區辨是非的能力與智慧，以為妻子行為的表率，故夫職「率」，其德「智」。妻須與夫具備同等才能，卻須終身不渝地從夫；夫死，另有所從（子）。照這樣的說法，妻子須與丈夫才能相等，情操上卻以順從與堅貞不渝為信條，故妻職「從」，其德「信」。父生、教其子，於家庭中地位最為尊崇，故其職「教」，其德「聖」。對於子職與子德，由於簡文幾個關鍵性字詞說法之紛紜難辨，故其理難明，唯知其職為「孝」，其德配「仁」。「聖」與「智」成為家庭倫理中最高權位者「夫」與「父」的德操。這個「智」仍保有〈顏淵〉與〈衛靈公〉中明識能力的義涵，卻明顯標幟著夫妻互動關係中，丈夫的優越性與主導性。這個「聖」所蘊涵的，不僅是生、教問題，同時也是家庭倫理與親子關係中，無可挑釁、置疑的最高權威。換言之，身為夫或父，必須具備甚或圓滿這樣的條件，才稱其「職」，這是〈六德〉對家庭倫理的規定與要求。

　　這種義涵與層次下的「聖」、「智」，是在周代封建宗法以血親為主的架構下之規定與分配，不是自我主動的期許與悅求。是順著外王事功義涵，同時轉向人倫秩序的條件要求，尚無涉於道德的自覺與培成。據此以

205　同見注186，〈六德〉，頁187–188。

206　同見注117《孟子集注》，上論，卷2〈公孫丑上〉，頁47。

觀，〈六德〉的寫定，或許早於子思學派的〈五行〉，故保留許多德目義涵仍未十分確定的初樸狀態，而更接近《論語》。郭齊勇說：「〈五行〉論述以天道觀爲背景的個體道德及其深層的道德形而上問題；〈六德〉只是五行向社會倫理層面的推行的理論紀錄。」[207]從〈六德〉與〈五行〉中，我們可以清楚看到，儒學中的仁、智、聖三德分別在外王齊家治國與內聖兩個方向推衍、發展的狀況。

　　要之，在〈六德〉中，聖、智、仁、義既是外王治政之才能，也是人倫的道德規範；既保留有早期儒學中義涵寬泛未確定的特質，卻又明顯朝向外王一路齊家、治國的人倫教化方面界定。聖、智、仁之朝向內聖方面深入，須賴子思、孟子起，儒家的道德形上學建立之後。被推爲子思學派撰作的〈五行〉與〈德聖〉理論中，便相當程度地呈現出這種狀況。

三、簡帛〈五行〉與〈德聖〉的仁、智、聖—內聖工夫的講求

　　「聖」與「智」的深入內化，促成儒家形上學的建立，從現存可查的典籍文獻看來，是從子思學派開始的。在近年出土被推爲子思學派遺作的戰國儒簡文獻〈五行〉與馬王堆帛書〈德聖〉中，「智」被深入地內化，同樣與「聖」、「仁」齊竝，被凸顯推闡了起來。

㈠子思學派的著作與文獻

　　有關子思學派的思想與著作，《史記》〈孔子世家〉和《孔叢子》〈居衛〉都說子思作〈中庸〉，《漢書》〈藝文志〉有《子思子》二十三篇，一般認爲《禮記》中的〈表記〉、〈中庸〉、〈緇衣〉、〈坊記〉四篇都是《子思子》的遺存；但《孔叢子》〈居衛〉所云《中庸》原爲

---

[207] 郭齊勇：〈再論「五行」與「聖智」〉，《中國哲學史》2001年第3期（2001年8月），頁20–26。

四十九篇，篇數高過《漢書》〈藝文志〉的二十三篇，或以爲〈中庸〉即
《子思子》之首篇，故取以爲名。除〈中庸〉外，1973年長沙馬王堆三
號漢墓出土，附抄在帛書篆體《老子》之後，「經」、「說」並存的〈五
行〉與〈德聖〉，和1993年郭店楚墓出土，只有經文的竹簡〈五行〉與
其餘十幾種儒簡文獻，一般推定內中多思孟學派的作品，其中如〈性自命
出〉、〈窮達以時〉、〈成之聞之〉、〈唐虞之道〉（〈求己〉）、〈魯
穆公問子思〉、〈六德〉等，尤其被認爲與子思學派有密切關係，梁濤
與姜廣輝甚至認爲是子思本人的作品，[208]尤其是〈五行〉「經」文部分。
其實，子思與孟子之間思想上原本存在著一定的差異，[209]〈五行〉「經」
文與「說」文之間，觀點也明顯不同，品質尤其懸殊甚大。[210]有關其寫作
年代究竟在孟子之前或之後，雖存在著不同的說法；然就思想內容看來，
「說」文部分有著諸多孟學後人的痕跡，是孟子之後的作品，應無虞慮；
「經」文部分則應是孟子之前子思學派的作品。[211]

　　而《禮記》中被推定爲子思學派的四篇作品，除〈中庸〉外，其餘
〈表記〉、〈緇衣〉、〈坊記〉三篇都不涉及聖、智之討論；被推定內

---

[208] 詳參梁濤：《郭店楚簡與思孟學派》（北京：中國人民大學出版社，2008年），頁217。姜
廣輝：〈郭店楚簡與早期儒學〉，《義理與考據—思想史中的價值關懷與實證方法》（北
京：中華書局，2010年），頁13。

[209] 王博：〈孟子與〈五行〉〉，收入丁原植主編：《簡帛思想文獻論集》（臺北：臺灣古籍
出版公司，2001年），頁132–135。

[210] 有關此點，已在本書第十、十一兩部分中討論過，茲不贅述。

[211] 說見魏啓鵬：〈序一〉，《馬王堆漢墓帛書〈五行〉校釋》（成都：巴蜀書社，1991
年），頁5；李學勤先說是思、孟一派著作，後又說「經」文爲子思之說，前說見李學勤：
〈帛書〈五行〉與《尚書·洪範》〉，《學術月刊》1986年11期（1986年11月），頁37–
40；後說見李學勤：〈從簡帛佚籍〈五行〉談到〈大學〉〉，《孔子研究》1998年第3期
（1998年5月），頁47–51。

多孟思學派作品的郭店儒簡文獻，除〈六德〉和〈五行〉經文外，其餘如〈性自命出〉、〈窮達以時〉、〈成之聞之〉、〈唐虞之道〉（〈求己〉）、〈魯穆公問子思〉等都不涉及聖、智議題，本文以下所論子思學派思想，因即以郭店楚簡〈五行〉「經」文、馬王堆帛書〈德聖〉，暨〈中庸〉中的聖、智論述爲依據，暫不涉及有著孟學後人思維的〈五行〉「說」文。

　　不論竹簡〈五行〉究竟爲子思本人或子思學派的作品，在《論語》中與仁、聖重要性相差甚大，且偏向才智義的「知」，在〈五行〉中卻被深深地內化，大大地推闡了起來，不但與「聖」並列論述，且與「仁」一起凸出於「五行」中，深入「心」、「思」。在論述「五行」「心」、「思」化的過程中，「智」且是首先被論及的。

㈡內外、天人與德善

　　〈五行〉是迄今所見儒家文獻中對成德過程論述最爲深入細膩的篇章。它上承孔子以外王爲終極價值，禮樂刑政並重的道德觀，下啓孟子心性內聖可以抽離外王而單獨講求的道德論，明晰地建立起儒學的道德形上論。過去在《論語》中，孔子論「德」，恆不離政教與事功，說「修己以安人，修己以安百姓。」（〈憲問〉）「修己」與「安人」，內聖和外王是一體通貫的，初無「內」、「外」之分，亦無「德」與「行」之區隔，修己、進德、內聖是過程和先決條件，治人、安人、外王才是終極目的。對積極入世的孔子來說，合內聖與外王、修己與安人才是一個完整的歷程。修己、內聖是爲安人、外王儲備充足的條件，是外王的前階修爲；內聖價值的高下，有時候甚至是要以外王功業廣遠的程度來界定的，此〈雍也〉之所以盛讚「博施於民而能濟衆」的「聖」境。《論語》中所論及的「德」，不論仁、義、孝、弟、禮、忠、信……，基本上大致是「德」、「行」合一，並無自「行」中對「德」作單獨的抽離或提煉。

　　到了子思學派則不同，〈五行〉開宗明義便清楚界分了「德之行」

與「行」、「天道」與「人道」、「德」與「善」之不同，並且凸顯了「仁」、「智」、「聖」的重要。〈五行〉「經」文說：

> 「仁」形於內謂之「德之行」，不形於內謂之「行」；
> 「智」形於內謂之「德之行」，不形於內謂之「行」；
> 「義」形於內謂之「德之行」，不形於內謂之「行」；
> 「禮」形於內謂之「德之行」，不形於內謂之「行」；
> 「聖」形於內謂之「德之行」，不形於內謂之「行」；
> 德之行，五和謂之「德」，四行合謂之「善」，善，人道也；德，天道也。[212]

「形」是成形之意，「形於內」指深入其心。〈五行〉作者一開始便標舉仁、義、禮、智、聖五「行」為儒家一切德目的代表，並且界定了「德」之高規格：

1. 「德」須深入其心才叫「德」，不能深入其心的各種良好行為，只是一般人倫社會層面的善行，不足稱「德」。

2. 「德」與「善」不是單一的道德修為，而是多種道德整全合一的表現；換言之，〈五行〉此下儘管個別深入地解析仁、義、禮、智、聖各行之質性與層層精進之培養過程；但其終境，不論成德或成善，彼此之間需要有機結合。

3. 「德」是天道、人道整體圓滿的呈現，必須仁、義、禮、智、聖五者完足齊備，才成「德」；即使是「善」，也須仁、義、禮、智四

212　參見中國國家文物局古文獻研究室編：《馬王堆漢墓帛書〔壹〕》（北京：文物出版社，1980年），〈五行〉，頁17。本文此下所引馬王堆漢墓帛書〈德聖〉與〈五行〉之文，悉依此版本，不一一註明。

行具足。

在與帛書〈五行〉同時出土，且同置一匣的帛書〈德聖〉中，對此有明顯的相應論述；〈德聖〉說：

> 四行成，善心起；五行形，聖氣作；五行形，德心起，和謂之德。其愛謂之一，其愛謂之天，有之者謂之君子，五者一也。[213]

〈德聖〉內容既短少又殘缺，我們看不到其所謂「四行」是否和〈五行〉一樣，指仁、義、禮、智；但第五行是「聖」，應該是不會錯的。而如此呼應密切的「四行」、「五行」論述，令我們有理由相信，那「四行」應是仁、義、禮、智。〈德聖〉也和〈五行〉一樣，強調「五」行「一」體，稱做「一」，叫做「天（道）」。能臻「聖」、入「德」、合「天」者，叫做「君子」。〈德聖〉又說：

> 道者、德者、一者、天者、君子者，其閉塞謂之德，其行謂之道。[214]

「閉塞」，指在內未外顯，「行」指外顯。不同於〈五行〉，〈德聖〉作者區分了「道」與「德」，認為上述這些道、德、一、天、君子等等，總的說來，本質是一體的，只有「閉塞」與「行」，發與未發，呈顯、不呈顯的問題。在內未顯是「德」，「德」表現於外，便是「道」。這顯與未顯、發與未發的區隔與強調，令人聯想到另一篇相傳為子思寫定的重要文

---

[213] 中國國家文物局古文獻研究室編：《馬王堆漢墓帛書［壹］》，〈德聖〉，頁19。

[214] 同見注213，頁39。

獻一〈中庸〉，〈中庸〉說「喜怒哀樂之未發謂之中，發而皆中節謂之和」。子思學派似乎很注意，也很強調深入於心、內在未發的東西之存在價值與功能；換言之，就是「德」內駐於心性的問題。

〈五行〉「經」文在述完「五行」之目，區辨了「德之行」與「行」，「德」與「善」、「天道」與「人道」後，開始反覆細述「五行」之成德過程，尤其是「仁」、「智」、「聖」。它依次：

　　1.論「智」、「聖」
　　2.論「仁」、「智」、「聖」
　　3.論「仁」、「智」
　　4.論「仁」、「聖」
　　5.論「仁」、「智」、「聖」
　　（中間插論「一」與「慎獨」、「天道」與「人道」、「善」與「德」）
　　6.論「仁」、「義」、「禮」
　　7.論「聖」、「智」
　　8.論「聖」、「義」、「智」、「仁」、「禮」
　　9.論「聖」、「智」
　　10.論「仁」、「義」、「禮」。

在整篇「經」文反覆十次述德的內容中，「仁」被提論了八次，「聖」、「智」亦各有七次，「義」、「禮」卻都只有三次。作為孔子思想核心與諸德之總的「仁」，在《論語》中出現的頻率與論述幾乎遍在各篇章，據初步估計，至少在四十則以上；或合孝、弟，或合禮、樂，或合義、合智、合聖、合勇而論，是諸德之總，也是儒典中的遍在之德。其顯現在簡帛〈五行〉經文中的，如上所列十例，也是這樣的情況。一如《論語》，「仁」自始至終都是〈五行〉中唯一通貫論述之德。除了「仁」之外，「聖」、「智」也各得到七次的論述，「智」且是開論的第一德。「聖」與「仁」固然是〈五行〉的主體論述，但對「智」作如此高頻率的推闡，

是很特別而大異於《論語》的。

(三)中心憂思以啓「仁」、「智」、「聖」

原本在《論語》中，孔子以「克己復禮」爲「仁」，「克己」是修「仁」的工夫，「禮」是「仁」的準則與依歸，行「仁」以符合社會規範，實踐社會倫理爲標的；「聖」、「智」的內容也都與社會政治行爲或活動緊密相連。到了〈五行〉，「仁」、「智」、「聖」都轉向內聖工夫的深入講求，要求一種發自內心深處不自覺的主動意願與悅求。〈五行〉先說「智」與「聖」：

> 君子無中心之憂則無中心之智，無中心之智則無中心之悅，無中心之悅則不安，不安則不樂，不樂則無德。[215]
> 君子無中心之憂則無中心之聖，無中心之聖則無中心之悅，無中心之悅則不安，不安則不樂，不樂則無德。[216]

在《論語》中，孔子從未細述「德」本身如何培成的問題，它卻是〈五行〉的主體論述。〈五行〉點出「德」之培成源自內心深處之「憂」。這個「憂」，指的是一種自覺有所不安的思慮，一種思欲有以的憤悱之情。這種憤悱之情，初始或許只是一縷不能自我滿足的焦慮，這種焦慮必須讓

---

[215] 同見注186，頁149。

[216] 同見注213，頁17。此節有關「聖」的「中心之憂」之論述，只見於帛本〈五行〉，郭店簡本〈五行〉原無，只有「智」的「中心之憂」之論述，涂宗流、劉祖信因以爲乃後人所加。然由其下簡本經文仍謂「仁之思也⋯⋯，聖之思也⋯⋯」，卻沒有「義之思也⋯⋯」與「禮之思也⋯⋯」，因仍願相信簡本經文，即或原本無述「仁」、「聖」的中心之憂，其實仍是認定「仁」、「聖」和「智」一樣，深入而內在，當由內心深入開啓。涂、劉之說見《郭店楚簡先秦儒家佚書校釋》（臺北：萬卷樓圖書公司，2001年），頁380。

它逐漸深化成爲主動的悅求與眞心的企盼，才能穩定下來；能穩定下來，焦慮便轉爲享受與歡樂。從此不再焦躁，不再企盼，而駐成精神、心靈的滋潤。不穩定的焦慮能駐成心靈的滋潤與享受，「德」才有必然與保證，才能培成。「仁」如此，「智」如此，「聖」亦然。換言之，「德」起於有「心」欲爲，沒有由衷欲爲之「心」，所謂的主動自覺，「德」無由培成。這樣的「仁」，沒有一絲勉強自制，不需任何鞭策，全然不由自主地想如此；這樣的「智」，也不是一般感性、理性之智，而是一種內在自然之體得與通悟。即使是內外條件全備圓滿的「聖」，也被強調要由「中心」開啓，「安」、「樂」以培成。如此正面強調「中心」、「憂」、「思」爲成「德」的基礎條件，是〈五行〉也是子思學派對先秦儒學的最大發揚。前此，在孔子的理論中，道德與行動是內外一體，自然而不假細辨的。自〈五行〉一系子思學派開始，「內」與「外」，「德之行」與「行」，「德」與「善」，「天道」與「人道」開始被清楚而細緻地區隔，「德」超越於「行」之上的內質被澄澈地提煉了出來，成爲儒學心性一系的核心成分。

　　〈五行〉接著解析「智」、「聖」、「仁」各德之「思」的質性，它以「智」啓論說：

> 智弗思不得，思不清不察，思不長不得，思不輕則不形，不形則不安，不安則不樂，不樂則弗德。
> 不仁，思不能清；不智，思不能長。不仁不智，未見君子，憂心不能惙惙，既見君子，心不能悅。……
> 不仁，思不能清；不聖，思不能輕。不仁不聖，未見君子，憂心不能忡忡，既見君子，心不能降。[217]

---

[217]　同見注186，頁149。

〈五行〉說,所謂「形於內」的「智」、「聖」、「仁」是必須透過「思」去體得的,而三者之「思」質性又各不相同。「仁」因爲發乎本心之自然關愛,不雜任何現實功利條件,故曰「清」,「清」是純粹不雜之意。「長」是「增長」、「增進」之意,「智」是一種直觀的辨識能力,是「五行」之始。「智」之「思」能增長辨識能力,故曰「長」。辨識能力能增長,進德才能有所得;有所得,才能長駐於心,故曰「智之思也長,長則得,得則不忘。」反之,若不智,思慮便不能增長;思慮不能增長,進德便無所得,故曰「不智,思不能長」、「思不長不得」。

「聖」是一種超凡的聽覺,故曰「輕」。在〈五行〉作者看來,發乎憂、思的「仁」,不需「克己」以符合社會規範,也無有奮勉或自我鞭策,純然出乎本心之自動與自覺。發乎憂、思之「智」,也不僅止於感知辨識,而是一種即見即知、當下體得的通悟。發乎憂、思之「聖」,則是一種超越的冥契能力,故曰「輕」。不管那一種質性的「思」,「智」或「聖」或「仁」,由發思到成德,都須經過前述悅、安、樂的歷程,才能穩定以入。

〈五行〉論述「仁」、「智」、「聖」三德的培成歷程說:

> 仁之思也清,清則察,察則安,安則溫,溫則悅,悅則戚,戚則親,親則愛,愛則玉色,玉色則形,形則仁。
> 智之思也長,長則得,得則不忘,不忘則明,明則見賢人,見賢人則玉色,玉色則形,形則智。
> 聖之思也輕,輕則形,形則不忘,不忘則聰,聰則聞君子道,聞君子道則玉音,玉音則形,形則聖。[218]

---

[218]　同見注186,頁149。

它以「見」、「明」（視覺）釋「智」，以「聞」、「聰」（聽覺）釋「聖」，在〈五行〉全文中，聲、聽、聖三義寫法相同，是一字三用。魏啟鵬說，〈五行〉的「聖」是一種超凡的聽覺，「智」是一種直觀的視覺，[219] 指的都是「聖」、「智」深入德化的狀態。「仁」、「知」、「聖」各自因其不同質性之「思」的孕育、發展、演變，終於培成不同之「德」。「仁」思發乎自然，不雜任何條件與色彩，故其「思」清純，溫和可悅，其顯現於容態上，則如玉之溫潤。「知」思進長，能即見即知，當下了然通悟，面對賢人，能瞬知立辨，不由自主地自然欽仰，希慕依從。「聖」思超越，聽聞如玉聲般清亮聰通，故能妙體天道，直契天德，這些叫做「形於內」。〈五行〉「經」文反覆迴論這種發自內在心性憂思的仁、智、聖不同於一般社會倫理品操：

> 未嘗聞君子道謂之不聰，未嘗見賢人謂之不明；聞君子道而不知其君子道也，謂之不聖；見賢人而不知其有德也，謂之不智。見而知之，智也；聞而知之，聖也。明明，智也；赫赫，聖也。「明明在下，赫赫在上」，此之謂也。聞君子道，聰也；聞而知之，聖也，聖人知天道。[220]

依〈五行〉之意，「智」的發用，是一種特殊的直捷視覺，對於賢、善有特殊的敏感度，能即見立知，當下反應，故曰「明明」；「聖」的發用，是一種特殊的靈妙聽覺，能直體天道、上契天德，故曰「赫赫」。

---

[219] 參見魏啟鵬：〈帛書〈五行〉研究札記〉，《簡帛〈五行〉箋釋》（臺北：萬卷樓圖書公司，2000年），頁146。

[220] 同見注186，頁150。

　　在馬王堆篆體帛書〈德聖〉中，也有與此相應的論述，〈德聖〉
說：

　　　　聖，天知也，知是道曰知（智），知天道曰聖。聖者，聲
　　　　也，聖者知（智），聖之（智），知天，其事仕翟，其
　　　　謂之聖者，取諸聲也。知天者有聲，知其不化，知（智）
　　　　也。仕而弗知，德矣。仕而知之，叕也。[221]

　　「聖」是一種「天知」，一種超凡的聽覺，是直契天道、上契天德之
「智」，有別於立見能知的識賢、知善之「智」。〈德聖〉清楚地說出了
聖、聽、聲三義之合一，故曰：「聖者，聲也，……其謂之聖者，取諸聲
也。知天者有聲……」[222]這種「聲」，其實是發諸心靈深處，一種心靈之
聲。其聲發自心，其聽也由心，是心之妙悟，也是一種發自深心的靈智，
當然包含了即知即見的「智」，故曰「聖者智」。

　　自〈五行〉以「明」釋「智」，以「聰」釋「聖」後，聰、明與
聖、智便常被連結並稱，《荀子》說「聰明聖智，守之以愚」、[223]「聰明
聖智，不以窮人」，[224]便是顯例。

　　較之《論語》中孔子所言，〈五行〉之「智」由辨物、為官、治事
之能與用賢之義，轉為知賢、欽賢之「思」，強調的是見知之當下，與
欽慕、仿效之一體通達。「聖」由內聖外王全備的德能，轉為聽通天道

---

[221] 同見注213，頁39。

[222] 同見注213，頁39。

[223] 王先謙：《荀子集解》（臺北：藝文印書館，1973年），卷20，〈宥坐〉，頁218。此下有
　　　關《荀子》各篇引文悉依此版本，不一一註明。

[224] 王先謙：《荀子集解》，卷3，〈非十二子〉，頁237。

（心契天德），範圍似乎縮小了，品質卻提煉得更細緻精微而深入，故曰「輕」。「聖」、「智」，尤其是「智」，從此可以抽離政治事功，成為自具價值之「德」。

事實上，在《論語·顏淵》中，孔子答樊遲之問，曾以「知」為「知人」，根據孔子和子夏的補充說明，「知人」即是「知賢」。〈五行〉所說的「智」之發用，也顯現在「知賢」上，這和孔子對樊遲所說「知」的義涵，基本上是相承相應的。只是在〈顏淵〉中，孔子和子夏對「知人」的詮釋都從政治事功上述說；所謂「知」，指的不只能辨識，更要能「舉」用。〈五行〉「經」文的作者，基本上也保存此一旨意，他說：

> 疋膚膚達諸君子道，謂之賢。君子知而舉之，謂之尊賢；知而事之，尊賢者也。（前，王公之尊賢者也；）[225]
> 後，士之尊賢者也。[226]

依〈五行〉「經」文這樣的說法，孔子、子夏所說「知人」之「知」，指的便是「王公尊賢」之「知」；而〈五行〉通篇的成德工夫，所要陶教的，顯然是「士之尊賢」的「知」，故重在許多細部工夫之培成；但亦不忘孔子之教，故亦及王公之尊賢。

㈣「義」、「禮」並不由中發「思」

比較特殊的是，〈五行〉經文論中心之「憂」只及「聖」、「智」，論「思」亦僅及「仁」、「智」、「聖」；「義」、「禮」皆不

---

[225] 此句簡本原無，據帛本增補於此。

[226] 同見注186，頁151。

在其中，這是否意味著，在〈五行〉經文作者的思維中，「義」、「禮」在外不由內？郭店儒簡中另一篇〈六德〉就說：「仁，內也；義，外也；禮樂，共也。」也以「義」爲「外」；所謂「共」，指的應是內外合一，因爲禮、樂自孔子之後，就不再只是鐘鼓、玉帛的宗教功能與活動節目，而是被要求有著內心眞誠哀思與由衷喜樂之情的軟體內容，故曰內外合一，曰共。

〈五行〉經文也說：

> 中心辯然而正行之，直也；直而遂之，迣也；迣而不畏強禦，果也。……貴貴，其等尊賢，義也。
> 以其外心與人交，遠也；遠而莊之，敬也；敬而不懈，嚴也；嚴而畏之，尊也；尊而不驕，恭也；恭而博交，禮也。[227]

「義」始於「中心辯然」，禮始於「外心」交人；這個「中心辯然」的「中心」，和仁、智、聖的「中心之憂」的「中心」，深度層次不大相同；後者強調「憂」之深層，前者顯然泛指「內心」。換言之，在〈五行〉作者心目中，「義」要能崇賢、尊賢；「禮」重在保持適度距離之尊重與交往，其區辨、尊重與交往，當然需要由衷眞誠，卻並不特別強調深心那一點不由自主的焦慮與自覺。要之，「仁」、「智」、「聖」較之「義」、「禮」更爲由「內」，這很清楚是〈五行〉經文作者的思維。

㈤「五行」始於「智」，圓成於「聖」

從上文論述可知，〈五行〉「經」文除「仁」之外，特重「聖」、

「智」，通篇過半論「聖」、「智」，其論憂思啓德或臻聖成德都一再由「智」開論，而隨之以「聖」，「聖」、「智」並闡。因為「智」是「五行」之始，「聖」是「五行」之終，成德之事應該有始有終，故特重「聖」、「智」。推其所以以「智」為進德之始，或因基於儒家示範教育的習學特質，標舉典範是施教的第一步，識賢因此是進「德」的開端，有極高的敏銳度，能見賢立知，便是「智」，「經」文故首論「智」，說：

> 見而知之，智也；知而安之，仁也；安而行之，義也；行而敬之，禮也。[228]

這裏安排了「聖」以外「四行」的順序，以「智」為起點。能見賢立知，在進德的工程中，便有一個明確的目標作為依據，心中能清楚明白所要學的是什麼，學起來較能穩定而主動，謂之「仁」；實踐起來較能合度恰當，便是「義」；實踐時能審慎不苟，便是「禮」；因此，可以說「仁」、「義」、「禮」三行在修持的過程中，其實是以識賢、希賢的「智」為起步的，所以說「明明在下」。

　　而當四「行」具足，五「行」圓滿之時，其德境謂之「聖」。在「聖」的情境中，聽聞超凡地清明，一聽而妙悟天通，了然無礙，那不只是一種聽覺，更是一種一步到位的通徹瞭然，這時人道、天道、人倫、天德一體通貫，無罣無礙，該知該解，能知能解的，當下通徹。像這樣徹天徹人，一體通貫之德，推究其根源，其實是以此區區一「心」之「憂」、「思」去開展出來的。以小通大，就其成效而言，規模格局相當驚人，這便是成德的大效與終境，故曰「赫赫在上」。

　　由區區一「心」上去下工夫，其德之效果威力能達到如此的深度與高

度，這是子思學派對孔子以來的儒學最大的深化、創造與貢獻。它使平凡之人，修此一「心」，成聖成賢完全操之在我，成為絕對之可能，非關權位，也無需名器。進德能達到這樣的深度與高度，前四行的功能效果其實已盡涵入其中了，故曰「集大成」。五行既皆圓滿涵融，整個進德工程才算圓滿結束，其歷程就像一首完美樂章的全程演奏一樣，故曰金聲玉振。

　　然而，誠如孔子所說，這仍然只是一個理想的標竿，無有實際的終止。因為天道、天德無邊無際，無限廣遠；「聖」德所要通徹的，當然也無窮無際。進德是一生的志業，成「聖」當然也就是永遠的進程。不過，這個進程，站在教育的立場上，還是該為它標個起點與終點；〈五行〉「經」文說：

> 君子之為善也，有與始也，有與終也；君子之為德也，有與始，無與終也。金聲而玉振之，有德者也；金聲，善也；玉音，聖也，唯有德者然後能金聲而玉振之也。[229]

從前，孔子以「聖」為功、德雙面永難企及的最高理想。〈五行〉「經」文作者基本上承續此旨，除了以「聖」之「德」為「無與終」的志業之外，並教誥人，盡其在我，行一程是一程，能做多少算多少，〈五行〉故曰：「君子集大成。能進之，為君子；不能進，各止於其里。」[230]像這樣對五德品質及其培成過程，深入而精微的獨立探討，無論如何是藉重外王、講求統類的荀子所不以為然的，故荀子當然要批評其「幽隱」、「僻約」了。

229　同見注186，頁150。
230　同見注186，頁151。

四、〈中庸〉的仁、聖、知—誠、明通天

在先秦儒家傳世文獻中，義理性較強，而又與子思學派思想性質較相關者爲〈中庸〉。儘管有關〈中庸〉的作者，說法存在著諸多歧異，其內容也被指出有時代甚晚的部分；但，其由一「心」之「誠」所開展出的「聖知」，德境高大廣遠，上承孔子，卻又明顯存在著〈五行〉一系由「中」憂思的精微氣質。

〈中庸〉說：

> 好學近乎知，力行近乎仁，知恥近乎勇，知斯三者，則知所以修身。[231]

〈中庸〉和〈陽貨〉一樣，主張「知」須由「學」中培養。「修身」依照儒家的慣說，指的就是進德；進德以「知」、「仁」、「勇」爲基礎，這和〈五行〉「知」、「仁」、「義」的德序，有著相合之處。〈中庸〉言及「誠」之發用時說：

> 誠者非自成己而已也，所以成物也。成己，仁也；成物，知也。性之德也，合外內之道也。[232]

〈中庸〉的「誠」，一如〈五行〉的「中心之憂」，都是一「心」之自覺，卻可以「成己」、「成物」，內聖、外王一體通達。其發自一「心」眞實無妄之「誠」論，正是〈五行〉憂思成德之意，〈中庸〉說：

---

[231] 同見注117，頁16。

[232] 同見注117，頁22。

唯天下至聖為能聰明睿智，足以有臨也；寬裕溫柔，足以有容也；發強剛毅，足以有執也；齊莊中正，足以有敬也；文理密察，足以有別也。溥博淵泉，而時出之。溥溥如天，淵泉如淵，見而民莫不敬，言而民莫不信，行而民莫不說。是以聲名洋溢乎中國，施及蠻貊，舟車所至，人力所通，天之所覆，地之所載，日月所照，霜露所隊，凡有血氣者，莫不尊親，故曰配天。[233]

唯天下至誠，為能經綸天下之大經，立天下之大本，知天地之化育。夫焉有所倚？肫肫其仁！淵淵其淵，浩浩其天！苟不聰明聖知達天德者，其孰能知之？[234]

「聰明睿知」是「聖」，「廣裕溫柔」是「仁」，「發強剛毅」是「義」，「齊莊中正」是「禮」，「文理密察」是「智」，這兩例講的大抵是一回事，指的都是經由一「心」—「誠」之培養至極與發用，可以臻至諸德齊備，天道、人道一體通貫，無親無疏，德澤廣被的「大成」聖境。既實現了孔子「博施」、「濟眾」的理想，也應合〈五行〉金聲玉振的圓滿終境。〈中庸〉的「誠」說正是結合孔子的事功理想與子思學派精微自覺心性說之展現。

五、結論

　　從孔子到孟、荀之間，儒學的發展是多元、多面向的；《韓非子》〈顯學〉說，它們至少分為八派，這八派中，著重人倫教化與講求心性修

233　同見注117，頁27–28。

234　同見注117，頁28–29。

養工夫，是明顯的兩大面向，終而衍成孟、荀兩路的分殊。其衍化過程中的理論軌跡，在《禮記》的部分篇章，或可以找到一些印證，在近年出土〈六德〉、〈五行〉、〈德聖〉等文獻的內容中，也清楚呈現了這樣的狀況。

孔子論德，恆不離政教與事功，合內外爲一體，統而稱論，初無「內」與「外」，「德」與「行」之分；恆言下學上達，修己治人；其論「聖」、「智」亦如此。即使在戰國後儒所撰作的郭店楚墓出土儒簡文獻〈六德〉中，「智」、「聖」仍然保留著這類《論語》中外王目的的政治義涵，卻指向齊家、治國的倫理規範與要求。內聖的道德修養價值似尚未被從外王的前置作業中解放出來，獨立出來，仍然和外王的目的合而爲一，「明明德」仍只是「親民」的前階或半程，與「親民」結合爲一體。

自子思學派起，強調「德」由「心」啓、由「中」發「思」、「中心之憂」、心體自覺，「德」遂可以抽離事功，而爲精微之存在，凸顯其獨立之價值，「內聖」工夫從此成爲可以單獨講求的事件，這是子思學派對儒學最大之創造與貢獻，亦其後儒家心性一派思想理論衍生之源起。黃熹說：「〈五行〉的一個重要貢獻，就是使《論語》、〈中庸〉等儒學經典中隱含的儒學形而上系統明晰化，……在儒學和儒學形而上系統的建構中起了承上啓下的重要作用。」[235]簡帛〈五行〉經文以一「心」之「思」爲培成五德之端，開啓孟子以心性四「端」論成「德」之始。其知人、知天、見賢、聞道、金聲玉振、成善成德、明明赫赫之「智」、「聖」境界，應是其後《孟子》至大至剛、浩然盛境之所本。

〈中庸〉「淵淵」、「浩浩」，立經立本，成己成物，贊化天地，達通天德之功效，亦因一心「至誠」之發用與推廣。其由小致大，因精微

235　黃熹：〈儒學形而上系統之最初建構〉，《中國哲學史》2001年第3期（2001年8月），頁44。

而博厚，細細深深訴說根始，轟轟烈烈成其廣大之思維與理論特色，應是子思學派的特質。唯〈中庸〉不只重「自誠而明」，由「內」向「外」的自覺工夫，亦重自「明」而「誠」，由「外」向「內」的培養途程，「好學」亦爲成聖成德的要項，猶存孔子遺教。其以「成物」爲「智」，務要「經綸天下」，得中國、萬民之尊親，譽爲「配天」之德，則事功之廣遠仍是它終極的關懷。就此而論，〈中庸〉雖有子思之教，精微而高明，其實仍不出孔子之叮囑。

（本篇爲「國學前沿問題研究暨馮其庸先生從教六十周年學術研討會—出土文獻與社會思想史學術研討會」會中宣讀之論文修改版（原約11000字，今增修爲約17000字），中國人民大學國學院主辦2010年10月16日，後又收入於漢學研究中心《漢學研究》第30卷第1期（總號第68號）（抽印本），2012年3月。）

第四章

上博楚簡文獻研究

壹、〈性情論〉說「道」

　　上海博物館1994年所獲竹簡文獻〈性情論〉與郭店儒簡〈性自命出〉內容大致相重，皆主論性、情與禮、樂之教，亦涉及「道」。其所謂「道」的義界與內涵，自表面看來，並不十分清楚，本文因就其全文所提「道」之相關內容，試為理清其所稱「道」之內涵。[1]

　　就上博簡〈性情論〉言，全篇「道」字共出現18次，將之比對郭店簡〈性自命出〉的內容，則宜在第七簡末補上「者，群物之道。凡道，心術⋯⋯」，在第二十四至二十五之間補上「聞道反上，上交者也；聞道反下，下交」，在第三十四至三十五之間補上「為道者四，唯人」等字。如此，共補五項，則「道」字共出現23次。茲依簡序，全部羅列於下：

簡號	簡文
二	道始於情，情生於性，始者近情，終者近義。知情者能出之，知義者能入之。
六	⋯⋯養性者，習也；長性者，道也。
七	道也〔者，群物之道。凡道，心術〕
八、九	為主，道四術，唯人道為可道也，其三術者，道之而已。《詩》、《書》、《禮》、《樂》，其始出也並生於〔人。《詩》〕有為為之也，《書》有為言之也，《禮》、《樂》有為舉之也。
十、十一	禮（作於）情，或興之也，當事因方而致之，其先後之捨，則義道也。

---

[1] 為便於思想內容之討論，以下所引有關〈性情論〉之文字，因直接就上海博物館所釋之通假文出之，不另括出原字。詳見馬承源主編：《上海博物館戰國楚竹書》（上海：上海古籍出版社，2001年）。

十二	君子美其情，貴其義，善其飾，奸其谷，樂其道，悅其救，是以敬焉。拜，
十三	所以□□□，其□取也。幣帛，所以為信與徵也；其治，義道也。
二十三	賤而民貴之，有德者也；貧而民聚焉，有通者也。獨居而樂，有内動
二十四	者也。惡之而不可非者，謂於義者也。非之而不可惡者，篤於仁者也。行之而不過，知道者
二十五	〔也。聞道反上，上交者也；聞道反下，下交〕者也；聞道反己，修身者也。上交近事君，下交得衆，近從政，修身近至仁。同方而
二十六	交，以道者也；不同方而交，以故者也。同悅而交，以德者也；不同悅而交，以猷者也。
三十、三十一	凡於道路毋悵，毋獨言，獨居則習（父）兄之所樂。
三十四	智類五，唯義道尊近忠。……所
三十五	〔為道者四，唯人〕道為可道也。

上列簡文中，第八簡「可道」與「道之」兩「道」字應是動詞，非名詞，與第三十簡「道路」，皆不屬本文討論範圍，可勿論。第三十五簡與第八簡旨意相重，可並看，其餘各起「道」義可得而論。

一、「道」即「德」

上列各簡，若就相關性而言，似可分為兩組：第二、六至十三、三十四、三十五各簡，文義內容多相銜接，論題較為一致，主論情、義、禮、道，宜為一組。第二十三至二十五各簡則簡文完全相銜，論題亦相當一致，主論政教與「道」，宜為一組。事實上，自二十二簡後半「未教而民恆，性善者也；未賞而民勸，含福者也；〔未刑〕而民畏，有心畏者

也」以下，已開始論政教，第二十三簡以下各簡正足承接此一論題而來，其所謂「道」，涵義自應較爲接近。茲先論第二十三至二十六各簡。

先看第二十五簡，二十五簡三稱「道」說：「聞道」內以修身，外以事君、規民，內聖、外王兼治。此處的「道」，指的是一種可以內聖、外王的至理。

再看第二十三簡與二十六兩簡，「道」不但皆與「德」對稱，簡文句式亦整齊相俳，文意同時相對、相類。值得注意的是，二十三簡先說「德」，再說「道」，二十六簡則先說「道」，再說「德」，其說「道」、說「德」內容涵義並無不同。二十三簡的「賤而民貴之」與「貧而民聚焉」，皆謂足以凝聚民心，吸引人民，呼應第二十五簡所說的「聞道反下，……下交得衆，近從政」。第二十五至二十六簡的「同方而交」與「同悅而交」皆謂其交相得，彼此溝通或互動良好。因此第二十三簡的「有德」和「有道」，二十六簡的「以道」和「以德」意思並無不同，「道」就是「德」。而就自二十二簡後半以下至此，各節內容相衡的情況看來，此處所謂「同方而交」、「同悅而交」，並非指的一般交友，應是承接上文「上交」事君，「下交」得衆的「交」，是指事君、臨民的互動情況而言。

最後來看第二十四簡，二十四簡將「謂於義」，「篤於仁」與「知道」並列，皆以指稱不會招致負面後果的行爲表現。「道」與「仁」、「義」並列，仁、義是德，道也是德，和二十三、二十六兩簡的「道」義可以呼應。而且，二十四簡說，「知道」則「行之而不過」，第二十五簡馬上接以「聞道反上」、「反下」、「修身」，則事君、臨民、治身皆得平穩無過。二十四簡「知道」的「道」和二十六簡「聞道」的「道」都是指「德」。「聞道」，就是「知道」，就是體悟「德」，含懷「德」。至此，我們可以說，〈性情論〉所謂「道」，基本上泛稱「德」，它內以修身，外以事君、臨民。這和儒學本旨完全相合，儒家的「道」和道家「道」明顯不同，它通常用以指稱「德」，等同於「德」，《性情論》亦

不例外。

二、「道」即「禮」，以「義」為制

　　我們再看第二組二、六至十三、三十四各簡之「道」。這幾簡和上一組有兩個明顯的不同：第一，它們較直接就「道」論「道」，儘管所論仍不十分清楚。第二，它們因「情」而論「道」，並涉及「禮」與「義」。第二簡說，「道」本於情、性，以「情」為發端，以「義」為歸趨，為最終目的。換言之，有「情」始稱「道」，合「義」方成「道」。「情」是「道」的起點，「義」是「道」的終點。而「情」源於「性」，因此，由發乎情到合於「義」的過程，就是一個對「性」的陶鑄長養過程，其間當然仍有其他細部的因素與環節，如物、勢、悅、習等等，但簡單而言，便是如此，第六簡因此說：「長性者，道也。」

　　第十至十一簡說得較為清楚，它說，「禮作於情」，又說，「禮」以「義道」之制先後為主要精神。這和第二簡「道始於情」，且以「義」為歸趨相應相合，「道」指的就是「禮」。禮重分際，講求分寸、等差、秩序，要求形式的恰當與完美、分寸的合理與適度，重視規矩、次序，一絲而不可苟，故以「義」（合宜）為主要精神原則。「禮」要求合「義」，也是一種「義道」，此第十三、三十四兩簡所以道、義聯結，稱「義道」之故。第十二至十三簡說，處理「拜」和「幣帛」之事是「義道」。「拜」和「幣帛」都是「禮」的相關事項，治「禮」之事就是「義道」，要合乎「義道」，這是十三簡的意思。

　　而第三十四簡說：「智類五，唯義道為近忠。」所謂「智類五」，依濮茅左的釋文考釋，說是指耳、目、口、鼻、形能（應再加上心）等各類感知活動之貌、言、視、聽、思五事。五事要求能恰當合宜，如《尚書‧

洪範》所謂恭、從、明、聰、睿，才算盡心、圓滿。[2]要求貌、言、視、聽、思的恰當合度在孔門之教中，是「禮」的要項。因此，我們如果接受釋文考釋的說法，則第三十四簡所謂五大智類合乎「義道」，正是孔子對顏淵所謂的「非禮勿視，非禮勿聽，非禮勿言，非禮勿動」（《論語・顏淵》）。其所謂的「義道」，指的就是「禮」。

　　然而，儒家講「禮」，並不等同於三代之偏宗教儀式與政治功能。自孔子以下即強調以內在自發之道德作為「禮」的核心軟體，「禮」不只要求玉帛、鐘鼓的儀文形式，[3]而要更深入探索其訂定之核心要義；喪也不以華奢為要，而在乎心靈深層之由衷哀思。[4]一切禮文的背後，都必須反思其源生之依據；一切的形式，都必須有其真實的內質為基底。「禮」不只要求形式架構，更必須以由衷之愛、真實之情作為內容。「禮」也並非一味鋪揚誇張，而必須依不同的時空、對象、狀況為考量，恰當地表現動作。一切禮文的訂定，都是為了要合理、合度地表露內在之「情」，而「情」源生於自然之「性」。「仁」，就是一種自然之「情」。而「義」，孟子努力地要把它說成是一種內在之德，原因就在這裏。仁和義因此被納入成為儒家「禮」的核心內容。說禮不離仁、義，仁、義、禮三德合一，這是孔子對三代禮的重新詮釋與改造，也是孔子對三代文化最大的貢獻，更是儒學最可貴的財產。《淮南子・齊俗》說「禮因人情而為之節文」就是這個意思。〈性情論〉說：「禮作於情」，「道始於情……知情者能出之，知義者能入之」。只因內在由衷之情的不能自已，才須有禮文的形式表現。內在由衷之情透過禮文去表現得恰當合理，禮的功能才算

---

[2]　詳見馬承源主編，濮茅左釋文：《上海博物館藏戰國楚竹書（一）》（上海：上海古籍出版社，2001年），頁169。

[3]　《論語・陽貨》：「子曰：禮云，禮云，玉帛云乎哉？樂云，樂云，鐘鼓云乎哉？」

[4]　《論語・八佾》：「子曰：禮，與其奢也，寧儉；喪，與其易也，寧戚。」

圓滿達成。〈性情論〉二、六、十至十三各簡所說的「道」，指的就是以「情」的表露爲出發點，以「義」（合宜）爲分寸準據與終極目的，亦納「仁」以入的「禮」，此第二、六、十至十一、十三各簡的「道」義。而仁、義、禮都是「德」，第二十三至二十六各簡因此「道」、「德」混說，第二十四簡因此仁、義、道並列。「君子」是儒門中最能「聞道」、「知道」、體道、踐道者，也是儒家禮教裁成下最完美的成果與典範，〈性情論〉第十二簡因此說：「君子美其情，貴其義，善其節，好其容，樂其道，悅其教。」「情」是內在的，「容」是外現的，內有「美」情，外有「好」容，這是「禮」的基本要求。「禮」重分寸、節度，講求尺度之合宜，因此說「貴其義，善其節」。「禮」是周文化、魯文化的核心內容，同時也是儒門「道」德「教」化的總內容，作爲儒門典範人物的「君子」當然「樂」、「悅」以受，這第十二簡六句所論，也全都是「禮」。

至此，我們可以說，〈性情論〉所說的「道」，是等同於「德」的，它是儒學思想教化內容的總稱，其核心內容便是「禮」。這個「禮」，不只是仁、義、智並行齊對的「禮」，更不只是作爲儒門施教材料的《詩》、《書》、《樂》的經術之《禮》，它大到可以統攝一切道德、政教乃至全部人文事項與節目，縮小亦足以作爲士君子立身、行道、進德之準據。〈性情論〉以之爲「道」之主體內容是合乎儒學本旨的。《論語・學而》載有子之說云：「禮之用，和爲貴，先王之道，斯爲美，小大由之。」又載孔子之言，說教民要「道之以德，齊之以禮」，〈憲問〉也說，「上好禮，則民易使」，所說的「禮」，都是作爲政教的核心內容。〈學而〉所載觀其損益，可以知十世、百世的「殷禮」、「夏禮」的「禮」，則是一切文化的統稱。

在孔門德目中，一般認爲，「仁」最爲諸德之總。在孔門弟子中，一般亦認爲，顏淵最得夫子德教神髓。孔子對答弟子問「仁」，往往因材施教，各不相同。但，以第一名的學生——顏淵向孔子問第一序位之德——仁，孔子的問答卻以「禮」爲惟一內容，要求顏淵「克己復禮」，

依「禮」以視、言、聽、動。言行舉止合乎「禮」的要求，便是「仁」。換言之，不合「禮」則「仁」不立。〈泰伯〉亦載孔子之言：「恭而無禮則勞，慎而無禮則葸，勇而無禮則亂，直而無禮則絞。」一切美好的行爲表現若不合「禮」，則過猶不及，終將徒勞無功，或導致反面效果。〈八佾〉因此說，君子一方面要「博學於文」，另方面也要「約之以禮」，才可以「無大過」。〈泰伯〉說「立於禮」，孔子庭訓孔鯉亦云：「不學禮，無以立。」（〈季氏〉）在儒門之教中，「禮」是諸德、諸行得以成立的準據。無「禮」，則諸德、諸行不立。而「禮」以裁量分寸與由表入裏爲核心特質，此〈性情論〉所以強調「義道」，並以仁、義、禮相繫之故，亦孔子所以以「禮」開示顏子之故。蓋他人進德，多患不及，顏子則患太過，過猶不及，孔子開之以「禮」，以義節之，使復於正。凡此皆足以證明，「禮」在孔門德教中，不論所含括之領域範疇，所涉及之功能與重要性，較之於「仁」，並不低小。而其本身所含包之義界，卻相當富彈性，此或是導致後儒，若〈性情論〉等篇作者，說「禮」論「德」含混夾雜之故。

三、「四術」與「三術」

最後，我們再看各簡中看似最正面詮解「道」，其實是引起最大疑慮的第七、八、三十四各簡的「道」論。第七簡先說「道也者，群物之道」，這「群物之道」的「道」字應等同於「理」，「群物之道」就是「群物之理」。萬物莫不各有其理，就是所謂的「群物之道」。這句的意思因此是說，所謂「道」，原本泛指萬物所具有的理。與〈性自命出〉同時出士的另篇郭店儒簡〈尊德義〉中有一段話說：

> 聖人之治民，民之道也；禹之行水，水之道也；造父之御馬，馬之道也；后稷之藝地，地之道也，莫不有道焉。

這「民之道」、「水之道」、「馬之道」、「地之道」。「莫不行道為」，正可移以詮解此處所謂「群物之道」。但，〈尊德義〉緊接著說：「人道為近，是以君子人道之取先。」儒家不同於道家，他們關切的焦點在「人」而不在天地萬物。相關於「人」之道，才是他們所要深入探索關切的。〈性情論〉第七至八簡因此也緊接著說：

> 凡道，心術為主。道四術，唯人道為可道也，其三術者，道之而已。

並接著闡述《詩》、《書》、《禮》、《樂》等經術之道。意思是說，「道」所涵攝，原本雖遍及天地萬物，但（〈性情論〉與〈尊德義〉的作者都認為）值得一提和推闡的，卻只有「人道」。這「人道」，〈性情論〉的作者認為須由「心」著手對治。儒家不但不大泛論天地「群物之道」，只重「人道」，其對治「人道」，亦主張由道德入手（不由法令），因此說「凡道，心術為主」。其對治之方，則在培育情、志，陶冶心、性（而不在虛無心靈，超越精神），「禮」正是這種培育情、志，陶冶心、性之人道的總稱。濮茅左的釋文考釋因此詮釋其下「唯人道為可道」說：「人道是以禮為主體的。」並依據《禮記·王制》與孔疏，將「四術」解釋為《詩》、《書》、《禮》、《樂》四種經術，說以「禮」為主體的「人道」，是「可以通過這四種經術來引導的」。因為下文說，這四種心術所載的道理是根源於人的。《禮記·王制》也說：

> 樂正崇四術，立四教，順先王《詩》、《書》、《禮》、《樂》以造士。春、秋教以《禮》、《樂》，冬、夏教以《詩》、《書》。

孔疏說：

> 術者是道路之名，《詩》、《書》、《禮》、《樂》是先
> 王之道路，謂之術。

濮氏這樣的說法，[5]一方而以「術」爲「經術」，既能呼應下義緊接而來所闡述的《詩》、《書》、《禮》、《樂》四種經術之教；另一方面，把〈性情論〉，所著重的「道」（亦即所謂可道的「人道」）之主體解釋爲「禮」，既符合了〈性情論〉本文「道始於情」、「禮生於情」的說法，也和傳統儒學之教相合，《荀子・大略》說：「禮以順人心爲本」，也是這個意思。

比較有問題的是接下去「其三術著，道（導）之而已」的「三術」，所指爲何？濮茅左的釋文考釋詮解爲《詩》、《書》、《禮》。換言之，以《樂》爲終極之術、終極之教。理由有三：

㈠《論語・泰伯》載孔子說「成於樂」。

㈡《禮記・王制》說：「樂正崇四術，立四教。」

㈢孫希旦《禮記集解》，說：「四術之教，唯樂爲尤深，其聲容舞蹈，審音識微，非專其業者不能精，而亦非一人之所能盡，故使樂官之長率其屬以掌學政，而專司教樂之事焉。」

這樣的說法是很值得商榷的，因爲：

㈠就章句之法而言，文本既言「道四術，爲人道爲可道也。其三術者，道之而已」，依正常文意，「三術」自是「四術」去除可道之「人道」所餘，含入「四術」之中。今既解「四術」爲《詩》、《書》、《禮》、《樂》，又解「人道」爲「以禮爲主體」，這個「禮」，雖不全然等

---

5 以上「四術」之說見注2，頁231。

同於經術之《禮》，至少絕對不會等同於《樂》。釋文考釋詮解「四術」、「三術」明顯扞格不相入。

㈡孔子說：「興於詩，立於禮，成於樂。」〈性情論〉則說：「禮作於情，或興之也」，能「興」情的，未必只有《詩》。就〈性情論〉之說，「禮」亦可以興情。據此以觀，〈泰伯〉所引孔子「成於樂」的觀點，未必爲〈性情論〉作者所從。何況，〈泰伯〉當節下，朱注引《禮記·內則》說：「十年學幼儀，十三學樂，誦《詩》，二十而後學禮。則此三者（指《詩》、禮、樂）非小學傳授之次，乃大學終身所得之難易、先後、深淺也。」幼少學幼儀，長大成人學大禮，足見人自幼迄長，莫不習「禮」。因此，所謂「興」、「立」、「成」只是就詩、禮、樂各教內容、質性之難易、深淺而言，無有輕重、主從意味。唯樂教所涉或較專業，習成有一定難度與過程，須由專門人員掌教，此孫氏《集解》之意。其學成所須耗費時日或亦較長。但在實際施教過程中，其實三者或任二者常是交併進行的。蓋《詩》本多入樂，賦《詩》明志，奏樂頌《禮》亦皆禮事，詩、樂、禮三者其實是一體難分的，此夫子所以三者並言之故。同時，除此一則外，我們也看不到（在《論語》中）孔子對「樂」有如「禮」一樣關鍵性的重大推崇。惟三者之中，樂或以深難、專業而耗時，又常須與《詩》、禮並施，而能《詩》、達禮者卻往往未必知樂，故設樂正總承其事，此〈王制〉所謂「樂正崇四術、立四教」之意。要之，考釋所持論據應是就三者的難易淺深程度而言，「樂」爲最，無關主從問題。

然而，〈性情論〉七、八簡所述「三術」，明是與可道之「人道」相對，有主從意味，稱：「唯……爲……」者是主；稱「……而已」者是從。「禮」即是「人道」的主體，則「四術」排除了主體的「禮」後，所餘「三術」應是《詩》、《書》、《樂》。

㈢第九簡在詮解「四術」時，《詩》、《書》是各別論述，《禮》、《樂》卻合而論述爲「有爲舉之」，顯見〈性情論〉作者原本視

《禮》、《樂》為一體。然禮、樂二者之間的比重就〈性情論〉全文看來：一至六簡主論「性」及其相關事項（諸如物、勢、悅、習、義、道、教），七至十簡論「道」與「四術」，十一至十三簡論「禮」，十四至十七4支簡論「樂」，十八至二十二簡前半論「情」，二十二簡後半至二十六簡論「道」、「德」與政教，二十六簡至二十八簡又論各種內外禮度，二十八簡末至三十簡論「君子」，大致亦以「禮」為說，以「禮」為度，第三十一至三十二簡復論情、心與教，三十五至四十簡雜說情、偽與心、慮、志。可以說，「性」與「情」固然是全篇的首要論題，其論「情」尤為深入而細膩，然禮、樂之教亦為另一核心論題。且不論篇幅或思想比重，「禮」皆較「樂」，更為重多。因此，以「樂」為終極之教，而以《詩》、《書》、《禮》為「導之」之「術」，說法確有問題。

　　要之，不論實際就《論語》中孔子對「禮」的推崇與重視遠較「樂」為甚，或就「禮」在傳統儒學，乃至周文化、魯文化最為重要而言，或直接就〈性情論〉全篇所述論題、內容比重與思想銜接性觀之，「三術」都應指《詩》、《書》、《樂》，而非《詩》、《書》、《禮》。

四、結論

　　儒、道兩家之學皆以「道德」為修治之終極目標與核心課題，然兩家所說「道德」內容卻不相同。道家視「道」為一至境與終極律則，「德」是「道」的次層與下跌，有上下高低之分。[6]在儒家，則道、德與道德往往三名一義。〈性情論〉的「道」，基本上因承此一傳統，等同於「德」，用以總攝儒學之核心內容。

---

6 《老子》第三十八章說：「失道而後德」。

其次，道家的道、德是自然的遍在，[7]儒家的道、德卻是人所獨有、獨能，尤其要求人去長期呵護與培成。因此，是不折不扣的「人道」。這種「人道」，包涵閎富，節目猥多。其對治之處，則由心入手，因此稱「心術」，這是儒道少有的共識。[8]但其對治之法，則道家因任順隨，虛無清簡以入，要求當下能自在、妙悟。儒家則動心忍性，淬厲錘煉，講求長期的工夫，要求設定一套理想的規制以爲標準，去作爲長期淬厲培成的依據，這便是「禮」。「禮」內以對治其情、性、心、志，外以交人、治衆，《荀子》因此說：「禮者，人道之極也，功名之總也。」（《禮論》）〈性情論〉以「禮」爲「道」，正是沿承這樣的觀點。

「禮」講求節度分寸，儒家說禮，同時要求眞實的內容。〈性情論〉論「道」因此重「情」反「僞」，入「義」合「仁」。其長期培成之素材則爲四經之術，其中《禮》經之術尤應爲終極之術。其餘《詩》、《書》、《樂》三經之術正以佐導其事，此〈性情論〉全文說「道」之意。

（本篇原刊於《上博館藏戰國楚竹書研究》2003年3月。）

貳、〈性情論〉說「性」、「情」

郭店出土儒簡〈性自命出〉與上海博物館所購藏的〈性情論〉內容大

---

[7] 《莊子・知北游》載莊子答東郭子問「道烏乎在」，曰：「無所不在，在尿溺、在稊稗、在瓦甓。」

[8] 道家外王的黃老之學言及治身、治國，亦由「心」入手對治，稱「心術」，《管子・心術》是其證。

致相重，李學勤說它應分爲兩篇，上篇（郭店一至三十六簡）論樂，下篇論性情。[9]丁原植就其以「凡」論述的表現形式，說它像〈緇衣〉一樣，「由鬆散之單章拼合而成，在結構上有較大的調整餘地。」[10]李零以爲，「性」才是全篇的核心論題，全篇圍繞著「性」，上究「天」、「命」，下窮「心」、「情」，旁涉「物」、「悅」、「勢」、「故」、「教」、「習」、「道」、「義」等[11]。周鳳五、林素清也以爲應分二篇，前一篇著重論「性」，後一篇著重論「情」。前一篇尤其「理路清晰」、「主旨明顯」[12]。廖名春則懷疑其可分爲上（1-35簡）、中（36-49簡）、下（51-67簡）三篇。各家之說，除李學勤的上篇論「樂」，下篇論「性」、「情」，與簡文實際內容有較大出入外，其餘大致各有著眼角度，亦各成其理[13]。然而，錢遜以爲，〈性情論〉與〈性自命出〉儘管內容小有出入，卻都是「圍繞著心性問題」，前半與後半應同屬於一篇文章，「離開了前半部分的基本思想，後半部分即不好理解；捨棄了後半部分，前半部分的思想便失去了豐富的內容。」[14]李天虹則舉証以明郭店67支簡文在用語上頗多相同之處，思想內涵也一致，「不離儒家心性學說的範疇」。然而，仍不敢斷然突破李學勤的「兩篇」之說，而歸結於

9　參見李學勤：〈郭店簡與〈樂記〉〉，收入北京大學哲學系編：《中國哲學的詮釋和發展—張岱年先生90壽慶紀念文集》（北京：北京大學出版社，1999年），頁23、27。

10　參見丁原植：〈楚簡儒家佚籍的性情說〉（臺北：萬卷樓出版公司，2002年）。

11　參見李零：〈郭店竹簡校讀記〉，收入陳鼓應主編《道家文化研究》（北京：生活‧讀書‧新知‧三聯書店，1999年）17輯，頁504。

12　參見周鳳五：〈郭店竹簡編序復原研究〉，收入《古文字與古文獻》試刊號（1999年10月），頁56。

13　參見廖名春：〈〈性自命出〉前半部札記〉，《清華簡帛研究》第1輯（2000年8月），149–150頁。

14　參見錢遜：《郭店竹簡〈性自命出〉研究》（武漢：湖北教育出版社，2003年），頁4–5。

「六十七支簡原本屬於兩篇儒書，亦或屬於同一篇儒書的上下篇」兩種可能都無法排除。卻也承認：若單從內容考量，同屬一篇可能性似乎大一些。[15]事實上，誠如廖名春所言，兩種內容相當一致的簡文，能一而再地同地（上博簡的來源相傳距郭店簡出土地不遠）出現，要說它們不同屬一篇，是很困難的。儘管如此，廖名春依然作出可能分三篇的懷疑。

　　各家對於篇章分合問題，儘管有不同意見，對於兩簡內容前後的呼應性和關聯性，卻大致有相當的共識。本文即以此為基礎，討論其中所涉及的「性」與「情」、「心」的義涵和關聯。茲先說「性」。

一、性

　　就兩簡文字內容看來，誠如周鳳五、林素清所說，前半主論「性」。簡文論「性」的文字，大致集中在前半，亦即郭店第三十五、三十六簡，上博第二十簡以前，尤其是前四分之一部分（亦即郭店第十八簡，上博第十簡以前）。根據那些表述，可以看出，簡文所說的「性」，基本上是靜態的、內藏的、普遍的、自然的，這和它所表述的「心」、「情」的質性，明顯不同。它說：

　　　　凡人雖有性……（此句上博簡1見，郭店簡2見。）四海之
　　　　內，其性一也。[16]

可見，「性」是普遍的，人人皆有的。就其存在之本性言，每個人的性，差異不大。簡文又說：

---

15 參見李天虹：〈〈性自命出〉的編連與分合問題〉，《清華簡帛研究》第2輯（2002年3月），頁57。

16 「四海之」三字上博簡無，據郭店簡〈性自命出〉補。

性自命出，命自天降。

「性」是與生俱來，自然生成的。至於「性」的內涵，簡文說：

好惡，性也；所好所惡，物也。善不善，性也；所善所不
善，勢也。

所謂「善不善」，趙建偉說：「善」是肯定，「不善」是否定[17]。因此，
所謂「善不善」事實上和「好惡」一樣，是兩個相對的動詞一正一反並
列。後文雖然有「未教而民恆，性善者也。」似乎指「性」有善、不善之
分，「善」、「不善」形容「性」；然此處就上下文例句法相對看來，
「善」、「不善」仍宜比同「好惡」，作「動詞」為妥。

　　所謂「物」與「勢」，根據下文的說法：「凡見者之謂物」，「物
之勢者之謂勢」。「物」，泛指一切可見的具體存在，它是「性」所「好
惡」的對象。「好惡」是一種本能反應，人對於這些可見的具體存在，會
本能地產生好惡，這是「性」。「勢」，是指外在的各種條件和狀況。
人面對這些條件與狀況，也會本能地加以肯定或否定，這些本能也是
「性」，「好惡」與「善不善」其實是相類的。要之，所謂「性」，指
人對天地間一切存在事物或條件狀況，所產生的一種感知、迎拒的自然
本能。這些本能是天生的，人人皆有的，因此說：「四海之內，其性一
也。」所謂「一」，固然可詮解為「性相近」，事實上，也同時指其為人
人所普具、共具之本能。

　　〈性情論〉又說：

---

[17] 參見趙建偉：〈郭店竹簡〈忠信之道〉、〈性自命出〉校釋〉，《中國哲學史》1999年2期
　　（1999年5月），頁36。

> 喜怒哀悲（樂）之氣[18]，性也，及其見於外，則物取之也。

這個「氣」，廖名春說，非謂物質性之「氣」，而應泛指人之精神力、生命力[19]。換言之，那是一種能力。喜、怒、哀、樂是「情」，具有這種能力是「性」。人人天生具此能力，具此「性」，故能發此「情」，〈性情論〉因此說，「情出於性」。

　　至此我們可以說，所謂「性」，指的是人與生俱來的生理特質或反應本能。「目之好色，耳之樂聲」、「牛生而長，雁生而伸」（上博簡〈性情論〉無此句，郭店〈性自命出〉則在第七簡）就是「性」。這種本能，就其存在言，當然是內藏的、靜態的。就其顯發言，則有賴外在各種事物、條件的牽引觸動，尤其是「物」的牽動。沒有牽引觸動的外力，它是靜藏不顯的，上文因此說：「及其見於外，則物取之也。」〈簡文〉說：

> 凡性為主，物取之也。金石之有聲，弗扣不鳴……。

除了一再複述「性」待「物」引而顯發外，所謂「主」，是與「客」相對而言的。周鳳五說，先秦兵學論攻守之道，以「主」為防守者，「客」

---

[18] 此句「樂」本作「悲」，廖名春以為「悲」為「樂」字之誤。喜、怒為反義，哀、悲亦當同。文獻中多「喜怒哀樂」連言，鮮見「喜怒哀悲」連言。其說見廖名春：〈郭店楚簡〈性自命出〉篇校釋〉，《清華簡帛研究》第1輯（2000年8月），頁29。桂按：觀下文，「凡至樂必悲，哭亦悲，……哀樂其性相近也。」、「凡憂思而後悲，凡樂思而後忻」亦皆哀、樂對論，因從廖說。

[19] 同見注18。

爲進攻者。[20]換言之，待守一方是「主」，來襲一方是「客」，主靜而客動。以此喻「性」，則「性」靜而「物」牽取之，是「性」靜而「物」動，故「性」爲「主」，而「物」爲「客」。它以金石爲喻，加以說明，道理更加清楚。金石有能發聲的本質，這種本質如人之「性」，是一種靜態的存在能力，要它呈顯，一定得靠外力的扣擊。

　　扣「性」使顯發，最尋常而大宗的，當然是「物」，卻不僅止於「物」。諸多外在的因素與條件，在在可以扣引「性」，導致「性」作不同程度與狀況的顯發，展現出「性」寬廣的可塑性與多面風姿，這在簡文中有很豐富詳盡的論述。它說：

> 凡人雖有性，心無正（定）志[21]，待物而後作，待悅而後行，待習而後奠。

人「性」對外在的一切雖然具有感知迎拒的本能，但其能否產生感知活動，其感知迎拒的強度與方向，完全取決於外力而充滿變數。比如四海之性雖「一」，會引動此一「性」之「物」，卻有無限種形態與可能，〈性情論〉說：「凡物無不異也：剛之樹也，剛取之也；柔之約也，柔取之也。」這就不完全是人人相近的一「性」所能持定，故曰「心無正志」。所謂「悅」與「習」，下文續有較詳細的詮解與發揮，〈簡文〉說：

> 凡性，或動之，或逆之，或交之，或屬之，或出〔之，或

20　其說見〈上博〈性情論〉：「金石之有聲也，弗扣不鳴」解〉。

21　郭店〈性自命出〉「正志」作「奠志」，裘錫圭說：奠，定也。李零說：正，讀作「定」。是「正」、「奠」皆通「定」，其下「待習而後奠」同。

養[22]〕之，或長之。凡動性者，物也；逆性者，悦也；交
性者，故也；厲性者，義也；出性者，勢也；養性者，習
也；長性者，道也。凡見者之謂物，快於己者之謂悦，物
之勢者之謂勢，有為也者之謂故。義也者，群善之蕝也；
習也者，有以習其性也；道也〔者，群物之道；凡道，心
術〕[23]為主，道四術也，唯人道為可道也。……

　　有關「逆」字的意涵，說法很多。或讀為「格」（阻止），或訓為「因」
（順），廖名春訓為「迎合」。其中以黃德寬、徐在國引《韓詩外傳》卷
九「見色而悦謂之逆」的說法，較能順接其下「道性者，悦也」的論述，
因從之[24]。「交」，陳寧訓為「更」，趙建偉解作「改變」，劉昕嵐疑其
義同「教」，廖名春從之，故陳寧、李天虹謂指詩、書、禮、樂[25]，今並
從其說。

　　簡文透過對各種引發「性」的事物條件、因素或情況的論述與鋪
寫，把全篇的「性」論帶到了高峰。它先鋪說靜態的「性」所可能受到牽
動、引發或改變的各種可能狀況：動、逆、交、厲、出、養、長；再接著
補充說明造成這些牽動、引發或改變事件的根由：物、悦、故、義、勢、
習、道；最後一一補充詮釋這些根由的義界與內涵。

　　根據它的說法：「性」可能因物而發，可能因色而悦；既可經由
《詩》、《書》、《禮》、《樂》之教去加以培育，也可透過「義」去
加以砥礪；會因外在條件狀況而呈顯，也會因長期積習而養成，更會因

---

[22]　此數字上博簡本無，據郭店簡〈性自命出〉補。

[23]　此九字上博簡〈性情論〉本無，茲依郭店簡〈性自命出〉補。

[24]　上述諸說同見注18頁33所引。

[25]　上述諸說同見注18頁33所引。

「道」而增進。而在所有引發「性」呈顯的因素中，作者似乎特別強調「義」與「道」。「性」雖然是靜態的，其表現雖然充滿無限可能的變數，比如會因「物」而動，因「色」而悅，因「勢」而出，皆具正反雙面可能。但，透過長期不斷的學習與積染，《詩》、《書》、《禮》、《樂》之「教」的陶育，「義」的鍛鍊，和「道」的提昇，這種易受牽引之「性」，可以日有增進，漸趨穩定成熟。簡文因此不但對義、道、《詩》、《書》、《禮》、《樂》之教有較詳細深入的論述，甚至以之為次主題，作了相當篇幅的討論與鋪衍。它以「義」為群善之表徵，闡發詩、書、禮、樂四教的特性、價值與功能，以及聖人如何推行這四教的精神與法則，並且大大論述了「道」（人道）的內涵與價值[26]，而回歸於儒學道德教化的本旨。

二、心與志

相對於「性」之為靜態存在本能，「心」與「情」則為動態的作用表現。簡文雖以「性」與「情」為核心主題；事實上，在討論「性」與「情」的功能作用時，也相當精采深入地分析了心的活動與表現。因為不論是「性」的接受引發，或「情」的流露呈顯，基本上都牽涉到「心」的作用，都是「心」在作用。簡文不但說：「凡人雖有性，心無正志，待物而後作……」又說：

> 凡人雖有性，心弗取不出。
> 凡心有志也，亡與不□□□□□獨行，猶口之不可獨言也。……四海之內其性一也，其用心各異，教使然也。

有關〈性情論〉的道、教、義的內涵，筆者已在本書〈〈性情論〉說道〉中討論過，此不贅述。

第一則與第二則引文前半上博簡原無，悉見於郭店簡。中間雖有缺漏，然從上下文看來，可以得出，其旨意在強調：㈠「性」的本能雖待物引而後顯發，然其顯發與否的關鍵在「心」、在「志」。此猶口雖具能言之「性」，其言有賴「物」之引發與「勢」之需要，然其終究出言與否，則在「心」與「志」之驅使。㈡「性」不含「心」、「志」，「心」、「志」的作用是要在面對物、勢、故、教等外來條件時，才能明白顯出。㈢就天生本能而言，人人基本已具，比如「目之好色，耳之好聲」，原來大致相同，然就其產生之「心」的作用而言，卻五花八門，各不相同，這完全是因本能的「性」所面對、遭遇的外來條件、狀況，如物、教等等不同的緣故。其中尤以「教」（學）的因素最是簡文所要強調的，故〈性自命出〉第八、九兩簡（〈性情論〉第四簡）一再地說「學（教）或使之」，「教（學）使然也。」

　　而「心」與「志」二者，似乎是有別的，故曰：「心無正志」、「凡心有志」。其間的差別，似乎在「心」有作用，能活動，「志」卻決定了「心」驅動的向路，「志」比「心」更確定而細入。不過，就全部簡文看來，重點顯然不在探討「心」與「志」之間的問題。對於這個較為堅確篤定的「心」之「志」，不論作者，或說是抄集者，都沒有太大興趣，興趣在豐富多姿的「心」與「情」上。

三、心與情

　　簡文說「情」不像說「性」，對其義涵有直接而正面的界定。它總是結合著性、心、樂、教以論，藉由心、性，尤其是「心」去展現。簡文說：

　　　喜怒哀樂之氣，性也；及其見於外，則物取之也。

喜怒哀樂之「性」受物引發而起作用，顯現於外，便是喜怒哀樂之「情」。因此所謂「情」，基本上是指人的本「性」因外物而起的最自然眞實的顯現，這是情感、情緒一路的「情」義。「情」既是本性最自然眞實的顯現，當然未必就是最理想恰當的狀態，因爲「性」原本就不見得是最理想的存在，但它至少自然不造作，眞實不虛假。這是簡文「情」的第二義——情實、情眞。這兩路的「情」義，在簡文中同樣有相當比重的論證與發揮，尤其第一義的「情」，內涵尤其豐富、深入而細膩，容置後論，茲先說第二義——情實、情眞一義之「情」。

(一)情眞可悅

簡文說：

> 凡人情爲可悅也，苟以其情，雖過不惡；不以其情，雖難不貴。苟有其情，雖未之爲，斯人信之矣。未言而信，有美情者也。

「情」儘管未必理想而恰當，但它自然而眞實。自然眞實就具有一定的可信度，就會得到肯定。即使不完美，也能被接受。因爲，「情出於性」，「情生於性」，由乎「情」就合乎「性」。而四海之內，人性相近，透過「情」、「性」，不須任何言語，動作，心靈很自然地合「一」，因此很容易彼此接納。即使有差失，對方也容易因產生感同身受的了解而釋然。換言之，過錯、差失是可以被包容寬諒的，關鍵只在其是否眞「情」由「性」。簡文甚至認爲，由一個人所犯的過失中去逆向追索、體察，可以極其精確地掌握其「情」，它說：

> 其過十舉，其心必在焉。察其見者，情安失哉？

　　反之，不由乎「情」，也就同時違離了「性」，失去了與他人「一」致的基礎，即使有再高層次、再難能的言行表現，也入不了人心。簡文因此說：

　　　　忠，信之方也；信，情之方也，情出於性。

「方」，劉昕嵐解為「道理、準則」[27]。「忠」、「信」之所以成為被接納、肯定的美德，因為它表現了人性的自然與真實。基於這樣的觀點，簡文明白反對「偽」，它說：

　　　　凡人偽為可惡也。偽斯吝矣，吝斯慮矣，慮斯莫與之結矣。

「吝」，劉昕嵐解為「鄙嗇貪戀」[28]，意謂褊心氣狹，維護自我，胸襟不開闊。「慮」，謀也，謂含懷心機。這些都背離了天生自然的「性」之質，也就切斷了與人合「一」的管道，當然也就「結」不了人心。

(二)情緒易感

　　其實，簡文中說得較為豐富、深入而細膩的，是對「情」第一義──情感、情緒的鋪衍，它們且總是結合著「心」與「樂」來論述。情、心、樂合一，曲折婉轉，把全篇的「情」論帶到了最精彩的高峰，也把先秦儒學心性理論的精華展現無遺。唯對喜、怒、哀、樂四情的論述內容，上博

---

[27] 其說見劉昕嵐：〈郭店楚簡〈性自命出〉篇箋釋〉，收入武漢大學：《郭店楚簡國際學術研討會論文匯編》（武漢：武漢大學，1999年）第1冊，頁53所引，亦同見注18。

[28] 其說同見注18。

簡只存「哀」、「樂」部分，缺「喜」、「慍（怒）」。郭店簡四情皆備，唯簡次有誤，「哀」、「樂」在第二十九～三十簡，「喜」、「慍（怒）」在第三十四～三十五簡。李學勤以為，第三十四～三十五簡當移至第二十八簡之後，二十九簡以前。如此，則往前承接二十八簡末「韶夏樂情」之後論「情」，往後順接「哀」、「樂」之論述，形成喜、慍（怒）、哀、樂四情連述之狀況。再下接三十一～三十三簡，述說「情」（憂、樂）與「心」、「聲」之關係，後總說「情」可悅，「偽」可惡，亦即論說第二義的「情」，如此文承理順，次序井然，確為的論。今從其說，先述「喜」、「慍（怒）」。

　　從郭店簡文看來，「情」論是上承「樂」論而來，和「樂」論結合在一起的。它從聽樂的感受與反應中去分析「情」、「心」。第二十三簡先說：

　　　　凡聲，其出於情也信，然後其入拔人之心也厚。

「拔」，整理小組讀作「撥」，撩動。樂音所以動人心，必定是因為它抒發真情，真情可悅、可感，故樂音深動人心。簡文第二十四～二十八簡接著鋪衍樂論，而歸結於「《韶》、《夏》樂情」，然後帶出「情」的論題。它說：

　　　　凡學者，求其心為難，……不如以樂之速也。

教學的功能是要使無定志的「心」、「性」能趨於穩定、理想，音樂無疑是最快速有效的。簡文因此論說各種聲音、各種樂音和「情」、「心」的關係，與對「情」、「心」的陶教。它說：

聞笑聲，則鮮如也斯喜；聞歌謠，則滔如也斯奮；聽琴瑟
之聲，則悸如也斯嘆；觀〈賚〉、〈武〉，則齊如也斯
作；觀〈韶〉、〈夏〉，則勉如也斯儉，……鄭衛之樂，
則非其聲而縱之也。凡古樂寵心，益樂寵旨，皆教其人者
也。〈賚〉、〈武〉樂取，〈韶〉、〈夏〉樂情。

外來的聲音，不論是笑聲、樂聲，還是琴聲，對人的心情都會產生作用。
不同的聲音，對心情會有不同的牽動與引發。不同的音樂或歌舞，各有不
同的源生背景，因此也含具不同的質性與特色，比如〈賚〉、〈武〉之樂
舞端肅，使人振奮起敬；〈韶〉、〈夏〉之樂舞優雅柔和，使人心靈謙卑
收斂；鄭、衛之樂則放佚冶蕩而不登大雅。除了放佚的鄭、衛之樂外，不
論〈賚〉、〈武〉，還是〈韶〉、〈夏〉，古樂，還是益樂，都有益於
「情」、「心」，都可以入「教」。明白了各種音樂與聲音的性質，了解
了它們和心靈之間的互動，然後才能深入論「情」。

1.喜、慍外發

　　簡文承上節「聞笑聲」、聽樂聲、歌聲、琴瑟之聲的心理反應之
後，接著深入分析「情」、「心」後續的連鎖作用，它說：

喜斯慆，慆斯奮，奮斯詠，詠斯猷（搖）[29]，猷（搖）斯
迠（舞）[30]，迠（舞），喜之終也。慍斯憂，憂斯戚，戚

---

[29] 此字廖名春依《禮記·檀弓下》鄭注，釋為「搖」，其說同見注18，頁51。

[30] 此字從彭林釋為「舞」，其說見氏著：〈〈六德〉柬釋〉，簡帛研究網：http://www.jianbo. org/wssf/Penglin.htm，2000年6月4日，或同見注18，頁51所引彭說。

斯嘆，嘆斯柰（撫）[31]，柰（撫）斯踊。踊，慍之終也。

「喜」，愉悅、開心。「慆」，李零解爲「快樂」，廖名春釋爲「喜之大者」。「撫」，廖名春以爲通「拊」，拊心，謂「椎胸」。「慍」，不悅，不開心。它說，人的內心由愉悅而漸漸快樂起來，而昂揚振奮，情緒不斷加溫昇高，竟不自禁地詠歌，甚至輕快地晃動身子，終而隨著樂舞手舞足蹈起來。手舞足蹈是喜悅之情的最高表現。反之，人內心不悅，則煩憂，煩憂則愁悶，隨著煩憂愁悶的加劇難當，竟不自禁地嘆息，甚而捶胸、頓足起來，頓足是不悅情緒的最高表現。喜之至，手舞足蹈；慍之至，捶胸頓足。

這樣的「喜」、「慍」之情固適用於一般狀況，此處主要指的卻是聽「聲」（不論是笑聲、琴聲，還是樂聲）觀「舞」之後的情緒反應。由內心一點愉悅或不愉悅的感受，逐漸昇高擴大，而佔滿心房，而傳遍全身、口、手、足，由內而外，不自覺地，有了明顯的動作，或出言發聲，或揮動手腳、捶胸頓足。照這樣的表述，「喜」、「慍」之情明顯較爲激烈而外發。

相較於「喜」、「怒」之情的激放外發，「哀」、「樂」之情，則舒緩、低迴而斂入。

2.哀、樂內入

簡文說：

> 凡至樂必悲，哭亦悲，皆至其情也。哀、樂，其性相近也，是故其心不遠。哭之動心也，浸焊，其□戀戀如也，

---

[31] 此字從龐樸釋為「撫」，其說見注18，頁51所引龐說。

戚然以終。樂之動心也，濬深鬱陶，其剌（烈）則流如也
以悲，悠然以思。

上文「至樂」、「哀樂」、「哭之動心，……樂之動心……」三個「樂」
字，都是指歡樂的情緒。這節文字上博、郭店兩簡都有，內容論述
「哀」、「樂」之情由源生、轉折到終了的過程。「浸焊」，郭店簡作
「浸澉」，通「浸殺」，逐漸衰減之意。焊，極也。作「浸焊」，則爲漸
至其極之意。「則流如也」上之字，整理小組原釋作「拔」，李零、周
鳳五都讀爲「央」，廖名春則釋作「剌」（「烈」），並謂：與「勝」、
「極」對文，訓爲「甚」；「勝」訓爲「過」，「極」亦訓「甚」。[32]然
李零訓爲「盡」，周鳳五訓爲「中」、「半」，說義雖有不同，皆可通。
唯若訓「盡」，則「哀」、「樂」之轉化過程便只能作兩階段解；若從
周說作「中」、「半」，則轉折過程前後可分三階段。衡諸上文，論述
「喜、慍」之情轉折，分慆、奮、永、搖、舞，憂、嘆、擗、踴等多階
段，仍以從周說較爲相近。「戀戀」，心有所思而哀情低迴。「濬」與
「深」皆深入之意。「鬱陶」，此處指歡樂之情積聚漲滿。「流如」，
各家說法不一。或以爲「變化貌」（劉昕嵐）或以爲即「憀如」，傷悲
貌（廖名春）[33]。個人以爲，似可讀爲本字，指因滿溢而自然流洩。「悠
然」，憂思的樣子。「思」，劉昕嵐以爲憂、悲之意[34]。本節細膩地描述
了「哀」、「樂」之情的源生與轉化。

　它說，人哀傷到了極點會哭泣，哭泣和歡樂同樣是情緒的高度表
現，是情緒昇至極致的自然流露。最終，它們都會陷入一種悲愁憂戚的情

---

[32] 其說同見注18，頁48。

[33] 各家之說同見注18，頁48所引。

[34] 同見注18，頁49所引。

境中。因此，就本質來說，它們是很類近的。當人的心靈陷入於一種至樂
或至哀的情境之中時，其所承受到的激盪程度其實是差不多的。簡文接著
細細分析「哀」、「樂」之情牽動人心的狀況。

　　它先說「哀」情：當「哀」情達到一定程度時，使人哭泣。隨著哭泣
的過程，人心中的哀愁之緒會逐漸達到最高點，及至其半，則愁緒低迴，
終而憂傷滿懷。反之，人當內心漲滿歡樂之情時，初則歡情飽積，無限
暢快。及至其半，無以爲繼，於是漸次鬆放洩流，竟轉爲虛空、悲愴，一
如雍門子之爲孟嘗君歌哭，所謂興盡哀來，樂極悲生，終餘無限憂戚、悵
惘。

　　簡文不但說至「樂」與「哀」泣「皆至其情也」，說「用情之至
者，哀樂爲甚」，以「哀」、「樂」爲「情」的最高表現，又將「哀」、
「樂」之情歸結於悲戚、憂思，很有以悲戚、憂思爲「情」之至高至正的
意味，之前說「喜」、「慍」並無如此推崇情況。這是否因爲「喜」、
「慍」之極，外發於體，「哀」、「樂」之極，則內轉入心，較之
「喜」、「慍」，更爲深刻入裡，也更切合「情」、「性」本眞之故？

3.情、心發聲，聲動情、心

　　論完喜、慍、哀、樂後，簡文接著述說「聲」與「情」、「心」之間
的關係，它說：

> 凡憂思而後悲，凡樂思而後忻。凡思之用，心爲甚。嘆，
> 思之方也。其聲變則其心變，其心變則其聲亦然。吟遊哀
> 也，噪遊樂也，愁遊聲也，嘔遊心也。

這段簡文四個「思」字都應是「情」、「心」深入之意，而不能如前作
「憂」、「悲」解。否則，「樂思而後忻」就解不通了。「方」，此指表
現形態。「遊」，劉釗以爲通「由」。吟，李零釋爲「淺嘆」。噪，喧

呼。嘔，歌唱。這段簡文的內容依整理小組之見，尚可以分為兩組：

　　　第一組：凡憂思而後悲（下接）吟遊哀也
　　　凡樂思而後忻（下接）噪遊樂也
　　　第二組：其聲變，則心從之矣（下接）愁遊聲也
　　　其心變，則其聲亦然（下接）嘔遊心也

這樣的分法，基本上是合理的。照這樣的分法，第一組講的是「情」與「聲」的關係，第二組講的是「心」與「聲」的關係。這裡的「心」與「情」是緊密相合的。簡文承上文「哀」、「樂」，續說「情」之動「心」。它說：凡「憂愁」深入則興悲，「喜樂」深入則歡欣，情緒一深入，「心」的感知特別強烈；感嘆，正是情緒深入的表現。就「哀」、「樂」之情而言：淺嘆，是因內情哀愁。喧呼，則是因為內情歡暢。要之，所發出的聲音，不論深嘆、淺嘆、喧呼，都是內在真情的自然流露。這是第一組簡文的旨意。這一組的「聲」，指的是由「情」而出的自發之「聲」。

　　第二組簡文承第一組，續說「聲」與「心」的關係，也涉及「情」。它說，聲音會牽動心情，聲音改變了，心情也會跟著改變。這裡的「聲」，無論如何該是指的外來的聲音，比如樂音、琴瑟之音，或來自他人的聲音。然而，其下「其心變，則其聲亦然」的「聲」，卻可以包括內、外之「聲」。解作「心情不同，所發出的詠歎、謳歌之聲也不同」，固然可以；解作「心情不同，樂音聽聞起來，感覺也不同」一樣可以。然而，前者之「聲」，是自發之「聲」；後者之「聲」，便成了外來之「聲」。而依其下「噪遊心」的例證看來，此處之「聲」宜與第一組一致，為由衷自發之「聲」才合理。如此一來，便與「其聲變，則心從之」的外來之「聲」相抵觸，造成了第二組上下兩個「聲」字義界不一致的尷

尬現象。

　　從全篇簡文的內容看來，其所出現的「聲」，不論是笑聲、琴瑟之聲、金石之聲、歌謠之聲，還是樂聲，指的都是外來之「聲」，是「聽」、「聞」所得。然而，本段簡文主論「聲」與「情」、「心」的關係，卻出現了「聲」字義涵模糊不一的尷尬。勉作調人，則作者的意思只在強調「聲」與「情」、「心」是互為影響的而已，對於「聲」之為內？為外？根本無暇顧及。

四、結論

　　與郭店儒簡〈性自命出〉相重的上博簡〈性情論〉，以性、情、心為核心課題，論證它們和禮、樂、教之間的關係，其內容展現了儒家心性理論的精華。其所謂「性」，指人與生俱來的各種生理特質與本能反應。它是一種靜態、內藏、普遍而自然的存在能力。其呈顯與作用，有賴外力的引發、牽動。它可引、可悅、可砥礪、可培成，也可增長。

　　相較於「性」之為靜態能力，「心」與「情」則為動態的作用表現。兩篇簡文都未曾對「情」直接下過義界，它們說「情」，是結合著樂論，從聽樂的反應中去體現「情」。其「情」至少有二義：一為真實無偽，一指敏銳易感的情緒。就前一義言，簡文強調了「情」之真實及其價值力量。真實之「情」，指出人人皆具之「性」，最便於與人溝通合一。就後一義言，簡文藉由聽樂，細膩而深入地描述了喜、怒、哀、樂四情之興生、轉折及其表現作用。唯上博簡只存述「哀、樂」部分，缺論「喜、怒」部分，郭店簡則四情皆論。由中可知其說「喜、慍（怒）」與「哀、樂」明顯不同：「喜」、「慍」之情的表現，強烈而外發，會由內心而外顯於四體；「哀」、「樂」之情的表現，則低迴而內入，由淺入深，同歸悲戚，將「情」的作用發揮到極致。簡文以「悲戚」為「情」之極致，儒家重喪禮，此或一因。

　　簡文論「情」，也論「心」、「聲」，蓋「情」、「心」本合一，

「情」之表現，離不了「心」之作用。「情」、「心」有感而發「聲」，「聲」亦動「情」、「心」。唯其論「聲」，則自發之詠歎、謳歌，與外來之樂聲、琴聲混用不分，不免有憾。

（本篇原刊於謝維揚、朱淵清主編《新出土文獻與古代文明研究》，上海：上海大學出版社，2004年4月。）

參、由表述形式與義理結構論〈民之父母〉與〈孔子閒居〉及〈論禮〉之優劣

　　《戰國楚竹書》第二冊的〈民之父母〉，以子夏問詩起論，引出禮樂為政、「五至」、「三亡」等議題，歸結其思想重點，只是一個為政在心（志）、在德，以推行禮、樂的問題。其文字內容與今本《禮記·孔子閒居》、《孔子家語·論禮》多相重，正可以對應出今本之訛增與缺失。全篇以子夏引《詩·大雅·泂酌》之句發論，問「君子」為民父母之道，是很澈底的外王篇什。所謂的「君子」，從全篇內容看來，當然不是指一般士人，而是指的居高位，掌權政者，尤其是天子。孔子一回應就提出了全文的總綱，他說：

　　　　民 之 父母乎，必達於禮樂之源[35]，致「五至」行「三

---

[35] 此字簡文原作𥄢，濮茅左先釋為「苜」，讀為「洹」，後又釋為「簏」，〈孔子閒居〉作「原」，〈論禮〉作「源」，何琳儀以為「簏」，與「原」、「源」均為一字之變，作「簏」為是。何說見〈滬簡第二冊選釋〉，今從之。

亡」，皇於天下。四方有敗，必先知之[36]。

這是全文的總綱。然後子夏依次問「五至」、「三亡」，孔子逐項詮解作答，尤其是「三亡」，孔子的回答特別詳盡，有反覆的論述。就文字的繁簡與「五至」的內容來看，〈孔子閒居〉與〈論禮〉都較爲一致，而與簡文不同。然細加體察，實以簡文爲優，〈孔子閒居〉與〈論禮〉爲劣。

一、由句法形式論〈孔子閒居〉與〈論禮〉之劣

首先，就句法形式言，簡文的表達相當穩定而整齊：

（子夏問）……敢問可女而可謂民之父母？

（孔子答）民 之 父母乎，（提出禮樂之原、五至、三亡）皇于天下……其 可 謂民之父母矣[37]。

（子夏問）敢問可謂「五至」？

（孔子答）「五至」乎，（説「五至」）君子以正，此之謂「五至」。

（子夏問）敢問何謂「三亡」？

（孔子答）「三亡」乎，（説三亡），君子以此皇於天下（傾耳……，明目……）此之謂「三亡」。

---

[36] 本論文此下所引簡文之釋文，基本上依馬承源主編：《上海博物館藏戰國楚竹書（二）‧民之父母》（上海：上海古籍出版社，2001年）濮茅左所釋者，其有更易濮說者，則另標註。

[37] 「其□謂民之父母」，□，濮氏原補「之」字，學者多以爲作「可」，作「可」文意較勝，因從作「可」。

〈孔子閒居〉與〈論禮〉則不然，它們說：

> （子夏問）……何如斯可謂民之父母（矣）[38]？
>
> （孔子答）民之父母乎，（提出禮樂之原、五至、三
> 　　　　　亡）以橫于天下……
>
> （子夏問）敢問何謂「五至」？
>
> （孔子答）（說「五至」）是故正，（明目……，傾
> 　　　　　耳……）此之謂「五至」。
>
> （子夏曰）敢問何謂「三亡」？
>
> （孔子答）（說三無）此之謂「三亡」。

經由這樣的相互對照之後，可以清楚看到，簡文的嚴謹性是很高的。子
夏三問，簡文依次以「敢問何如而可謂民之父母？」、「敢問可謂五
至？」、「敢問可謂亡？」表之。孔子三答，簡文依次以「民之父母
乎……，其 可 謂民之父母矣」、「五至乎，……此之謂五至」，「三亡
乎，……此之謂三亡」來表述，形式整齊而固定。不僅如此，總綱說「以
皇於天下」，「五至」部分便說「君子以正」，「三亡」部分則說：「君
子以此皇于天下」，呼應緊密，位置對應。〈孔子閒居〉和〈論禮〉則不
然，子夏三問的表述固然對應，問「五至」、「三亡」有「敢問」起頭，
總綱問「民之父母」卻無「敢問」二字，句式的整齊程度差些。其次，孔
子三答，表述稍參差。比如，總綱說「民之父母乎」，其下「五至」、
「三亡」卻無對應者，總綱也不見「此之謂民之父母」與之相對應。總綱
的「以橫于天下」，答「三亡」、「五至」部分都無與之相應者，甚至兩

---

[38] 〈孔子閒居〉有「矣」字，〈論禮〉無。

篇一致地多出了語意與上下文不相銜接、突兀不明的「是故正」（〈論禮〉說「是以正」）來，很可能是「君子以正」的對應訛誤。學者或有將「是故正」三字與下文「明目而視之」連讀者，個人以爲並不正確，原因是：下文有「傾耳而聽之，不可得而聞」與此處「明目而視之，不可得而見」正相對應，句式也整齊，合乎全文風格與慣例。若向下連讀，作「正明目而視之」反不通。要之，粗淺地從三問三答的形式對應看來，簡文是齊整而固定的，〈孔子閒居〉與〈論禮〉卻一致地缺失訛誤。

不僅如此，「傾耳而聽之，不可得而聞也；明目而視之，不可得而見也」數句，〈民之父母〉置於說「三亡」之後，用以補充說明「三亡」的「亡」，是指不可聞見，超乎形式之意，意思較好，位置較恰當。〈孔子閒居〉與〈論禮〉則置於「此之謂五至」之前，變成了稱說「五至」的內容，義理較差，置位顯然有問題。

同時，這四句的排列，〈民之父母〉是「傾耳聽之」在前，「明目視之」在後，與說「三亡」，「亡聲之樂」列前，「亡體之禮」、「亡服之喪」在後，正相承應。因爲「樂」是聽的，體、服是可看的。〈孔子閒居〉與〈論禮〉則相反，「明目視之」在前，「傾耳聽之」在後，義理上的應合性較差。

總之，就文字的表述順序與句法的表現情況看來，簡文〈民之父母〉都較完整嚴謹，大勝於〈孔子閒居〉與〈論禮〉。因此，要談全篇的義理，應以簡文爲據，而非〈孔子閒居〉與〈論禮〉。

二、由義理結構論〈孔子閒居〉與〈論禮〉之劣

(一)演繹與歸納的結合表述

接著，我們來看全篇的義理內容。全篇篇幅不長，卻結構簡明，文字成熟謹嚴，了無贅字飾句。論其表述方式，從表面上看，是很典型的演繹法。它藉著子夏三問、孔子三答，推闡全篇義理。而在孔子第一答中，便

已道出全篇主旨，以下「五至」、「三亡」的回應，基本上是緊扣這個主旨敷演，因此說它是總綱，全篇基本上是演繹法。在總綱中，它提出了四論題，一種結果成效。這四個論題是：1.通達「禮樂之原」 2.至「五至」 3.行「三亡」 4.皇于天下。其成效結果是：「四方有敗，必先知之」。這四論題、一成效彼此之間是有主從層次與先後關係：「達禮樂之原」是核心基礎，是先決條件；「至五至」、「行三亡」、「皇于天下」是工作要項；「四方有敗，必先知之」是終極成果。謂能「達禮樂之原」以行「五至」、「三亡」以「皇於天下」，則能精確掌握天下禍福得失，有預知預見興亡之智慧。〈中庸〉說：「至誠之道可以前知，國家將興，必有禎祥；國家將亡，必有妖孽……禍福將至，善，必先知之；不善，必先知之。故至誠如神。」就是這個意思。「行三亡」與「皇于天下」就內容的表述狀況看來，且是參併合闌的，「皇於天下」就夾參在「三亡」（「五起」）的論述中。全文的表述層次與義理結構可以簡列表示如下：

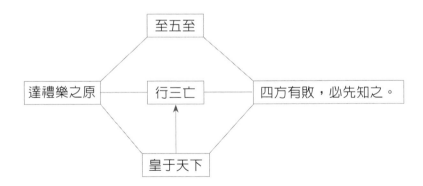

值得注意的是，全篇雖以「達禮樂之原」爲義理核心與基礎條件，卻沒有先論「禮義之原」，也沒有正面告訴讀者什麼是「禮樂之原」，而是將它納入「五至」、「三亡」中去推演，成為它們的核心內容。讀者必須完全了解「五至」、「三亡」，尤其是「三亡」之後，自能得知所謂「禮樂之原」是什麼，它因此又似歸納法。本篇的寫作方法與義理結構因此是很特

殊的，它一方面有著先秦儒家典籍理論，若論、孟、荀般，講清楚，說明白，先標示總綱，然後鋪論內容的傳統，卻又不直述核心主旨，令讀者讀後歸納自明。

(二)「五至」之行「志」為核心

　　它先說「至五至」。所謂「至五至」，上「至」字，〈孔子閒居〉及〈論禮〉作「致」，應是相通，龐樸說是「到達」之意[39]。何謂「五至」，簡文說：

> 五至乎，物之所至者，志亦至焉；志之 所 至者，禮亦至安（焉）；禮之所至者，樂亦至焉；樂之所至者，哀亦至焉，哀樂相生，君子以正，此之謂「五至」。

「五至」因此是物至、志至、禮至、樂至、哀至。〈孔子閒居〉與〈論禮〉所載一致，卻與簡文不同，〈孔子閒居〉說：

> 志之所至者，詩亦至焉；詩之所至者，禮亦至焉；禮之所至者，樂亦至焉；樂之所至者，哀亦至焉。哀樂相生。

〈論禮〉在「哀樂相生」上又加了一句「詩禮相成」，以佐足上文之意，「五至」因此指的是志至、詩至、禮至、樂至、哀至，看來似乎更為周密完備，濮茅左因據之以改簡文「勿」為「志」，又讀「至」為「詩」，其實是有問題的。

---

39 參見龐樸：〈試說五至三无〉，武漢大學簡帛網：http://www.bamboosilk.org/Wssf/2003/pangpu02.htm，2003年1月14日。

　　因為讀「志」為「詩」固然可通，改「勿」為「志」則不可解，蓋「勿」與「志」形、義相去甚遠，無由致誤。何況就總綱看來，全文說的是「達禮樂之原」，「以皇于天下」之道，並不及「詩」。就其後全文最豐富精采的「三亡」論述看來，也是徹頭徹尾反覆論證禮、樂、喪（喪亦屬禮），一無及於「詩」。故「五至」以禮、樂、哀（喪主哀）為主要內容，不但上承總綱，且下應「三亡」，思想論述前後一貫，應較妥當。〈論禮〉為了相應於「哀樂相生」，上承詩、禮、樂、哀四至，而添增「詩禮相成」，其實是不必要的。然而，簡文之「物至」而後「志至」、「禮至」、「樂至」、「哀至」當作何說？《禮記‧樂記》說：「人心之動，物使然也。」〈性情論〉說：「凡人雖有性，心無定志，待物而後作。」心志受物牽引而發動，可以解釋簡文「物之所至者，志亦至焉。」〈樂記〉又說：「禮以道其志」，可以解釋簡文「志之所至者，禮亦至焉。」而禮、樂一體相成，以為治道之本，固儒家所主，人盡皆知，〈樂記〉述之尤詳。〈樂記〉說：

　　　　禮節民心，樂和民聲……樂者為同，禮者為異，同則相親，異則相敬……則民治行矣。……樂由中出，禮自外作……樂者天地之和也，禮者天地之序也……樂由天作，禮以地制……致禮樂之道，舉而錯之天下，無難矣。

簡文故曰「禮之所至，樂亦至焉。」〈樂記〉同時又說：

　　　　樂者，音之所由生也，其本在人心之感於物也。
　　　　凡音之起，由人心生也，人心之動，物使然也。

是物、志（人心）與禮、樂之引發牽連關係，〈樂記〉亦有論述。至於

「樂之所至，哀亦至焉，哀樂相生」，則是將「禮樂」之「樂」音義轉爲「哀樂」之「樂」，〈樂記〉說：

> 夫樂者，樂也，人情之所不能免也，樂必發於聲音，形於動靜……人不能無樂，樂不能無形，形而不為道，不耐（能）無禮。先王恥其亂也，故制雅頌之聲以道之，使其聲足樂而不流。
>
> 樂者，樂也。君子樂得其道，小人樂得其欲。以道制欲，則樂而不亂。

「樂」本以輸導人喜樂之情，使能合理妥善，是「禮樂」之「樂」原本通同於「哀樂」之「樂」。至於樂至則哀至，哀樂相生，蓋興盡哀來，樂極悲生本眾人普知之理，郭店竹簡〈性自命出〉與上博簡〈性情論〉尤視哀、樂爲情感最高度的表現，說它們本質相同，對它們彼此之間的轉化，尤有深入的描寫。〈性情論〉說：

> 凡至樂必悲，哭亦悲，皆至其情也。哀、樂其性相近也，是故其心不遠。……樂之動心也，濬深鬱陶；其烈，則流如也以悲，攸然以思。

歡樂至極，悲情油然而生。它甚至以「哀」爲「情」之最高終結，因爲只有情極至哀，才能轉爲深入細膩，故曰「攸然以思」。〈民之父母〉談「禮樂之原」，非關「情」，故僅曰「哀樂相生」，而不深入探討哀樂如何相生。

反觀〈孔子閒居〉與〈論禮〉，以志、詩、禮、樂、哀相承、相生，固亦可以解釋爲「詩言志」，故謂志至而詩至。「詩」樂而不淫，

哀而不傷，合於禮，故曰詩至而禮至，已有些勉強。然全篇本論以「禮樂之原」治民，主論「禮樂」，非關「詩」，其下論「三亡」也了不及「詩」，已如上述，而《禮記・樂記》深入綜論禮樂之源生及其教化功能，與本篇總綱所提之主旨相合，凡此皆可證簡文所述「五至」本有其義理淵源。〈孔子閒居〉與〈論禮〉妄改簡文爲劣，濮茅左據以更改簡文亦有問題。原〈孔子閒居〉與〈論禮〉之所以納「詩」入「五至」，或因子夏前問「民之父母」固引《詩》，後說「三亡」，也問「何詩是近？」孔子並引詩作答所誤導。

　　總之，簡文〈民之父母〉的「五至」之說原本完整無誤。所謂「物」，泛稱一切的存在，包括了人、事、物，《上海博物館戰國楚竹書》〈性情論〉說：「凡見者之謂物」，事實上，即使是不可見的「事」也當包含在其中。因此，所謂「物」，事實上是泛指所統治的一切人、事、物，一切對象。所謂「物至而志至」是指的統治者的心，應該要跟著所要統治處理的對象走，所統治處理的事物在那裡，「心（志）」就必須跟到那裡，隨時關切，隨時注意。那是很審慎用心，很辛苦，壓力很大的，因此下文引詩以說曰：「成王不敢康，夙夜命又。」

　　統治者的心志固然應該跟隨所欲統治的事物走；然心志所至，應該以「禮」爲規範，因爲「禮」所以導人心之發動，使歸於正軌，「禮」正是統治者所用以統治的準則。故曰：「志至而後禮至。」禮樂一體相成，「樂」者所以輔成「禮」，以成就其教化功能，禮之所至，樂亦一起出現，故曰：「禮至而後樂至」。而樂者所以宣達哀樂之情，哀樂之情能合理適度地表現，君子便能化正天下，故曰：「樂至而後哀至」。不過，在所有「禮」之中，儒家特重「愼終追遠」的喪禮，故其所謂「哀」，從下文「三亡」之論述看來，明是定著在「喪」禮之上，指「喪」禮而說的。換言之，爲政者（民之父母）在他所推動的禮樂政教中，「喪」應該是一個需要特別關注的重點。這是〈民之父母〉「五至」之義。說穿了，其實正是一個以「志」爲核心，上以普遍關切一切「物」，下以愼治「禮」、

「樂」、「哀」的課題。王夫之以「志」統攝其餘「四至」，基本上是正確的[40]。如此才能與其下論「三亡」的義理精神相貫串。

(三)「三亡」之行「心」、「志」爲主

論完「五至」，簡文藉子夏提出第三問，問「三亡」，孔子答曰：

三亡乎，亡聲之樂，亡體 之 禮，亡服之喪，君子以此皇于天下。傾耳而聖（聽）之[41]，不可得而聞也；明目而見之，不可得而見也，而德既塞於四海[42]矣，此之謂「三亡」。

---

[40] 王夫之《禮記章句》釋〈孔子閒居〉之「五至」說：「凡此四者（詩、禮、樂、哀）之德，並行互致，交攝於所志之中，無不盡善」其中除了「四者」係依據〈孔子閒居〉指「詩、禮、樂、哀」與簡文不同外，其以「志」統其餘四至，基本上是正確的。

[41] 「悉耳而聖之」，「悉」字濮茅左考釋以爲讀爲「繫」，〈孔子閒居〉與〈論禮〉都作「傾」，何琳儀等以爲當讀作「傾」，蓋「奚」是匣紐支部，「傾」是溪紐耕部。匣、溪音近，支、耕陰陽對轉，其說同見注36。今從之。

[42] 「夏既塞於四海」，「既」，濮茅左釋作「氣」，蓋以爲通「氣」，實有鑒於〈孔子閒居〉與〈論禮〉此句作「志氣塞乎天地」、「志氣塞於天地」，龐樸更以爲乃孟子浩氣說的先河，其說皆有問題。實則，說「志氣」猶尚可通，作「德氣」則甚怪異。陳劍以爲，「既」當如字讀，訓爲「已」，釋讀爲「氣」，不可信，此句「夏」通「得」、「德」，謂「德既塞於四海矣」句解釋。桉案：簡文〈民之父母〉下說「三亡」時，詮釋「亡聖之樂」說「氣志不違」、「氣志既得」、「氣志既從」，三個「氣」字皆作「氣」，不宜只有此處作「既」，因不從陳劍之說。陳劍之說參見氏著：〈上博簡《民之父母》「而得既塞於四海矣」句解釋〉，武漢大學簡帛網：http://www.bamboosilk.org/Wssf/2003/chenjian03.htm，2003年1月17日。

所謂「三亡」，指的是禮、樂、喪三者超越形式而上之本原。這個「亡」，是無形式，非形式，超越形式之意。因為無形式、非形式，故不可得而聞、見，它是一種「德」，一種能「塞于四海」的「德」。「德」是抽象的、內在的、超越形式的，故曰「亡」。上述引文已經很明顯地說出了禮（含喪）、樂之原在「德」，而「德」在內、由心，非關聲、體、服。

　　簡文接著又藉子夏之要求，舉詩為證，對「三亡」細加闡述說：

　　　　亡聲之樂，亡體之禮，亡服之喪，何詩是近？孔子曰：
　　　　「善哉！商也！可教詩矣，『成王不敢康，迺夜命又』，
　　　　亡聲之樂。『威儀遲遲……喪也。』

從「威儀遲遲」以下至「……喪也」，明顯有闕文，〈孔子閒居〉與〈論禮〉則續有：

　　　　「不可選也」，無體之禮也。「凡民有喪，匍匐救之」，
　　　　無服……。

等19字，與上文「無聲之樂」結合，正好分別引詩〈周頌・昊天有成命〉、〈邶風・柏舟〉、〈邶風・谷風〉三篇，以說明「三亡」的內容，應該可信。簡文應採補入，從所引〈昊天有成命〉之文，可知所謂「亡聖（聲）之樂」，指的非關樂音之聆賞，鄭注說，指的是「君夙夜謀為政教以安民，則民樂之，此非有鐘鼓之聲也。」非有鐘鼓之聲，而民樂，君亦樂，「君子樂得其道，小人樂得其欲」（《禮記・樂記》）此之謂「亡聲之樂」。所謂「無體之禮」，依所引〈柏舟〉之文，鄭注說，指的是「人君威儀安和，民效而敬之」，此非關揖讓升降之儀文，所謂「不言而

信，不怒而威」。所謂「亡備（服）之喪」，依所引〈谷風〉之意，知其謂匍匐往救民之死喪，此亦源於憂恤憫痛，非關服喪，卻有甚於服喪。斯三者要皆有德於中，有心於內，故能成效於外，非關外在之儀文、服制，故稱「亡」。子夏因此說：「美[43]矣！宏矣！大矣！盡 於 此 而 已 乎！」

　　然後，圍繞著「三亡」，簡文藉孔子之口，續有五次反覆之稱揚，〈孔子閒居〉與〈論禮〉標之爲「五起」，簡文則無此稱。簡文說：

> 亡聲之樂，氣志不違； 亡 體之禮，威儀遲遲；亡服之喪，內恕孔悲。
> 亡聲之樂，塞于四方；亡體之禮，日就月將[44]；亡服之 喪 ，屯德同明。
> 亡聲之樂，施及孫子；亡體之禮，塞于四海；亡服之喪，為民父母。
> 亡聲之樂，氣 志 既得；亡體之禮，威儀翼翼；亡服之喪，施及四國。

43　「敓（媺、美）矣」，敓，濮茅左原讀作「快」，引《玉篇》釋為「善」；又疑為「敓」之誤，讀為「媺」，「媺」「美」意同。林素清以為簡文此「敓矣、宏矣、大矣」三句〈孔子閒居〉作「美矣、大矣、盡矣」三句次序雖不同，表意卻一致。其下「言盡於此矣」是總結，因此「敓矣」之對應意應是「美矣」，「敓」應是「敓」之誤訛，濮氏後說為是。林說詳見〈上博（二）〈民之父母，幾個疑難字的釋讀〉〉，簡帛研究網：http://www.bamboosilk.org/Wssf/2003/linsuqing01.htm，2003年1月17日，今從之。

44　「日述月相」，濮茅左本釋「述」為「聚」、「合」；釋「相」為「省」、「共助」；「日述月相」意為「日聚月扶」。卻又依〈孔子閒居〉或讀為「日就月將」，似猶疑不定，今採其後說。

這五節文字，〈孔子閒居〉與〈論禮〉標之爲「五起」，鄭注「五起」之「起」曰：「君子習讀此詩，起此詩之意，其說有五。」恐未必是。然若視之爲對「三亡」之頌揚、詠歎則是。「五起」之中，〈論禮〉只有前後兩節，中間三節闕漏，唯簡本與〈孔子閒居〉五節全備。今歸納簡文對「三亡」之頌揚，依次是：

　　　亡聲之樂　　氣志不違
　　　　　　　　　塞於四方（〈孔子閒居〉作「日聞四方」）
　　　　　　　　　它及孫子（〈孔子閒居〉作「氣志既起」）
　　　　　　　　　氣志既得
　　　　　　　　　氣志既從（〈論禮〉作「所願必從」）
　　　亡體之禮　　威儀遲遲
　　　　　　　　　日述月相（〈孔子閒居〉作「日就月將」）
　　　　　　　　　塞于四海（〈孔子閒居〉作「施及四海」）
　　　　　　　　　威儀異異
　　　　　　　　　上下和同
　　　亡服之喪　　內虐習悲（〈孔子閒居〉作「內恕孔悲」）
　　　　　　　　　屯德同明（〈孔子閒居〉作「孔明」）
　　　　　　　　　為民父母（〈孔子閒居〉作「施於孫子」）
　　　　　　　　　施及四國
　　　　　　　　　以畜萬邦

所謂「塞于四方」、「日聞四方」、「施及四國」、「施及四海」、「施及孫子」、「以畜萬邦」，都是總綱所說「皇于天下」之意。排除這些「皇于天下」的稱辭，這五節對「三亡」的頌揚，仍是各有內容地指出了

「三亡」各自的特質，而與前述「三亡」之論述相應合，實可視爲承前「三亡」之補釋與頌揚，〈孔子閒居〉與〈論禮〉有否可能因爲環頌五次，而命之爲「五起」，是值得思考的。亦即〈孔子閒居〉、〈論禮〉的「五起」之稱是否眞是原簡缺殘，還是它們後起擅加的，是值得懷疑的。不過，它說：「亡體之禮」是「威儀遲遲」、「威儀異異」，概以「威儀」爲說，重在「威儀」，與〈柏舟〉所述一致。說「亡服之喪」則是「內恕孔悲」，就內心之惻隱憫痛爲解，重在憂恤慈惠，與前述「凡民有喪，匍匐救之」亦相應合。唯獨說「亡聖之樂」是「氣志不違」、「氣志既得」、「氣志既從」，概以「氣志」爲說，重在「氣志」。所謂「氣志」，指的其實也是「心志」的功能作用，「不違」、「既得」、「既從」都是「和順」之意。所謂「氣志不違」、「氣志既得」、「氣志既從」，是指心志平和穩定。《禮記·樂記》說：「樂者，天地之和也」、「樂極和」。樂以導引人心志之和爲貴，而心志和順，非樂之器，乃入樂之道，是眞能得「樂」之旨者。衞湜《禮記集說》卷一二零引藍田呂氏論釋此「三亡」說：

> 先儒謂此三者皆行之在心，外無形狀，故稱無也。……蓋樂必有聲，其無聲者，非樂之器，乃樂之道也。……禮必有體，其無體者，非禮之文，乃禮之本也。

此「樂之道」、「禮之本」非可聞見，乃在「心」得，故曰：「皆行之在心」。樂本在「心」，所以一再稱「氣志」者，蓋如《孔子家語·六本》所說：

> 志夫鐘之音，怒而擊之則武，憂而擊之則悲，其志變者，聲亦隨之。

《禮記‧樂記》也說：

> 夫民有血氣、心知之性，而無哀樂喜怒之常，應感起物而
> 動，然後心術形焉。

皆謂「心志」蓋隨「情」而變作，其發作若有遣使之動力，故稱「氣志」。至此我們便可以明白，所謂「禮樂之原」，指的正是「心志」。「達禮樂之原」便是明瞭推行禮樂之教乃在心志，非關儀文、聲器的道理。心志所至、所行便是偉大的德政，便足以「皇於天下」、「施于四海」，其成效可以敏銳預知天下興亡成敗之機，唯有能達禮樂之原者可以臻至洞見天下得失、禍福、興亡、成敗的境界，故曰美矣、盛矣、大矣、盡於此矣。

三、結論

　　〈民之父母〉的表述，形式是齊整的，文字是簡練的，層次是井然分明的。就其整齊之形式表述，可以對證今本《孔子閒居》與《家語‧論禮》之非。論其作法，則寓歸納於演繹，先標舉總綱，再敷論細部課題，卻不正面點出總綱「禮樂之原」的核心真義，令讀者於歸納其敷論中自得。論其核心義理，乃在推闡：為政之道，厥由禮樂；禮樂之道，乃在一心，這是全篇的思想脊柱。為了推闡這個主軸，它述「五至」，論「三亡」，藉由物、志與禮、樂相互的牽引關聯，以及哀樂的相生關係，導出心、志與禮、樂、喪的關係，稱為「五至」。從「五至」的論述中可以得知：「禮」、「樂」、「哀」的根源乃在易因「物」引而動的「志」，禮樂之根源在心，「五至」之根源也在心（志），從而引出下一個論題「行三亡」。因此接下來的論題「行三亡」便都就禮、樂、喪（主哀）非關形式反覆闡說、稱揚，其思想核心都通向心「志」問題。可以

說，全文不論如簡文分總綱、五至、三亡等三個論述層次，還是〈孔子閒居〉分總綱、五至、三亡、五起等四個論述層次，每一個層次的思想核心都是心「志」。禮樂之原是心志，「五至」之端也都是心「志」，「三亡」、「五起」的核心關鍵也是心志問題。由這個「心志」的思想核心、思想主軸衍發出來的論題是禮、樂、喪（哀），而「喪」亦含包在「禮」中，全篇的義理結構相當嚴密。〈孔子閒居〉摻「詩」入「五至」，構成志、詩、禮、樂、喪「五至」，實不如簡文以物、志、禮、樂、喪爲「五至」，更能連貫前面的總綱與後面的「三亡」。其將五次頌揚闡發「三亡」之內容另標爲「五起」，則尤屬多事。總之，簡文原本完整而嚴謹，〈孔子閒居〉與〈論禮〉的更改移易純屬治絲益棼，純屬多事。而從簡文與〈孔子閒居〉、〈論禮〉等儒家文獻論政、推「禮樂之原」，以禮、樂、喪爲主要課題，更可見喪禮在儒家禮學中的特殊分量。

（本篇原刊於《上博館藏戰國楚竹書研究續編》，2004年4月。）

肆、〈容成氏〉的列簡錯置問題——
兼論第三十一、三十二簡的離合與禹、啓的相世

　　《上海博物館戰國楚竹書(二)》中的〈容成氏〉載述上古帝王傳說，簡文有殘，釋文考釋者李零分全文爲七部份：第一部分自一至三簡，論述「容成氏」等上古帝王二十一人；第二部分自四至六簡首句，論述帝堯前之某位古帝王；第三部分自第六簡第二句至第十二簡，論述堯；第四部份自十三簡至第十七簡第一句，論述舜；第五部分自第十七簡後半至第三十四簡，論述夏禹；第六部分自第三十五簡至第四十三簡，論述商湯；第七部份自第四十四簡至第四十九簡論述周文王；自第四十九簡之末至第

五十三簡，論述周武王而未完。第一部分事實上簡文只存八位古帝王，李零與廖名春據《莊子‧胠篋》與《太平御覽》卷七十六、《資治通鑑外記》卷一、《路史‧前紀六》所引《六韜》佚文〈大明〉補「容成氏」等十三氏[45]。這樣的補入，雖未必即是原簡本貌，卻有一定的道理，而且相當可能。唯各簡間的銜接和內容歸分，看似合理，其實仍有問題。因為按照這樣的歸分，不但造成論述「禹」的部分，篇幅高達17支，遠遠超出其餘各部分；內容上也造成舜、禹的論述糾雜混淆、事功誤置，其關鍵就在第二十三至三十一等九支簡的位置原應置於十五、十六兩簡之間。這9支簡，內容包括了大禹治水的事功，都應歸屬於舜任內的治績，卻被誤置於十六至二十二簡與三十二至三十四簡論禹的事蹟中，成了禹的治績。

一、二十三至三十一簡的錯置問題

㈠由篇幅長短推測

依照李零的歸分，全部七部分，共53支簡的篇幅大致如下：

1. 論容成氏等二十一氏－3支簡（殘存八氏）
2. 論堯前之某古帝－2支簡（殘缺特甚）
3. 論堯－約8支簡
4. 論舜－約4支簡
5. 論禹－17支簡

---

[45] 李零原注說：簡1「膚是」上文疑脫一簡，作「昔者訟（容）成是（氏）、□□是、□□是、□□是、□□是、□□是、□□是、□□是、□□是、□□是、□□是、□□是、□□是、尊」廖名春據《莊子‧胠篋》等書續補「容成氏」後為「大庭氏、伯皇氏、中央氏、栗陸氏、驪畜氏、祝融氏、昊英氏、有巢氏、葛天氏、陰康氏、朱襄氏、无懷氏」等十二氏。廖說見氏著：〈讀上博簡〈容成氏〉箚記（一）〉，武漢大學簡帛網：http://www.bamboosilk.org/wssf/2002/liaominchun03.htm，2002年12月27日。

　　6.論湯－9支簡

　　7.論文王－6支簡

　　論武王－4～5支簡（殘而未完）

　　由上列的統計可以約略看出：自堯以下各部分內容較爲完整而銜接，殘缺情況較不嚴重。而這幾部分，論堯有8支簡，論湯有9支簡，論武王有殘，然文、武合共約10～11支簡，篇幅懸殊不大，唯獨論「舜」部分特少，約僅4支簡，而論「禹」的部分卻出奇的多，高達17支簡，如果將二十三至三十一的9支簡移入論「舜」部分，則論「舜」有13支簡，論禹者8支簡，各部分的篇幅約自8簡至12、13支簡，懸殊就不會那麼大。當然，這樣的推斷，論據仍是薄弱的。要判斷23～31簡的合理置位，主要仍得從內容上來推斷。

㈡由論述內容推斷

　　我們先依李零的置位，看看簡文第4、5兩部分對舜、禹的論述。第4部份自第十三簡起至第十七簡，論述「舜」說[46]：

> 昔〔者〕舜耕於鬲丘，陶於河濱，漁於雷澤，孝養父母，以善其親，乃及邦子，堯聞之（簡十三）而美其行。堯於是乎為車十有五乘，以三從舜於畎畝之中。舜於是乎始免刈、鬜、耨、鎑，謁而坐之。子堯南面，舜北面；舜（簡十四）受命，乃草服箸箸帽，芙蓻□疋□……（簡十五）……。辨為五音，以定男女之聲。當是時也，癘疫

---

[46] 為方便內容及文意之呈顯起見，此下引文蓋依上博李零之釋文與注釋考校，直接釋出，不另示簡文。若有學者之釋文與注釋考校較勝者，則另標注。

不至，祆祥不行，禍災去無，禽獸肥大，草木蓁長。昔者天地之佐舜而（簡十六）佑善，如是狀也。舜乃老，視不明，聽不聰。舜有子七人，不以其子為後，見禹之賢也，而欲以為後。禹乃五讓以天下之賢（簡十七）者，不得已，然後敢受之。

第5部分自第十七簡後半起至三十五簡論述「禹」說：

禹聽政三年，不折革，不刃金，不鉻矢，田無蔡，宅不空，關市無賦。禹乃因山陵平隰之可封邑（簡十八）者，而繁實之。乃因邇以知遠，去苛而行簡。因民之欲，會天地之利。夫是以近者悅治，而遠者自至，四海之內及（簡十九）四海之外，皆請貢。

禹然後始為之號旗，以辨其左右，思（使）[47]民毋惑：東方之旗以日，西方之旗以月，南方之旗以蛇（簡二十），中正之旗以熊，北方之旗以鳥。禹然後始行以儉：衣不鮮美，食不重味，朝不車迎，春不穀米，宰不折骨，裘（簡二十一）表專。禹乃建鼓於廷，以為民之有訟告者鼓焉。撞鼓，禹必速出。冬不敢以寒辭，夏不敢以暑辭。身言……。（簡二十二）

舜聽政三年，山陵不序，水潦不湝，乃立禹為司空。禹

---

47 此句簡文原作「思民毋惑」，邱德修釋「思」為「使」，說見邱德修：〈〈容成氏〉簡隸定句讀〉稿本，今從之。

既已（簡二十三）〔為司空〕……。面乾錯□[48]，不生
之（趾）毛[49]，□瀺滑流。禹親執未耜，以陂明都之澤，
決九河（簡二十四）之阻，於是乎夾州、徐州始可處
〔也〕[50]。禹通淮與沂，東注之海，於是乎競州、莒州始
可處也。禹乃通蔓與湯，東注之（簡二十五）海，於是乎
并州始可處也。禹乃通三江五湖，東注之海，於是乎荊
州、揚州始可處也。禹乃通伊、洛，併瀍、澗，東（簡
二十六）注之河，於是於〔乎〕豫州始可處也。禹乃通涇
與渭，北注之河，於是乎雍州始可處也。禹乃從漢以南，
為名谷五百；從（簡二十七）漢以北，為名谷五百。
天下之民居定，乃飲食，乃立后稷以為盈。后稷既已受
命，乃食於野，宿於野，復穀換土，五年乃（簡二十八）
穰。
民有餘食，無求不得，民乃賽，驕態始作，乃立皋陶以為
李（理）。皋陶既已受命，乃辨陰陽之氣，而聽其訟獄，
三（簡二十九）年而天下之人無訟獄者，天下大和均。
舜乃欲會天地之氣，而聽用之，乃立夔以為樂正。夔既受
命，作為六律六〔呂〕……（簡三十）。……孝君，方為

---

[48] 此句李零本釋作「面旗鱛□」，注「含義不詳」，何琳儀以為「鱛」通「錯」。□右為髟、
左為「屮」，意謂大禹「面部乾裂，頭髮花白。」說見何琳儀：〈滬簡二冊選釋〉，武漢大
學簡帛網：http://www.bamboosilk.org/wssf/2003/helinyi01.htm），2003年1月14日，今從之。

[49] 「不生之毛」何琳儀以為：「之」疑讀為「趾」，簡文意謂禹「腿部不生毛」，其說同見注
48，今從之。

[50] 此句本無「也」字，邱德修據其下文例補「也」字，其說同見注47，宜可從，因從校補。

三調，尋聲之紀：東方為三調，西方為三調，南方為三
調，北方為三調。以濟於溪谷，濟於廣州，高山登，蓁
林（簡三十一）入，安以行政。於是於（乎）治爵而行
祿，以讓於來，亦亦迵迵，曰德速衰，……（簡三十二）
〔迵〕淵所，曰聖人。其生賜養也，其死賜葬，去苛慝，
是以為名。

禹有子五人，不以其子為後，見（簡三十三）皋陶之賢
也，而欲以為後。皋陶乃五讓以天下之賢者，遂稱疾不出
而死。禹於是乎讓益，啓於是乎攻益自取（簡三十四），
王天下十有六年而桀作。

從上引簡文中，我們可以發現，論舜與論禹，篇幅懸殊實在太大，後者約
為前者的3.5倍。最重要的是，第五部分對「禹」的論述中有幾個不合理
的現象：

　　1.在論完禹建旗、建鼓（第二十～二十二簡）後，簡文繼續說：

舜聽政三年，山陵不序，水潦不淯，乃立禹為司空。禹既
已〔為司空〕。（簡二十三）……乃立后稷以為盈……
（簡二十八）……乃立皋陶以為理……（簡二十九）……
舜乃欲會天地之氣，聽而用之，乃立夔以為樂正。……
（簡三十）。

這樣的敘述，按常理應該是論述「舜」的用人與政績，所有「乃立……
為……」主詞都該一致地指「舜」，其置位宜銜接第十五簡論舜的事蹟之
後才恰當。夾插在二十二～三十二簡之間，成為論禹治績的部分內容，會

造成禹爲司空是舜所立，而后稷爲盈、皋陶爲李（理）都是禹所立，到了
夔爲樂正卻又是舜所立，如此的說法，是有問題。

　　2.這幾支簡文，若歸屬「禹」的事蹟論述，會造成在對禹的論述
中，夾插著「舜聽政三年，……」、「舜乃欲會天地之氣」等等明是論
「舜」事蹟的文字。前一則猶可解釋爲，爲了引述禹的治水功績，故回述
舜治政三年時之事。後一則在禹的論述中突然插入舜欲會天地之氣，立夔
爲樂正以治樂，無論如何是說不通的。這一點正是本文判定上博簡文排序
置位生誤的最大證據。

㈢由《書·堯典》的相關記載觀測

　　二十三～三十一簡究竟該歸屬舜或禹的事蹟，牽涉到后稷之爲
「盈」，與皋陶之爲「李（理）」究竟是誰所命？是禹？還是舜？證諸
《尚書·堯典》，答案應該很清楚，當然是舜。〈堯典〉記載堯死後，舜
蒞政命官曰：

　　　舜曰：「咨！四岳，有能奮庸，熙帝之載，使宅百揆，亮
　　采惠疇？」僉曰：「伯禹作司空。」帝曰：「俞咨！禹，
　　汝平水土，惟時懋哉！」禹拜稽首，讓於稷、契、暨皋
　　陶。帝曰：「俞，汝往哉！」……帝曰：「棄，黎民阻
　　飢，汝后稷，播時百穀。」……帝曰：「皋陶，蠻夷猾
　　夏，寇賊姦宄。汝作士，五刑有服，五服三就；五流有
　　宅，五宅三居：惟明克允。」……帝曰：「疇若予上下草
　　木鳥獸？」僉曰：「益哉！」帝曰：「俞咨！益，汝作朕
　　虞。」益拜稽首，讓于朱、虎、熊、羆。帝曰：「俞，往
　　哉！汝諧。」……帝曰：「夔，命汝典樂，教冑子。」

根據〈堯典〉的記載，禹作司空，后稷作農官，皋陶作士（理官），益作虞，夔典樂，皆舜所命。禹、益受命前且皆謙讓一番，不得而後受命。是禹與稷、皋陶、益、夔本為同僚，簡文〈容成氏〉所載諸人受官與〈堯典〉相合。今本《尚書‧皋陶謨》前半，雖載皋陶對禹陳「九德」，內中所稱之「帝」，屈萬里以為皆指「舜」[51]，而該文前後並載舜令禹，使進「昌言」，令皋陶「方施象刑」，令夔行樂，又與皋陶相互作歌酬應稱揚，皆無禹令皋陶為官，或禹與皋陶為君臣關係之相關記載。

　　總之，第二十三～三十一9支簡夾插入禹的事蹟中是不正確的，其正確位置應當在十五簡之後，十六簡之前。今試為調正簡序如下：

　　昔〔者〕舜耕於鬲丘，陶於河濱，漁於雷澤，孝養父母，以善其親，乃及邦子。堯聞之（簡十三）而美其行。堯於是乎為車十有五乘，以三從舜於畎畝之中。舜於是乎始免刈、鍤、耨、鋸，謁而坐之。子堯南面，舜北面，舜（簡十四）受命，乃草服箁箬帽，芙蒩□疋□……（簡十五）。

　　舜聽政三年，山陵不序，水潦不涂，乃立禹為司空。禹既已〔為司空〕（簡二十三）……。面乾錯□，不生之（趾）毛，□瀹涂流。禹親執耒耜，以陂明都之澤，決九河（簡二十四）之阻，於是乎夾州、徐州始可處〔也〕。

51　參見屈萬里：《尚書釋義》（臺北：華岡出版部，1972年），頁18–26。儘管〈皋陶謨〉在《偽古文尚書》中分為〈皋陶謨〉與〈益稷〉兩部分，屈萬里認為其寫作時代與堯典同時或稍後。而〈堯典〉的寫作時代據屈氏推斷，「當在孔子歿後，孟子之前，蓋戰國初年，儒家者流，據傳說而筆之於書者也。」說見同書頁1。

禹通淮與沂，東注之海，於是乎競州、莒州始可處也。禹乃通蔞與湯，東注之（簡二十五）海，於是乎并州始可處也。禹乃通三江五湖，東注之海，於是乎荊州、揚州始可處也。禹乃通伊、洛，併瀍、澗，東（簡二十六）注之河，於是於〔乎〕豫州始可處也。禹乃通涇與渭，北注之河，於是乎雍州始可處也。禹乃從漢以南，為名谷五百；從（簡二十七）漢以北，為名谷五百。

天下之民居定，乃飲食，乃立后稷以為盈。后稷既已受命，乃食於野，宿於野，復穀換土，五年乃（簡二十八）穰。

民有餘食，無求不得，民乃賽，驕態始作。乃立皋陶以為李（理），皋陶既已受命，乃辨陰陽之氣，而聽其訟獄，三（簡二十九）年而天下之人無訟獄者，天下大和均。

舜乃欲會天地之氣，而聽用之，乃立夔以為樂正。夔既受命，作為六律六〔呂〕……（簡三十）……孝君，方為三調，尋聲之紀：東方為三調，西方為三調，南方為三調，北方為三調。以壟於溪谷，濟於廣川，高山登，蓁林……（簡三十一），辨為五音，以定男女之聲。當是時也，癘疫不至，祅祥不行，禍災去無，禽獸肥大，草木蓁長。昔者天地之佐舜而（簡十六）佑善，如是狀也。（簡十七）

這是敘述「舜」的事蹟，內容 1.先述舜的出身。 2.再述舜受堯禪。 3.舜命禹治水，處理川陵之事，使民安居（立司空）。 4.民因安居而需穩定的飲食，舜因令后稷墾土稼農（立農官）。 5.民因居安食足而心性不寧，舜又

令皋陶爲理以治之（立理官）；並令夔會天地之氣，調律呂而定三調、辨五音（立樂正），終致天人和均，萬物昌平。一路娓娓敘來，雖有缺文，大致意承文順，層次環環相接，條理井然，相當完整。

簡文然後接敘禹的事蹟說：

> 舜乃老，視不明，聽不聰。舜有子七人，不以其子為後，見禹之賢也，而欲以為後。禹乃五讓以天下之賢（簡十七）者，不得已，然後敢受之。
>
> 禹聽政三年，不折革，不刃金，不鉻矢，田無蔡，宅不空，關市無賦。禹乃因山陵平隰之可封邑（簡十八）者，而繁實之。乃因邇以知遠，去苛而行簡，因民之欲，會天地之利。夫是以近者悅治，而遠者自至，四海之內及（簡十九）四海之外，皆請貢。
>
> 禹然後始為之號旗，以辨其左右，使民毋惑：東方之旗以日，西方之旗以月，南方之旗以蛇（簡二十），中正之旗以熊，北方之旗以鳥。禹然後始行以儉：衣不鮮美，食不重味，朝不車迎，春不毇米，宰不折骨，裵（簡二十一）表專。禹乃建鼓於廷，以為民之有訟告者鼓焉。撞鼓，禹必速出，冬不敢以蒼（寒）辭，夏不敢以暑辭。身言……（簡二十二）……入，安以行政。於是乎治爵而行祿，以讓於來，亦亦迵迵，曰德速衰。……（簡三十二）〔迵〕淵所，曰聖人。其生賜養也，其死賜葬，去苛慝，是以為名。
>
> 禹有子五人，不以其子為後，見（簡三十三）皋陶之賢

也，而欲以為後。皋陶乃五讓以天下之賢者，遂稱疾不出
而死。禹於是乎讓益，啓於是乎攻益自取（簡三十四），
王天下十有六年而桀作。

這一部分論述禹的事蹟：1.禹五讓而受舜禪，2.禹勵精圖治，四方請貢。
3.禹建立方號旗，為中華民族有旗幟圖騰之始[52]。4.禹躬行儉樸，立鼓納
言，勤政治官，養生送死；(5)禹兩度舉賢相讓而不果，終致傳子而世。一
路敘來，明爽而有條理，沒有任何不必要的夾雜。

　　至於禹治水的過程與事功是否應該納入禹的事蹟中才妥當？就簡文的
書寫狀況看來，答案是否定的。因為，舜立禹為司空，和「禹既已為司空
（治水）……」都書寫在二十三簡中，其內容相接而不可分割。禹的治水
記載是一定要和「舜聽政三年……」在一起的，問題只在它們究竟要歸屬
舜或禹的治績？李零的列序，將它們歸屬禹。個人卻以為，除了上述的論
證外，「禹聽政三年……」既屬禹的論述，「舜聽政三年……」當然應屬
舜的論述才合理。

二、三十一、三十二兩簡的離合問題

　　不過，第三十二簡根據李零的列序，原銜接第三十一簡，作「高山
登，榛林（簡三十一）入，安以行政……（簡三十二）」。乍看之下文
通字順，似乎相當合理，其實不然。因為第30支簡述夔為樂正，作律、
呂，第三十一支簡前三分之二文字接述夔立四方聲調，第三十二支簡內容
則涉及施政，曰：「安以行政，……治爵而行祿……」兩簡拼合為一，是
文接而內容不相銜。反之，若將三十一簡置於第十六支簡前，則第三十一
簡述完夔作律、呂與四方之調之後，下接第十六簡「……，辨為五音，以

---

52 同見注47。

定男女之聲……」皆述造樂之事，意思較能銜接。

　　總之，自第二十三簡至三十一簡宜前移插入十五～十六簡之間，第三十一與三十二兩簡應分離，三十一簡宜歸屬舜事蹟；三十二簡則歸屬禹事蹟才合理。

三、禹、啓相世與皋陶之死

　　除了簡文的整理與置位問題之外，簡文的記載，尚有一個耐人尋味的疑點，那就是，在禹世啓的過程中，皋陶與益的下場問題。簡文第三十三～三十四支說：

> 禹有子五人，不以其子為後，見（簡三十三）皋陶之賢也，而欲以為後。皋陶乃五讓以（與）天下之賢者，遂稱疾不出而死。禹於是乎讓益，啓於是乎攻益自取。（簡三十四）

短短五十五字，關鍵地標示了禪賢時代的結束，世子時代的來臨。禹之帝位由舜承堯禪賢而來。按簡文說法，禹本欲沿此傳統禪皋陶。皋陶、益、后稷和禹在舜時為同僚，依《尚書‧堯典》的說法，一為理，一為虞，一為農官，一為司空，各有所職。稍後，在〈皋陶謨〉裡，皋陶與禹仍然是舜臣。其後，隨著舜政權之禪禹，皋陶與益自然成了禹之臣。禹老，欲仿舜禪賢，傳位皋陶，皋陶一如當年的禹，「五讓以天下之賢者」；不同的是，當年的禹是「不得已，然後敢受之。」這時的皋陶卻是「遂稱疾不出而死」。究竟，皋陶是一如當年的禹，做了必要的謙讓之後，自知無法再讓，準備「受之」，卻不幸病死了？還是原本身體狀況不佳，不欲受禪，故再三辭讓；稍後，果因身體不支而亡故？或者別有其他狀況，故不受位而死？都是很耐人尋味的。而下文說：「禹於是乎讓益，啓於是乎攻益自

取。」是否透露一點訊息：不論禹禪賢的誠意有多深，他的兒子啓卻企圖心強烈。由益爲受禪對象旋遭攻殺，令人不免聯想，皋陶將受禹禪時，是否也曾面對類似的困擾？然而，皋陶未受即死，攻取之事自然沒有發生；伯益受禪卻成定局，因此遭攻殺。然則，皋陶之死，究竟眞是因疾而死，抑或別有狀況，便留下許多想像空間。

不論皋陶是因何而死，有關禹、啓的世襲，〈容成氏〉所載與《孟子》及《史記・夏本紀》大有不同。《孟子》在其強調民本、重視民意的主軸觀念下，禹、啓相世成爲一種非正式的民意自然公決的結果。〈容成氏〉的記載和《古本竹書紀年》「益幹啓位，啓殺之」的陳述則較爲接近，頗能反映權位爭奪時代的某些事實眞相。而照《古本竹書紀年》與〈容成氏〉的記載，啓對於父親將禪的這個君位，似乎是勢在必得，由此以反觀皋陶被視爲權位繼承人之後的反應，及其死亡，究竟是受逼、被殺？抑或謙退、病死？就有了無窮的想像空間。

（本篇原刊於《上博館藏戰國楚竹書研究續編》，2004年4月。）

伍、上博㈢〈亙先〉的義理與結構

一、〈亙先〉的斷句與義理

上博簡〈亙先〉，首尾完具，一般推論爲道家著作。全文就義理內容看來，約可分兩大部分：第一部分自首簡至七簡之「無謂事」，略述「亙先」（道）的本體質性，而詳論其創生，是宇宙論。第二部分自七簡「恙宜利」以下迄末（十三）簡，講「事」與「作」，亦即道之用，是應用

論。[53]就第一部分創生而言，吳友根說，〈互先〉的生成論有兩條線索，一是描述自然界的生成，一是描述人類文明如何從自然中產生。[54]

第一簡前數句略述「互先」（亦即「道」）之質性說：

> 互先無有，樸、[55]靜、虛。樸，大樸；靜，大靜；虛，大虛。自猒不自忍，或作。

「道」是無形的，是質樸、虛無、安靜的，是整全無缺的，因此說「自猒（足）」。道還是自然而然，無有一絲勉強的，因此說「不自忍」。「猒」通「厭」，各家都訓為「滿」或「足」，基本上不錯；但不論「滿」或「足」，都是整全完備之意。「忍」，李學勤讀作「牣」，訓為「滿」。[56]然這一小節本述「互先」之本體質性，作「不自滿」，意不頂愜，不如逕讀本字「忍」，「不自忍」，謂不勉強，亦即順其自然之意，更合道家釋「道」之基本質性。「或」，各家說法不一。李零說指一種介

---

[53] 曹峰因分全文為兩篇，並謂上篇是生成論，下篇是具有道家思想傾向，具體可以指導現實政治的原理。參見氏著：〈《互先》編聯分章、釋讀札記〉，簡帛研究網：http://www.jianbo.org/showarticle.asp?articleid=938，2004年5月16日。

[54] 同注53，曹峰引吳友根說。

[55] 本論文此下所引簡文之釋讀基本上依馬承源主編：《上海博物館藏戰國楚竹書（三）·〈互先〉》（上海：上海古籍出版社，2003年），李零所釋，若有他家所釋較優者，則作注標出。此處「樸」字，李零原釋作「質」，茲依廖名春釋作「樸」。廖說見氏著：〈上博藏楚竹書《恆先》新釋〉，《中國哲學史》2004年第3期（2004年8月），頁83–92。李零：〈楚簡《恆先》首章釋義〉，Confucius2000網站：http://www.confucius2000.com/qhjb/cjhxszsy.htm，2004年4月19日。

[56] 其說參見〈楚簡〈互先〉首章釋義〉。簡帛研究網：http://www.jianbo.org/ADMIN3/HTML/lixueqin 01% htm，2004年4月23日。

於純無（道）和實有之間的東西，或潛在的分化趨勢。廖名春說當讀爲
「域」，與「宇」同，是一個相當抽象的，表示空間的概念。基本上都可
以說得通。「作」當是「興生」之意。這一節是說，道性是質樸、虛無、
清靜的，這種質樸、虛無、清靜是絕對而超越的「極」質樸、「極」虛
無、「極」清靜。在「道」極樸質、極虛無、極清靜、整全無缺的狀態
中，空間界圍逐漸清朗、浮顯了出來。一切的創生活動也就在這逐漸清朗
浮顯的空間界圍中興生、進行。這個「大」，劉信芳說是「超越」的意
思。[57]事實上，不論是超越還是絕對、至極，都顯示其爲至高的終極意。

　　然後簡文續論「道」的創生說：

　　　　有或焉有氣，有氣焉有有，有有焉有始，有始焉有往。

空間界域逐漸浮顯出來之後，「氣」就在空間界圍中產生了。有了
「氣」，然後萬有的生化才開始啓動，生生不已，「氣」是萬有生化的關
鍵與核心。因此，簡文鋪寫創生的部分，對「氣」有較多的著墨。「氣」
是一種介於虛實、有無之間的東西，有了「氣」這種東西，宇宙創生才正
式脫離「無」的階段，而進入到「有」。創生進入到「有」的階段之後，
一切的界定才明確穩定下來，這些界定包括了始（終）、往（來）……。
在「無」的階段中，無所謂「始」，無所謂「終」，無所謂過去（往），
亦無所謂未來（來）。必得進入到「有」的階段後，這一切才能確定。照
這樣的說法，「空間」概念是先於「時間」概念產生的。「氣」則介於空
間和時間之間。值得注意的是，這裡的「焉有」所表達的，不是生成關
係，而是先後關係，誠如劉貽群所說，是一種「次第關係」、「時序關

---

[57] 參見劉信芳：〈上博藏竹書《恆先》試解〉，簡帛研究網：http://www.jianbo.org/admin3/list.
　　asp?id=1196，2004年5月16日。

係」。[58]此下大小、剛柔……皆然。然後，從「往者……」以下，簡文續對前揭創生綱領，詳作推闡與說明。它說：

> 往者，[59]未有天地，未有作行，出生虛靜，為一若寂，夢夢靜同，而未或明，未或滋生。氣是自生，互莫生氣，氣是自生自作。互、氣之生，不獨，有與也。或，互焉，生或者同焉。昏昏不寧，求其所生。異生異，鬼生鬼，韋生韋，非生非，[60]哀生哀。求欲自復，復生之生行。

這有一點像《管子》許多篇章中經與說的表述形態。前此是有點類似「經」的總綱，此下有點類似「說」的鋪論。它以「往者」開說，先鋪述「互先」無有、大樸、大靜、大虛……的質性與狀態，說在極早的過去，天地沒有產生前，一切是止息的，沒有任何生命活動跡象，它混沌、整全、虛無、寧靜、茫昧不明。「為一」，陳靜說「『為一』是尚未分化的整全」，[61]是很對的。然後，它敷論「氣」。

　　也不知經過多久（因為那是一個沒有時空界分的階段），終於，有「氣」產生了。這個「氣」的產生，是自然而然，沒有外動力，也沒有來

---

[58] 參見劉貽群：〈試論《恆先》的「自生」〉，簡帛研究網：http://www.jianbo.org/showarticle. asp?articleid=955，2004年6月13日。

[59] 此句本作「有始焉有往者……」，李學勤疑「往」下脫去一重文號，「者」字因下屬，另起下節，作「有始焉有往，往者……」，今從之。其說同見注56。

[60] 兩句簡文本作「韋生非，非生韋」，李學勤認為有倒文，當作「韋生韋，非生非」，今從之。其說同見注56。

[61] 見陳靜：〈宇宙生成的理論—《恆先》在思想史視野下的一種解讀〉，《自由與秩序的困惑—《淮南子》研究》（昆明：雲南大學出版社，2004年），第7章，頁238。

路、沒有根源。它不是由作為最高根源的虛無之「互」生化出來的,而是
由本身內部自然而然興生的,因此說「自生自作」。然而,不管是「互」
或「氣」之興生,一旦興生之後,便不再是孤立的,而是彼此相關聯的。
因為前面說過,「有或焉有氣」,表示空間概念的「或」,至少是「氣」
自生自作的先決條件。不先有「或」之「作」,就沒有「氣」的「自生
自作」。而這個「或」,卻是從「互」樸、虛、靜的質性中自然浮顯興
生的,故說「或」中有「互」(的質性)。而產生「或」這種潛在分化趨
勢或空間概念的先決條件中,同樣也少不了「互」的參與。準此而言,
「氣」與「互」、「或」儘管沒有母子源委關係,至少仍是相關聯的。
「氣」一產生,一切就不再是「夢夢靜同,未或明,未或滋生」,而開始
「昏昏不寧,求其所生」,甚至源源不斷地,依類自生。「昏昏不寧」,
陳靜引《淮南子‧原道》的「混混滑滑」,說「昏昏」即是「混混」,
「混混不寧」,是以水流奔騰來形容氣的蒸騰、瀰漫、翻滾之狀,[62]基本
上是正確的。其實「混混滑滑」原本就是指水勢奔騰、翻滾之狀,而不
只是「奔騰」。總之,自從「或」與「氣」興生之後,宇宙萬有就在這
「或」、「氣」之相「與」中,源源不斷地類生。其下的異、鬼、韋、
非、哀,不管隸定為何字,作何解,都無妨。它事實上只是代表不同物之
「類」名,藉以表述其依「類」自生。換言之,每一物之生,在冥冥中似
有自己的生化趨向,各自依循此一冥冥之趨向或趨勢,自然而生。此趨向
或趨勢,依下文來看,就是「類」。因此,這幾句是自生、類生一起表
述。就異類生異類、鬼類生鬼類而言是類生,就「異」由「異生」,非由
「鬼」生而言,是「自生」。

　　下文「求欲自復」之「復」,各家說法不一。李零解為「回報」,
廖名春解為「實現」,都不理想。個人以為,本文此下連用好幾個「復」

字，能夠的話，都應作同一解。下文說「復生之生行」，又說「紛紛而復其所欲」、「明明天行，惟復以不廢」。這些「復」字，如果可能的話，都應盡量作同一義解。今試以《老子》「歸根復命」之「復」爲解，亦即萬物自然生化有循環往復，回歸本源之特質。「求欲自復」，即萬物之生化各自依其類往復自生。這個「求欲」，是帶著強烈傾向的「即將」之意。下文「因生其所欲」，即是指就著這種強烈的生化傾向，因生其所將生，將生之物果然生出。宇宙萬物的生生化化，也就在這含帶著各種各類強烈循環自生特性的傾向或趨勢下，開始啓動運作，此謂之「復生之生行」。

下文因此接著闡述這種「復生之生」的進「行」狀況，它說：

> 濁氣生地，清氣生天，氣信神哉！云云相生，信爲天地，同出而異生（性），因生其所欲。察察天地，紛紛而復其所欲；明明天行，惟復不以廢。

首先生出來的是天地。氣有不同成分與質性，至少有清濁之分，濁氣可能性沉滯，故成地；清氣可能性輕揚，故生天。氣之生化，確實靈妙無比。「氣信神哉」之「信」，廖名春訓爲「實」，爲「誠」，是正確的。因著這一氣之變化，宇宙萬有紛紛化生。氣，瀰漫充滿天地間，萬有雖同出此一氣之化生，然而各因其強烈之生化趨勢，以類相生。此處「信盈天地」之「信」，通「伸」，「伸盈」正如李零所訓，是「瀰漫、充滿」之意。朗朗的天地之間也就因著這瀰漫、充滿的「氣」之循環往復，依類自生，而紛紛化生了出來。而這昭昭的天地之運行，也只有靠著這種循環不已，「復其所欲」的不斷依類自生，而地久天長，永不止息。陳靜說，這節

進入到宇宙生成的形分階段，形分才是萬物生成的眞正開始。[63]從第一簡末的「往者……」至此（第五簡上半），是類似發揮詮解第一簡總綱的「說」之類表述。全文至此是講「亙」、「或」，尤其是「氣」的創生，是宇宙論，講自然的創生。

　　在這前半段的自然創生之論中，顯示了幾個重要的概念：

㈠道（亙或亙先）的重要性與狀態。

㈡道（亙或亙先）與「或」、「氣」三者間的關係，有先後及相與關係，無子母關係。

㈢氣及一切以氣爲核心基元的生化，都是依類往復自生。這個類生、復生自生正是〈亙先〉言創生最突出之處。

　　此下則從宇宙的自然生成轉入到人事名言世界的建構，它說：

> 智既而亢思不宎。有出於或，性出於有，意出於性，言出於意，名出於言，事出於名。或非或，無謂或；有非有，無謂有；生非生，無謂生；意非意，無謂音意；言非言，無非言；名非名，無謂名；事非事，無謂事。

「智既而亢思不宎」句，各家都上下承接，卻難有的解。李零原將之上屬爲句，陳靜卻以爲當下屬爲句，認爲「它打開了一個新話題」，引出了名言世界的討論，[64]這樣的說法比較可靠，因從之。基本上，李零讀「智」爲「知」，訓「既」爲「盡」，以「亢」爲「廣大」，以「宎」通「殄」，訓爲滅絕，是可從的。它說：人的知識是有窮盡的，但思慮、思維卻可以寬廣無盡，永不終止、窮絕。透過這寬廣、無窮的思維，可以

---

[63] 同見注61。

[64] 同見注61。

把自然創生領域中的「或」，同樣下貫到萬有及其所一連串衍生的名、言中，肇生一切的人事事物。就宇宙自然的創生言，「有或爲有氣」，然後分生天地，依類自生紛紛紜紜的自然世界。就人事的名言世界言，也是由「或」下生「有」，再一連串衍生「生」、「音」、「言」、「名」、「事」。這個「生」，李零釋爲「性」，在沒有更恰當的說法之前，應尙可從。因爲若直接讀作「生」，會和前幾章自然的生成相混相重。作「性」，則較無這樣的困擾。「性」在沒有更恰當的解釋前，可姑作「質」解，言人事名言之建構是在「有」（非「無」）的領域中肇生的。有了「有」才有「質」（當然，這個名言世界的「質」和前述自然世界樸、虛、靜的「質」是不同的）。有了「質」才能產生「意」。這個「意」自行本作「音」，各家多讀本字，陳靜說，廖名春據王念孫《讀書雜誌》謂爲「意」。但我所見廖名春之文不見有讀爲「意」者。[65]事實上，讀「意」是對的。因爲《管子・心術下》亦有類似的載述，說：

　　　意以先言，意然後形，形然後思，思然後知。

〈內業〉說：

　　　彼心之心，音以先言，音然後形，形然後言，言而後使，
　　　使而後治。不治必亂，亂乃死。

〈心術下〉「音」作「意」，王念孫《讀書雜誌・管子雜誌》因直接讀〈內業〉之「音」爲「意」。此後，所有釋《管子》者，皆讀作「意」，

---

[65] 季旭昇則從文字學的角度釋其為「意」，亦可參看。說見氏著：〈上博三《互先》「意出於生，生出於意」說〉，簡帛研究網，http://www.jianbo.org，2004年6月16日。

顏昌嶢釋此說：「心動而爲意，意發而形於言，言出而布之爲令，令當而乃治矣，不治則是非亂於中，舉措乖於外，而禍敗立至，極之死亡。」[66]《管子》所言，是一個理想的領導統御心靈如何妥善養成，及其在政治上的施用。其所顯現的，是黃老道家理論中，一個虛靜靈妙的統治者，如何「治心在於中，治言出於口，治事加於人」、「一言得」、「一言定」，而「天下治」、「天下服」、「天下聽」（詳〈內業〉）。〈互先〉所述，則是在自然世界創生的同時或稍後，人事的名言世界是如何建構、如何衍生。從第八簡以下至末簡的內容來看，論說的，也確實是「名」與「政」（禮、治亂）的相關問題。這是否意味著，戰國時期的某階段，某群學者（比如黃老道家學者）正流行著以創生與名論爲主題，並將名論與政治相結合，作爲其主要思想議題的討論？因爲《管子》四篇和〈互先〉都表現出這樣的思想狀況。這小節先列其衍生次第，第七簡「恙（詳）宜利……」以下續敘其相關細節。

它說，人爲的名言世界與自然世界一樣，有一個共同的先決條件——「或」。這個「或」，在自然世界中，它導出了「氣」（「氣」是自生自作，非「或」生），在人事世界中，它導出了「有」；「有」先確立了，才有其下一系列人爲的性、意、言、名、事的揭出。「性」勉強可解爲「質」，是「質」決定了「意」，「意」之顯發便是「言」，「言」有指涉便是「名」，這個「名」一出現，不論是事物的稱謂，或政治的號令，都象徵著正式的確指或公開的宣示。它一出現，相關的人事事物便有了歸屬與定位，從此確定下來。

但，作者似乎要特別強調，宇宙自然物之創生，是依「類」與「復」自然興生，人事名言世界的衍生則不同，它是人爲的賦予與指謂，因此，特別強調其準確性。故有其下一連串「○非○，無謂○」之叮囑。

---

[66] 見顏昌嶢：《管子校釋》，（長沙：嶽麓書社，1996年），頁403。

換言之，對於這自然與人事名言兩系之肇生，〈互先〉明顯顯現出幾個觀點：

㈠它們共同以「或」為先決條件。

㈡自然之創生以「氣」為關鍵與母源質素；人事名言之建置則以「有」為前階。

㈢自然之創生依「類」自然興生，人事名言之建置則必須注意其準確度和適切度，不可苟且隨便。

揭示了人事名言的衍生系列及其要則之後，第七簡第三句以下然後詳敘其相關內容與問題。它說：

> 恙宜利，主采勿（物），出於作。作焉有事，[67]不作無事。舉天下之事，自作為事，庸以不可更也。凡多采物，先者有善，有治無亂。有人焉有不善，亂出於人。

首三句各家多依李零斷為兩句，作「恙宜利主，采勿出於作」。「采勿出於作」易解，「恙宜利主」確意難知，文氣尤覺奧澀勉強。「恙宜」，李零讀作「詳宜」，廖名春說通「祥義」，當指「禮義」。「主」指君，「恙宜利主」因此就是「禮義利於君」。「采勿」，李零讀作「采物」，廖名春以為當讀為「綵物」，指區別等級的旌旗、衣物，亦即體現禮制的器物，說這些皆出於人為的訂定。問題是，解作禮義有利於君，和禮制器物出於「作」，不論文氣、句型或意義上的銜接都不好。龐樸則三字為斷，斷作三句。又釋「宜利」為「義利」，作「詳義利，主綵物，出於作」，個人覺得不論在文氣、句法或文義上，銜接性都較好、較順暢，

---

[67] 此句李零本作「焉有事」，廖名春因上句「作」下有重文號，因補為「作焉有事」，文氣較好，今從之。其說同見注55廖說。

因從其說。[68]其意蓋謂：不論是詳辨義、利之分，還是訂定各種禮制、器物，都是人爲的制定，屬人爲之「作」（非自然的興生），下文因此接著說：「作爲有事，不作無事」，這些個「作」，都是人爲的訂定、區辨之意，和前面「未有作行」、「或作」、「氣是自生自作」之「作」顯然不同。前數者是自然興生，此是人爲建構。一切的人事事物都是出於人爲的訂定與建構而後有的。「庸」，李零視爲「乃」，言訂定之後，便確立固定而不可改。這和天地自然（「明明天行」）之能循環往復，因得以永不終止（唯復以不廢）是大不相同的。〈互先〉說，這些確立不可更改的人事、禮制、器物，在訂定建構之初，原本亦應有其一定之正面意義與價值而無害。然其後之所以變得不好，出亂子、產生弊端，主要是「人」的因素，是人的執行層面發生了問題。其「作」在「人」，其「敗」其「亂」自然也在「人」。

然後，〈互先〉的作者接著論述名言產生的先後順序，它說：

> 先有中，焉有外；先有小，焉有大；先有柔，焉有剛；先有圓，焉有方；先有晦，焉有明；先有短，焉有長。

基本上它和《老子》一樣，認定人事名言之對立關係。只是，在《老子》，這些對立的名言是互倚共生的，並無先後關係。而按照《老子》的尚雌哲學，它也真的是貴雌賤雄，重柔戒剛，〈互先〉這樣的說法和老子既有異，又依稀有同，真的很特殊。

但這些對立性的名言是就人事世界的萬物而立的，若就道的角度看，它其實是無對立、循環往復，會回歸到本源的，非如人事名言般，一

68　參見龐樸：〈《恆先》試讀〉，簡帛研究網：http://www.jianbo.org/showarticle.asp?articleid=909，2004年4月22日。

言一名只能單一固定地指稱某特定對象，〈互先〉說：

> 天道既載，唯一以猶一，唯復以猶復。

「一」陳靜解為「抹消對立」，「復」解為「返回本源」，比起其他強解為「先」、「後」者，義理明爽許多。它的意思是說：自然的興生與運行是消抹對立的，是循環往復的。

最後，自第九簡末至第十三簡，〈互先〉討論了這種看似固定不「復」的名言，其本身擬設建構之不實在與非絕對性，〈互先〉說：

> 互、氣之生，因言名，先者有疑，亢言之，[69]其□尨不自若作，庸有果與不果，兩者不廢。舉天下之為也，無舍也，無與也，而能自為也。舉天下之生同也，其事無不復。天下之作也，無忏極，無非其所。舉天下之作也，無不得其恆而果遂，庸或得之？庸或失之？舉天下之名無有，[70]法者與天下之明王、明君、明士，庸有求而不慮。

這段文字意思相當晦澀難解，其義蓋謂：即使是「互」與「氣」生之論述，也是藉「名」為「言」，其表述之初或亦不具確定性，而姑且言說。其下卻因「□尨」兩字無法確認，其「□尨不自若作」句便無法理解。「忏極」李零本作「許恆」，並釋「許」為「處所」，「無許恆」謂「沒有固定處所」。廖名春謂「許」當讀為「迕」，逆也。李銳說「恆」當釋

[69] 各句李零本斷為「互氣之生，因言名先，者有疑，亢言之，後者校比焉。」意不可知，今依陳靜斷此。其說同見注61，頁246。

[70] 同見注61，頁247。

爲「亟」（極），則也。「無許恆」謂不違背準則，[71]今從廖、李之說。

　　本段內容，從文字上一再反覆述說「舉天下之作」、「天下之大作」、「舉天下之爲也」、「舉天下之生同也」、「天下之作也」、「舉天下之作也」、「舉天下之名」……而終結於「天下之明王、明君、明士」，應是總此前十簡之說而爲結論。姑不論其文字仍有難明處，至少可以看出，它的論述焦點是在總舉「天下之作」、「天下之爲」、「天下之生」、「天下之名」而結說，尤其是「天下之作」，它前前後後共提了五次（「爲」亦「作」也），「天下之生」一次，「天下之名」一次。可見全文雖然自然之生成與人事名言之建構並論，其實重點在此不在彼，亦即如曹峰所言「它雖然以道（恆先）爲邏輯上的最高出發點，但著眼點不在於道之無名無形，而在於有名有形的世界」。[72]

　　它說：普天下的人事之「作」，一般都是積極有爲的強者得遂成。然而，事實上，普天之下眞正的大「作」大「爲」那有所謂積極不積極，強不強，果不果的問題。它其實是二者並存的，它不棄不助，不即亦不離，卻能自然順成，於是一切的「爲」也就成了自「爲」，一切的「作」也依循著一定的軌則而不牴牾。因此，無不皆得其所。普天下的作爲一旦達到這種程度，就眞的是事事皆「果」，樣樣皆順遂了，到時候還有什麼得、失之別？一切的得與失，在此都統合爲一了，這才是人事與名言世界的最終底蘊。以上是就「天下之作」而作的總結。

　　其次，就「天下之生」而言，〈亙先〉說：普天之下的自然生成都是一樣的，其過程內容都是循環往復的。這是結說「天下之生」。最後，再就「天下之名」而言，〈亙先〉說：「天下之名」既然也是「天下之作」

---

[71] 廖說同見注55。李說參見氏著：〈《恆先》淺釋〉，簡帛研究網站：http://www.jianbo.org/ADMIN3/HTML/Lirui002.htm，2004年4月23日。

[72] 同見注53。

的一環，當此「作」達到得失統合爲一時，也就自然能了解天下一切對立之名其實是虛的，不實的，這是結說「天下之名」。總之，不管是「天下之作」還是「天下之生」，不論是人爲的名言世界，還是自然的生成，最終一切的區隔界分都將消失泯除。因此，天下的求名者與明王、明君、明士等領導者都應深入思考此一問題，而不要一逕執著一些虛而不實的東西。〈亙先〉就在這個一切統一融合的道家哲學思維下作結。

二、〈亙先〉的義理結構

　　經由前述的義理詮釋，我們可以清楚看到，上博〈亙先〉13簡之義理結構，基本上誠如諸多學者所言，分爲兩大部分：第一部分從首簡到第五簡上半「唯復以不廢」，講自然的創生；第二部分從第五簡下半「知既而亢思不殄」到末簡，講人事名言世界的建構。

　　就第一部分自然創生言，基本上也可分兩大層次：第一層從「亙先無有……有始爲有往」，是一節類似總綱的表述。在這節表述中，作者揭舉了：

㈠「亙先」樸、靜、虛與自然的質性。

㈡自然創生的兩大核心關鍵——「或」與「氣」。

㈢自然創生的基本模式——依類自生與循環往復。

　　這一層論述頗類似先秦諸子有經、有說（或「解」）文獻之中「經」似的表述。第二層自第一簡末「往者未有天地」以下，至第五簡「明明天行，唯復以不廢」，有點類似「說」的表述，雖非逐句對解，內容大致上圍繞著上述所揭舉的三大要項推闡、發揮、詮解。

　　它先詮說「亙先」在創生未開始前的虛靜渾沌狀態，所謂「爲一若寂，夢夢靜同，而未或明，未或滋生」就是用以說明「亙先」創生的關鍵因素—「氣」與「或」，尤其是「氣」靈妙神奇的特性，及其以「類」創生的軌則與模式。根據它的說法，氣「自生」卻「不獨」，氣有清、濁之分，有充滿瀰漫的特質，氣之創生與其所創生之自然之運作形態，有著

「復」的重大特質。賴著這種「復」的創生與運行形態，氣之自然生成得以永不止息。以上是講自然創生的第一部分之義理結構。

其次，它以一句「知識有窮而思慮無盡」引出第二部分對人事名言世界的論述。在前示自然的生成表述中，〈亙先〉作者雖揭示了或、氣、有、始、往的順序，卻似乎並不以此爲生成系列，它們彼此之間似乎只有先後關係，沒有母子關係，故作者不但特別用了「有○爲有○」的句型來表示它們之間的先後關係，還特別強調「氣」的「自生」（非源生）特質，及其類生、復生形態。相較於自然的生成序列，對於人事名言世界之建構，〈亙先〉作者不但明言其爲「○出於○」，顯示其有原委關係：

或―有―生―意―言―名―事

並強調其準確性，因有所謂「○非○，無謂○」等一連串之表述。因爲它是人爲的建構，不是自然的生成。人爲的建構，紛歧、混亂的後遺症較大，作者或許因此而特別強調精確。

值得注意的是：如果稍加比對兩種生成系列可以發現，「或」與「有」是兩列生成共同的先決條件。自然的生成固然是「氣」在運作，然其先決條件是「或」，「有」也被列爲早期條件。人事名言的生成根源同樣是「或」與「有」。就因爲自然的生成與人事名言世界既有不同的生成過程，又有共同的條件與來源，因此下文所鋪敘的人事建構，雖大異於自然生成，卻終歸於統合「果」與「不果」、消泯「得」與「失」。

從第七簡的第三句起，〈亙先〉統述諸多人事之「作」的建構源起、先後，及其相關問題。七簡至八簡中後，先舉義利、禮制爲例，說明一切的人爲節目都是出於人的制作，立意原本很好，其後致亂，因由亦在人。八簡末至九簡中，續述人爲之「名」的對立建構特質，及其先雌後雄，先柔後剛的建構順序。就天道之高度言，這些先雌後雄的對立名言其

實是統合為一，循環互生的。簡文接著又說：其實天下一切名言的建立，莫不因言虛設，姑先稱說，其後經過眾人之「校比」習用，始告確立，就此而言，「名」自然是虛的。但，普天之下最高的人事之「作」，推究至極，仍和「天下之生」，亦即自然生成之往復情況一樣，是泯除相對的。它並呼籲所有立名者和人君、賢士，亦即身居社會的領導地位者，應該注意這些問題。

第九簡末以下，結構層次稍有交錯之勢。它一方面承接上文，對義利、禮物之「作」與剛柔相對之「名」的建置作說解，說它們當初立意皆善，都是透過「亢言」，再「校比」、「習用」，而後確立不改的。然與此同時，它又交引天道唯一與「氣」生自然回「復」之特質，來結論這一切虛設、相對的人事名言與「天下之作」、「天下之為」，可以統合於較高的層次中。

總之，全文雖僅短短13簡，510字，層次卻大致分明，先說自然，後言人事。在說自然時，先言質性，再述創生；先本體，後宇宙；先提綱，再細說。及說人事，則一再強調其「人」與「作」（造作）的關鍵因素，及其固定、對立，卻不實的特質，並以與自然之生的「復」相映照，而歸結於「一」的道家觀點，以戒領導者。

（本篇原刊於簡帛研究網站 http://www.jianbo.org/admin3/html/chen-ligui01.htm，2004年12月19日）

陸、上博㈣〈曹沫之陣〉所顯現的治政與領軍原則

上博簡㈣的〈曹沫之陣〉字跡清晰，保存良好，唯從簡序的安排，到字辭的釋意，各家說法存在著諸多歧異。就簡序編連言，以原李零所列，加上部分陳劍的高見，是目前研究者的共識。唯即使是陳劍的修正編排，

數處簡序仍因殘斷，而存在著接續勉強的困擾。然就義理之層次看來，大致井然可辨，因試論其義。[73]

一、為政在德不在美

　　或許是因對魯莊公說教之故，〈曹沫之陣〉全文儘管前論政，後論兵，內容其實很一致地著重在人君治政和兵場上應該掌握的領導原則，而一無涉及兵戰之形勢、權謀、技巧。換言之，它並不是就兵言兵，深入地直論兵學內容，反倒是對人君的治政與領軍原則作了重要的開示與叮囑。茲先觀其論政。

　　大致說來，本篇所敘的故事背景，時間點各家多認為應該是在魯莊公十年（公元前六八四年）長勺戰後，內容充滿了莊公對領軍作戰的計慮和憂心。從簡一至十二「兼愛萬民而亡有私也」是第一部分——政論，內中除簡四十一依陳劍之修正高見，插入簡三與四之間，以完成簡三末以下可能是對周室優良德政相關記載之出處說明外，其餘簡序大抵順接無誤。

　　　　魯莊公將為大鐘，型既成矣。曹沫入見，曰：「昔周室之
　　　　封魯，東西七百，南北五百，非【一】山非澤，亡有不
　　　　民。今邦彌小而鐘愈大，君其圖之！昔堯之饗舜也，飯於
　　　　土簋，欲〈啜〉於土鉶，【二】而撫有天下。此不貧於美
　　　　而富於德歟？昔周〔室〕【三】□□之境必勝，可以有治
　　　　邦，周等（志）是存。」莊公曰：【四十一】□□今天下

---

[73] 以下引文之簡序大致依李零與陳劍之安排為序，李說見馬承源主編：《上海博物館藏戰國楚竹書（四）》（上海：上海古籍出版社，2004年），頁243–285之釋文。陳說見氏著：〈上博竹書《曹沫之陣》新編釋文（稿）〉，武漢大學簡帛網：http://www.jianbo.org/admin3/2005/chenjianool.htm，2005年2月12日。

之君子既可知已，孰能并兼人【四】哉？」曹沫曰：「君其毋員（愪，憂）。臣聞之曰：鄰邦之君明，則不可以不修政而善於民。不然，恐亡焉。【五】鄰邦之君亡道，則亦不可以不修政而善於民。不然，亡以取之。」莊公曰：「昔池朌語寡人曰：【六】『君子得之失之，天命。』今異於而言。」曹沫曰：「〔□〕不同矣。臣是故不敢以古答。然而古亦【七】有大道焉，必恭儉以得之，而驕泰以失之。君言亡以異於臣之言，君弗盡。臣聞之曰：君【八】子以賢稱而失之，天命；以亡道稱而沒身就死，亦天命。不然，君子以賢稱，曷又弗【九】得？以亡道稱，曷又弗失？」莊公曰：「勖哉！吾聞此言。」乃命毀鐘型而聽邦政。不晝【十】寢，不飲酒，不聽樂，居不褻席，食不貳味。【十一】兼愛萬民，而亡有私也。

　　這一大段載述：曹沫藉魯莊公之鑄鐘事，諫誡莊公，爲政以德而不以生活豪奢，兼論「天命」問題。此處，曹沫一舉魯初封之況與今相比，再舉古聖王堯舜事蹟，三舉可能是周先王之治爲例，闡述「治邦」當「貧於美而富於德」之理，第四十一簡上半所殘內容，從上、下文看來，應是承接第三簡，載述以「政」制勝的「君子」治績，故續此，第四簡說「今天下之君子既可知已……」。

　　然而，或許是齊強於魯，前此在兩國的大小戰爭中，魯國曾因戰敗而失地於齊，一如《史記・刺客列傳》所載，因此曹沫直言：較之周初之封，魯今是「邦彌小」，莊公因此續問：「孰能併兼人？」曹沫因此慰以「君毋愪（憂）」，並續論不論鄰邦之君如何，「修政而善於民」都是自強而免於被兼併之道。莊公則引謀臣得失自有天命之言以對，曹沫告以：

恭儉以得，驕泰必失是得失之常態。因賢反失，亡道卻安然善終，是得失之非常態，非常態固可委之「天命」，「君子」論得失，仍應以常態為則。莊公終納諫修省，輟鑄、勤政、儉約、愛民，充分顯示了圖強雪恥的準備與決心，這是第一部分的要旨。因為下了堅定的決心，因此有了其下第二部分，一年之後的問「戰」。

　　第二部分自第十二簡末句「還年而問於曹（沫曰…）…」以下，迄於篇末第六十五簡，皆論「戰」，內容包括了作戰的原則、要項、忌諱、攻守之理，乃至戰敗反勝之道，尤其是「親率」之方，都有詳細的論述。觀莊公之意，似乎已有即使戰敗，亦不惜再戰求勝，且將親率之打算。而細細體味曹沫之論「戰」，似亦相當鼓勵人君「親率」，故一而再、再而三地，先於「戰之顯道」中主張「人使將軍，我君身進」，以示統帥高敵一等。再於「復戰敗之道」中特敘「君如親率」之方，又於第三十三簡強調「親率勝」。而通篇論「戰」，呼籲躬先士卒、明賞慎罰、公正無私、收死恤傷之道。除出貨「資子女以事其便嬖」的古老行賄之道外，一無涉及行譎用詐、出奇取勝之兵家權謀，蓋猶存古司馬法堂堂正正之遺風，茲先觀其論戰之原則與要項。

二、戰之三教與顯道

　　莊公在表明了戰齊的決心後，便開始詳問行軍用兵之道。他先問列陣與守邊之道，曹沫答以「謀」、「攻」重於固守與陣列。第十二～十八簡說：

　　　（莊公）還年而問於曹【十二】沫曰：「吾欲與齊戰，問陳奚如？守邊城奚如？」曹沫答曰：「臣聞之，有固謀，而亡固城；【十三】有克政，而亡克陳。三代之陳皆存，或以克，或以亡。且臣聞之，小邦處大邦之間，敵邦交

地，不可以先作怨，疆地毋先而必取□焉，所以距邊；
毋愛貨資子女，以事【十七】其便嬖，所以距內；城郭
必修，纏（繕）甲利兵，必有戰心以守，所以為長也。
【十八】

此處之「謀」應與《孫子》之陰謀、權謀不同，而係指適當有效的策略。
曹沫認為，戰不在陣，在修政；守不在固，在切要有效之策略。對於
後者，曹沫提出了「距邊」與「距內」兩謀；對於前者，曹沫提出了以
「陣」為末的三教，而勸莊公由「本」入手。

　　曹沫認為，像魯國這樣身處於強國之間的弱國，要守住其邊城，首先
就要維持邊境與鄰國交接地區的和平無仇釁。「交地」、「疆地」應該都
是指邊境與鄰國交界，卻無天然險阻可區隔的地區；這些地區兩國人民進
出頻繁，而圍界不明，最易滋生事端。身為弱國，尤其要特別注意這些地
區，勿使自己的百姓「先作怨」，輕啟釁端，這叫防守邊地，「距」應是
「防守」之意。其次，還應不惜以財貨美女賄賂敵國之親信寵臣，打通內
線，這叫由敵國內部防守。當然，基本而不可忽略的長久之策，仍應修好
城郭，治好一切兵戰配備，讓士卒有隨時不惜一戰的死守之心。三者有效
合一，就是曹沫所說的「固謀」，有了「固謀」，城焉有不固之理？

　　說完守邊城之道後，曹沫繼續說「戰」在「政」，不在「陣」之
理，而提出了「三教」，他說：

且臣之聞之：不和【十八】於邦，不可以出豫。不和於
豫，不可以出陳。不和於陳，不可以戰。是故夫陳者，三
教之【十九】末。君必不已，則緣其本乎？」莊公曰：
「為和於邦如之何？」曹沫答曰：「毋獲民時，毋奪民
利。【二十】紳（陳）功而食，刑罰有罪而賞爵有德。凡

畜群臣，貴賤同等，祿毋負。《詩》於有之，曰：『豈
【二十一】弟君子，民之父母。』此所以為和於邦。」莊
公曰：「為和於豫如何？」曹沫曰：「三軍出，君自率，
【二十二】必聚群有司而告之：『二三子勉之，過不在
子，在□。』期會之不難，所以為和於豫。」莊公又問
【二十三】：「為和於陳如何？」答曰：「車間容伍，伍
間容兵，貴有常。凡貴人思（使）處前位一行，後則見
亡。進【二十四】必有二將軍，毋將軍必有數辟（嬖）大
夫，毋俾（嬖）大夫必有數大官之師、公孫公子。凡有司
率長【二十五】，伍之間，必有公孫公子，是謂軍紀。五
人以伍，一人【二十六】又（有）多，四人皆賞，所以為
斷。毋尚獲而尚聞命，【六十二】所以為毋退。率車以
車，率徒以徒，所以同死。【五十八】又戒言曰：牷，尔
正社；不牷，而或興或康以【三十七下】會。故帥不可思
（使）牷，牷則不行。

曹沫認為，兵場征戰，在正式開打之前，至少應作好三大前置作業，謂之
「三教」：一曰「和於邦」，二曰「和於豫」，三曰「和於陳」。所謂
「和於邦」，綜觀簡文之義，便是治好內政，它包括了㈠愛民、利民、使
民以時，㈡執法公正清明，㈢用人公平有信，讓人民相信你是一個好的領
導者，這叫「和於邦」，是「三教」之本，也是「戰」之本。所謂「和
於豫」，李零原解說，「豫」指趨戰過程中，所採取的隊形，「豫」在
「陳」前，尚未成陣。又說，也有可能讀為「敘」，有「列次」之義。[74]

---

[74] 同見注73李著，頁255。

陳劍則釋爲「舍」，卻無說解[75]。各家釋此多有取陳劍之說者。然按：古行陣三十里曰「舍」，此「舍」之軍事義。個人據下文對「復盤戰」之載述：「既戰，復豫，號令於軍中曰……」觀之，應是正式列陣開打前的預列隊伍，多爲行軍或集合時之隊伍，至其正式作戰之行伍則稱「陣」，李前之說似較勝。所謂「和於豫」，便是指預（欲）列行伍應和諧有秩。曹沬之意蓋謂：自「和於邦」、「和於豫」，以迄「和於陣」，乃至於「戰」，應有先後順序。必先由內政著手，求國內政治穩定和諧，上下一心（和於邦），列陣部伍才能和諧有秩（和於豫），然後才談得上正式開打時陣伍之和秩一心（和於陣）。必得三教之和，才能作戰。

部伍列隊如何和諧有秩？曹沬說：戰前三軍列伍，人君應親率，並聚集官吏，公開宣示，呼籲眾人，但管竭力以赴，善果、惡果一切由人君自己承擔，決不諉過下屬，以爲眾人信心之後盾。如此必能凝聚眾心，激勵士氣，勇往直前，故曰：「期會不難」，這叫「和於豫」，能凝聚眾心，和諧以出，然後能要求眞正戰時行伍列陣之和睦一心。

曹沬說：正式開打列陣時，不論車隊、行伍還是步卒間的部列，都要注意一個大原則，那就是：身分較尊的貴人、貴族，不論是將軍、嬖幸的大夫，還是公孫、公子，都應身先士卒地排在前行，軍隊的編制理當如此，這叫「軍紀」。李零，說「軍紀」就是指「軍隊的編制」。至其行伍之間的行動編制，依簡文看來，應是以五人爲單位，行連賞法，一人有功，五人齊賞。交戰時，不貴多斬獲，而貴聽命，爲的是防止叛逃，故呼籲，率車則與車同在，率卒則與卒共存，生死同命，不棄不離，如此便能使行陣和睦一心，這叫「和於陣」。領率之君又必須鄭重告誡士卒，不使「犇」，這個「犇」，李零釋爲「奔」，應該是可通的。儘管「爾正𧛙」的意思，李零說「意未詳」，然數句戒言之意，應在戒防士卒之叛逃。這

與上文「尙聞命，所以爲毋退」應是相應的觀念。貴人在前，賞能相及，又將卒同心，不叛逃，此之謂行陣和睦一心，謂「和於陣」。

「三教」的載述，明白顯示了幾個觀點：㈠內政是兵戰的基礎與後盾。㈡不論是「君自率」的呼籲、貴人前列的「軍紀」、還是「率車以車，率徒以徒」的自覺，在在說明了軍隊同心協力的基礎在領導階層的身先士卒，生死與共。㈢叛逃是兵戰的最大顧慮，身爲主帥，應力加防範。

「三教」之外，在簡三十三至三十六下接簡二十八與四十八簡中[76]，曹沫又提出了「親」、「和」、「義」的領軍要則與長、帥、君的統帥三階。曹沫說：

> 「親率勝。使人不親則不敦，不和則不輯，不義則不服。」莊公曰：「為親如【33】何？」答曰：「君毋憚自勞，以觀上下之情偽。匹夫寡婦之獄訟，君必身聽之。又知不足，亡所【三十四】不中。則民親之。」莊公又問：「為和如何？」答曰：「毋嬖於便嬖，毋長於父兄，賞均聽中，則民【三十五】和之。」莊公又問：「為義如何？」答曰：「陳功尚賢。能治百人，使長百人；能治三軍，思（使）帥。授【三十六】有智，舍有能，則民義之。且臣聞之，卒有長，三軍有帥，邦有君，此三者所以戰。是故長【二十八】不可不慎。不卒（依？）則不恒，不和則不輯，不兼畏……【四十八】

這裡除了強調「親率」的重要之外，也拈出了「親」、「和」、「義」三

---

[76] 此依陳劍之編連，其說同見注73。

者，以爲領軍致勝的要則。所謂「親」，根據下文的敘述，是躬身之義，包括了躬身先勞，躬身斷獄聽訟。依曹沫之意，必得如此無距離地親身涉入，始能深入知解下情與實況，而贏得民心。所謂「和」，根據下文的敘述，就是不阿嬖近，不偏親人，賞罰公平，聽斷無私。所謂義，根據下文的敘述，包括了功賞不吝，任賢使能恰當無虞，小材小用，大材大用。「舍有能」的「舍」，李零說是「安置」之義，很恰當。「置有能」與上文「授有智」一義，都是「尚賢」之義。其詳則「能治百人，使長百人，能治三軍，使帥。」如此下自領百卒之「長」，中至統三軍之帥，上迄治邦之君皆得其人、得其道，曹沫說，這便是作戰的基本條件，這些原則和條件齊備，然後可以一戰。這些親、和、義的領軍原則，和前述「三教」的要求，不論內容或精神，基本上都是一致的，強調領導者的躬身示範和公平、公正的重要，這樣的觀點一直統貫著全文，或許它原本帶著強烈的爲莊公說教的意味。

在論述完「三教」與領軍的三要領之後，曹沫終於歸結出作戰的穩勝之道不在短兵相接，生死相搏，他說：

> 「戰有顯道，勿兵以克。」莊公曰：「勿兵以克奚如？」答曰：「人之兵【三十八】不砥礪，我兵必砥礪；人之甲不堅，我甲必堅。人使士，我使大夫；人使大夫，我使將軍；人【三十九】使將軍，我君身進。此戰之顯道。」

戰爭是各類條件的全面配合與統籌運用，包括了物資配備與人力資源等條件的優越性，誰能在這些條件上優人一等，誰就贏。就物資配備而言，從武器到盔甲等一切戰備，都必須以優於敵人的狀況，作充分的準備。就人力資源而言，不論素質與位階都能高敵一等，就是必勝的保證。值得注意的是，這裏再一次以人君的躬身入軍爲最高、最勝的人力條件，又一次顯

示其主人君親率的觀點。

三、兵戰之忌

在論述完守邊之道、兵陣三教、領軍之要與戰之顯道後，簡文續述用兵出師之忌，簡四十至四十五文（第四十一簡已移前三～四簡間，除外）續載莊公之問曰：

> 「出師有幾（忌）乎？」答曰：「有。臣聞之，三軍出，【四十】其將卑，父兄不存，由邦御之，此出師之忌。」莊公又問曰：「三軍散果有忌乎？」答曰：「有。臣聞【四十二】之，三軍未成陳，未豫，行阪濟障，此散果之忌。」莊公又問曰：「戰有忌乎？」答曰：「有。其去之【四十三】不速，其就之不附，其啓節不疾，此戰之忌。是故疑陳敗，疑戰死。」莊公又問曰：「既戰，有忌乎？」【四十四】答曰：「有。其賞淺且不中，其誅厚且不察，死者弗收，傷者弗問，既戰而有怠心，此既戰之忌。」

這幾個「幾」字，李零皆釋爲「忌」，陳劍釋爲「機」，學者各有從之者。個人以爲，仍當從李零之釋「忌」爲是。蓋依文意看來，不論「出師之幾」、「散果之幾」、還是「戰有幾」之內容，所述皆爲負面、不良之情況，其指涉自當以「忌諱」之意爲是，因從李說。

首先說「出師之忌」。「將卑」，指領軍者位階不高，比如，敵以大夫領軍，我以士領軍；敵以將領軍，我以大夫領軍，其所統帥者位卑於敵方。若承上戰之「顯道」言，軍之統帥位階卑賤，自非戰之顯道，故曰

忌。其次是「父兄不薦」，同一「薦」字，第四十一簡「周志是薦」，李零解作「存」，此處卻釋作「薦」，謂「無父兄薦舉」，前後不一，義不可通。個人以為，全文當一致，此處應同簡四十一之「薦」字，釋作「存」。「父兄不存」，指出師之將帥或士卒「父兄不存」，家中已無至親可牽掛、繫戀，其保衛家園之心志是否依然堅固，令人懷疑，故為出師之忌。最後是「由邦御之」，古人言「將在外，君命有所不受」，貴其能專擅機變以行事。今將既位卑，在外又不能專擅其令，凡事必回報，由中央指揮、統御，將如何號令眾人、克敵制勝？凡此三者皆「出師之忌」。

　　莊公又問「散果（裹）之忌」。所謂「散果」，李零謂「可能是打破敵人包圍的辦法」。然觀下文，以「三軍未成陣，未豫，行阪濟障」為「散果之忌」，既「未成陣」，又「未豫」，如何可能會有「打破敵人包圍」的狀況？李零突破敵圍之說似較難通，淺野裕一釋作「散集」，義較勝，蓋以「果」通「裹」，指圍攏、聚集，「散」則指分開布列，二者反義成詞，指軍隊之聚散而言。「散果之忌」，謂軍隊之聚散最忌諱尚未列好陣伍，便要行險坡或渡越障礙，那樣最容易潰散混亂，甚至叛逃。

　　莊公又問「戰之忌」。曹沫認為，軍隊遇有狀況須離開（去之），或須依將領之令跟上來（就之），或有需要機動調整時，士卒之配合遲緩，不夠敏捷，這是「戰之忌」。此處「去」、「附」，與前「散果」義近，唯「散果」應是一般性地說其散、集之忌，謂戰前部伍時，行伍未排好，便遇山陵、水澤須渡越，此時集散皆會遇到麻煩。此處之「去」、「附」應是指面臨較為特殊的狀況，須立即配合將領之指令，快速因應，士卒卻反應不良。

　　最後，莊公又問戰已開打之忌諱。曹沫答以：薄賞而不當，厚罰且不明，不能收死、恤傷，士卒戰心不堅，戰鬥力不良，皆是戰爭進行過程中之大忌，戰爭必然陷入混亂的狀況。總之，如何在混亂中刑賞分明，恤死扶傷，鼓舞士氣，公平而妥善處理好一切當為之事，定能獲勝。反之，戰一開打，便慌亂失序，弄得軍心不平，卒心不穩，戰心不堅，是兵戰之

忌。而賞罰公平，視卒如傷的眞誠之心仍是領軍的首要修爲。

四、復戰之道

在論述完兵戰之忌後，莊公續問各種復戰之道。首先問「復敗戰」之道，亦即一旦戰敗後，如何再戰以取勝？茲依陳劍的簡序排列，唯第四十九與五十簡之間的銜接仍依李零之序，簡文說：

> 莊【四十五】公又問曰：「復敗戰有道乎」答曰：「有。三軍大敗，【四十六】〔死〕者收之，傷者問之，善於死者為生者。君【四十七】乃自過以悅於萬民，弗瑋危地，毋火食。【六十三上】〔毋〕誅而賞，毋皋百姓，而改其將。君如親率，【二十七】必約邦之貴人及邦之奇士御卒，使兵毋復。前【二十九】失車甲，命之毋行。明日將戰，使為前行。諜人【三十一】來告曰：其將帥盡傷，車輦皆載，曰將畢行。乃〔□〕【三十二上】……於民。莊公曰：「此三者足以戰乎？」答曰：「戒。勝【四十九】則祿爵有常，幾（忌）莫之當。【五十】」

「瑋」字，李零釋爲「居、處」；「瑋危地」，謂處危地。「火食」，應該是指依往常正式而妥善地炊煮食物進餐。今既敗仗，在哀戚失意的情況下，應是炊食無心，因陋就簡，故陳劍謂爲「即國君自責之一。」曹沫認爲，軍隊在打敗仗後，首先要善後，包括了收埋死者，慰問傷者，不論殉難者、生還者，都要妥善安置。如果想再戰，絕對不要責過屬下。相反地，應當引咎自責，下詔罪己，一方面兌現出師之前「二、三子勉之，過不在子，在□」的宣言；一方面亦以穩定、慰撫民心。同時不處危地，不

依往昔炊煮進食，不誅有過，只賞有功，亦不歸咎百姓或改換將領，以免給低迷的士氣雪上加霜，表現了極大的寬容與自責，將一切的過失，自我承擔。目的在透過寬大的包容與愛心，撫慰全軍戰敗的傷痛，挽救低迷的士氣，使能快速跨越傷痛，拾回信心，以爲再戰的準備。如果是人君親自領軍，必得好好約束邦中較有代表性或影響力之貴人、奇士與御卒，防止大家在戰敗後，喪失鬥志而潰逃。「使兵毋復」的「復」，陳劍解爲「還師回去」，應是潰敗逃回之意。「前失車甲」，陳劍說可理解爲「先前（打敗仗中）失去車甲之人」，與「命之毋行」的「之」字所指代者相同，亦即下文「思（使）爲前行」者。依其說，則數句之意當謂：除了撫平傷痛、再振軍心與防止潰逃之外，在前次敗仗中失去車甲者，雖不重罰，卻當於下次復戰中置列陣伍之前行，使其有將功贖罪之機會。然後有己方候諜者來報，敵方在上一場激烈戰鬥中也傷亡慘重，戰車、輜重之車皆已整治妥善，即將離去。不論這諜報是否如陳劍所說，是己方的刻意佯裝與安排，用以提振士氣，還是真正的諜訊，君將都宜趁此明白宣告：「將回師再戰，贏回最後勝利。一旦戰勝，則一切戰功的記數、祿爵之頒授，悉依常制。」不過，有鑑於過去的失敗，這次要加倍小心，一切的忌諱都要避開。此之謂「復敗戰」之道。

可惜的是，四十九簡前段因殘缺，無由得知其所謂「三者」所指爲何？然據下文觀之，亦極可能指下文所述之「復盤戰」、「復甘戰」與「復故戰」之道三者。若果如此，則「復敗戰之道」或許包括了這三項，故其下分別敘述三種「復戰之道」。然此只是筆者的揣測之見，其實況難能確定。

要之，在敘完「復敗戰」之道後，曹沫又分別敘述了「復盤戰」、「復甘戰」與「復故戰」之道。簡文說：

莊公又問曰：「復盤戰有道乎？」答曰：「有。既戰復

豫，號令於軍中【五十】，曰：『纏〔繕〕甲利兵，明
日將戰。』則廝徒傷亡，盤就行【五十一上】□厚食，
思〔使〕為前行。『三行之後，苟見短兵，伎【三十】毋
怠，毋使民疑。及尔龜策，皆曰勝之。改斐尔鼓，乃失
其服，明日復陳，必過其所。』此復【五十二】盤戰之
道。」莊公又問曰：「復甘戰有道乎？」答曰：「有。必
【五十三上】〔□〕白徒：『飤葷兵，各載尔藏，既戰
將量。』為之【三十二下】賞獲□蒽，以勸其志。勇者喜
之，亢者悔之，萬民【六十一】黔首皆欲或之。此復甘戰
之道。」莊公又問【五十三下】曰：「復敀戰有道乎？」
答曰：「有。收而聚之，束而厚之。重賞薄刑，使忘其
死而見其生，使良【五十四】車良士往取之餌，使其志
起。勇者使喜，蒽者使悔，然後改始。此復敀戰之道。」
〔五十五〕

此依陳劍之編連。李零原編連則作：

莊公又問曰：「復盤戰有道乎？」答曰：「有。既戰復
豫，號令於軍中【五十】，曰：『繕甲利兵，明日將
戰。』則廝徒傷亡，盤就行……□人。戰【五十一】毋
怠，毋使民疑。及尔龜策，皆曰勝之。改斐尔鼓，乃失
其服，明日復陳，必過其所。」此復【五十二】盤戰之
道。」莊公又問曰：「復甘戰有道乎？」答曰：「有。
必贛〔黔〕首皆欲或之。此復甘戰之道。」莊公又問

【五十三】曰：「復故戰有道乎？」答曰：「有。收而聚之，束而厚之。重賞薄刑，使忘其死而見其生，使良【五十四】車良士往取之餌，使其志起。勇者使喜，蒽者使悔，然後改始。此復故戰之道。」【五十五】

不管是那一種編連，都因部分簡片之殘斷而有文義難續的困擾，尤其最基本的，連「盤戰」、「甘戰」、「故戰」之義，不論李零、陳劍還是其他考釋之家，都無明當之確詁。唯淺野裕一釋「盤」爲「槃」之籀文，說它「等於瘢」，意味「傷痕」，「復盤戰」便是「重新建立戰敗而受損傷的軍隊之方法。」又改「甘」字爲「鉗」字，釋爲與「箝、緘」同爲「閉」義，「復鉗戰之道」便是重建因兵士怯場恐懼而陷入停止狀態的軍隊之方法。[77]李零則釋「甘」爲「酣」，「復甘戰」便是「復酣戰」，可能指如何將戰鬥力不佳的行伍提振至陷入熱戰的狀況之方法。「故戰」李零、陳劍皆無說，淺野裕一則將「故」字釐定爲「缺」，「復缺戰之道」意即如何讓缺乏鬥志的士兵佈陣之後一直不突擊的狀態有所突破的方法。[78]其說仍未愜，難以遽然採從。照淺野的說法，「復戰」的「復」便是提振、恢復之意，唯從簡文所述三種復戰的殘斷內容看來，其確義雖仍無由得知，其確切之步驟亦難以確斷，卻仍可拼組出某些觀點。比如：「復盤戰」的「繕甲利兵，明日將戰」，「復甘戰」的「白徒，𩜬食羣兵，各載爾藏，既戰將量」，皆強調開戰之前整治配備與糧餉的重要。

其次第五十二簡「復盤戰之道」說：

---

[77] 參見淺野裕一：〈上博楚簡〈曹沫之陣〉的兵學思想〉，簡帛研究網：http://www.jianbo.org/admin3/2005/qianyeyuyiool.htm，2005年9月25日。

[78] 同見注77。

毋怠，毋思〔使〕民疑，及尔龜策，皆曰勝之。改斁尔鼓，乃失其服，明日復陣，必過其所。

從上述內容看來，民心與士卒信心的堅定與確立也都是重要的工作。而藉由卜筮的肯定，便是堅定民心、士氣的有效方法。尤其，那裏跌倒，便從那裏爬起來，簡文說：「明日復戰，必過其所」，應是指翌日再戰的時候，部伍列陣一定要經過前次覆敗之地，讓士卒勇敢面對前次的失敗、走過前次的失敗，才能迎向即將而來的勝戰。此其二。

再次，獎賞是激勵士氣的有效方法，從〈曹沫之陣〉全文看來，兵戰本是兵家、法家之長，曹沫論戰既非如兵家之析微曲折、爾詐我虞、奇正互用、虛實難辨，亦不似法家之嚴峻苛刻，反帶著濃濃的儒味。比如，賞罰為用兵之要項，重賞重罰、賞罰分明應是定則，曹沫卻始終主張「重賞薄刑」，重賞輕罰，尤其在敗後復戰之際。比如六十一簡說：「賞穫□蒽，以勸其志，勇者喜之，㤪者悔之。」這「□」字儘管不知為何，陳劍說，卻可以肯定是動詞[79]，「㤪者」應是指退怯、不用心作戰的人。第六十一簡意味：當賞有戰獲，適當處理退縮〔蒽〕者，以鼓舞士氣，使勇戰者歡欣，不力戰者後悔。「復故戰之道」下又再一次說：

收而聚之，束而厚之，重賞薄刑，使忘其死而見其生，使良車良士往取之餌，使其志起。勇者使喜，蒽者使悔，然後改始。

也是以重賞來鼓勵士卒勇往直前，避免以刑罰的威脅與恫嚇逼士卒前進，

---

[79] 同見注73。

讓勇戰變成一件有利的好事，退縮變成錯失良機的傻事，戰敗低迷的士氣自會有不同的轉換，效果自然改觀。重正面的獎勵，避免負面性的懲罰與恫嚇，這與重教化的儒家篤厚之教基本風格相符合，卻與兵、法家之論戰之賞罰分明迥異。

　　除了上述的三教、戰之顯道、兵戰之忌與復戰之道外，簡文又載魯莊公整體性地問攻守之道。依陳劍的排序，簡文說：

> 莊公又問曰：【五十五】「善攻者奚如？」答曰：「民有保，曰城，曰固，曰阻。三者盡用不皆〔棄〕，邦家以宏。善攻者必以其【五十六】所有，以攻人之所亡有。」莊公曰：「善守者奚如？」答曰：「【五十七】其食足以食之，其兵足以利之，其城固【十五】足以捍之。上下和且輯，緯紀於大國，大國親之，天下【十六】不勝。卒欲少以多。少則易□，圪成則易【四十六下】治，果勝矣。」

在這裏曹沫的答覆並不詳盡，只是概括性、原則性地說，城堡、地形的險阻與堅實的防衛三者是人民生命、財產安全之保障。三者能守得住，家國便昌隆。善攻者便是能保住自己國家這三要項，以爲倚恃，去攻打這三項守不住的敵方，便能穩勝。善守的原理差不多，應當足食、足兵，上下和睦，保住前三項，以抵禦來犯的敵人。還要結交大國以爲後盾，便能立於無人可敗之地。

五、結論

　　〈曹沫之陣〉不管是前論「政」，還是後論「兵」，都充滿了篤實厚重的人道氣質。其論政，固以重德恭儉、戒驕戒泰爲要旨。其論兵，則一

以內政之穩定和睦爲兵戰之基礎與前提，再以公平的賞罰爲勵士之要素，卻很特殊地，偏言賞而避言罰。尤其在論各種復戰之道時，極其注意士族作戰心靈的踏實與自動，而充滿了人道色彩。它有別於法家尊君、護君、虛隱其君的原則，與兵家對權謀、形勢、技巧、陰陽等兵戰細節之講求，先以親貴前行爲列陣之常制與要則，並一再論述人君親率的情況與重要性，要求人君戰前須有自承其責的公開宣示，以爲鼓勵將士勇往直前的有力後盾。也注意到了某些特殊情況下，士卒潰逃的防範，並以士卒家中無可眷戀之親，與將帥在外權利不能專擅，爲兵戰之忌。所論全是領軍原則的把握與叮囑，而一無涉及任何實戰細項。若從全文本爲魯莊公之問作答的敘述來看，本篇所論，其實非關兵戰專業知識，而是人君統軍的原則與要領。

（本篇原刊於《哲學與文化》第34卷第3期，2007年3月。）

柒、上博㈤〈三德〉的義理

　　上博五〈三德〉不論就思想理論或表述方式而言，都是很特殊的一篇古文獻，它的內容充滿了禁誡、否定的表述與負面性的記載，是一篇警誡與禁忌性極其強烈的文獻。全文以「毋……」、「毋謂……」、「不……」、「……勿……」的句式表述，和負面性的災誡內容，佔了九成以上篇幅。扣除這些內容，所剩好的、正面的內容記載，不到一成左右，這不論在傳世文獻或出土文獻中都是少有的現象。有關其簡序與釋文，自李零、陳偉、陳劍、曹峰、晏昌貴、何有祖、范常喜、侯乃鋒……諸人以下，討論已多，各有其見。曹峰尤異出眾人，除簡序與釋文外，另就用辭、用韻、文章結構、表述方式……等方面，與馬王堆三號漢墓出土黃老帛書之相似性，做了相當澈底的比對，論證兩者之間的不尋常

關係[80]。甚至指稱，〈三德〉中通過「是謂」的表述方式，加以判斷和命名，再進一步申述政治結果的好壞必然由天或上帝所決定，在用詞上帶有咒語的特徵……等等，是黃老思想的典型思路。[81]姑不論其對黃老思想的認定與海峽兩岸黃老學研究者有多少落差，其逐一比對分析兩種文獻之用語、形式……等等的類同，全面而詳細，在在令人佩服。馬王堆四篇黃老帛書也確是探究黃老思想的基本依據與標準尺。然而，〈三德〉究竟有多少黃老色彩？仍必須從思想內容去判斷。

　　或許是寫作的時代稍早，〈三德〉的義理結構相當散亂不嚴謹。它以天、地、人合德相參與敬畏天常為宗旨，對「明王」治政的各個層面、各要項，盡其思慮所及地作了繁複而龐雜的叮囑與警誡。本文即試圖從這些繁複而龐雜的叮囑與警誡中釐析其所表現出的素樸天人君道觀。此下引文之簡序與釋文，基本上依李零與曹峰所排列與校釋為據，其有特殊者，另注說明。

一、天、地、人合德相參

　　初步觀察，〈三德〉全篇充滿對「天」的敬畏與禮讚，一再反覆其蒞政參天的思想，也充滿對人「禮」的重視與避忌的舖寫，只是這些都被安置在「天」、「天命」或「天常」之下，被要求與「天常」相配合以循行。在滿紙對「天」拙樸的敬畏中，「天常」的依順，與「天禮」的忌避是貫穿全文的主軸思維。開宗明義〈三德〉便揭示了理想的政道須是天地人相協合一的，它說：

---

80 曹峰：〈〈三德〉與《黃帝四經》對比研究札記（一）〉，簡帛研究網：http://www.bsm.org.cn/show_article.php?id=298，2006年3月22日。

81 見曹峰：〈〈三德〉與《黃帝四經》對比研究札記（二）〉，武漢大學簡帛網：http://www.bsm.org.cn/show_article.php?id=314，2006年4月3日。

　　天供時，地供材，民供力，明王無思，是為三德（簡一）

這三「德」，不管是如李零所說，同於《大戴禮記‧四代》「天德、地德、人德」之「三德」，還是如范常喜所述，「三」通「參」，是相參之意[82]，其意涵都是指明王治政，能使天時、地利、人和相協無忤，則可以不多操慮而治好天下。天時、地利與人事的協合，是〈三德〉全篇所標榜的宗旨。在第十七、十八兩簡中，也一再強調這樣的觀點，〈三德〉說：

　　順天之時，起地之〔材，□民之□〕[83]。（簡十八）
　　知天足以順時，知地足以固材，知人足以會親。（簡十七）

　　敬天之□，興地之□，恆道必□。（簡十七）

對天、地、人之道的準確掌握，是明王治政的基礎。「恆道」或許是指理想的政道。從第一、十七、十八三簡對「天」的敘述看來，「天」，指的是「時」，「地」指的是地材（地利），人道內容就曲折繁雜得多。但從全文的表述看來，應該是指一切依循天道（天常）而設立的人事活動與禮俗，故又稱「天禮」。〈三德〉全文就在王政、人禮依順天常，庶免凶災的論述中展開。內容有對禮俗禁忌的循守，有對王者服制禮度的節限，有對倫理綱常的叮囑，比較特殊的是，都將它們歸向天降災異與家國興亡。

---

[82] 見范常喜：〈〈上博五‧三德〉札記六則〉，武漢大學簡帛網：http://www.bsm.org.cn/show_article.php?id=348，2006年5月18日。

[83] 18簡「起地之……」下文無可以拼接之簡，今依曹峰據文首「天供時……」三句試補如此。其說同見注82，頁5。

這和遣詞、用韻、表述形式與之多所類同的馬王堆黃老帛書舖敘天道、天常，目的是在提煉以刑名爲核心的政道，而不在警戒敗亡，基本上是很不同的。

　　從文字的表述上說，〈三德〉和黃老帛書都以治政爲歸趨，也都涉及天、地、人相參的觀念，〈經法·六分〉說：

> 王天下者之道，有天焉，有人焉，有地焉，三者參用之，□□而有天下矣。
> 參於天地，合於民心。

但是，其「相參」的目的卻和〈三德〉不同，〈四度〉說：

> 日月星辰之期、四時之度、〔動靜〕之位、外內之處，天之稽也；高〔下〕不蔽其形，美惡不匿其情，地之稽也；君臣不失其位，士不失其處，任能毋過其所長，去私而立公，人之稽也。

天道有其固定的規律與期度，這是天之「時」；地道無私無隱，盡露其情。援天地之道，施之於人事的政道，則當法天時之規律與期度，效地道之無隱與無私，君臣上下各守其位，任其職，握其「信」與「度」，各竭其能，這是黃老學說天道、治道一體相通的基本思路。其論天道的期度規律，與地道的眞實無隱，基本上都是道家「自然無爲」思維下的眞實背景與依據。其參天、地而成之「人稽」，則是申韓一系法家分官、分職、循名責實的刑名術。

　　在黃老帛書約20例天、地、人相參的論述中，宗旨歸趨一致導向刑名之治。因此，不只〈四度〉，在〈經法〉、〈十大經〉的許多章節

裏，作者都一再地強調「四時」、「八正」、「十二時」、「日月星辰之期」……等等的「天地之紀」，它們的各循其紀，是人君分官、治政的法效對象與依據。〈經法·論約〉說：

> 始於文而卒於武，天地之道也；四時有度，天地之理也；
> 日月星辰有數，天地之紀也；三時成功，一時刑殺，天地
> 之道也；四時時而定，不爽不忒，常有法式，……一立一
> 廢，一生一殺，四時代正，終而復始，人事之理也。……
> 順則生，理則成，逆則死……。

黃老帛書〈四度〉裏的天、地、人相參，是極其典型的黃老政論基本模式──由道入法、因道全法，眉目相當清楚，〈經法〉與〈十大經〉中因此充滿了法家刑名味。

〈三德〉則不然，在它的天、地、人合德相參中，充滿了對禁忌的循從，對君德、君政的制約，對災異的警告，與對執政者立身處事法則的叮囑，內容較爲龐雜。

在黃老帛書中，它一再清清楚楚地告訴我們，「天」與「天道」（天時）的內容，是各種依循規律、期度運行著的自然節候與現象，「地」其實只是作爲與「天」相對、相搭配，可利用的自然。因此或說地有高下，或說地寬廣，或稱「地利」、「地財」，紛歧而不一致。馬王堆四篇黃老帛書論述的重點都在「天」，在「天時」、「天道」，而不在「地」或「地利」、「地材」。

〈三德〉則不同，它雖然一再地遍稱天、天常、天道、天命、天神、天帝、上帝……，卻始終沒有說明清楚，所謂天、天常、天道究竟指的是什麼？祂似乎只是被奉爲一種人事與政治上超高的依循對象與權威，至其內容，則含混而不明確，其稱謂亦不穩定。至於「地」，雖無明確指

稱「地材」，然而，亦不見較清楚的闡述或論證，只能從其對不違農時，敬謹農務的論述中去領會其「地材」之意。〈三德〉全篇所述，其實多在人事、王政之忌避與執行，亦即政令、禮俗與君德之節制與禁忌。

二、天的意涵與異稱─天、帝、上帝、后帝、皇天、皇后與高陽

　　在〈三德〉中，作為最高權威與價值依據的「天」，其意涵是極其拙樸的。正因其意涵拙樸，因此顯得籠統而不明確，連帶使其稱謂也變得紛歧而不穩定。

　　就意涵言，〈三德〉說：「天供時」、「知天足以順時」（簡一）、「毋奪民時，天饑必來」（簡十五）、「不懈於時，上帝喜之，乃毋凶災。」（簡九）可見「時」就是「天」的主要內容。「天」的主要意涵就是風雨博施、寒暑代興、生殺交迭、民命所繫的歲「時」。這就是在那個農為民命、饑穰由之的上古時代，「天」最單純而直截的基本意涵。「天」就是「時」，「時」之運行有「常」，便是「天常」。對於這樣簡單而質樸的基本意涵，〈三德〉的作者再沒有任何進一步的詳細析釋與詮解，只是一再地強調要「敬」，要「順」，要守而勿「奪」，〈三德〉說：

> 敬者得之，怠者失之，是謂天常。（簡二）
> 敬之，敬之，天命孔明（簡三）。如反之，必遇凶殃。
> （簡四）

天常是只能順守，不能變易的，敬守「天常」其實就是敬順天時，也就是「毋奪民時」。不能敬順天時、任意變易天常，嚴重的饑饉災殃必然來到，〈三德〉說：「變常易禮，土地乃坼，民乃夭死。」篇中因此有了一連串對「奪民時」嚴重後果的告誡與叮囑，〈三德〉說：

驟奪民時，天饑必來：奪民時以土攻，……必喪其粃；奪
民時以水事，四方來囂；奪民時以兵事，是……（簡十五
至十六）

總之，奪民農時，違逆天時、天常會導致嚴重的饑饉荒歉等災殃，「天」
由是被賦予了降災致異的能力與權威，〈三德〉說：

忌而不忌，天乃降災；已而不已，天乃降異。（簡九）
天災繩繩，弗滅不殞。（簡十四）

原本以時爲內容的「天」因此有了神性，有意志、喜樂、好憎。其稱謂因
而隨之改易，或稱「天神」，或稱「帝」，或稱「上帝」；〈三德〉說：

〔不〕懈於時，上帝喜之，乃無凶災。
天神之□，□□□□，皇天將興之；毋為偽詐，上帝將憎
之。（簡二）
民之所喜，上帝是祐。（簡六）
民之所欲，鬼神是祐。（簡二十）

在這裡，「皇天」、「上帝」和「鬼神」是一體的。他們有喜憎之情，喜
勤「時」，惡「偽詐」，他們的喜憎和民之喜憎相連一致，也和人間的福
祐、凶災相繫，「天」喜則有祐無災。這樣的「天」或「上帝」，當然是
帶著神性與人格的權威。袘不只會降災致異，也能祐好從善，它說：

天無不從：好昌，天從之；好旺，天從之；好祓，天從

之；好長，天從之。（十八）

為善，福乃來；為不善，禍乃或之。（簡十四）

祓，原釋為「尨」，陳劍讀為「犮」，[84]侯乃鋒依何琳儀讀作「祓」，並依《爾雅·釋詁》釋作「福」。[85]簡十八意謂：只要能循天之常，好其當好，天必從之。然而，就〈三德〉全文看來，絕大部分的篇幅都在警誡不順天常之禍災。比如，在五項對人君生活用度的叮誡中，「天」同樣有意志，能「惡」，「弗諒」人君一切不合度的生活享受，〈三德〉說，都是上天所不允許的：

喜樂弗期度，……皇天弗諒；凡食飲無量計，……上帝弗諒；上帝弗諒，以祀不享（簡七）。宮室過度，皇天之所惡；……衣服過制，……上帝弗諒。（簡十七）

這些「上帝」與「皇天」，形同有意志的人格神，可以接受祭享，卻無法容忍統治者生活的豪奢與放逸，祂會用荒歉與「憂喪」來向人間的統治者顯示祂的強烈不滿。而在第十至十二簡，計共二十三項以「毋……」與「毋為……」為表述句式的大段王政禁忌中，其發言叮誡的權威，被安排為「高陽」與「皇后」。這些禁忌能持守，被稱為「天禮」。「高陽」是楚之遠祖，屈原在〈離騷〉中自稱「帝高陽之苗裔」，楚簡〈三德〉以楚遠祖「高陽」為最高權威代言，其思維可以理解。「皇后」猶言大君、大

84 陳說見氏著：〈談談《上博（五）》的竹簡分編、拼合與編聯問題〉，簡帛研究網：http://www.bsm.org.cn/show_article.php?id=204，2006年2月19日。

85 侯乃鋒：〈讀上博（五）〈三德〉札記四則〉，簡帛研究網：http://www.bsm.org.cn/show_article.php?id=243，2006年2月27日。

帝，是天人事物至高無上的統御權威。

　　要之，隨著「天」的義涵從自然歲時，變爲有好惡、有意志，能降災致異，具神格的宗教權威，農穡的豐穰與荒歉是關鍵性的轉化背景與根源，從自然到神異都從這裏推衍。「天」的稱謂由此而紛歧，或指其爲有定則的「天常」，或指其爲宗教神，稱「帝」與「上帝」、「天帝」，或示其爲一切天、人事物的至高統御者，稱「皇后」、「后帝」，甚至抬出楚遠祖「高陽」來代言。總之，舉凡足以表示其崇高、尊威、無與倫比、威力無限之稱謂皆入之，面貌看來繁複多樣，其思維其實是相當粗樸的。

三、由天時到人政：天常的敬順與天禮的禁避

　　前文說過，〈三德〉開宗明義的第一簡與第十七、十八簡便標明「明王」治政統合天、地、人的宗旨，全篇22支簡中也隨處充滿了對「天常」、「天命」、「天」、「帝」、「皇」與「后」尊威的強調與推崇。而事實上，其論述核心與主要材料內容仍在人事、王政的節制與勸誡上，全文因此透發出濃重的警誡意味。這種現象從簡一、簡二敘述「天常」時就開始了，它說：

　　　卉木須時而後奮，天惡毋[86]忻，平旦毋哭，晦[87]無歌，弦望齋宿，是謂順天之常。（簡一）
　　　敬者得之，怠者失之，是謂天常。（簡二）

---

[86] 依范常喜：〈〈上博五・三德〉札記六則〉所釋，簡帛研究網：http://www.bsm.org.cn/show_article.php?id=348，2006年5月18日。

[87] 依晏昌貴：〈〈三德〉四札〉所釋，簡帛研究網：http://www.bsm.org.cn/show_article.php?id=272，2006年3月7日。

「天常」的具體內容，文中不見明確表述，只知所謂「順天之常」是叮囑人君要敬守某些要項而勿失，這些要項包括了：

　　1.「卉木須時而後奮」意指了解並尊重生類生長的時序與狀況，它上承句首「天供時，地供材」，下應簡十八，「順天之時，起地之材。」

　　2.「天惡毋忻，平旦毋哭，晦無歌，弦望齋宿」意指謹守人事禁忌與禮俗、禮度以行事，不要違背常規。換言之，人事活動不可苟且隨興。

　　第一簡，短短十句，大約已將全文的基本旨趣提挈出來：從自然節序與物類的生長，到政事行為的基本原則，都做了簡要的交代，這就是全篇所要論述的天地、人統協合一的「明王」之治的基本綱領。此下所言，儘管部分內容蕪雜瑣碎，大致循此論述。

(一)天時的敬順與地材的開發

　　〈三德〉在第十七簡中告人「知天足以順時，知地足以固材」，第九簡說「不懈於時……乃無凶災」，教人勤奮墾作，庶免饑饉災荒。簡十五要人「務農敬戒」，警告人君，「奪民時，天饑必來」。簡十六更詳述頻繁地奪民時以招「天饑」的狀況，及其必然導致的凶災惡果，〈三德〉說：

　　　　驟奪民時，天饑必來：奪民時以土攻，是謂稽，不絕憂恤，必喪其化；奪民時以水事，是謂淵，喪以繼樂，四方來嚻；奪民時以兵事，是……（簡十五至十六）

稽，《說文》謂「留止」，此處指延宕農事。化，《呂氏春秋・上農》作

「粃」，王晶因以爲俗作「秕」，《說文》曰「不成粟也」[88]，此處指作物粗劣。上文謂：因建築工事而誤民農時，若不善加憐恤，將連粗劣的作物也難收成；因疏濬、開塘、鑿川等水事而誤民農時，將失去民心，若不改進，又繼之以歌樂，將引致各方人民怨怒叫囂；因用兵攻伐誤民農事的嚴重後果，因簡十六下文殘斷，不得其詳，范常喜據《呂氏春秋·上農》補作「是謂屬，禍因胥歲，不舉銍艾」，意謂「（因用兵耽誤農事）叫做凶屬，災禍將及一整年，根本不用舉鐮收歲割了。」這是〈三德〉對知天以順時，知地以固材的論述，相當簡明。

但，簡十七說，身爲「明王」，不但要知天以順時，知地以固材，還要「知人」以「會親」。簡十七說：「天哉，人哉，憑何親哉？殁其身哉！」「知人」以「會親」是內容龐大、涉及寬廣的外王要項，全篇論證最多的，都在這一方面。

㈡仁政的軌則與君德的戒慎

1.天禮與君德

〈三德〉說：

> 陽而幽，是謂大惑；幽而陽，是謂不祥；齋齋節節，外內有辨，男女有節，是謂天禮。敬之敬之，天命孔明，如反之，必遇凶殃。（簡三）
> 入墟毋樂，登丘毋歌，所以為「天禮」（簡十一至十三）

幽陽、男女、外內應該是指一切相對而該區隔、分辨的事物，〈三德〉

---

[88] 說見王晶：〈釋《上博五·三德》簡十六〉，武漢大學簡帛網：http://www.bsm.org.cn/show_article.php?id=264，2006年3月6日。

說，都該清楚妥善地區隔、分辨清楚，不使背反或淆亂，這叫依順天常的矩度，叫「天禮」。就簡十一、十三看來，奉守既定的禮俗禁忌，也叫「天禮」，因為它們都一樣，曾經經過公定的認可。違反或淆亂了它，會有嚴重後遺症。其次，依四至五簡的表述，〈三德〉說：

> 毋詬政卿於神祇，毋享逸安。求利，殘其親，是謂罪。君無主臣，是謂危，邦家其壞……邦失幹常，小邦則劓，大邦過傷，變常易禮，土地乃坼，民乃夭死。[89]（簡四至五）

這節說得比較龐雜，包括了大至國家的常軌，君主身邊的重臣，小至君主待臣的禮度，君主自身的生活節度，以迄待親之道，皆　　交代，務使順「常」合「禮」，庶免國危、邦毀、領土裂失，民人夭死。

對於「毋享逸安」，簡七至八有較詳細的鋪敘，它說：

> 喜樂無限度，是謂大荒，皇天弗諒，必復之以憂喪；凡飲食無量計，是謂饕皇，上帝弗諒，必復之以康。上帝弗諒，以祀不享。邦四益，是謂方華[90]，雖盈必虛。宮室過度，皇天之所惡，雖成弗居；衣服過制，失於美，是謂違章，上帝弗諒。鬼神禋祀，上帝乃怡，邦家……

89　「夭死」本作「鬵死」，茲依李天虹讀作「夭」，說見氏著：〈上博五零釋三則〉，武漢大學簡帛網：http://www.bsm.org.cn/show_article.php?id=236，2006年2月26日。

90　依何有祖：〈上博五零釋二則〉所釋，武漢大學簡帛網：http://www.bsm.org.cn/show_article.php?id=256，2006年3月3日。

這裡從人君的食、衣、住到娛樂，乃至好大喜功，擴疆益上，一一叮嚀，
戒其過當。凡過當，必有天報；凡遭天報者，一切禱求祭祀都枉然。總
之，身爲人主，生活儀度要守禮合儀，勿縱勿逸，不貪婪妄求，簡十一至
十二說：

> 監川之都、澭岸之邑、百乘之家、十室之□，宮室汙池，
> 各慎其度，毋失其道。

不只「明王」，舉凡位階大大小小不等的統治者，都該奉守一定的生活禮
度，「居毋惰，作毋康，善毋滅，不祥毋爲」（簡十一）。隨時隨地，循
善以行，庶免遭天報而能得天祐，簡五末說：

> 善哉！善哉！三善哉！唯福之基，過而改。

能多多與善，則能厚植「福」基，有失當立改。

2.仁民與立官

　　人主除了自身的行爲與生活要循禮守度外，仁民愛物與立官分職也是
蒞政要項，簡二十二接簡六說：

> 四荒之內，是帝之閒[91]。臨民以仁，民莫弗親。興興民
> 事，行往視來。民之所善，上帝是祐。……民之所欲，鬼

---

[91] 依何有祖：〈上博五〈三德〉試讀〉所釋，武漢大學簡帛網：http://www.bsm.org.cn/
show_article.php?id=213，2006年2月20日。

　　神是祐。[92]

　　四境之內，皆爲帝土，以仁治民，民自親附。爲君者當多多爲民做事，時時關切，多方了解，以拉近距離，收攏民心。民心所向，自得天祐，這些話是很素樸民本觀念。

　　除了以仁親民之外，〈三德〉說，「明王」還必須恰當立官。簡六至七說：

　　　凡度官於人，[93]是謂邦固；度人於官，是謂邦尨；建五官弗措，是謂反逆。土地乃坼，民人乃喪。

　　立官要尊重體制，爲官找人，不要本末倒置，因人設官，破壞體制。各種官職不能妥當安置，叫做背反常軌。其後果是政綱衰墮，土裂國滅，人民淪喪。

3. 集錦式的告誡與叮嚀

　　除了上述較爲明顯可見的思維與觀點外，在簡九至十、簡十三至十四中另記載了不少瑣碎的叮嚀與警戒，曹峰說它們猶如格言集錦。簡十三到十四說：

---

[92] 此處以簡22接簡6係依陳劍之見，說見陳劍：〈談談《上博（五）》的竹簡分編、拼合與編聯問題〉，武漢大學簡帛網：http://www.bsm.org.cn/show_article.php?id=204，2006年2月19日。

[93] 「度官於人」，李零本釋爲「托官於人」，茲依陳偉之見作「度」，說見氏著：〈《上博五·三德》初讀〉，武漢大學簡帛網：http://www.bsm.org.cn/show_article.php?id=201，2006年2月19日。其下「度人於官」同。

　　　身且有病，惡菜與食；邦且亡，惡聖人之謀；室且棄，不墮（隆？）[94]祭祀，為□是服。凡若是者，不有大禍，必有大恥。天之所敗，多其喜而寡其憂。興而起之。思道（導）而勿救……

中國古老的話說：「見微可以知著」、「國之將亡，必有凶徵兆」，簡十三至十四正是類似的思維。簡九至十一則假高陽與皇后之口，開出了一系列的禁忌：

　　　高陽曰：毋凶服以享祀，毋錦衣絞袒、□子，是謂忘神……皇后曰：立，毋為角言，毋為人倡，毋作大祀，毋害常，毋壅川，毋斷洿，毋滅宗，毋虛牀，毋□敳，毋變事，毋煩姑嫂[95]，毋恥父兄，毋羞貪，毋笑刑，毋揣深，毋度山，毋逸其身而多其言。

這裡有宗教禮俗的禁忌，有為人處世的要則，有對倫理的強調，更多的是，立君為政的要則都假「高陽」與「皇后」兩大權威來宣說。「毋凶服以享祀」、「毋錦衣絞袒、俟子」是宗教禮俗的禁忌，也是對祭祀對象的尊重；「毋煩姑嫂」、「毋恥父兄」是對家族男女長者的禮敬；「毋為角言，毋為人倡」、「無逸其身而多其言」指為君當用心靜聽、細察，不好

---

[94] 此字原釋為「墮」，「室且棄，不墮祭祀」意不可通，茲依晏昌貴：〈〈三德〉四札〉之見釋為「隆」，武漢大學簡帛網：http://www.bsm.org.cn/show_article.php?id=272，2006年3月7日。

[95] 「姑嫂」二字依劉國勝：〈上博（五）零札（六則）〉所釋，武漢大學簡帛網：http://www.bsm.org.cn/show_article.php?id=307，2006年3月31日。

辯、爭先；「毋羞貧，毋笑刑」是心存惻憫，對於弱勢，哀矜勿喜；「毋揣深，毋度山」是不爲不必爲之事；「毋作大祀，毋害常……毋變事」是依禮、順常，不躁動擾民；「毋壅川，毋斷洿，毋滅宗，毋虛牀」，指不過度、不極端。

　　簡十四接簡十九又說：

　　　　方營勿伐，將興勿殺，將齊勿刲，是逢凶朔。……卑牆[96]勿增，廢人勿興，皇天之所棄，而后帝之所憎。

不論對於將助或將毀的對象，都當順「天」、循「常」，相對時機以從事，勿躁勿妄。

四、結論

　　〈三德〉的義理是質樸的，其結構也鬆散而不謹嚴。全篇充滿了負面的表述與否定性的警誡，它和馬王堆黃老帛書儘管在表述和取材上相當類似，也都以政道與天常相提論，細索其思維，卻不相同。黃老帛書是蓄意的「因道全法」，其於天常期度之載述是有意的取材，用以和政道分官之各循其序相應，以提煉政道的「刑名」之術，義理清晰縝密許多。〈三德〉卻不然，它充滿了敬天畏神的初樸宗教意味和乏序的材料結集。它將天命、天神與上帝高掛在上，用以悚戒一切人事與政治施爲。其與黃老帛書表述和取材的類似，或許反應出相同或相近的時代性和地域性。亦即在戰國的某一段時期，楚地學者有某些普遍的撰作現象，一如《楚辭》裡的作品，在不同的主題中呈現出一致的氣味與色調。我們在其他出土楚簡如

96　此字依季旭昇：〈上博五當議（下）〉釋作「牆」，武漢大學簡帛網：http://www.bsm.org.cn/show_article.php?id=196，2006年2月18日。

〈互先〉、〈太一生水〉和馬王堆帛書〈道原〉三篇文獻中也同樣可以找到其他一致性的類同，此筆者已於拙作〈從出土簡帛文獻看戰國楚道家的道論及其相關問題──以帛書〈道原〉、〈太一生水〉與〈互先〉爲核心〉一文中論證過，不再贅述。楚文化有其強烈的獨特性，楚人好鬼，是知之者的共識。〈三德〉中所表現的深重的禁忌，我們在長沙子彈庫楚繒書中也見識過，只不過楚繒書本爲數術曆忌的陰陽家之作，其相關於禁忌的記載，是很天經地義的事，其內容比率亦不如〈三德〉之重。〈三德〉義理之拙樸繁雜，或許反映其爲撰作時代較早的作品。

（本篇原刊於武漢大學簡帛研究中心主辦《簡帛》第二輯（抽印本），上海：上海古籍出版社，2007年11月。）

捌、上博㈦〈凡物流形〉研究綜述與哲學思想

　　上博七〈凡物流形〉有甲、乙兩種不同抄本，甲本較完整，共30支簡，據乙本補足，約846字。乙本相對較殘缺，現存21支簡，約601字。自發表以來，學者討論的文章至少80-90篇，內容大多圍繞在㈠簡序的編聯，尤其第十二、十三、十四暨十七以下各簡的列序先後二文中幾個特殊字辭，諸如毗、戠、箸、窒、屁、夐、埅；特殊語句，諸如「夐耑」、「左右之請」、「其夬奚窒」、「三生女，女成結」等之確詁。眞正涉及全篇之義理結構與思想探討者不多，只有曹峰、淺野裕一與王中江、顧史考等人，卻都相當精采，有獨到見解。曹峰在其七篇論文中除辨釋「左右之請（情）」與「四成結」之確詁外，更將〈凡物流形〉與《莊子・天運》、《逸周書・周祝辭》，尤其是《管子》的〈內業〉與〈心術〉上下澈底比對，由其密切之相應性，論其先後問題。

　　李銳、淺野裕一和顧史考三人繼曹錦炎與復旦大學簡帛研讀會之

後，對於〈凡物流形〉全篇的釋文都有完整的整理與呈現，王中江則對於後半篇的釋文亦有完整的整理。唯淺野裕一視前後文為兩篇完全不相干的文章，分別給予名稱，暫稱〈問物〉與〈識一〉。顧史考除了簡序、韻讀、特殊字詞的考校討論之外，並近乎逐段為全文作了章旨式的概述。

　　王中江除了簡序的編聯之外，在其兩篇相關於「一」的討論中，對應著《管子》四篇，馬王堆黃老帛書、《尹文子》、《莊子・天地》、《淮南子・詮言》，甚至上博〈互先〉中的相關載述，去辨析〈凡物流形〉後半篇內容之宇宙觀、自然觀、心性論與政治哲學。在他和曹峰的討論下，〈凡物流形〉能被勾勒出來的思想價值，幾乎都做了澈底的討論。在他們的討論下，〈凡物流形〉前半以43個發問所表現的宇宙論、自然哲學，與後半以8-9個「聞之曰」（「聞曰」）論述的政治哲學，透過「一」，被緊密繫連了起來，其義理解析之精闢透澈，是迄今所見義理討論中最好的。

一、簡序的編聯問題

　　針對以曹錦炎為主的上海博物館原整理小組對本篇的簡序安排，復旦大學出土文獻與古文字研究中心研究生讀書會首先做出4個不同的拼組：[97]

　　　（1-11簡不變）＋12A＋13B＋14＋13A＋12B＋22＋17

　　　27

　　　16＋26＋18＋28＋15＋24＋25＋21

　　　19＋20＋29＋30

---

[97] 復旦大學出土文獻與古文字研究中心研究生讀書會：〈《上博七・凡物流行》重編釋文〉，復旦大學出土文獻與古文字研究中心網站：http://www.gwz.fudan.edu.cn/SrcShow. asp?Src_ID=581，2008年12月31日。

　　李銳認為，簡十五應和簡十四相接，簡十三A宜接在簡二十一之後，並懷疑簡二十七不屬〈凡物流形〉[98]。顧史考接受簡二十一、十三A系列和簡二十七不屬〈凡物流形〉之說，卻認為簡十四宜與簡十六相接，因為內容所說有直接關係，故宜將簡十六系列往上移，接在簡十四之後，並讓簡二十一下接簡十三A一系，而在其間補入「目」字，作「亡一，天下亦亡一有v。亡（目）而知名，亡耳而聞聲。……」因為在簡二十一「亡」之前本有一「v」，表示語意完結，顯見簡二十一末尾「亡」字本為下句之首，加一「目」字接簡十三A，文通義順，又移開簡二十七，使成：

（1-11）＋12A＋13B

14＋16＋26＋18＋28＋15＋24＋25＋21＋13A＋12B＋22＋17

19＋20＋29＋30[99]

這幾乎是目前普遍接受和依據的簡序模式。而簡十四＋簡十六作：

> 聞之曰：察道，坐不下席，端虔（冕）（十四），箸不與事，先知四海，至聽千里，達見百里。是故，聖人處於其所，邦家之（十六）危安存亡，賊盜之作，可先知。

張崇禮基本上循此編聯，標斷與釋讀卻略有不同，作：

> ……察道，坐不下席，端虔（文）箸（書），不與

---

[98] 李銳：〈〈凡物流行〉釋讀（再續）〉，簡帛研究網：http://jianbo.sdu.cn/admin3/2008/lirui009.htm，2009年1月3日。

[99] 顧史考：《上博七〈凡物流行〉（上、下半篇）試探》復旦大學出土文獻與古文字研究中心網站：http://www.gwz.fudan.edu.cn/SrcShow.asp?Src_ID=875–876，2009年8月23–24日。

事……[100]

個人覺得，這兩種釋讀與標斷各有其長，斷作「端冕」者，義與其上「坐不下席」較相應。然而，不管如何標斷釋讀，就簡序而言，依復旦讀書會與李銳、顧史考的編聯，將簡十四後移與簡十六相接，並去除二十七簡與第三十簡末的「之力古之力乃下上」數字，幾乎是目前學界的共識。

二、特殊語詞的釋讀與標斷問題

　　僅管簡序編聯目前已大致有了共識，但〈凡物流形〉全篇之中許多特殊語詞的釋讀與標斷，仍存在著諸多歧異，茲舉其著者，論釋如下：

㈠凡物流形（簡一）

　　流：非固定，可移動變化。此句謂萬物在自然界中的生成，其形體係經過一定的變化作用產生的。

㈡既生既成，奚「寡」（呱）而鳴（名）（簡一）

　　「寡」，整理小組以為「寡」之省，讀作「呱」，此處為嬰兒啼哭聲，引申為叫喊。陳偉從之，並謂「鳴」讀作「名」，「稱謂」之意。[101] 復旦讀書會讀作「顧」[102]，廖名春從之，並釋為「念也」[103]，然未釋

---

[100] 張崇禮：《上博七〈凡物流行〉簡序及誤讀小補》，武漢大學簡帛網：http://www.bsm.org.cn/show_article.php?id=994 2009年2月23日。

[101] 陳偉：〈讀〈凡物流行〉小札〉，武漢大學簡帛網：http://www.bsm.org.cn/show_article.php?id=932，2009年1月2日。

[102] 同見注97，頁1。

[103] 廖名春：〈〈凡物流形〉校讀零箚（一）〉，簡帛研究網：http://jianbo.sdu.edu.cn/admin3/2008/liaomingchun 001.htm頁1，2009年1月2日。

「嗚」是否有通假。作「顧」者似謂：物既生成之後，因何而叫？依陳偉之見，則謂：將（据）何而稱其名？義似較勝。

㈢陰陽之「屍」（處），奚得而固？（簡二）

「屍」，曹錦炎謂乃「尻」之形近訛字，居處之意，復旦讀書會曾游移於「處」、「序」之間。然若就第十六簡「聖人處於其所」的「處」，字形同樣作「屍」，各家都釋作「處」看來，此處不宜作「序」，作「處」者是。「處」，居位。此句蓋謂：陰陽雖相對反，卻為何能各居其位而穩定？

㈣水火之和，奚得而不「垕」（詭）（簡二）

「垕」字，曹錦炎本釋「垕」，讀作「厚」，第二十六簡首亦有此字，曹錦炎作了相同的釋讀，斷作「□□厚，佹存亡，賊盜之作可先知」；其上承二十五簡固是錯誤，已如前述，其簡頭是否殘2字，亦頗有問題。而「□□厚，佹存亡，賊盜之作可先知」義尤不可解。復旦讀書會釋作「危」，通「詭」，二十六簡亦作同樣釋讀，直接上接十六簡「邦家之（十六）危安存亡，賊盜之作可先知……。（二十六）」義較勝。應以復旦讀書會所釋為是。鄔可晶雖亦讀「危」為「詭」，卻訓為「違」[104]，是牴牾、差異之意。李銳釋作「座」，讀為挫；[105]宋華強隸定作「硾」，讀作「差」，不相值之義；[106]凡國棟同樣釋作「硾」，讀作

104 鄔可晶：〈談《上博（七）凡物流行》甲乙本編聯及相關問題〉，復旦大學出土文獻與古文字研究中心網站：http://www/gwz.fudan.edu.cn/SrcShow.asp?Src_ID=636，2009年1月7日。

105 李銳：〈《凡物流行》釋文新編（稿）〉，簡帛研究網：http://jianbo.sdu.cn/admin3/2008/lirui006.htm，2009年1月3日。

106 宋華強：〈《上博（七）·凡物流行》札記四則〉，武漢大學簡帛網：http://www.bsm.org.

「差」，卻釋爲「痤癒」，義似較遠；[107]實則「差」與「詭」皆違悟、差異之義。

　　秦樺林說：硴、磋、差、詭都是不相值之意，[108]「不詭」謂無差異、不牴牾，就義理而言，義皆相通。

㈤未知左右之「請」（情）（簡三）

　　曹錦炎直譯爲：「不知請那方幫忙，而能成形體？」有望文生義之嫌。復旦讀書會讀作「情」，較勝。廖名春從之，並釋「左右」爲支配、掌控，全句謂「不知支配，掌控的情況」，以「情」爲「情況」。[109]曹峰則釋「情」爲原由、原因，謂不知支配或促成形質體貌的原因[110]。廖說、曹說其實意相近，皆謂無以知支配這一切之實情。

㈥天地立始立終（簡四）

　　蔣文謂，指人類這一切的生、死問題，是天地規定其始與終。[111]

---

cn/show_article.php?id=938，2009年1月3日。

[107] 凡國棟：〈上博七〈凡物流形〉2號簡小識〉，武漢大學簡帛網：http://www.bsm.org.cn/show_article.php?id=960，2009年1月7日。

[108] 秦樺林：〈楚簡〈凡物流形〉中的危字〉，武漢大學簡帛網：http://www.bsm.org.cn/show_article.php?id=950，2009年1月4日。

[109] 同見注103，頁1。

[110] 曹峰：〈〈凡物流形〉中的「左右之情」〉，簡帛研究網：http://jianbo.sdu.edu.cn/admin3/2008/caofeng008.htm，2009年1月4日。

[111] 參見蔣文：《上海博物館藏戰國楚竹書〈凡物流形〉集釋》（上海：上海復旦大學本科生學士論文，陳劍先生指導，2009年6月），頁25。

(七)五度（簡三）

　　泛指各種自然軌則。

(八)五氣並至，吾奚異奚同（簡四）

　　「五氣」指肇生流形之體之各種質素；奚異奚同，謂難以區辨。

(九)五言在人（簡四）

　　五言，泛指各種不同言論；在人，謂其因人而異，不同的人有不同的論點。

(十)九「囿」（域）出「誨」（謀），孰爲之「坒」（封）（簡四）

　　曹錦炎原釋「囿」作「區」，九區謂廣大區域；復旦讀書會釋作「九域出謀，孰爲之逢？」釋「囿」爲「域」，較「區」正確，讀作「域」亦較「區」好。九域指九州，謂全天下。范常喜讀爲「有」，「九有」即「九州」[112]。凡國棟說，指天下、四海、海內[113]，意思差不多。吳國源則讀「囿」爲「攝」，[114]廖名春從之，並讀「出」爲「詘」或「屈」，指受壓抑。[115]

---

[112] 范常喜：〈《上博（七）·凡物流行》短札一則〉，武漢大學簡帛網：http://www.bsm.org.cn/show_article.php?id=940，2009年1月3日。

[113] 凡國棟：〈上博七〈凡物流形〉2號簡小識〉，武漢大學簡帛網：http://www.bsm.org.cn/show_article.php?id=960，2009年1月7日。

[114] 吳國源：〈上博（七）·〈凡物流形〉零釋〉，Confucius2000網站：http://www.confucius2000.com/qhjb/fwlx5.htm，2009年1月1日。

[115] 同見注103，頁2。

「誨」，曹錦炎原釋爲「誨」，曉教之意；又釋「坒」作「逆」，接受之意。全句因謂：廣大的區域誰來曉教與接受？復旦讀書會則釋「坒」爲「逢」，何有祖讀作「縫」，說是彌縫，言出謀遍天下，誰能彌縫？[116]凡國棟、范常喜，讀作「封」，謂劃界分封，指九州之人各自謀畫領地，誰爲他們劃界分封？意思較好。[117]凡國棟又釋「誨」爲「牧」，統治、駕馭之意，「九囿出牧」指封邦建國，謂天下都分封諸侯來管理，又是誰爲之劃分的疆界？[118]吳國源則不但讀「囡」爲「攝」，又讀「誨」爲「晦」，潛也、隱也，更釋「坒」爲發達，全句因意爲：遭遇許多挫折而屈抑潛隱，誰能使之發達？[119]

桂案：〈凡物流形〉全文主談天地、自然、宇宙、萬象、鬼神祭祀，與如何掌握「一」（道）以治心、治政、治事問題，在此突出一句個人曲折受抑問題，甚覺突兀而不恰當。在沒有更好說法之前，此句暫從復旦讀書會之「九域出謀」與范常喜之「孰爲之封」說。

較特殊的是，李銳循鄒衍「大九州說」的方向去思考，讀「誨」爲「海」，以「坒」爲「逢」，謂：九域已超出海外了，有誰碰到過呢？亦聊備一說。[120]

---

[116] 何有祖：〈〈凡物流行〉札記〉，武漢大學簡帛網：http://www.bsm.org.cn/show_article.php?id=925，2009年1月11日。

[117] 凡國棟：〈〈凡物流形〉簡4「九囿出牧」試說〉，武漢大學簡帛網：http://www.bsm.org.cn/show_article.php?id=937，2009年1月3日。范常喜之文同見注16，頁1。

[118] 同見注117，頁1–2。

[119] 同見注114，頁2。

[120] 李銳：〈〈凡物流行〉釋讀札記（三續）〉，簡帛研究網：http://jianbo.sdu.cn/admin3/2008/lirui011.htm，2009年1月8日。

㈩孰爲「笶」（薦）奉（簡五）

曹錦炎原讀「笶」爲「侍」；「笶奉」即「侍奉」。復旦讀書會釋作「箭」，通「薦」，應是「進獻」之義。薦奉，義同「侍奉」，供養之義。

㈪奚故神「盟」（明）（簡五）

「明」字本作「盟」，曹錦炎原釋作「盟」，古代在人前約誓、結盟。復旦讀書會讀作「明」；「神明」謂靈明高妙，具備神奇特異的能力，義較勝，因從之。

㈫骨肉之既靡，其智益「暲」（障），其夬奚「啻」（適），孰知其「疆（彊）」？（5簡）

曹錦炎讀「暲」爲「障」，阻隔之意。謂骨肉已糜爛，其智益加阻隔，（將何從彰顯？）應可從。又讀「夬」作「缺」，無釋義。「啻」讀作「適」，義爲「符合」，引申爲「補滿」，「其缺奚適」似是指骨肉已靡，其殘已無法再復原，故下曰「孰知其彊？」應是就形骸上論說。復旦讀書會釋作「慧」，「其慧奚適」是就精神智慧上著論，同樣得出難以再「強」的結論，對應上文「其智愈暲」的「智」。

李銳與張崇禮皆讀「夬」爲「訣」，別之意；讀「啻」爲「適」，前往之意；又釋「疆」爲領域，謂骨肉已靡，其分離後將去哪裡？

各家說法不同，要皆各有其理，因並存其說。

㈬吾奚時之「窒」（賽），祭之異（禩、祀）奚「进」（升）？（簡七）

此句整理小組「窒」字本上屬，作「吾奚時之窒（塞）？祭異（禩、祀）奚（升）？」以「窒」爲「塞」，同「賽」，是酬神之祭；

「異」讀爲「禩」，「祀」的異體字，「祭異」即「祭祀」，「迸」通「升」，進獻。全句意謂：何時行賽祭？祭祀時進獻些什麼？

李銳讀「時」爲「待」，釋「窔」爲「竈」或「造」，[121]宋華強釋爲「奧」，室內尊處，以行祭祀；[122]季旭昇讀爲「隋」，尸之祭也；[123]孟蓬生讀爲「穴」；[124]劉信芳釋「坣」爲「逐」，釋「窔」爲「槱」，乃祭天神之禮[125]。鄔可晶從之，人人各有其見，殊難斷其絕對正確。然若以「窔」字上屬，曹錦炎的說法其實不失清簡明爽。復旦讀書會則斷至「之」，將「窔」下屬爲句， 並釋「異」爲「員」。各種不同說法甚多，不一一列舉。要之，「窔」字在〈凡物流形〉中說法是最紛歧的，至少有賽、祝、竈、隋、奧、穴、槱等說法。曹錦炎的原釋其實有其簡明之優點，在沒有絕對恰當之定論前，姑仍從之。

㈤敬天之「䄆」奚得？（簡八）

䄆，敬天之祭全句謂：敬天之祭祀有何功能？

---

121 同見注105，頁6。

122 宋華強：〈《上博（七）．凡物流行》散札〉，武漢大學簡帛網：http://www.bsm.org.cn/show_article.php?id=958，2009年1月6日。

123 季旭昇：〈上博七芻議三：凡物流形〉，復旦大學出土文獻與古文字研究中心網站：http://www.gwz.fudan.edu.cn/SrcShow.asp?Src_ID=603，2009年1月3日，頁3。

124 孟蓬生：〈說〈凡物流形〉之「祭員」〉，復旦大學出土文獻與古文字研究中心網站：http://www.gwz.fudan.edu.cn/SrcShow.asp?Src_ID=649，2009年1月12日。

125 劉信芳：〈〈凡物流行〉槱祭及相關問題〉，武漢大學簡帛網：http://www.bsm.org.cn/show_article.php?id=968，2009年1月13日。

㈥日之有「耳」（珥），將何聽？月之有「軍」（暈），將何
　正（征）？（九～十簡）

　　曹錦炎讀「耳」為「珥」，讀「軍」為「暈」。珥、暈，分別指日月
兩旁之光圈。古占星術認為，日珥與人事有關，月暈與征伐有關。蔣文引
子居之見，認為「將何聽」猶「將聽何」，「將何征」猶「將征何」。[126]
　　桂案：「日耳」句一語雙關，既謂日月有「耳」，將聽何？又謂日出
現光暈，徵兆什麼人事變故？

㈦日之始出，奚故大而不「㷠」（炎）？（簡十）

　　「㷠」字曹錦炎原釋作「耀」，復旦讀書會釋作「炎」，要皆火光盛
烈之意。「不」謂火光不烈。

㈧其入中，奚故小「雁」（焉）「暲」（障）「豉」（樹）？
　（簡十一）

　　曹錦炎原讀「暲」為「障」，遮蔽之意。「豉」為「尌」，「樹」
之本字，引申為「屏」，訓為「遮蔽」。視「暲豉」為合義複詞，遮蔽之
意。蔣文說，「雁」與「焉」發音部位相近，韻部相同，可以相通。[127]
「小焉暲豉」與上句「大而不」相對，謂：日中（正午）之時，太陽何故
看起來小，卻熱得須遮蔽？

㈨孰為「靁□」（雷霆）？孰為「啻」（電）？（十一～十二A
　簡）

　　「雷」下之字，竹簡模糊，整理小組似視而不見，略去；復旦讀書會

---

[126] 同見注111，頁52–53。
[127] 同見注111，頁55。

釋「電」，陳偉釋爲「神」。[128]

　　「啻」，整理小組釋爲「電」，與十一簡的末三字構成「孰爲雷？孰爲電？」忽略十二A簡糊掉的首字。如果該字眞如復旦讀書會所釋爲「電」，則此「啻」字絕對不會重複作「電」。陳偉讀作「帝」，作「孰爲雷神？孰爲帝？」[129]係就自然現象之主宰者言；復旦讀書會讀作「霆」，作「孰爲雷霆？孰爲電？」指自然現象而言。若就上文問天地，下文問土、水、草、木、禽獸、雨、風等自然物與現象而言，此處問雷、電、霆等自然現象的產生，比問宗教性主宰的存在好些。

㈩夫雨之至，孰「雽□」（唾津）之？（簡十四）

　　下句曹錦炎本釋作「孰雽漆之？」雽，古代祈雨之祭。漆，黑。全句謂雨至時，是誰在行祈雨之祭，使天色變黑？宋華強釋「孰」下兩字爲「靁」、「瀇」，「靁」通「唾」，「瀇」通「津」，並謂此段簡文乃問風與雨這兩種自然現象如何產生？「夫風之至」句應是問風之生成，「雨之至」句應是問雨之生成。並據《西京雜記》卷三、《後漢書・樊英傳》、《太平御覽》卷十五引東方朔〈十洲記〉乃至明代《西遊記》之記載，中國自古就有風之起乃因某種神物呼吸所致，故懷疑「雨之至」亦指雨水係因某種神物之唾液和汗液而成。[130]

㈡夫風之至，孰「颰飆」（噓吸）而迸之？（簡十四）

　　整理小組釋「孰」下兩字爲「颰飆」，大風貌。並讀「迸」爲「屏」。宋華強據《莊子・天運》「風起北方，孰噓吸是？」與〈逍遙

---

[128] 同見注101，頁1。

[129] 同見注101，頁1。

[130] 同見注106，頁2。

遊〉之「大塊噫氣」，疑其當讀爲「嘘吸」。「迸」不必改讀，訓爲「散」或「散走」。全句承上句，蓋問風之起，是誰呼吸所放散？[131]

(三)「𢾷𧱔」

「𢾷」字各家所釋十分紛歧。曹錦炎原釋爲「識」，復旦讀書會游移於「執」與「守」之間，廖名春釋爲「得」[132]，王中江釋爲「執」[133]，何有祖以爲該字從「少」，讀爲「察」[134]，徐在國從之，疑該字爲「詧」之異體，[135]亦有讀作「祟」者。楊澤生認爲，從義上看，讀作「執」比讀作識、得、察、守、祟要好。[136]然第二十四簡「𢾷智而神，𢾷神而同，𢾷同而僉，𢾷僉而困，𢾷困而復」之「𢾷」，寫法相同；若併二十四簡一起考量，作「察」恐要勝過識、得、守、祟。

「𧱔」字曹錦炎原釋「豸」，儘管王連成就字形上釋爲「道」之異體字，復旦讀書會釋爲「𧱔」，然自沈培讀爲「一」後，[137]各家已確斷其爲「一」，無異辭。

---

[131] 其說同見注106，頁2。

[132] 廖名春：〈〈凡物流形〉校讀零箚（二）〉，簡帛研究網：http://jianbo.sdu.edu.cn/admin3/2008/liaomingchun 002.htm，2009年1月2日。

[133] 王中江：〈〈凡物流行〉編聯新見〉，武漢大學簡帛網：http://www.bsm.org.cn/show_article.php?id=998，2009年3月3日。

[134] 何有祖：〈讀上博七〈凡物流形〉中的「察」〉，復旦大學出土文獻與古文字研究中心網站：http://www.gwz.fudanedu.cn/SrcShow.asp?Src_ID=631，2009年1月6日。

[135] 徐在國：〈談上博七〈凡物流形〉中的「詧」字〉，復旦大學出土文獻與古文字研究中心網站：http://www.gwz.fudanedu.cn/SrcShow.asp?Src_ID=631，2009年1月6日。

[136] 楊澤生：〈說〈凡物流形〉從「少」的兩個字〉，武漢大學簡帛網：http://www.bsm.org.cn/show–article.php?id=99，2009年3月7日。

[137] 沈培：〈略說上博（七）新見的「一」字〉，復旦大學出土文獻與古文字研究中心網站：http://www.guwenzi.com/srcshow.asp?src_id=582，2008年12月31日。

㈢端「（文、冕）」（簡十四）「箸」（圖、舒、佇）不與事
　　（簡十六）

　　此句原有不同釋讀，原整理者釋「夏」爲「文」，斷作「端文書，不
與事。」並謂「端文」者，指富有經驗，精通禮樂制度，能爲先導者。
箸，通「書」，應是上屬爲句；「不與事」指不參與實踐行動。復旦讀書
會則將「端文書」與簡十三「而知名」連讀，「箸不與事」置於二十七
簡之後，變成意思無法相銜的狀態。李銳雖亦釋「夏」爲「文」，卻讀爲
「冕」，讀「耑夏」爲「端冕」，顧史考、曹峰、王中江亦大致如此斷
釋。曹峰說，「端冕」與「察道」，「箸不與事」與「坐不下席」較相
應。[138]然「箸不與事」各家釋讀又多歧異。顧史考讀「箸」爲「圖」之假
借，「謀」之意。「端冕，圖不與事」即「計不下席，謀不出廊廟」，
「不與事」即「不親自參與」之意。[139]王中江讀爲「舒」，謂類似於「清
靜、安靜、安閑」之意。[140]曹峰讀爲「著」，通「宁」，是「佇」的假
借，謂久立不動，和前文「坐」字相應。[141]各家之說，各有其理，事實上
並不具絕對說服力。即使是張崇禮的「端文書，不與事」（謂恭敬平正地
拿著書籍），[142]也同樣自有其理，卻無絕對說服力，因並存各說。

㈣小徹（簡十八）

　　徹，通達之意。小徹，謂使清明理性之心勝過情慾之心，心便能清明

---

[138] 曹峰：〈釋〈凡物流行〉中的「箸不與事」〉，簡帛研究網：http://jianbo.sdu.cn/
admin3/2009/caofeng.htm，2009年5月19日。

[139] 同見注99（下半篇）試探，頁9。

[140] 同見注133，頁3。

[141] 同見注138，頁4。

[142] 同見注100，頁2。

澄澈，通達一切事物，謂之小通達。

㊄自若（簡十八）

自如、自在，治事順而無逆。

㊅上「穷」（賓）於天，下「番」（播）於「囚」（淵）（簡十五）

首句整理小組原斷至「下」，並釋「穷於天下」爲「視於天下」，釋「視」爲觀察；並以「番」爲「審」之省寫，謂詳究、知悉。又釋「囚」爲「國」，古王侯封地。

桂按：兩句句式整齊，明是「上X於X，下X於X」將「下」字上屬爲斷，並不合宜，其說解亦怪異。復旦讀書會釋斷爲「上賓於天，下播於淵」較恰當。李銳從之，但以「賓」爲當讀作「眲」，審視之義；[143]終不如小疋先生訓「賓」爲「至」，「播」爲「布」爲勝。[144]

㊆起而用之，「練」（通）於四海（簡十五)

「練」字，曹錦炎原讀爲「陳」，謂布陣，義甚突兀。復旦研讀會本釋作「練」，讀作「陳」，李銳從「練」之釋，卻讀作「通」，因爲「東」聲與「甬」聲之字可相通，故宜讀爲「通於四海」。[145]於各家所讀中，較爲適切，顧史考從之，以爲「通於四海」乃先秦慣語。[146]

---

143 李銳：〈〈凡物流形〉釋讀（續）〉，簡帛研究網：http://jianbo.sdu.edu.cn/admin3/2008/lirui008.htm，2009年1月3日。

144 同見注111，頁85所引小疋先生之見。

145 李說詳見氏著：〈〈凡物流行〉釋讀札記（三續）〉，簡帛研究網：http://jianbo.sdu.edu.cn/admin3/2008/caofeng011.htm，2009年1月8日。

146 同見注99。

㈥至情而智（簡十五）「戡」（察）智而神，「戡」（察）神而同，〔「戡」（察）同〕[147]而僉，「戡」（察）僉而困，「戡」（察）困而復（簡二十四）

　　通觀全篇之「戡」字，釋作「察」爲佳，已如前述。曹錦炎和復旦讀書會同讀「僉」爲「險」；曹錦炎釋「神」爲精神，「情」爲感情、情緒，「復」爲回返，「同」爲「相同」，義不可知。李銳讀「情」爲「精」，「至」通「致」，「至情」即「致精」，又釋「同」爲「通」。[148]廖名春除釋「戡」爲「得」外，又釋「至」爲「達到」、「情」爲「靜」，言能達到靜，便有智。又釋「僉」爲「多」、「過甚」，謂能通就會過甚，過甚便困。[149]

　　顧史考釋讀「至」爲「致」，以「同」通「迥」，讀如「通」；讀「僉」爲「驗」，並認爲各句應該有正面意義，不當有負面結果「險」、「困」等，因疑「困」讀如「圜」，通「還」；而謂本節以道察情而至，乃至神通，則事之理可驗證，因而反復爲所用，此理循環如自然之終而復始。[150]在各家說法中較爲詳細，在沒有更理想的說法出現前，姑採其說。

　　實則不管依李說、廖說還是顧說，整體意思蓋謂：由近而可掌握處開始，逐漸彰顯功能效果，終致通澈。然極則反，故「困」，通過「困」，又復始，人事之智便是如此循環不已，一如自然。故下文曰：「陳爲新，……出則又入，終則又始，至則又反。」

---

[147] 此節「戡同」二字本無，茲依乙本補。

[148] 同見注105，頁3。

[149] 廖名春：〈〈凡物流形〉校讀零箚（二）〉，簡帛研究網：http://jianbo.3du.edu.cn/admin3/2008/liaomingchun002.htm，2009年1月2日。

[150] 同見注99（下半篇），頁16。

㊤水復於「天咸」（十四～十五簡）

「天咸」，曹錦炎本釋作「天弌」，即「太一」，《爾雅》所指之「北辰」，是北極之神。北方屬水，以水爲「天一」所生，故曰「水復於天一」。凡國棟謂：「天一」即「太一」，是萬物之母，水由此而生，並因此生成天地萬物。他更由《楚辭・離騷》、〈九歌〉、《淮南子・天文》所載，見戰國、秦、漢之際楚人視「咸池」爲天上之水，故稱「咸池」爲「天咸」。[151]陳峻誌亦承此說，並謂：「咸」，偏指古樂；「池」偏指星宿，是天上的水池、水井、水潭，古人謂其爲天下水的來源，取其水灌注生物以爲名。「咸池」在古占星術中的作用與水發生關係，故曰「水復於天咸」。[152]

㊦一生兩，兩生參，參生「女」（四？母？），「女」（四？母？）成結（簡二十一）

本節曹錦炎本釋作「一生亞＝生參＝生弔城結」，似乎讀「亞」爲「惡」，再通「二」，又忽視其所釋「弔」下本亦有重文號「＝」，致義不可解。事實上，從字形上看，那「亞」字很清楚是「兩」非「亞」，「弔」字有些類似「女」，下有重文號「＝」，而「城」通「成」；復旦讀書會因此釋作「女」，又疑其爲「母」，沈培首釋「女」爲「四」之錯字，「結」當爲「終結」之章；認爲本節論一至四的生成過程，強調以四爲終結，後又從一開始，循環往復。[153]李銳從之，學者論及者亦多。曹

151　凡國棟：〈上博七〈凡物流形〉簡25「天弌」試解〉，武漢大學簡帛網：http://www.bsm.org.cn/show_article.php?id=953，2009年1月5日。

152　陳峻誌：〈〈凡物流形〉之「天咸」即「天池」考〉，武漢大學簡帛網：http://www.bsm.org.cn/show_article.php?id=1002，2009年3月14日。

153　秦樺林〈〈凡物流形〉第二十一簡試解〉（首發）文末所附水土（沈培）的回應，復旦大

峰循沈培之見，並以此段爲與四季有關，一～四代表春、夏、秋、冬四季，「四成結」表一年之終結，周而復始，並讀爲「四生結」，非以四爲一個終結，因古人記數，以「五」爲一系，非「四」，「五」是一個終結；並舉《詩‧鳲鳩》、《荀子‧勸學》、〈成相〉、《大戴禮‧勸學》乃至《鶡冠子‧王鈇》、〈世兵〉、馬王堆黃老帛書、《淮南子‧詮言》、《韓詩外傳》卷二，尤其郭店簡〈五行〉爲例，說明此「一生兩」的「一」和全文後半的核心論題「一」是一體的。從而得出：本節其實是以數字表示以五行（木、火、土、金、水）爲代表的天下事物，「四成結」尤其代表五行中以一統四的基本結構，以呼應全文後半的「執一」哲學[154]。大大深化了「一生二……四成結」的義理思維。

　　然就圖版看來，字形清晰，文字學者都認爲很難作「女」以外的釋讀，因暫存諸說。

㈢遠之「弋」（十三A簡）天，「宎」（近）之「芺」（矢、薦）人（十二B簡）

　　此句曹錦炎釋作「遠之弋天，近之矢人」，復旦讀書會作「遠之弋天，近之（箭－薦）人」，李銳作「遠之矢（施）天，近之矢（施）人」[155]，陳偉釋「矢」爲「察」，「宎」爲「尼」（邇），作「遠之察天，邇之察人」[156]，蔣文以爲從何琳儀之說，釋「芺」爲倒「矢」應該是

學出土文獻與古文字研究中心網站：http://www.guwenzi.com/srcshow.asp?src_ID =642，2009年1月9日。

[154] 曹峰：〈上博楚簡〈凡物流行〉「四成結」試解〉，簡帛研究網：http://jianbo.sdu.cn/admin3/2009/caofeng004.htm，2009年8月21日。

[155] 同見注105，頁2。

[156] 同見注101，頁1。

對的，但讀法不明。[157]其實不論「芋」作如何釋法、讀法，皆是遠、近對舉，謂察「一」可以通理一切天人事務，功能廣遠。

(三)如并天下而「担」之（十七簡）

「而」下之字，曹錦炎釋爲「盧」之繁構，通「担」，訓爲「取」，復旦讀書會從之，李銳釋爲「助」。[158]蔣文除從曹錦炎之外，又引《方言》：「南楚之間凡取物溝泥中謂之『担』，或謂之『擄』。」[159]

(三)「虗」的標斷與前後歸屬

〈凡物流形〉全文出現次數最多的是「奚」、「孰」和「虗」。「奚」、「孰」作爲發問詞首，了無疑慮；「虗」字整理小組讀爲「吾」，在一系列兩句爲一組的提問中，都下屬爲義，置於「奚」前，充作第二句的主詞，前半篇共10見，後半篇共2見，復旦讀書會皆從之。如：

天降五度，吾奚衡奚縱？（三～四簡）
五氣並至，吾奚異奚同？（四簡）
五言在人，孰為之公？
吾既長而或老，孰為薦奉？（四～五簡）
鬼生於人，吾奚故事之？（六簡）
身體不見，吾奚自飲食之？（六簡）

157　同見注111，頁102。
158　同見注105，頁3。此句「虗」字曹錦炎無特別解釋。復旦讀書會釋作「担」，義仍不可知；王中江從之，卻讀作「助」，義稍可解，今從之。其說同見注133。
159　同見注111，頁108。

其來無度，吾奚時之窒（賽）？（六～七簡）

祭祀奚升？吾如之何使飽？（七簡）

順天之道，吾奚以為首？（七簡）

吾欲得百姓之和，吾奚事之？（八簡）

能寡言，吾能一吾，夫此之謂小成？（十八～十九簡）

如依曹錦炎與復旦之斷，將所有「虗」釋作「吾」，則前十例可文通理
順，然最後十八～十九簡兩例便發生問題，「吾能一吾」義不可通。李銳
疑其讀為「乎」，其表疑問或肯定，需看上下文而定。〈凡物流形〉中的
「乎」，應是加強語氣，表示肯定，而非疑問[160]。今試依李銳之見，除了
第八簡的「虗（吾）欲得百姓之和乎？」的第一個「虗」字釋作「吾」之
外，其餘所有「虗」皆讀為「乎」，且上屬為句，則不但可以順暢，其餘
11處「虗」也完全文通氣順，末例（十八～十九簡）尤其非讀作「乎」不
可：

天降五度乎，奚衡奚縱？（三～四簡）

五氣並至乎，奚異奚同？（四簡）

五言在人，孰謂之公乎？既長而或老，孰為薦奉？（四～
五簡）

鬼生於人乎，奚故事之？（六簡）

身體不見乎，奚自飲食之？（六簡）

其來無度乎，奚時之窒（賽）？（六～七簡）

---

[160] 李銳：〈〈凡物流形〉釋讀〉，簡帛研究網：http://jianbo.sdu.edu.cn/admin3/2008/lirui007.
htm，2009年1月2日。

> 祭祀奚升乎，如之何使飽？（七簡）
>
> 順天之道乎，奚以為首？（七簡）
>
> 吾欲得百姓之和乎，奚事之？（八簡）
>
> 能寡言乎？能一乎？夫此之謂小成。（十八～十九簡）

如此的標斷沒什麼不好，可並存其說；但整理小組與復旦讀書會對十八～十九簡「𠻖」字作「吾」的釋讀與標斷恐須再斟酌，而從李銳之說。

三、學派歸屬問題

　　〈凡物流形〉發表之初，其特殊的問答體式與前半連續43問，問遍自然、宇宙、天地、萬物、萬象、鬼神、祭祀、政治等相關問題，後半敷論察「一」的治事、治政大論，在在令人稱奇。是什麼學派的產物，如此繁複、繽紛地挑起這許多問題，卻不回應？只以後半的「察一」哲學作結？如此前後突兀不一致的表述方式，究竟是什麼樣思維與情境下的產物？這是所有研究者一致的關切。由於一連串的提問，《楚辭・天問》被想當然爾地聯想在一起而提了出來。然而，很明顯的，前半的宇宙論與後半「察一」哲學是全文的論述焦點，〈凡物流形〉確是一篇哲學屬性極強的作品，與〈天問〉不類。李銳首先加以駁斥，說它雖以疑問開篇，卻歸結論「一」，與〈天問〉不類，而與《莊子・天運》相近。[161]問題在其後半「察一」哲學的表述，與先秦道家《老子》以及先秦兩漢黃老道家之作，若《管子》四篇、《尹文子》、馬王堆黃老帛書、《莊子・天地》、《淮南子・詮言》、《逸周書，周祝解》、《列子・說符》、《鶡冠子》等內容甚多重複，尤其是《老子》與《管子》四篇。〈凡物流形〉的後半幾乎就是《管子》四篇「察一（道）」哲學的精簡改版，光憑這些，就很

161　同見注105，頁1。

難將其與戰國黃老學說切割開來。曹錦炎自己在原釋文注中也說，《莊子·天下》篇中提到「南方畸人」——黃繚，「問天地所以不墜、不陷，風雨雷霆之故」的理論，意謂〈凡物流形〉會不會就是這一系類近戰國楚地黃老學者之論？曹峰則在《逸周書·周祝解》中找到了相應的內容。[162]

　　對於〈凡物流形〉中與先秦典籍乃至先秦典籍彼此之間，文字常多雷同的現象，李銳說：本篇學派屬性尚難斷定，但不難看出，是取材廣泛的思想作品，內容是在談論當時的「公言」。反觀先秦諸子文獻所論亦多「公言」，其作者、學派，殊難定論。本篇的論曰和《列子·湯問》所記小兒辯日之載，亦恐非本源，而是流衍。[163]

　　王中江以為是戰國早中期黃老學說作品，廣義上可以說是道家作品，因為它後半的治心論和「執一」（王中江釋「察一」為「執一」）哲學對最高統治者的教導，正是黃老學的核心範疇。又把一與心、君與聖人結合起來，可以看成老子之後道家哲學向黃老演變的一個表現。曹峰以為前半內容與馬王堆〈十問〉所見黃帝、容成、曹熬之對談最為接近，後半則與《老子》、《管子》四篇最接近；但他也吸收了很多如陰陽五行之類思想資源，應是一種給統治階層及知識份子看的「普及性讀物」，大量借用前人與經典語錄，採用歌謠體，使琅琅上口，易誦讀，而產生強烈感染力。

　　總之，〈凡物流形〉誠如李銳、曹峰所說，基本上是集合許多經典語錄（所謂「公言」）來提問發論，很難說是哪一家哪一學派之作。但就其問題的針對性與思想議題，尤其是後半篇材料的內容而言，又是絕對的黃老議題、黃老思想與黃老文獻材料。因此，即使不遽定其為黃老學派之

---

[162] 曹峰：〈從《逸周書·周祝解》看〈凡物流形〉的思想結構〉，簡帛研究網：http://jianbo. sdu.edu.cn/admin3/2009/caofeng002.htm，2009年3月9日。

[163] 同見注105，頁2。

作，至少和它有深厚的關係，這是可以肯定的。

四、結構與前後文對應問題

不管簡序編聯存在多少問題，許多字詞間也仍存在著不少難以確斷的說法，〈凡物流形〉無論如何確是一篇義理性相當強的作品。

就結構而言，〈凡物流形〉的組織簡單明瞭，前半以「奚」起首，提出43問，遍問自然界萬物之生成、萬象之源起、生死與鬼神祭祀等問題，卻只問而未答，所涉及者為宇宙自然的生成、形神的分合與鬼神的有無問題。後半敷論「察一」的心性修養與治術，所涉及的是政治哲學問題，兩部分界線清楚分明，淺野裕一因謂其應分為〈問物〉與〈察一〉兩篇不同的文章，學者卻多視為一體。王中江說，後半的「察一」哲學只是為前半的連串提問做出回答，這樣的說法確實機智而新人耳目。問題是，後半「察一」真能遍應全文43問嗎？

曹峰早已在其〈上博楚簡〈凡物流形〉「四成結」試解〉一文注中指稱其雖有基本主題，但結構鬆散。雖然每個「聞之曰」內部文意完整，但「聞之曰」彼此之間未必完全照應。其後在〈上博楚簡〈凡物流形〉的文本結構與思想特徵〉中又重複了這種觀點。[164]其實不只「聞之曰」彼此之間未必完全照應，後篇之答也未必能盡應前篇之問。

1.前半不盡設問

誠如眾所周知，〈凡物流形〉前半提問，後半以「聞之曰」來加以說明。實則8～9個「聞之曰」並不完全在後半部作答，其中至少有兩個「聞之曰」，一個「聞曰」在前半，與「奚」、「孰」結合作問，而非在後半作答。辯者或亦可以辯稱，前半篇的三個「聞之曰」可以讀作「問之

---

164 曹峰：〈上博楚簡〈凡物流形〉的文本結構與思想特徵〉，《臺灣師大簡帛研讀會報告論文》，2009年10月10日，頁1。

曰」，仍是設問，後半部6個「聞之曰」才讀作「聞之曰」，才是作答。
但，前半篇三個「聞之曰」中，第二個的內容卻是：

> 升高從卑，至遠從邇。十圍之木，其始生如蘖。足將至千
> 里，必從寸始。

明是答式，而非結合「奚」、「孰」的問式，應讀作「聞之曰」，而非
「問之曰」，但它卻在前半篇。可見前半以「奚」設問，後半以「聞之
曰」作答的說法，並不能整全地統括全篇的狀況。

2.後半「察一」未能盡應前半之問

作為後半篇核心思想的「一」或「察一」，其實也並不盡可以應答
前半的43問。前半43問中，至少有四分之　的「問」，無法用後半的
「一」或「察一」作答。比如：自第4簡末至第7簡前半所問相關於鬼神
祭祀的問題，就非「一」所能回答，〈凡物流形〉說：

> 吾既長而或老，孰為薦奉？
> 鬼生於人，奚故神明？
> 骨肉之既靡，其智愈障，其訣奚適？孰知其疆？
> 鬼生於人，吾奚故事之？
> 骨肉之既靡，身體不見，吾奚自飲食之？
> 其來無度，吾奚時之窒？
> 祭祀奚升？吾如之何使飽？
> 敬天之累奚得？鬼之神奚食？

這一連串相關於生死、鬼神、祭祀的11問，約佔上半43問的四分之一，

都很難用「一」或「察一」去勉強應答或貫串。

3.兩階段的論述形式——從自然宇宙到人事政治

曹峰說，〈凡物流形〉文首原應有「聞之曰」漏抄了。[165]姑不論文首
是否眞漏抄了三個字，大致以前14支簡爲內容的前半篇，若以兩個「聞
之曰」與一個「聞」爲區隔界線，可以區分爲四個小節。第一小節：

> 凡物流形，奚得而成？流形成體，奚得而不死？既成既
> 生，奚呱而鳴？既本既根，奚後之奚先？陰陽之處奚得而
> 固？水火之和，奚得而不詭？（一～二簡）

共發了6問，依次問物之生成、生死、先後、陰陽、水火等等，屬於自然
的問題。

第二小節：

> 問之曰：民人流形，奚得而生？流形成體，奚失而死？有
> 得而成，未知左右之情。天地立終立始，天降五度，吾奚
> 衡奚縱？五氣並至，吾奚異奚同？五言在人，孰爲之公？
> 九域出謀，孰爲之逢？吾既長而或老，孰爲薦奉？鬼生於
> 人，奚故神明？骨肉之既靡，其智愈障，其訣奚適？孰知
> 其疆？鬼生於人，吾奚故事之？骨肉之既靡，身體不見，
> 吾奚自飲食之？其來無度，吾奚時之？祭祀奚升？吾如之
> 何使飽？順天之道，吾奚以爲首？吾欲得百姓之和，吾奚

事之？敬天之奚得？鬼之神奚食？先王之智奚備？（二～
八簡）

共設了21問，依次問人之生成、生死、天地之五度、五氣、人之五言、
人死，形神分離、鬼神祭祀、順天、敬天等人與天地、鬼神的宗教性議
題，卻夾雜了和百姓與先王之智等政治性議題。

第三小節：

問之曰：升高從卑，至遠從邇。十圍之木，其始生如蘗。
足將至千里，必從寸始。日之有〔九〕珥，將何聽？月之
有暈，將何征？水之東流，將何盈？日之始出，何故大而
不炎？其入〔十〕中，奚故小雁暲樹？〔十一〕

這節先有積小成大六句哲學論述，然後續發五問，依次問日珥、月暈、
水、日出、日入的熱度與光亮問題。第四節：

問：天孰高歟？地孰遠歟？孰為天？孰為地？孰為靁
〔十一〕霆？孰為電？土奚得而平？水奚得而清？草木
奚得而生？〔十二A〕禽獸奚得而鳴？〔十二B〕夫雨之
至，孰唾津之？夫風之至，孰噓吸而迸之？〔十四〕

共發12問，依次兩問天地，續問雷電、霆、土、水、草木、禽獸、雨、
風等自然生類與現象的形成問題。

從上文的初步歸納看來，第一節與第二節重複問人之生成與生死問
題；第二節除主問鬼神、祭祀，也問天地，第三節既作哲學論述，又問

日、月、水的相關問題；第四節土問雷電、霆、土、水、草木、禽獸、雨、風等自然現象與生物的生成，又重複問天地高遠問題。全篇43問，時而問自然，時而問人文，還夾雜政治與哲學論述，其間重複發問同一議題者不只一例，看不出有什麼嚴謹的列序規劃。

　　不過，整體說來，前半講的大致是宇宙自然與鬼神祭祀問題（容有人事政治問題的小夾摻）；後半雖也論自然生成，焦點卻顯然在人事政治。類似這樣兩階段的表述方式和結構層次，並不始於〈凡物流形〉。從郭店楚簡到上博簡、馬王堆黃老帛書，舉凡與道家思想相關的出土文獻，諸如帛書〈道原〉、楚簡〈太一生水〉，和上博簡〈互先〉，都或多或少呈現出這樣前後兩截，由宇宙自然而轉入人事政治的論述形態。

　　〈太一生水〉共14簡，前8簡述說以「水」為核心質素的歲時之生成，後6簡由天道貴弱補強轉入人事之理，其前後間思想議題的差異，也曾被李學勤、艾蘭、戴卡琳等學者判定為不相關的兩部分，後6簡甚至被歸入簡本《老子‧丙》中，視作其部分內容，[166]一如〈凡物流形〉被淺野裕一切分為〈問物〉與〈識一〉兩個篇章，認為是反覆轉抄時混接在一起一樣。郭店楚簡〈互先〉共13簡，也是前6簡半鋪寫宇宙與自然之創生，第7簡後半至文末論「事」與「作」及人事名言的建置。所不同的，〈太一生水〉、〈互先〉、〈道原〉篇幅都較短小，文字較簡明，〈凡物流形〉則不論篇幅或所涉及議題都較龐雜。郭店、上博這些近於道家或黃老道家的出土楚簡文獻，很明顯有別於《老子》之重談本體，而喜歡探討天地的來源，萬象的來歷，以迄宇宙創生等議題，一如《莊子‧天下》的黃

---

[166] 參見李學勤：〈太一生水的數術解釋〉，收入陳鼓應主編：《道家文化研究》（北京：生活‧讀書‧新知‧三聯書店，1999年）第17輯，頁297。艾蘭〈太一、水、郭店老子〉，收入武漢大學中國文化研究院編：《郭店楚簡國際學術研討會論文集》（武漢：湖北人民出版社，2005年），頁526。戴卡琳〈太一生水初探〉，收入陳鼓應主編：《道家文化研究》第17輯，頁340–352。

繚之問。〈凡物流形〉前半篇所呈現的，正是這樣的狀況。

五、思想與議題

　　就思想內容看來，〈凡物流形〉前後兩部分基本上涉及三大議題：前半篇論㈠自然的生成㈡形神離合與鬼神祭祀㈢後半則論「察一」的政治哲學。前半篇（一～十一簡＋十二A＋十三B簡）被五～八簡的鬼神祭祀11問切分爲三節，前後兩節合共28問，都問大地萬物、萬象的形成，中間夾入11個形神與鬼神祭祀問題。

㈠自然的生成

　　〈凡物流形〉開宗明義便問萬物生成與存在的根源，說：

> 凡物流形，奚得而成？流形成體，奚得而不死？（一簡）

它先認定萬物的生成是經過流動變化的作用而來的，故稱「流形」；只是它不知道那流動變化的作用，過程是怎麼一回事？它又關切，是什麼東西維持著這種生成形體的存在？換言之，這幾句問的是萬物生成與存在的根源是什麼？值得注意的是，它雖只提問，並沒說出答案。但，既以「凡物」爲「流形」，則一種近似氣化的觀念似乎已隱含其中了。因爲戰國時代「氣」的生成觀正是一種流動變化的作用。

　　接著，它問萬物生成之後，在現象界的稱謂依據與列序準則，所謂的「奚呱而名？」、「奚後之奚先」，這就轉入了人世事件。然後，它以陰陽、水火爲代表，問自然界一切對立的存在，爲何能保持穩定平衡？

> 陰陽之處，奚得而固？水火之和，奚得而不詭？（二簡）

這裏的陰陽、水火應該是指的最自然而根源性的對立元素，它代表自然界和現象界一切對立的存在，問其何以既對立，卻又能平衡協調之理。以上六問，連結成第一單元。

在第二單元裏，它接續第一單元，卻把焦點集中在「人」，問「人」為何而生？又為何而死？支配這一切生成的內在奧秘又是什麼？它說：

> 民人流形，奚得而生？〔二〕流形成體，奚失而死？有得而成，未知左右之情，
>
> 天地立始立終，天降五度，吾奚〔三〕橫奚縱？五氣並至，吾奚異奚同？〔四〕

前單元問「物」之生成，本單元問「人」之生死；前單元問物的列序先後，本單元問自然軌度與氣之條理、異同。或許由論生、論老，不免思及死亡的問題，故第四簡後半至第八簡，陡然轉問形神離合與鬼神祭祀問題，直至第九簡後半到第十一簡，下接十二A、十三B簡才又回問自然物象。夾帶著神話傳說之類的載記，〈凡物流形〉遍問自然界的特異現象——日珥與月暈、天地、雷霆、風雨、草木的生成，以迄水、土稟性的總根源，它說：

> 日之有〔九〕珥，將何聽？月之有暈，將何征？水之東流，將何盈？日之始出，何故大而不炎？其入〔十〕中，何故小焉暲樹？問天孰高歟？地孰遠歟？孰為天？孰為地？孰為雷〔十一〕霆？孰為電？土奚得而平？水奚得而清？草木奚得而生？〔十二A〕禽獸奚得而鳴？〔十三

B〕夫雨之至，孰唾津之？夫風之至，孰嘘吸而迸之？
〔十四〕

這節所涉及有數術傳說問題——日珥月暈的吉凶微兆；有神話傳說問題
——風雨是天地之呼吸與津唾；有天文學問題——太陽的直射與斜射，較
多的是地球科學與生物學的問題——天地萬物的形成。

全篇對自然的28問，從表面上看來，確實只提問而沒作答，意旨似
只在揭舉甚或讚嘆、稱揚自然界這許多生成之不可思議與玄妙，而不在解
答這些玄妙之根由。但，到後半論及「一」時，切又清清楚楚地指出：

是故，有一，天下無不有；無一，天下亦無一有
〔二十一〕……草木得之以生，禽獸得之以鳴。〔十三
A〕

可見，作者還是提出了一個最高的終極根源——「一」，來做為這一切不
可思議的玄妙生化之總依歸。這也就是儘管〈凡物流形〉的文章結構並不
嚴謹，併組意味甚濃，王中江仍然精警地說，前半篇的所有提問，後半篇
全部以「一」作了統一性地回答之故。

(二)形神離合與鬼神祭祀

〈凡物流形〉前半部在前後兩節對自然生成的28簡中間，亦即第
五～八簡間夾插了對形神問題與鬼神祭祀的討論，說：

鬼生於人，奚故神明？骨肉之既靡，其智愈障，其訣奚
適？孰知其疆？
鬼生於人，吾奚故事之？骨肉之既靡，身體不見，吾奚自

飲食之？其來無度，〔六〕吾奚時之賽？祭之祀奚升？吾如之何使飽？順天之道，吾奚以為首？〔七〕……敬天之奚得？鬼之神奚食？〔八〕

這節由生、死問題牽引出形、神離合問題，再往下牽引出鬼神的存在與威靈問題。作者應該是站在形神一體相依的立場，認為人死，形骸消亡，精神將無所依附，故追問，將如何呈顯其功能？依中國傳統思維，人死，或為鬼，或為神。作者卻認為，神依形存。人死後，形骸消亡，精神便無所依存，如何呈顯其功能，則所謂鬼神之存在與威靈便成問題。鬼神之存在威靈既無由保證，則一切的祭祀便失去意義與依據。這應該是即今所見中國文獻中較早提出形神一體觀，懷疑鬼神存在的先驅。

有關形神存滅與鬼神的有無問題，是魏晉南北朝哲學的重要議題。在中國哲學史上，先秦道家——老莊都貴神而賤形，養神而遺形。儒家荀子卻有不同的觀點，《荀子‧天論》說「形具而神生」，「神」是依「形」而立的。其法家弟子韓非也說：「神明不離其實（形）」（〈喻老〉）。在戰國秦漢時期黃老道家的思維中，形、神都是氣化的，因而提出了形、神相依，必須兼養的主張。循著黃老形神合一兼治的觀點，《淮南子‧精神》說：「（形、神、氣、志）一失位，則三者傷。」「神」依「形」而立，不能離「形」而獨存。但同時仍強調「神」的重要，謂無「神」，則「形」只是空洞而沒有生命跡象與意義的軀殼。到了東漢的桓譚，終於提出了無神的理論，他將精神與形體比喻作火與燭，說：「精神居形體，猶火之燃燭」，燭燃盡，火不能獨行於虛空；形沒，神亦不能獨存。（《新論‧祛蔽》）王充繼之而起，站在實證的立場，提出了「人死，不能為鬼；無知，不能害人。」當然也就不能祐人（《論衡‧物勢》）。〈論死〉也說：「人，物也；物，亦物也。物死不能為鬼，人死何故獨能為鬼？」東漢以下道教的養生觀，重視形骸的調治與處理，所謂的導引、長

生之術，講的都是對形身的呵護與調治問題，主張透過形身的調治，去清朗精神生命。到了魏晉，從嵇康的〈養生論〉到葛洪的《抱朴子》，雖也重視精神，所論的主體內容，卻都是形骸的調理問題，「神」依「形」立的觀點已受到了普遍的認同。下迨晉，楊泉重複了桓譚的觀點，他在《物理論》中也否定靈魂的存在，說：

> 人合氣而生，精盡而死；死猶漸也，滅也，譬如火焉，薪盡而火滅，則無光矣。故滅火之餘，無遺炎矣；人死之後，無遺魂矣。

其後，為了闢佛，范縝更提出了有名的〈神滅論〉，正式樹起了「無神論」的大纛。他在〈達生論〉中說：

> 生必有死，形斃神散，猶春榮夏落，四時代換，奚有於更受形哉？

他在〈神滅論〉中否定一切精神的超感覺存在，明白提出了形神合一，形亡神滅的「無神論」，說：

> 神即形也，形即神也，是以形存則神存，形滅則神滅也。……形者神之質，神者形之用，是則形稱其質，神言其用，形之與神，不得相異也。……（形之與神）各殊而體一也。……神之於質，猶利之於刃；形之於用，猶刀之於利……捨利無刀，捨刀無利。未聞刀沒而利存，豈容形亡而神在？

把形、神合一的無神論，推闡到極致，爲的是闢佛。但這一切理論的基本思維，早於他七、八百年前的戰國楚簡文獻〈凡物流行〉中已經很清楚地提出了。

(三)「察一」的政治哲學

1.「一」的體悟與「心」的修治

〈凡物流形〉後半篇較之前半篇，議題更爲聚焦而明確，它以6個「聞之曰」展開執道、察一的政治哲學，而呈現出與《管子》四篇、馬王堆黃老帛書、《列子・說符》、《鶡冠子》等相應的理論內容與黃老色彩，尤其是《管子》四篇。〈凡物流形〉說：

> 聞之曰：察道，坐不下席，端冕，〔十四〕箸（圖、佇、舒）不與事，先知四海，至聽千里，達見百里。是故，聖人居於其所，邦家之〔十六〕危安存亡，盜賊之作，可先知。〔二十六〕

「戠」字，不管釋作「識」、「執」、「察」或「得」，在義理的理解上並無太大衝突。「箸」字，不管讀作「書」、「圖」、「佇」或「舒」，「箸不與事」皆謂無爲而治，全句謂：能掌握「道」，便能有知遠先見的靈明智慧，可以無爲而治。

〈凡物流形〉又設第二聞說：

> 聞之曰：心不勝心，亂乃大作；心如能勝心〔二十六〕，是謂少徹。人白為察，奚以知其白？終身自若。能寡言乎？能一〔十八〕乎？夫此之謂「小成」。曰：百姓之所貴唯君，君之所貴唯心，心之所貴唯一。得而解之，上賓

〔二十八〕於天，下播於淵。坐而思之，謀於千里；起而用之，通於四海。〔十五〕

這一「聞」，談的是爲官的領導統御心靈。爲官治天下，首在治心，亦即培養優越的領導統御心靈。優越的領導統御心靈要能體察「一」，亦即掌握「道」；掌握「道」，要從「心」上下工夫，「心」要能「白」、能「寡」，去除成見與私我，使「心能勝心」，這些和《管子》四篇所說的靜因君術，基本上是一個道理，連文字表述都似同。《管子》有〈白心〉篇，講的便是人君如何去除主觀成見，虛無其心，卑弱戒滿，應物以治。〈內業〉也說，要體道，必須先「能摶氣」、「能一」。〈凡物流形〉所說的「人白爲察」、「能寡言」、能「一」的「白」，基本上同於〈白心〉的「白」，都是虛無清靜之意。

「心能勝心」之說，在《管子·內業》和〈心術下〉有相應的論述。〈內業說〉：

> 道滿天下，……一言之解，上察於天，下極於地，蟠滿九州。何謂解之？在於心安。我心治，官乃治；我心安，官乃安。治之者心也，安之者心也，心以藏心，心之中又有心焉。……能專乎？能一乎？能無卜筮而知吉凶乎？

〈心術下〉說：

> 聖人裁物，不爲物使。心安，是國安也；心治，是國治也。治也者，心也；安也者，心也。治心在於中，治言出於口，治事加於民，故功作而民從，則百姓治矣，心之中

又有心。

清明智慧之心能統御官能之心，這叫作「心能勝心」。「心能勝心」便是「心治」，亦即領導統御心靈完備，它能使身治、言治、事治，終而國治。換言之，它能導致統御者領導統御條件的整全完美，從而使領導統御事件圓滿完成。

第三聞，〈凡物流形〉說：

> 聞之曰：至情而智，〔十五〕察智而神，察神而問，察問而僉，察僉而困，察困而復。是故，陳為新，人死復為人，水復〔二十四〕於天咸，百物不死如月，出則或入，終則或始，至則或反，察此言，起於一端。〔二十五〕

本節「至情而智……察困而復」中的「情、智、神、同、僉、困」，李銳、廖名春、顧史考各家說法不同，總覺不夠愜理厭心，義理很難完美暢通，在沒有更好的說解之前，亦不強爲斷說。然從「是故」以下之續述看來，應是描述察道心靈之培成與運作，基本軌則正如自然萬物之循環往復一樣。能察此道理，處理事物便可如自然運行之循環往復一般，生生不已，顧史考之說大致能掌握這一點。而總結這一切，〈凡物流形〉說，凡事都根源於「一」（道）。

第四聞，〈凡物流形〉因此接著詳細敘述這「一」（道）之生成與其爲萬物生存之根源，曰：

> 一生兩，兩生三，三生女（四，母），女（四，母）成結。是故，有一，天下亡不有；無一，天下亦亡一有。亡〔二十一〕目而知名，亡耳而聞聲，草木得之以生，禽獸

得之以鳴，遠之弋〔十三A〕天，近之薦人。是故〔十二
B〕，察道所以修身而治邦家。〔二十二〕

儘管「三生女（四，母），女（四，母）成結」各家說法不一，已如前
述，亦不管「女」釋作「母」或「四」，全段要在論述「一」（道）的生
成，「一」是一切事物存在的根源，內以修身，外以治國。

第五聞，〈凡物流形〉因此接著鋪敘這個根源及其治事功能說：

能察一，則百物不失；如不能察一，則〔二十二〕百物具
失。如欲察一，仰而視之，伏而望之，¹⁶⁷毋遠求，度於身
稽之，得一而〔二十三〕（圖）之，女并天下而□（助）
之；得一而思之，若并天下而治之，察一以為天地旨。
〔十七〕是故，一，咀之有味，嗅之有臭，鼓之有聲，近
之可見，操之可操，握之則失，敗之則〔十九〕槁，賊之
則滅。察此言，起於一端。

這一節以「是故」為界，分為兩個層次：前半承上一聞，續述「一」
（道）為事物成敗之核心與依據，且不遠人，切身可察，能掌握「一」
（道），便能掌握全天下。「是故」以下論述「一」（道）之質性，和
《老子》所述大有不同。「一」（道）有味、有臭、可聞、可見、可操，
不若《老子》與一般黃老「道」之虛無、惚恍，不可聞、見、搏，天下事

---

167 這兩句曹錦炎釋作「丩（糾）而視之，任而伏之」，義不可知。復旦讀書會改釋前句為
「仰而視之」，後句不變，義仍不可知；陳偉以為當釋作「伏而望之」，與「仰而視之」
義明而相對，因從之。其說同見注101。

物之成敗、槁滅、得失悉繫於此。

最末一聞，〈凡物流形〉歸結著說：

> 聞之曰：一言而終不窮，一言而有〔二十〕眾；一言而萬
> 民之利，一言而為天地旨。□（握）之不盈□（握），
> 敷之亡所容。大〔二十九〕之以知天下，小之以治邦。
> 〔三十〕

本節迴環誦唸察「一」（道）之無窮妙用：利民、有眾，能大能小，大治
天下，小治邦。

總結這後半篇看來，除了第三聞之外，每一聞都正面提到「察一」
的政治功能，這是各「聞」共同的旨趣。這後半篇反覆說的，其實是「察
一」的政治功能，亦即執「道」以治的外王之論。其所表述，至少有幾個
重點議題：⑴「一」（道）是天地一切事物存在的根源與成敗關鍵。⑵
「一」的性徵可感知，可掌握。其最大篇幅，也是後半篇真正的核心宗旨
所在，則在⑶治政貴君「心」能察「一」，君「心」能察「一」，則可以
無為而治身治國。

2.《老子》、《管子》四篇與〈凡物流形〉的「道」、「一」與「氣」

李銳由後半篇「一」的論述綜觀全篇說：

> 由其論「一」不難看出，這是在談論當時的「公言」。由
> 其以「聞之曰」連綴全篇，可以看出這是一篇取材廣泛的
> 思想作品。於此反觀，則〈內業〉以及帛書〈經法〉諸
> 篇，所論亦多為「公言」，其作者、流派，目前恐怕也不

容易確定。本篇論日，和《列子・湯問》所記小兒辯日難孔子的故事，恐皆非本源，只是流衍。[168]

曹峰也說：

> 《逸周書・周祝解》、《莊子・天運》、馬王堆帛書〈十問〉都在追問，內容未必是作者的原創，但應有其本源。而就後六章看來，《老子》和《管子》四篇與之關係最為密切。〈凡物流形〉可以從《管子》四篇中汲取最重要、最根本的資源。[169]

從傳世的先秦文獻有如此多與之相似或一致的記載看來，說〈凡物流形〉取材廣泛，所述內容與傳世文獻有共同本源，是「公言」，作者殊難斷定……等等，應是的論。但其中的「察一」哲學充滿黃老情味，也是不爭的事實。然而說《管子》四篇所述也是「公言」，則有待商榷。曹鋒說《老子》和《管子》四篇本身與之關係最為密切，而不直接串連其淵源，是很審慎的說法。有關〈凡物流形〉與《管子》四篇可相對應或相關、相重的表述部份，王中江和曹峰所作比對已經相當澈底淨盡了，個人於此不想重複續貂，只是要強調，《管子》四篇的理論內容，有其較為嚴謹集中的撰作宗旨，內容也較豐富。其較嚴謹豐富的原因倒不盡因為《管子》是「專門的經典」之故（用曹峰之語）。因為《管子》一書本身就不是結構嚴謹的鉅著，而是以數篇為一思想區塊，合數個思想區塊為一書，近似

---

[168]　同見注105，頁2。

[169]　同見注162，頁10–14。

於思想論叢的稷下學術論集。因此四篇之義理勝出，主要因其本爲一體，屬同一思想區塊之故，其豐富當然與篇幅大小絕對相關。但更重要的是，《管子》四篇本有其以「氣」和「術」去詮釋、轉化《老子》的「道」與哲學，使成「精氣」的治身論，與靜因、執一的治國論之宗旨與思想脈絡。在《管子》四篇中，「精氣」的充養說與虛靜、執一的君術是相連相關的。在四篇裏，以「心」爲共同的論述核心，連結著「氣」與「靜」，去修治成一顆體道、合道、執道的完美統御心靈。〈內業〉說：

> 心靜氣理，道乃可止。……道滿天下，……何謂解之？在於心安。我心治，官乃治；我心安，官乃安。治之者，心也；安之者，心也。

體道、執道之心，須經由虛靜去充養精氣，因爲「精氣」是萬物，也是人一切形、神生命之根源。〈內業〉說「氣」（精氣），「下生五穀，上爲列星，流於天地之間謂之鬼神；藏於胸中，謂之聖人」。精氣充旺，精神能靈明，智慧才能源生，心才敏睿清明，「道」才可得。而充旺精氣，首要安、靜，〈內業〉因此說：

> 摶氣如神，萬物備存。能摶乎？能一乎？能無卜筮而知吉凶乎？……非鬼神之力也，精氣之極也……血氣既靜，一意摶心，耳目不淫，雖遠若近。

〈心術下〉又大致重複出現同樣的語句：

> 人之所職者，精也；……靜則精，精則獨立矣，獨則明，明則神矣。

要之，在《管子》四篇的黃老理論中，以「心」爲修治核心，上充「氣」，下體道、執道，目的在修治好一顆成功的領導統御心靈，完美成就一種以「刑名」爲督控方案的虛靜因任統御術。這個「心」，是領導統御之心，爲君之心，其修治卻牽涉到宇宙與人的生命質素——「氣」，因此帶著一定的唯物成分。

這個透過凝聚精氣以治國、安國的「道」，《管子》四篇承繼《老子》三十九章「天得一以清，地得一以寧……」之說，稱之爲「一」，「執道」便是「執一」，〈心術下〉說：「執一而不失，能君萬物，日月與之同光，天地與之同理。」〈白心〉也說：「內固之一，可爲長久；論而用之，可以爲天下王。」「內固之一」即是「內固之道」，在《管子》四篇中，相關於「一」與「執一」的哲學論述理序是：

生化之元（道、氣、精氣）→虛靜充養（氣、精氣）→君心治（執一）→政道成

第一階段涉及宇宙論，第二階段涉及精氣的修養論，是內聖之事，第三階段以下是靜因刑名的統御術，屬外王之事。

相較之下，〈凡物流形〉所論只涉及第一階段的宇宙論與第三階段政道的外王問題，不涉第二階段的虛靜充養精氣問題，而且從頭到尾，幾乎一律以「一」稱代「道」，絲毫不涉及「氣」或「精氣」。它所關切、關照的只是自然與政治問題，並不涉及修養問題，其哲學理序是：

生化之元(一)──君心治（察一）──政道成

因了前半43個天地、自然、鬼神、祭祀之問存在，令我們很難肯定地將〈凡物流形〉這後半「一」的自然論與「察一」的政治論說成與《管子》

四篇有直接的因承或節錄關係；但，它們之間明顯存在著緊密的相似與相應情況。或許《管子》四篇在詳贍之中也不免引用了些「公言」吧。但《管子》四篇詳贍，不只因為它篇幅大，而是因為它的哲學脈絡與理趣較為完整深密的關係。相形之下，〈凡物流形〉很有摘錄旨要的意味，而且很明顯，焦點集中在君心「察一」的政治功效。

3.由「道」到「一」的轉化

在〈凡物流形〉前半的43問中，「道」只出現一次（第七簡「順天之道」），在後半的6節「聞之曰」中，「道」亦僅一見（第二十二簡「察道，所以修身而治邦家」）。「一」字卻17見，其中除了最後一節的「聞之曰」「一言而終不窮，一言而……」中，四個「一言」的「一」是數字外，其餘13個「一」皆指「道」，稱代「道」。換言之，〈凡物流形〉中已幾乎不用「道」字，而全用「一」字來稱代「道」。這和《管子》四篇的「道」、「一」、「氣」交迭並用，參差互見，視情況而調整，安排，有很大不同。

就《管子》四篇而言，前面已說過，大致上是宇宙論、修養論、政治論結合著表現。當指稱那最高的生化根源和理則時，用的是「道」；當論創生或修養時，用的是「氣」；當落實到政術與君道時，就「道」、「一」並用了。「一」是落實地用以稱代治事之「道」的，這在《管子》四篇是很清楚的用法。〈凡物流形〉後半篇可能因重在述自然根源和政治功能，尤其是政治功能之故，故「道」僅一見，幾乎全以「一」為說。這種以「一」稱代「道」的情況，自《老子》已然，卻普遍出現於戰國秦漢之際，尤其是強調外王功能的後期道家如黃老一系理論中。

《老子》中原本涉及「道」與「一」的論述有幾處：

載營魄抱一，能無離乎？（十章）
聖人抱一，為天下式。（二十二章）

兩處「抱一」，義同「執一」、「察一」，都是指的「懷道」。此外又有：

> 昔之得一者，天得一以清，地得一以寧，神得一以靈，谷得一以盈，萬物得一以生，侯王得一以為天下貞。（三十九章）
>
> 道生一，一生二，二生三，三生萬物，萬物負陰而抱陽，沖氣以為和。（四十二章）

此後道家學者以「一」論「道」者，大致都是從這三十九、四十二章兩個基本命題去推衍或轉化。就《管子》四篇而言，他所推衍的是《老子》四十二章，和三十九章後半「萬物得之以生，侯王得之為天下貞」一系的觀點，完成其精氣創生、充養與「察一」的政論。就〈凡物流形〉而言，則是推衍了三十九章全章與四十二章前半章「道生一……生萬物」一系的觀點，故曰：

> 百姓之所貴唯君，君之所貴唯一，得而解之，上〔二八〕賓於天，下播於淵。……是故，有一，天下無不有；無一，天下亦無一有。〔二十一〕……是故察道，所以修身而治邦家。……能察一，則百物不失；如不能察一，則百物俱失。〔二十二〕
>
> 一生兩，兩生三，三生女（四，母），女（四，母）成結。〔二十一〕

因此，與其如李銳所說，〈凡物流形〉論「一」，和帛書〈經法〉及《管

子‧內業》一樣，都是在談論當時的「公言」，不如說它和《管子》四篇，甚至其他戰國黃老道家一樣，都是針對《老子》這兩章一系的章旨，作了取截不同的推衍、發揮或詮釋。其中某些部分因轉相傳誦或傳鈔，較為普遍而流行，成了李銳所說的「公言」，而繁簡不一、輕重不等地重複出現於《文子》、《莊子》、《管子》四篇、馬王堆帛書〈經法〉、《呂氏春秋》乃甚至漢代的《淮南子》等典籍文獻中。這其中當然有本身思想體系頗完整，只是隨論證所及而徵引，如《管子》四篇、《呂氏春秋》、《淮南子》；但也有摘錄組合的意味較為濃厚，如帛書〈經法〉者，〈凡物流形〉應屬這一類。

　　然而，為什麼《老子》要以「一」稱代「道」？為什麼自《老子》以下的道家相關理論，也都常以「一」稱代「道」？稱「一」與稱「道」究竟有什麼不同？這一點在其後西漢的《淮南子》與魏王弼的《老子》注裏有較為清楚的說明。《淮南子‧原道》說：

> 道者，一立而萬物生矣。……萬物之總，皆閱一孔；百事之根，皆出一門。

「道」是無，萬物是有，虛無的「道」，要生化萬有，須通過「一」去執行，「一」是「道」進入有形世界之門皦，它溝通有、無兩界。換言之，「道」通過「一」，開始它在有形世界的一切運作。〈詮言〉說：「萬物同出於一」、「一也者，萬物之本也。」靜態的道體，從「一」開始生化、活絡起來，《老子》因而有「天得一以清，地得一以寧，……」的體悟，《莊子》因而發出「馮夷得之，以遊大川……」一系的讚嘆，到了漢代的《淮南子》，更鋪衍成「山以之高，淵以之深，獸以之走，鳥以之飛」之類謳歌，此其一。

　　其次，〈原道〉又說：

所謂一者，無匹合於天下者也，卓然獨立，塊然獨存。

之所以稱「道」爲「一」，以「一」代「道」，強調的是「道」至高、絕對而非相對的質性，因其絕對無偶，故稱爲「一」。此正如因「道」爲萬物本源、靈妙的生化之母，而稱道爲「天地根」、「玄牝」一樣。亦正如既「強爲之名曰道」之外，還要特別叮囑其運作軌式與質性，「曰大」、「曰逝」、「曰遠」、「曰返」一樣，稱「道」爲「一」，強調的是其獨立無偶的絕對性，此其二。

此外，王弼注四十二章「道生一，一生二……」說：「一，數之始，而物之極也。」「一」是萬數之始，「道」是萬物之宗，以萬數之始，稱代萬物之宗，意謂：萬物雖繁富，推究至極，不過由至精至簡的「一」衍生而來，此其三。

「一」既然是「道」在有形世界第一分身與代表，當然擁有和「道」一樣尊貴的地位，《淮南子‧齊俗》因此說：「一者至貴，無敵於天下。」而它既然是「萬物之本」，掌握了「一」，就掌握了萬物，〈齊俗〉因此說「聖人執一而勿失，萬物之情究矣。」這「執一而勿失，萬物之情究矣」清楚向上說明了，前此戰國黃老道家的理論中，爲什麼「察一」（或「執一」）一直是其最高的政術。

總之，「一」不管是作爲生化之始，還是治事、治政之核心依據，除了代表「道」的絕對與始源特質之外，主要重其在有形世界的運作。也可能因此之故，在〈凡物流形〉的第五個「聞之曰」（亦即第十九～二十簡）中，「一」便顯實成了可咀、嗅、鼓、操之感官知覺對象。

在《老子》裏，「道」原本是不可視、聽、聞、摶，非感官知覺對象的虛無存在。從《老子》到〈凡物流形〉之間，「道」（「一」）質性的兩極變化，我們約略可以在《管子》四篇一系論「道」的質性中，找到過渡的痕跡。在《管子》四篇中，「道」雖然也「虛無無形」、「視則不

見，聽則不聞，灑乎天下滿，不見其塞。」卻是可以「集於顏色，知於肌膚」（〈白心〉）、「知於形容，見於膚色」（〈內業〉）的，換言之，是會顯現、可徵知、可具體察覺的。這當然係因《管子》四篇以「氣」詮釋、轉換「道」的必然結果。但循此再往下具體化，當「道」更具化為可「執」、可「察」的治事之術或政術時，這「一」被說成有味可咀、有臭可嗅、鼓能有聲、近之可見，甚至可操、可握，也就很自然了。因此，〈凡物流形〉雖不直接涉及「氣」，然其視「一」為感官可察知的對象時，其實已經隱含「氣」之類概念了。

〔附一〕〈凡物流形〉釋文

（問之曰）：

　　凡物流形，奚得而成？

　　流形成體，奚得而不死？

　　既成既生，奚寡（呱）而鳴（名）？

　　既本既根，奚後【一】之奚先？

　　陰陽之序（處），奚得而固？

　　水火之和，奚得而不圛（詭）？

問之曰：

　　民人流形，奚得而生？【二】

　　流形成體，奚失而死？

　　有得而成，未知左右之請（情）。

　　天地立終立始：天降五度，虔（吾）奚【三】衡奚縱？

　　（天降五度乎，奚【三】衡奚縱？）

　　五氣竝至，虔（吾）奚異奚同？

　　（五氣竝至乎，奚異奚同？）

　　五言在人，孰為之公？

九図（域）出誨（謀），孰爲之塗（封）？

虐（吾）既長而【四】或老，孰爲狋（薦）奉？

（九域出謀，孰爲之封乎？既長而【四】或老，孰爲薦奉？）

鬼生於人，奚故神睨（明）？

骨肉之既靡，其智愈暲（障），其夬奚蒫（適），孰知【五】其疆（彊）？

鬼生於人，虖（吾）奚故事之？

（鬼生於人乎，奚故事之？）

骨肉之既靡，身體不見，虐（吾）奚自飲食之？

（骨肉之既靡，身體不見乎，奚自飲食之？）

其來無度，【六】虐（吾）奚時之窒（賽）？

（其來無度乎，【六】奚時之賽？）

祭祀奚（升）？虐（吾）如之何使飽？

（祭祀奚升乎，吾如之何使飽？）

順天之道，虐（吾）奚以爲首？

（順天之道乎，奚以爲首？）

虐（吾）欲得【七】百姓之和，虐（吾）奚事之？

（吾欲得【七】百姓之和乎，奚事之？）

敬天之睨奚得？

鬼之神奚食？

先王之智奚備？

問之曰：

登【八】高從埤（卑），至遠從邇。十圍之木，其始生如蘗。足將至千里，必從寸始。

日之有【九】耳（珥），將何聽？月之有軍（暈），將何正（征）？

水之東流，將何盈？

日之始出，何故大而不焜（炎）？

其入【十】中，奚故小雁（焉）嶂（障）鼓（樹）？

問：

天孰高歟？地孰遠歟？

孰爲天？孰爲地？

孰爲靁【十一】□（雷霆）？孰爲啻（電）？

土奚得而平？

水奚得而清？

草木奚得而生？【十二A】

禽獸奚得而鳴？【十三B】

夫雨之至，孰雩□（漆）（唾津）之？

夫風之至，孰颺飆（嘘吸）而迸之？

聞之曰：

戠（察）道，坐不下席。端屡（文、冕）【十四】，箸（書、圖、舒、佇）不與事，先知四海，至聽千里，達見百里。是故，聖人處於其所，邦家之【十六】危安存亡，賊盜之作，可先知。

聞之曰：

心不勝心，大亂乃作；心如能勝心，【二十六】是謂小徹。奚謂小徹？人白爲戠（察）。奚以知其白？終身自若。能寡言乎？能鼠(一)【十八】乎，夫此之謂小成。

曰：百姓之所貴唯君，君之所貴唯心，心之所貴唯鼠(一)。得而解之，上【二十八】穷（賓）於天，下番（播）於困（淵）。坐而思之，謀於千里；起而用之，練（通）於四海。

聞之曰：

至情而知，【十五】戩（察）知而神，戩（察）神而同，〔戩（察）同〕而僉，戩（察）僉而困，戩（察）困而復。是故陳爲新，人死復爲人，水復【二十四】於天咸。凡百物不死如月，出則或入，終則或始，至則或反。戩（察）此言，起於鼠(一)端。【二十五】

聞之曰：

鼠(一)生兩，兩生參，參生女（母、四），女（母、四）成結。是故有鼠(一)，天下無不有；無鼠(一)，天下亦無鼠(一)有。無【二十一】[目]而知名，無耳而聞聲。草木得之以生，禽獸得之以鳴。遠之弋【十三A】天，宨（近）之袄（薦）人。是故，【十二B】戩（察）道所以修身而治邦家。

聞之曰：

能戩鼠（察一），則百物不失；如不能戩鼠（察一），則【二十二】百物具失。如欲戩鼠（察一），仰而視之，俯而揆之，毋遠求，度於身旨（稽）之。得鼠(一)[而]【二十三】圖之，如并天下而抯之；得鼠(一)而思之，若并天下而治之。戩鼠（察一）以爲天地旨（稽）。【十七】是故鼠(一)，咀之有味，嗅[之有臭]，鼓之有聲，近之可見，操之可操，握之則失，敗之則【十九】槁，賊之則滅。戩（察）此言，起於鼠(一)端。

聞之曰：

鼠(一)言而終不窮，鼠(一)言而有眾；【二十】鼠(一)言而萬民之利，鼠(一)言而爲天地旨（稽）。□（握）之不盈□（握），敷之無所容。大【二十九】之以知天下，小之以治邦。【三十】

〔附二〕〈凡物流形〉譯述

（試問：）現象界一切存在，其流動變化的形體是如何形成的？其形體形
　　　　成之後，爲何能繼續存在？它們既然已經生成該有的狀態了，
　　　　又根據什麼分別給予不同的名稱？它們既已各自有其根源，又
　　　　爲何有的在先，有的在後？陰陽之間的對立狀況，如何能穩
　　　　定？水火之間的協調爲何能不牴牾？

試問：人類因自然的流動變化而生成的形體爲何能生成？這流動變化生成
　　　的形體生成之後，又失去了什麼而邁向死亡？它們既能生成，不
　　　知道支配這一切的內在奧妙是什麼？有了天地，就確立了開始與
　　　終結。天降下各種軌則，我如何知道它們這許多或縱或橫的不同
　　　條理？（天降下各種軌則啊，爲何會有這麼多或縱或橫的不同條
　　　理？）這孕生萬物的各種氣既是同時到來的，我們怎知它們所生化
　　　會有的相異，有的相同？（這孕生萬物的各種氣既是同時到來的
　　　啊，爲何其生化會有的相異，有的相同？）每個人從不同的角度和
　　　立場，各自發出不同的言論，誰能做出公正的裁斷？全天下人各自
　　　謀畫領地，誰來畫界分封？我已年高，甚或老了，誰來供養？（全
　　　天下人各自謀畫領地，誰來畫界分封啊？已年高或老去，誰來供
　　　養？）鬼是由人所生的，爲何神奇而高妙？（人死後）骨肉已腐
　　　爛，其精神智慧益加分離，（精神智慧）離開（形骸骨肉）之後，
　　　究竟何所往，有誰知道其去處？鬼是人所產生的，我們爲何要事奉
　　　袘？（鬼是由人所產生的啊，爲何要事奉袘？）骨肉已腐爛，形骸
　　　沒有了，我們何從供給袘飲食？（骨肉已腐爛，形骸沒有了啊，從
　　　何供給袘飲食？）袘（鬼）的到來不可預測，我們何時舉行酬神的
　　　賽祭？（袘的到來不可預測啊，何時舉行酬神的賽祭？）祭祀時要
　　　奉獻上什麼？我們怎樣使袘能吃飽？（祭祀時奉獻上什麼啊，要如
　　　何使袘能吃飽？）依順自然之理，我應該先做什麼？（依順自然之

理啊，應該先做什麼？）我想要得到百姓同心，我該怎麼做？（我想要得到百姓的同心啊，該怎麼做？）崇奉上天的祭祀有什麼功能？以鬼神的神奇靈妙啊，祂吃些什麼？先王的智慧爲什麼那麼完備？

試問：爬高一定要從低處爬起，要到遠處一定要從近處走起。一棵十人合抱的大樹，開始生長之初就像旁生的小芽一樣；腳即使要走千里遠路，也一定要從寸開始。太陽也有耳（珥），它究竟在聽些什麼呀？月亮也出現了光暈，徵兆著將有什麼兵征？水不斷向東流，什麼時候能滿？太陽剛出來的時候，爲什麼雖大，火光卻不熱？到了正午的時候，爲什麼太陽雖小，卻熱到須遮蔽？

問：天爲何高？地爲何遠？誰造了天？誰造了地？誰造了雷霆？誰造了電？土爲什麼能平？水爲何能清？草木爲何能生？禽獸爲何會叫？雨降下來了，是誰在吐津液？風吹過來了，是誰在呼吸所散放？

聽說：能領悟道，則只要端坐不離席，帶好帽子，什麼事也不要做，就能預知四海之內的事情，聽聞可以廣達千里之遙，目力可以遠達百里之遠。因此，聖人只要處於他所當處之位，國家的安危存亡，盜賊的興生，都可以預先得知。

聽說：清明理性之心如果壓不下慾望之心，大亂就會興生。清明理性之心如能勝過慾望之心，就叫小通達。何謂小通達？一個人的心如果能虛無，無成見就是「察」（就能領悟「道」）。如何知道他的心虛無無成見？（如果能，）那就一輩子自如、自在、無事不順成。能減省言語嗎？能專一（其心）嗎？（如果能，）那就叫「小完備」。

（聽）說：百姓所最推崇的就是君，身爲君，最重要的就是心，心之所以尊貴，只因它能專一。能明白這個道理，（做起事來可以）上達至天，下傳至深淵，（無所不能）。坐著思慮，可以謀劃至千里外之事；運用起來，四海之內無所不通達。

聽說：一個人只要專致其情，就可以通曉道理；能通曉道理，便能靈妙通達；能靈妙通達，便能領悟印證之道；能領悟印證之道，便能了解事物回還之理；能了解事物回還之理，行事便能一如自然之循環不已，終而復始。因此，舊的可以轉爲新，人死後再度成爲人，水回歸於咸池。舉凡一切的存在都可以像月亮一樣，永遠不會消亡，出現後又可以再沒入，一個階段結束後，可以在另一個階段又重新開始。發展到了極致，會再回返。仔細體悟這些說法，事實上都根源於「一」（「道」）這一端點。

聽說：一生兩，兩生三，三生四，四是一個完結。因此，有了這「一」，天下的一切就都有了；沒有了這「一」，天下也就沒有一樣東西能存在。（「一」可以使你）沒有眼睛卻能知道事物的不同名稱，沒有耳朵卻能聽聞聲音。草木有了它就能生長，禽獸有了它就能叫。放遠了，能上達於天；縮近了，能施用於人。因此，只要能領悟「道」，就能用以修身而治國。

聽說：能夠領悟「一」，則可以掌握一切事物；如不能領悟「一」，則一切事物都會失去。如果想要領略「一」，則抬起頭來看一看，低下頭去考量考量，不必往遠處去尋找法則，在自己身上就能考求得到。掌握「一」去圖謀事情，就好像兼併整個天下而取之；掌握「一」去考量事情，就好像兼併整個天下來管理；掌握「一」，可以作爲天地一切事物的依據。所以，這個「一」，咀嚼起來有味道，聞起來有氣味，敲起來有聲音。挨近了看得到，拿起來拿得到，握緊它反倒會失去。破壞它，它便枯槁；殘害它，它就消滅。仔細體悟這些話，基本上都根源於這一起點（「道」）。

聽說：有一個字可以終身受用不盡，有一個字可以擁有群眾，有一個字可以使萬民蒙利，有一個字可以成爲天地的依據。它握在手裡雖不滿一握，放散開來，卻沒有任何東西容納得了它。推展開來，可以遍知全天下的事物；縮小起來，可以治理一個國家。

（本篇原刊於國立臺灣師範大學國文系主編《紀念瑞安林尹教授百
歲誕辰學術研討會論文集》，臺北市：文史哲出版社，2009年12
月。）

玖、從〈凡物流形〉的鬼神祭祀談起——兼論〈鬼神之明〉

　　上博㈦〈凡物流形〉是一篇哲學性極強的文獻，其精彩的哲學內容
所涉及的，不僅僅是自然的宇宙論問題、人事政治的「察一」[170]哲學，還
牽涉到形神的離合問題，更因此而延伸出鬼神的威靈與祭祀的功能問題。
有關其討論自然的宇宙論議題，言者已多，不贅述。有關其「察一」的政
治哲學，因爲是全篇後半的主論議題，其與《管子》一系黃老理論關係密
切，更是討論〈凡物流形〉哲學者不可能忽略或遺漏的議題，論者亦已
多，故亦不再贅述。唯獨在第五～八簡之間的三、四支簡，內容所涉及的
形、神離合，及其所延伸的鬼神威靈與祭祀問題，不大受到應有的關切與

---

[170] 有關「察」字的釋文，學者有多種不同意見，整理小組原釋爲「識」，復旦讀書會游移於
「執」、「守」之間，廖名春釋爲「得」，王中江釋爲「執」，何有祖釋作「察」，徐在
國從之，並疑爲「識」之異體，顧史考亦以爲當作「察」，第24簡「察智而神……」以
下五句寫法相同；若併第24簡一起考量，則釋作「察」遠勝其餘各釋，因從之。何說見
氏著：〈讀上博七〈凡物流形〉中的「察」〉，復旦大學出土文獻與古文字研究網站：
http://www.gwz.fudanedu.SreShow.asp?Sre_ID=631，2009年1月6日。徐說見氏著：〈談上博
七〈凡物流形〉中的「𢎨」字〉，復旦大學出土文獻與古文字研究網站：http://www.gwz.
fudan,edu.SreShow.asp?Sre_ID=631，2009年1月6日。顧說見氏著：〈上博七〈凡物流形〉下
半篇試探〉，復旦大學「出土文獻與古文字研究網站」：http://www.gwz.fudan.edu.SreShow.
asp?Sre_ID=876，2009年8月24日。

討論。本文因即以此為焦點，試作探討，以呈現〈凡物流形〉另一方面的價值。

〈凡物流形〉前半部在前後兩節對自然生成論述的28支簡中，在第五～八簡間夾插了一節對形神問題與鬼神祭祀功能的討論，說：

> 鬼生於人，奚故神明？骨肉之既靡，其智愈障[171]，其訣奚適？孰知其疆？
> 鬼生於人乎，奚故事之[172]？骨肉之既靡，身體不見乎，奚自飲食之？其來無度乎，〔六〕奚時之賽？祭祀奚升乎？如之何使飽？順天之道乎，奚以為首？〔七〕……敬天之禜（盟）奚得？鬼之神奚食？〔八〕

這節由生、死問題牽引出形、神離合問題，再往下延伸出鬼神的存在與威靈，乃至祭祀的效用問題。作者應該是站在形神一體相依的立場，認為人死之後，形骸消亡，精神將無所依附，故追問，如何呈顯其威靈？同時對祭祀的相關問題提出質疑。從「鬼生於人」到「孰知其疆？」六句，共設三問，提出兩個問題：㈠人死，形身不存，其生前精神智慧的去處與著

171　此句「障」字整理小組讀為「障」，學者或讀為「彰」，意為「彰顯」。然綜觀本小節整體宗旨，應是質疑人死後鬼神之「智」的存在，讀作「彰」，是承認其威靈，與全節旨意不合；故仍從整理小組原釋讀，作「障」，意為（人死後），形毀，智無由如生前之正常運作，故不能顯。

172　「鬼生於人乎，奚故事之？」以下數句，所有「乎」字，整理小組原讀作「吾」，復旦讀書會從之，皆作為稱代詞，故下屬為句，當主詞；李銳以為當讀作「乎」，上屬為句，為句中語氣詞，今綜觀相關節句，作「乎」義較勝，因從李說；李說見〈〈凡物流形〉釋讀〉，簡帛研究網：http://jianbo.sdu.edu.cn/admin3/2008/lirui007.htm，2009年1月2日。

落。㈡鬼神的威靈存不存在與祭祀的操作問題。這應該是即今所見中國文獻中較早提出形神一體觀,懷疑鬼神存在與威靈的先驅。

一、儒家的鬼神祭祀觀

有關形神存滅與鬼神威靈的有無問題,是魏晉南北朝哲學的重要議題。在中國哲學史上,先秦道家——老莊都貴神而賤形,養神而遺形。老子說,人之所以有大患,在身。莊子要「心齋坐忘」、「墮肢體、黜聰明」,「離形去智」,才能「同於大通」(〈大宗師〉),都不曾肯定過形身的功能價值。

先秦儒家崇德而重祀,但孔子卻說「敬鬼神而遠之」(《論語·雍也》),又不大願談鬼神之事,說「未知生,焉知死?未能事人,焉能事鬼?」(《論語·先進》),但孔子又說:「祭如在,祭神如神在。」(〈八佾〉)在鬼神與祭祀之間,孔子如何取得平衡點?我們或許可以在《禮記》裡找到合理的解釋。《禮記·祭法》說:「人死曰鬼」,〈祭義〉載宰我問孔子「鬼神」之名,孔子答以:

> 氣也者,神之盛也;魄也者,鬼之盛也。合鬼與神,教之至也。眾生必死,死必歸土,此之謂鬼;骨肉斃于下,陰為野土,其氣發揚於上,為昭明。焄蒿、悽愴,此百物之精也,神之著也。因物之精,制為之極,明命鬼神,以為黔首則,百眾以畏,萬民以服。

〈祭義〉借孔子的話,對鬼神的內容作了清楚的交代。鬼,指的是人死,形骸歸土;神,指的是人死,其氣飄散,復還於大自然。「焄蒿、悽愴」道盡了人死氣散,還原為百物生化之源時的飄忽、靜寂、空茫狀態。這是借孔子之口說出的儒家鬼神觀,卻散發著濃厚的戰國秦漢以下唯物的氣

化宇宙味。《易・繫辭上傳》說:「精氣為物,遊魂為變,故知鬼神之情狀。」照這類說法,鬼、神指的是人死後,形、神的後續狀態。〈祭義〉作者認為,人一旦死,生前的形、神狀態都消解。因此,本無所謂意志、威靈問題。但儒家重祭祀,〈祭義〉作者必須對祭祀的義涵與功能做出合理解釋。它說,人死後儘管形、神分離消散,各歸其處(天、地);但是,儒家站在事死如生的觀點,仍視形、神為合一,以行祭祀,這是聖人的設教,重的是慎終追遠、生死如一的人文情懷,是人情的溫潤問題,非關宗教性的鬼神威靈問題。孔穎達在疏解這節時,因此很清楚地說:

> 人之死,其神與形體分散各別,聖人以生存之時,神形和合,今雖身死,聚合鬼神,似若生人而祭之,是聖人設教,令其如此也。

講的就是這種人文心靈的設定與要求。這代表著(至少是後期)儒家的鬼神觀。〈祭義〉的話雖然未必孔子親述,卻和《論語》所載,孔子不語怪、力、亂、神,不談死後問題,教誨樊遲「敬鬼神而遠之」精神一致。〈凡物流形〉作者應該是基於這一類思維,發問置疑。「奚自飲食之?」「祭祀奚升?」、「如之何使飽」都意謂著對祭祀的實質功能提出質疑。〈中庸〉說:「神之格思,不可度思……」〈凡物流形〉說:「其來無度乎,奚時之賽?」對於這類提問的答案,《禮記・祭義》一系說,那是聖人的「設教」,是一種人文的擬設和潤飾,無疑為〈凡物流形〉提供了適切的答案。

二、墨子與〈鬼神之明〉的鬼神觀

　　相對於儒家,墨子極力肯定鬼神之存在與威靈,當然也借聖人來推崇祭祀。《墨子》在〈明鬼下〉中舉證歷歷,言之鑿鑿:一舉周宣王之杜

伯，再舉鄭穆公白日見勾芒，三舉燕簡公與莊子儀，四舉宋文君鮑，五舉
齊莊君與王里國、中里徼之事，肯定鬼神不但有賞善罰惡之威靈，而且其
誅「憯速」。更推而度之，不只有人鬼，亦有天鬼、山水鬼神。鬼神既有
如此威靈，當然要「絜爲酒醴粢盛以敬愼祭祀」。但是，說到祭祀，墨子
倒是進可攻，退可守地操起了兩可之說。他先說「使鬼神請（誠）有」，
則可「得其父母姒兄而飲食之」；「若使鬼神請（誠）無」，則不過花費
「酒醴粢盛之財」，卻能「內者宗族，外者鄉里，皆得如具飲食之」，達
到「合驩聚眾，取親於鄉里」的目的，人文功能還是很不錯的。在墨家看
來，鬼神的有無是一回事，祭祀的功能不論從宗教層面，還是人文層面，
都可以找到合適的因由與理據。

　　與〈凡物流形〉同爲上博簡的〈鬼神之明〉全文才5支簡，197字，
也以對話體談鬼神「明」、「不明」的問題。

　　　　今夫鬼神有所明，有所不明，則以其賞善罰暴也。昔者堯
　　　舜禹湯仁義聖智，天下法之，此以貴爲天子，富有天下，
　　　長年有舉，後世遂之，則鬼神之賞，此明矣。及桀、紂、
　　　幽、厲，焚聖人，殺訐者，賊百姓，亂邦家，〔此以桀
　　　折於鬲山，而紂首於岐社〕，身不沒，爲天下笑。則 鬼
　　　神 之 罰， 此 明 矣。及伍子胥者，天下之聖人也，鴟
　　　夷而死，榮夷公者，天下之亂人也，長年而沒。汝以此
　　　詰之，則善者或不賞，而暴 者 或 不 罰，固（故）吾因
　　　嘉？鬼神不明，則必有故。亓力能至焉而弗爲乎？吾弗知
　　　也。意其故不能至焉乎？吾或弗知也。此兩者岐，吾故
　　　曰 鬼 神 有 所明，有所不明，此之謂乎？

　　學者多認為本篇是《墨子》的佚文，和今本《墨子》佚失的〈明鬼上〉、〈明鬼中〉有關。它先舉許多史例，證明鬼神真能「賞善罰暴」。但同時卻又舉伍子胥等「善或不賞」，榮夷公等「惡或不罰」的例子，質疑鬼神究竟是「明」？還是「不明」？最後，操兩可之說，基本上認為鬼神應該是「明」的。其「不明」，作者含混地說：「必有故」。究竟是「力能至而弗為」？還是「力不能至」？作者說，他也不知道。既然不知道，卻又說「則必有故」，則〈鬼神之明〉之撰作宗旨究竟何在？令人置疑。是否和〈凡物流形〉一樣，只是基於疑慮而揭示問題？如果該文真如部分學者所說，是墨家後學所作，則是否可能反映墨家後學對墨學傳統的「明鬼」教喻產生疑慮，卻仍不敢或無力如〈凡物流形〉作者一般直述其疑，故撰作了這樣一篇既信又疑，明明提出了，卻又模稜猶疑的奇特文章。我們如果因〈凡物流形〉與〈鬼神之明〉同為上博購入簡，與碳粒子測定，抄寫時間相去不遠，而將二篇的撰寫時代也看成接近的話，則兩篇對鬼神威靈的質疑，是否反映出戰國中期左右，知識份子對鬼神議題的流行討論？相較於〈凡物流形〉與〈鬼神之明〉的作者，〈祭義〉與〈明鬼下〉，顯然篤定許多。故信其有者如〈明鬼下〉，固舉證歷歷；視其無者，如〈祭義〉，亦清楚揭示其真相。尤可取者，不論信其為有、為無，都對無可逃避的祭祀功能作出清明理性的人文詮釋。

　　總之，儒墨兩家儘管對鬼神的存在與否有著兩極的差異觀點，但對祭祀的價值與功能卻可以在人文的義涵下找到交集。

三、黃老道家的形神觀

　　到了戰國秦漢時期的黃老道家，認為形、神都是氣化的，因而提出了形、神相依，必須兼養並治的主張。《管子・內業》說：「思索生知，……思之而不捨，內困外薄，不蚤為圖，生將巽（讓）舍。」「凡心之形，過知失生，是故內聚以為原，原之不渴，表裡遂通，泉之不涸，四支堅固。」精神的耗花，重重地影響著形骸的健康。反之，〈內業〉說：

「四體既正，血氣既靜，一意摶心，耳目不淫，雖遠若近。」「人能正靜，皮膚寬裕，耳目聰明，筋信而骨強，乃能戴大圓而履大方，鑑於大清，視於大明……。」形身的健全，也深深地決定著精神的靈明與否。精神智慧不能離開形身而孤存，形全而後神全。荀子也有同樣的觀點，卻說得更爲清楚而肯定。《荀子·天論》說：「形具而神生」，「神」是依「形」而立的。其法家弟子韓非也說：「神明不離其實（形）」（《韓非子·喻老》）[173]。

到了漢代，《淮南子·原道》說：「夫形者，生之舍也；氣者，身之充也；形者，生之制也，一失位，則三者傷矣。」〈俶眞〉說：「聖人用心，杖性依神，相扶而得終始。」形神要相互扶持，才是安頓生命的理想狀態。與《淮南子》幾乎同時，司馬談在〈論六家要旨〉裡也說：

> 凡人所生者神也，所託者形也，神大用則竭，形大勞則敝，形神離則死，……神者生之本也，形者生之具也。

都對形身爲精神寓託、依附之所在提出了明確的論述。「神」依「形」而立，不能離「形」而獨存。但同時，仍強調「神」的重要，無「神」，則「形」只是空洞而沒有生命跡象與意義的軀殼。

到了東漢的桓譚，終於提出了無神的理論，他將精神與形體比喻作火與燭，說：「精神居形體，猶火之燃燭」。燭燃盡，火不能獨行於虛空；形沒，神亦不能獨存（《新論·祛蔽》）。王充繼之而起，站在實證的立場，提出了「人死，不能爲鬼；無知，不能害人。」（《論衡·物勢》）

---

173 《荀子·天論》一般以爲有道家自然觀的影響，而荀子在黃老發源地稷下學宮甚久，〈解蔽〉所論虛、一、靜的治心工夫，一般視爲黃老理論。此句思維與黃老學有交集，因置此討論。《韓非子·喻老》、〈解老〉本皆黃老篇章，故亦入此討論。

當然也就不能祐人的說法。〈論死〉也說：「人，物也；物，亦物也。物死不能爲鬼，人死何故獨能爲鬼？」〈訂鬼〉說：「凡天地之間有鬼，非人死，精神爲之也，皆人思念存想之所致也，致之何由？由於疾病。」認定了「鬼」的存在，是人的心理作用，且是一種病態的心理，非事實。王充曾說自己的觀點「雖違儒家之說，合黃老之論。」（《論衡‧自紀》）

四、道教神由形住、神以形留的形神觀

　　東漢以下道教的養生觀，也重視形骸的調治與處理，所謂的服食、導引、長生之術，所講的甚多對形身的呵護與調治問題，他們雖然甚重「神」，基本上卻也認定形、神都是由「氣」所生，一體相依。早期道教經典《太平經‧聖君秘旨》說：「夫人本生混沌之氣……本於陰陽之氣」。因此，他們相信，只要透過鍊形，便可以仙壽、長生。所謂長生，指形神相合不分離；形神要相合不分離，只有透過共同之生成質素──氣。[174]因，所謂長生、仙壽，「神」當然是主體，但沒了氣，毀了形，也就無所謂「長生」、「仙壽」了。《雲笈七籤八十八〈養生辨疑訣〉》說：

> 　　一氣無方，與時消息，萬物生死共氣，盛衰處自然之間，而不知其所以然。……神由形住，形以神留，神苟外遷，形亦難保。

所以，他們即便極力強調「神」的自由隨在與重要性，如《太平經‧還神邪自消法》所說：「神者乘氣而行」、「人氣意轉身上下，神精乘之出入。」人活著，「神」可以透過「氣」，出入於「形」。但物質性的生理

174　王平：《太平經研究》（台北：文津出版社，1995年），頁136。

生命力——氣，究竟是心理生命力——神運作與轉化的基元與核心要素，〈四行本訣〉說：「夫人有氣則有神，有神則有氣，神去則氣絕，氣亡則神去。」〈還神邪自消法〉也說：「神精有氣，如魚有水。氣絕，神精散，水絕，魚亡。」《太平經‧辛部》（卷一百二十至一百三十六）說：「形體爲象也，以氣爲輿馬，精神爲長吏。」形、氣、神三者缺一不可。人一旦死了，形、氣皆消亡，精神便失去撐持與著落。因此，所說：「神」當然是主體，但沒了氣，毀了形，也就無所謂「長生」、「仙壽」了。人活著，「神」可以透過「氣」，出入於「形」，一旦死後，「神」便離「形」而飄散。道教因此有了活人靈魂出竅；死後，靈魂轉化成仙，甚至收魂、「還神」，乃至飛升成仙等等宗教現象與活動。即使死後，形軀腐朽，只要能存留精神（魂）不死，讓它躲入某一種特殊的宗教空間，便可以讓已死而腐爛的形軀再度復活重生，所謂的「太陰鍊形」，也仍然是在乎「形」的存在或再生。故與重「神」同時，道教也努力講求透過各種對「形」身的調養方法－調息、吐納、熊經、鳥伸、服食丹藥，以延命。說穿了，仍是相信形神相依，形是神的基礎，所以須讓形身長在，以爲「神」進出的據點，才能「住」神。

　　到了魏晉，從嵇康的〈養生論〉到葛洪的《抱朴子》，雖仍重視精神，所論的主體內容，也多形骸的調理問題，「神」依「形」立的觀點已受到了普遍的認同。嵇康〈養生論〉一方面說：「形之於神，猶國之有君」，同時卻又說：「形恃神以立，神須形以存」，因此必須一方面「修性以保神，安心以全身，愛憎不棲於情，憂喜不留於意，泊然無感，而體氣和平」好好地調養其「神」；另一方面又須「呼吸吐納，服食養身」以養其「形」，「使形神相親，表裏俱濟。」

　　葛洪的《抱朴子》延續了《太平經》乃至嵇康養生論的這類思想。雖也以仙壽爲可以修成，堅信透過金丹可以白日飛升，基本上卻仍是站在氣化的觀點，認爲人是由「氣」所生，形神相依存。內篇〈至理〉說：

> 夫人在氣中，氣在人中，自天地至於萬物，無不須氣以生
> 者也。身勞則神散，氣竭則命終。根渴枝繁，則青青去木
> 矣；氣疲欲勝，則精靈離身矣。

因此，養生當由養氣著手，使形、氣、神三者合一。沒了「氣」，毀了
「形」，「神」是無法孤立獨存的。只有透過某些特定藥物與祕術去保持
形身的健康常在，才能突破生命的自然年限。換句話說，葛洪雖然相信人
可以長生，卻仍認為，形身的安康固健，是一切修鍊術的終極目標。仍然
堅持形身的存在，才是精神超越的基礎。形身一旦老死，沒有了形身，便
無所謂超越性的精神活動。

　　到了傅玄，又重複桓譚的觀點，否定人死後靈魂的存在，說：

> 人合氣而生，精盡而死；死猶漸也，滅也，譬如火焉，薪
> 盡而火滅，則無光矣。故滅火之餘，無遺炎矣；人死之
> 後，無遺魂矣。（《物理論》十六卷）

完全否定人死後靈魂的存在。

五、形謝神滅的無神論

　　下迄晉宋，為了闢佛，范縝提出了有名的〈神滅論〉，正式樹起了
「無神論」的大纛。他在〈達生論〉中說：

> 生必有死，形斃神散，猶春榮夏落，四時代換，奚有於更
> 受形哉？

他在〈神滅論〉中將形與神比喻作刀與利，沒有刀，利何由顯？沒了形，

神何由存？否定一切精神的超感覺存在，明白提出了形神合一，形亡神滅的「無神論」，說：

> 神即形也，形即神也，是以形存則神存，形滅則神滅也。……形者神之質，神者形之用，是則形稱其質，神言其用，形之與神，不得相異也。
>
> （形之與神）各殊而體一也。……神之於質，猶利之於刃；形之於用，猶刀之於利……捨利無刀，捨刀無利。未聞刀沒而利存，豈容形亡而神在？

除論述形亡神滅問題之外，對於祭祀的功能，〈神滅論〉也有妥善的解釋。它設定問答，

> 問曰：「形神不一，既聞之矣，形謝神滅，理故宜然，然問經云：『為之宗廟，以鬼饗之』何謂也？」答曰：「聖人之教也。所以從孝子之心，而厲偷薄之意，神而明之，此之謂矣。」

完全呼應了七、八百年前《禮記・祭義》的觀點。范縝把形、神合一的無神論，推闡到極致，為的是闢佛。但這一切理論的基本思維，早於他七、八百年前的戰國楚簡文獻〈凡物流形〉中，已經很清楚地提出了。

六、結論

　　〈凡物流形〉用最直捷而素樸的表述，質疑人死，形身不存後，精神智慧的存在與否與去留問題，因而延伸出祭祀的意義、價值與實際的操

作問題。其相關於形神祭祀的這幾問，一如其餘三十幾問，重點顯然只在揭示現象，提出問題，而不在尋求答案。作者興致勃勃地務要逐一舉出諸多人們平日所習焉不察、不假思索的諸多現象之究竟，包括了自然與人事各方面。其所反映的，或許正是紀元前二〇〇～三〇〇年以前的戰國早中期，某些知識份子對周代幾百年禮樂人文架構下，許多習焉不察事物或現象反思與探索的啓動。所提出的這些疑問，或許不僅是作者或蒐集者個人的疑慮，而反映當時已出現的某些疑慮，故不但在以自然宇宙論爲主論議題的〈凡物流形〉中被提出，即使在絕對強調鬼神賞罰威靈的墨家學派理論中，照樣被質疑，這對此後戰國、秦漢以下，以迄魏晉、隋唐，形神離合議題逐漸茁壯、發展，終於成爲中國哲學史上的重要議題，有著象徵性的起源意義，這是我們在閱讀〈凡物流形〉這小節文字時，所不可不注意的。

　　而實際翻閱自先秦、兩漢以迄魏晉、隋唐文獻中，相關於形神與鬼神之論的各家文獻，可以清楚發現，傳統中國儘管尊祖而重祀，鬼神色彩卻並不特別強烈。稗官野史中瑣碎的靈異記載固然不少，正統大家內派的相關記載中，大致上還是理性清明的。先秦以前早有如〈凡物流形〉與〈鬼神之明〉之類，對鬼神的問題提出質疑。也有如〈祭義〉之類對於鬼神與祭祀的究竟作出理性解釋。且莫說孔子清明地區隔生事與死事，人與鬼神之事，即使宗教色彩最濃厚的墨家，在「明鬼」的同時，對祭祀的價值，也有平正的看法。道教理論作爲宗教性的存在，不論其如何強調精神的重要與對形體的越離，始終沒有忘懷或揚棄形、神一體的基本思維。其重視或設法延伸形身長永之養生觀固有見仁見智的評斷，其未嘗忘懷「形」爲「神」之據點的思維，卻不容忽視。《抱朴子》內篇中不管行氣、房中、胎息，合乎醫理的，不合乎醫理的衆仙道，都是爲了長期保有生命，無一不兼顧形神。下迨南北朝，梁范縝的神滅論，終於正式宣告神非形不能獨存，而樹起無神論的大纛。對中國長久以來，形神關係乍隱乍現的理論交纏，終於有了較爲直接而正面的主張。上推早期浮顯這類問題的〈凡物流

形〉與〈鬼神之明〉時代，竟已超過七、八百年了。

　　值得注意的是，在傳世典籍相關於形神的論述中，「氣」經常是核心的中介。在〈凡物流形〉相關於形神離合、鬼神祭祀的論述中，雖無涉及「氣」的問題，但後半論及「一」（道）的質性時，卻一反《老子》以「道」為不可聞、見、知，非感官知覺對象的質性，轉而為「咀之有味、嗅之有臭、鼓之有聲、近之可見、操可操、握可握」（第19-20簡），完全是感官經驗對象。若從「氣」的角度去了解，文中雖一無及「氣」，其實「氣」之類的概念已呼之欲出了。這樣的現象，在《管子》四篇一系理論中，可以找到過渡的痕跡。

（本篇原刊於《哲學與文化》第39卷第4期，2012年4月。）

參考書目

一、古籍

1. 周・撰人不詳，漢・鄭玄注，唐・孔穎達正義《禮記》，臺北：藝文印書館，1965年。
2. 周・李耳撰，魏・王弼注《老子》，臺北：中華書局，1987年。
3. 周・莊子撰，清・郭慶藩集釋《莊子集釋》，臺北：漢京文化公司，1983年。
4. 周・管仲撰，唐・房玄齡注《管子》，臺北：中華書局，1965年。
5. 唐・柳宗元《柳河東集》臺北：臺灣商務印書館，1968年。
6. 宋・李昉《太平御覽》臺北：臺灣商務，1968年。
7. 清・王念孫《讀書雜志》，臺北：台灣商務印書館，1978年。
8. 清・俞樾《諸子平議》，臺北：臺灣商務印書館，1978年。

二、專書

(一)出土簡帛文獻

1.釋文與校注

(1) 國家文物局文獻研究室編《馬王堆漢墓帛書(壹)》，北京：文物出版社，1890年。
(2) 荊門市博物館編《郭店楚墓竹簡》，北京：文物出版社，1998年。
(3) 上海博物館編著《上海博物館藏戰國楚竹書(一)》，上海：上海古籍出版社，2001年。
(4) 上海博物館編著《上海博物館藏戰國楚竹書(二)》，上海：上海古

籍出版社，2003年。

(5)上海博物館編著《上海博物館藏戰國楚竹書㈢》，上海：上海古
籍出版社，2003年。

(6)上海博物館編著《上海博物館藏戰國楚竹書㈣》，上海：上海古
籍出版社，2004年。

(7)上海博物館編著《上海博物館藏戰國楚竹書㈤》，上海：上海古
籍出版社，2005年。

(8)上海博物館編著《上海博物館藏戰國楚竹書㈦》，上海：上海古
籍出版社，2008年。

2.綜合性研究專書

(1)郭沫若《青銅時代》，臺北：文治出版社翻印，1945年。

(2)郭沫若《十批判書》，上海：群益出版社，1948年。

(3)Tsien Tsuen-Hsuin, Written on bamboo and silk: the beginnings of
Chinese books and inscriptions, 1962.

(4)李學勤《簡帛佚籍與學術史》，臺北：時報文化出版企業有限公
司，1994年。

(5)駢宇騫、段書安編著《本世紀以來出土簡帛概述》，臺北：萬卷
樓圖書有限公司，1999年。

(6)廖名春《出土簡帛叢考》，武漢：湖北教育出版社，2000年。

(7)王　博著，丁原植主編《簡帛思想文獻論集》，臺北：台灣古籍
出版有限公司，2001年。

(8)王　博《簡帛思想文獻論集》，臺北：台灣古籍出版有限公司，
2001年。

(9)廖名春《新出楚簡試論》，臺北：台灣古籍出版有限公司，2001
年。

(10)丁四新《楚地出土簡帛文獻思想研究》，武漢：武漢大學出版
社，2002年12月。

⑾淺野裕一《戰國楚簡研究》，臺北：萬卷樓圖書有限公司，2004
年。

⑿丁四新主編《楚地簡帛思想研究㈠》，武漢：湖北教育出版社，
2005年。

⒀丁四新主編《楚地簡帛思想研究㈡》，武漢：湖北教育出版社出
版社，2005年4月。

⒁福田哲之《中國出土古文獻與戰國文字之研究》，臺北：萬卷樓
圖書有限公司，2005年。

⒂湯淺邦弘《戰國楚簡與秦簡之思想史研究》，臺北：萬卷樓圖書
有限公司，2006年。

⒃錢存訓《書於竹帛》，上海：上海書店出版社，2006年。

⒄李學勤、林慶彰等著《新出土文獻與先秦思想重構》，臺北：台
灣書房，2007年。

⒅姜廣輝《義理與考據——思想史研究中的價值關懷與實證方
法》，北京：中華書局，2010年。

⒆陳　偉　主編《新出楚簡研讀》，武漢：武漢大學出版社，2010
年3月。

⒇李　銳《新出簡帛的學術探索》，北京：北京師範大學出版社，
2010年4月。

(21)曹　峰《楚地出土文獻與先秦思想研究》，臺北：台灣書房，
2010年8月。

(22)郭永秉《古文字與古文獻論集》，上海：上海古籍出版社，2011
年。

3.殘簡《文子》

⑴丁原植《《文子》新論》，臺北：萬卷樓圖書有限公司，1999
年。

⑵丁原植《《文子》資料探索》，臺北：萬卷樓圖書有限公司，

1999年。

(3)丁原植《《淮南子》與《文子》考辨》，臺北：萬卷樓，1999年9月。

(4)葛剛岩《《文子》成書及其思想》，成都：巴蜀書社，2005年。

(5)張豐乾《出土文獻與《文子》公案》，北京：社會科學文獻出版社，2007年。

4.郭店楚簡文獻

(1)松崎實、謝衛平、河井義樹、姜生爛（日文）譯注，池田知久監修《郭店楚簡之研究㈠》，東京：大東文化大學事務室，1999年。

(2)姜廣輝主編《郭店簡與儒學研究》（專號），《中國哲學》第20輯，瀋陽：遼寧教育出版社，1999年。

(3)丁四新《郭店楚墓竹簡思想研究》，北京：東方出版社，2000年。

(4)姜廣輝主編《郭店簡與儒學研究》（專號），《中國哲學》第21輯，瀋陽：遼寧教育出版社，2000年。

(5)丁四新《郭店楚墓竹簡思想研究》，北京：東方出版社，2000年。

(6)涂宗流、劉祖信《郭店楚簡先秦儒家佚書校釋》，臺北：萬卷樓圖書有限公司，2001年。

(7)林素英《從《郭店簡》探究其倫常觀念——以服喪思想為討論基點》，臺北：萬卷樓圖書有限公司，2003年。

5.楚簡《老子》

(1)丁原植《郭店楚簡《老子》釋析與研究》，臺北：萬卷樓圖書有限公司，1998年。

(2)崔仁義《荊門郭店楚簡《老子》研究》，北京：科學出版社，1998年。

⑶魏啟鵬《楚簡《老子》柬釋》，臺北：萬卷樓圖書有限公司，1999年。

⑷廖名春《郭店楚簡《老子》校釋》，北京：清華大學出版社，2002年。

⑸陳錫勇《郭店楚簡《老子》論證》，臺北：里仁書局，2005年。

⑹丁四新《郭店楚竹書《老子》校釋》，武漢：武漢大學出版社，2010年。

6.〈性自命出〉與〈性情說〉

⑴李天虹《郭店竹簡〈性自命出〉研究》，武漢：湖北教育出版社，2002年。

⑵丁原植《楚簡儒家〈性情說〉研究》，臺北：萬卷樓圖書有限公司，2002年。

7.上博楚竹書

⑴李　零《上博楚簡三篇校讀記》，臺北：萬卷樓圖書有限公司，2002年。

⑵陳美蘭、蘇建州、陳嘉凌《《上海博物館藏戰國楚竹書㈡》讀本》，臺北：萬卷樓圖書有限公司，2003年。

⑶陳霖慶、鄭玉姍、鄒濬智《《上海博物館藏戰國楚竹書㈠》讀本》，臺北：萬卷樓圖書有限公司，2004年。

⑷陳慧玲、連德榮、李繡玲《《上海博物館藏戰國楚竹書㈢》讀本》，臺北：萬卷樓圖書有限公司，2005年。

⑸邱德修《上博楚簡㈠㈡字詞解詁》，臺北：台灣古籍出版有限公司，2005年。

⑹曹　峰《上博楚簡思想研究》，臺北：萬卷樓圖書有限公司，2006年。

⑺淺野裕一《上博楚簡與先秦思想》，臺北：萬卷樓圖書有限公司，2008年。

(8)蘇建州《《上博楚竹書》文字及相關問題研究》，臺北：萬卷樓圖書有限公司，2008年。

8. 〈五行〉

(1)龐　樸《竹帛〈五行〉篇校注及研究》，臺北：萬卷樓圖書有限公司，2000年。

(2)魏啓鵬《簡帛〈五行〉箋釋》，臺北：萬卷樓圖書有限公司，2000年。

(二)其他專書

1. 錢　穆《先秦諸子繫年考辨》，上海：商務印書館，1935年。

2. 張舜徽《周秦道論發微》，臺北：木鐸出版社，1983年。

3. 李定生《文子要詮》，上海：復旦大學出版社，1988年。

4. 陳麗桂《戰國時期的黃老思想》，臺北：聯經出版事業有限公司，1991年。

5. 林麗娥《先秦齊學考》，臺北：臺灣商務印書館，1992年。

6. 戴卡琳《解讀《鶡冠子》從論辯學的角度》，瀋陽：遼寧教育出版社，2000年。

7. 蕭漢明《道家與長江文化》，武漢：湖北教育出版社，2004年。

8. 淺野裕一《中國古代の宇宙論》，東京：岩波書店，2006年。

9. 佐藤將之《中國古代的「忠」論研究》，臺北：臺大出版中心，2010年。

(三)學位論文

1. 朱心怡《天之道與人之道——郭店楚簡儒道思想研究》，新竹：國立清華大學中國文學系博士論文，指導教授：林聰舜、徐漢昌，2004年。

2. 謝君直《郭店楚簡的天道思想》，臺北：中國文化大學哲學研究所博士論文，指導教授：袁保新，2004年。

三、單篇論文

㈠定州殘簡《文子》

1. 河北省文物研究所〈河北定縣40號漢墓發掘簡報〉，《文物》，1981年8期，1981年8月，頁1-10+97-98。

2. 江世榮〈先秦道家論集《老子》古註之一——《文子》述略——兼論《淮南子》與《文子》的關係〉，《文史》18輯，1983年，頁247-259。

3. 河北文物研究所定州漢簡整理小組〈定州西漢中山懷王墓竹簡《文子》釋文〉，《文物》，1995年12期，1995年12月，頁27-34。

4. 河北文物研究所定州漢簡整理小組〈定州西漢中山懷王墓竹簡《文子》校勘記〉，《文物》，1995年12期，1995年12月，頁35-37＋40。

5. 李學勤〈試論八角廊簡《文子》〉，《文物》1996年1期，1996年1月，頁36-40。又收入《古文獻叢論》，上海：遠東出版社，1996年2月。

6. 《哲學與文化》編輯委員會《《文子》與道家思想專輯(上)》(《哲學與文化》23卷8期(總267期))，1996年8月。
   ①丁原植〈《文子》思想的哲學基本結構〉，頁1844-1856。
   ②沈清松〈《文子》的道論—兼論其與《老子》之比較〉，頁1857-1870。
   ③袁信愛〈《淮南子》中的人學思想〉，頁1885-1897。
   ④陳鼓應〈論《文子·上德》的易傳特色〉，頁1898-1907。
   ⑤王　博〈關於《文子》的幾個問題〉，頁1908-1913。
   ⑥李縉雲〈《文子·道德篇》竹簡本、傳世本的比較研究〉，頁1914-1919。

7. 《哲學與文化》編輯委員會《《文子》與道家思想專輯(下)》（《哲學與文化》23卷9期(總268期)），1996年9月。
　①丁原植〈關於定州竹簡《文子》的初步探索〉，頁1904-1953。
　②曾春海〈竹簡《文子》的漢初道家的「無為」觀〉，頁1954-1961。
　③王邦雄〈道家思想的倫理空間—論莊子「命」、「義」的觀念〉，頁1962-1971。
　④郭梨華〈《尹文子》中「道」、「名」、「法」思想探究〉，頁1972-1983。
　⑤李定生〈韓非讀過《文子》—談《文子》的年代與原始道家的關係〉，頁1984-1992。
　⑥趙建偉〈《文子》斷代研究〉，頁1993-2017。
　⑦魏啓鵬〈《文子》學術探微〉，頁2018-2024。

(二)郭店楚簡文獻

1. 李學勤〈荊門郭店楚簡所見關尹遺說〉，《中國文物報》，1998年4月8日。
2. 廖名春〈郭店楚簡儒家著作考〉，《孔子研究》，1998年第3期，1998年5月，頁69-83。
3. 陳　偉〈郭店楚簡別釋〉，《江漢考古》，1998年第4期，1998年12月，頁67-72。
4. 顏世鉉〈《郭店楚簡淺釋》〉，張以仁先生七秩壽慶論文集編輯委員會編《張以仁先生七秩壽慶論文集》，台灣學生書局，1998年，頁379-396。
5. 李學勤〈郭店簡與《禮記》〉，《中國哲學史》，1998年第4期，1998年11月，頁29-32。
6. 郭齊勇〈郭店儒家簡的意義與價值〉，《湖北大學學報》，1999年第2期，1999年3月，頁4-6。

7. 黃德寬、徐在國〈郭店楚簡文字續考〉，《江漢考古》，1999年第2期，1999年6月，頁75-77。

8. 李學勤〈荊門郭店楚簡所見關尹遺說〉，《中國哲學》第20輯，瀋陽：遼寧教育出版社，1999年，頁160-164。

9. 李澤厚〈初讀郭店竹簡印象紀要〉，《郭店簡與儒學研究》（《中國哲學》第21輯），遼寧教育出版社，2000年，頁1-12。

10. 劉信芳〈郭店竹簡文字考釋拾遺〉，《江漢考古》，2000年第1期，2000年3月，頁42-46。

11. 艾　蘭〈郭店楚簡新見老子道德經與中國古代宇宙觀〉，艾蘭、邢文編《新出簡帛研究》，北京：文物出版社，2000年。

12. 王美鳳〈郭店楚簡的德治思想〉，《西北大學學報》（哲學社會科學版），第30卷第2期，2000年5月，頁50-52。

13. 丁四新輯錄〈郭店楚墓竹簡研究文獻目錄〉，武漢大學中國文化研究院編《郭店楚簡國際學術研討會論文集》，武漢：湖北人民出版社，2000年5月，頁689。

14. 湯餘惠、吳良寶〈郭店楚簡文字拾零（四篇）〉，李學勤、謝桂華主編《簡帛研究》，桂林：廣西師範大學，2001年，頁199-202。

15. 何琳儀〈郭店竹簡選釋〉，李學勤、謝桂華主編《簡帛研究》，桂林：廣西師範大學，2001年，頁159-167。

16. 白於藍〈郭店楚墓竹簡考釋(四篇)〉，李學勤、謝桂華主編《簡帛研究》，桂林：廣西師範大學，2001年，頁192-198。

17. 何琳儀〈郭店竹簡選釋〉，李學勤、謝桂華主編《簡帛研究》，桂林：廣西師範大學，2001年，頁159-167。

18. 范麗梅〈從郭店楚簡看子思學派與《易》學的關係〉，第四屆海峽兩岸青年易學論文發表會，2003年11月8日至11月9日。

19. 顧史考〈「樂論與郭店楚簡」演講記錄〉，台灣師範大學國文學

系九十二學年度第一學期第十一次學術專題演講，2003年12月11
日。

㈢簡帛《老子》

1. 唐　蘭〈馬王堆出土《老子》乙本卷前古佚書之研究〉，《考古
　學報》，1975年1期，1975年1月，頁7-38+166-181。

2. 龍　晦〈馬王堆出土《老子》乙本前古佚書探原〉，《考古學
　報》，1975年第2期，1975年4月，頁23-31。

3. 谷中信一撰，王海清譯〈《老子》與《管子》〉，《管子學
　刊》，1994年第2期，1994年5月，頁14-19。

4. 陳鼓應〈初讀簡本《老子》〉，《郭店老子國際研討會論文
　集》，美國達慕斯大學主辦，1997年5月22-26日。

5. 池田知久撰，呂靜、黃華珍譯〈《老子》的道器論——基於馬
　王堆漢墓帛書本〉，陳鼓應主編《道家文化研究·第12輯：易
　專號》，北京：生活·讀書·新知三聯書店，1998年1月，頁
　143-156。

6. 饒宗頤〈容成遺說鉤沈—先老學初探〉，《北大學報》（哲學社
　會版），1998年第3期，1998年5月，頁63-68。

7. 陳鼓應〈從郭店簡本看《老子》尚仁及守中思想〉，「郭店《老
　子》學術研討會」，美國達慕斯大學主辦，1998年5月。

8. 丁原植〈《郭店楚墓竹簡·老子》資料探索——解老傳承的問
　題〉演講記要，中研院文哲所二樓會議室，1998年10月14日。

9. 谷中信一〈從郭店《老子》看今本《老子》的完成〉，武漢大學
　中國文化研究院編《郭店楚簡國際學術研討會論文集》，武漢：
　湖北人民出版社，2000年，頁436-444。

10. 魏啟鵬〈楚簡《老子》「大成若詘」發微——兼說老子不非禮
　樂〉，《世界中國哲學學報》，第5期，2001年11月，頁84-89。

11. 涂宗流〈老子其人其書——從郭店《老子》到今本《老子》

　　　㈠〉，簡帛研究網，2003年9月28日。

12. 寧國山〈郭店《老子》是綱目版《老子》〉，簡帛研究網，2003
　　　年10月5日。

13. 艾　蘭（Sarah Allen）〈郭店楚簡新見老子道德經與中國古代宇
　　　宙觀〉，艾蘭、邢文編《新出簡帛研究》，北京：文物出版社，
　　　2004年。

14. 谷中信一〈傳世本《老子》成立史〉，國立台灣大學（講稿），
　　　2007年8月31日。

15. 丁　亮〈從認知心理學認知圖式的觀點看《老子》文本的構成與
　　　形成〉，「2007年中國簡帛學國際論壇」論文，國立臺灣大學中
　　　國文學系、武漢大學簡帛研究中心、芝加哥大學顧立雅古文字學
　　　研究中心主辦，2007年11月10-11日。

㈣思孟學派

1. 孫開泰〈孟子與齊稷下學宮的關係〉，《齊魯學刊》，1983年第3
　　　期，1983年，頁21-23。

2. 李學勤〈荊門郭店楚簡中的《子思子》〉，《文物天地》，1998
　　　年第2期，1998年2月，頁28-30。

3. 黃人二〈郭店楚簡〈魯穆公問子思〉考釋〉，《張以仁先生七秩
　　　壽慶論文集》，台灣學生書局，1998年，頁397-404。

4. 歐陽禎人〈從〈魯穆公問子思〉到《孟子》〉，《武漢大學學
　　　報》，2001年第2期，2001年4月，頁148-152。

5. 王志民、李大華〈上編：二十世紀以來大陸孟子研究述略〉「儒
　　　學思孟學派國際學術研討會」論文，山東師範大學齊魯文化研究
　　　中心，美國哈燕社主辦，2007年8月10-12日，頁1-42。

6. 王志民、李大華〈下編：大陸郭店楚簡與思孟學派研究情況綜
　　　述〉「儒學思孟學派國際學術研討會」論文，山東師範大學齊魯
　　　文化研究中心，美國哈燕社主辦，2007年8月10-12日，頁1-32。

7. 王志民、李大華〈下編：大陸郭店楚簡與思孟學派研究情況綜述〉「儒學思孟學派國際學術研討會」論文，山東師範大學齊魯文化研究中心，美國哈燕社主辦，2007年8月10-12日，頁43-78。

㈤〈太一生水〉
1.單篇論文

⑴胡其德〈太一與三一〉，《東方哲學研究》，第3期，1993年10月，頁79-96。

⑵郭　沂〈試談楚簡〈太一生水〉及其簡本《老子》的關係〉，《中國哲學史》，1998年第4期，1998年11月，頁33-38。

⑶李建民〈太一新考──以郭店楚簡為線索〉，（午後沙龍）文物圖像研究室，1998年9月23日演講稿，收入《中國土資料研究》第3號，1999年3月，頁1-29。

⑷郭　沂〈試論〈太一生水〉及其與簡本《老子》的關係〉，《中國哲學史》，1998年第4期，1998年11月，頁33-38。

⑸邢　文〈論郭店《老子》與今本《老子》不屬一系─楚簡〈太一生水〉及其意義〉，《中國哲學》第20輯，瀋陽：遼寧教育出版社，1999年，頁165-186。

⑹葉海煙〈〈太一生水〉與莊子的宇宙觀〉，「本世紀出土思想文獻與中國古典哲學研究論文集（上冊）」，後收入《哲學與文化》，26卷第4期，1999年4月，頁455-468。

⑺莊萬壽〈太一與水之思想探究─〈太一生水〉楚簡之初探〉，《哲學與文化》，26卷第5期，1999年5月，頁394-401。

⑻陳鼓應主編《道家文化研究》第十七輯，北京：生活‧讀書‧新知三聯書店，1999年。
　　①李學勤〈太一生水的數術解釋〉，頁297-300。
　　②龐　樸〈一種有機的宇宙生成圖式─介紹〈太一生水〉〉，頁301-305。

③許抗生〈初讀〈太一生水〉〉，頁306-315。

④李　零〈讀郭店楚簡〈太一生水〉〉，頁316-331。

⑤賀碧來〈論〈太一生水〉〉，頁332-339。

⑥戴卡琳（Carine Defoort）〈〈太一生水〉初探〉，頁340-352。

⑦強　昱〈〈太一生水〉與古代的太一觀〉，頁353-379。

⑧趙建偉〈郭店楚墓竹簡〈太一生水〉疏證〉，頁380-392。

⑨陳鼓應〈〈太一生水〉與〈性自命出〉發微〉，頁393-411。

⑩王　博〈關于郭店楚墓竹簡《老子》的結構與性質——兼論其與通行本《老子》的關係〉，頁149-166。

(9)邢　文〈〈太一生水〉與《淮南子》：《乾鑿度》的再認識〉，中國古文字研究會，吉林大學古文字研究室編，《中國哲學》第21輯「郭店簡與儒學研究」，瀋陽：遼寧教育出版社，2000年1月，頁212-226。

(10)魯瑞菁〈「郭店楚簡‧太一生水」的思想特色〉，《鵝湖》，25卷9期，2000年3月，頁13-17。

(11)武漢大學中國文化學院編《郭店楚簡國際學術研究會論文集》，武漢：湖北人民出版社，2000年5月。

①艾　蘭（Sarah Allen）〈太一‧水‧郭店《老子》〉，頁524-532。

②熊鐵基〈對「神明」的歷史考察—兼論〈太一生水〉的道家性質〉，頁533-537。

③彭　浩〈一種新的宇宙生成理論—讀〈太一生水〉〉，頁538-541。

④陳松長〈〈太一生水〉考論〉，頁542-546。

⑤張思齊〈太一生水與道教玄武神格〉，頁547-555。

⑥顧世安〈道與自然知識—談〈太一生水〉在道家思想史上的地位〉，頁556-561。

⑿姚治華〈〈太一生水〉與太乙九宮占〉，簡帛研究網，2000年5月18日。

⒀陳　偉〈〈太一生水〉校讀並論與《老子》的關係〉，中國古文字研究會，吉林大學古文字研究室編，《古文字研究》第22期，北京：中華書局，2000年7月，頁227-231。

⒁裘錫圭〈〈太一生水〉「名字」章解釋——兼論〈太一生水〉的分章問題〉，中國古文字研究會，吉林大學古文字研究室編，《古文字研究》第22輯，北京：中華書局，2000年7月，頁219-226。

⒂張思齊〈論「太一生水」的生神圖系〉，《中國道教》，2000年第5期（總59期），2000年10月，頁22-26。

⒃王　博〈太一生水研究〉，王博著，丁原植主編《簡帛思想文獻論集》，臺北：臺灣古籍出版社，2001年，頁209-230。

⒄郭　沂〈〈太一生水〉考釋〉，《郭店竹簡與先秦學術思想》，上海：上海教育出版社，2001年。

⒅蕭漢明〈〈太一生水〉的宇宙論與學派屬性〉，《學術月刊》，2001年第12期，2001年12月，頁32-37。

⒆陶　磊〈〈太一生水〉發微〉，謝嘉蓉編輯《古墓新知》，臺北：台灣古籍出版有限公司，2002年，頁27-36。

⒇陳忠信〈〈太一生水〉渾沌創世初探〉，《鵝湖》，第26卷第10期（總310期），2001年4月，頁47-53。

(21)劉信芳〈〈太一生水〉與《曾子天圓》的宇宙論問題〉，武漢大學簡帛網，2001年4月9日。

(22)李二民〈讀〈太一生水〉箚記〉，武漢大學簡帛網，2001年4月9日。

(23)江山、孔慶平〈太一生水：楚儒的體、相論〉，武漢大學簡帛網，2001年4月14日。

⑷李存山〈莊子思想中的道、一、氣—比照郭店楚簡《老子》和〈太一生水〉〉，簡帛研究網，2001年6月19日。

⑸陶　磊〈太一生水與明堂制度—對東周以後明堂制度之起源的一種考察〉，簡帛研究網，2001年7月28日。

⑹張思齊〈論道家「太一生水」的生成途徑〉，《中國哲學史》，2001年第3期，2001年8月，頁121-125。

⑺丁四新〈楚簡〈太一生水〉研究結論述要〉，簡帛研究網，2002年2月19日。

⑻丁四新〈簡帛《老子》思想研究之前緣問題報告——兼論楚簡〈太一生水〉的思想〉，《現代哲學》，2002年第2期，2002年5月，頁84-91。

⑼陳忠信〈〈太一生水〉之混沌神話〉，武漢大學簡帛網，2002年8月7日。

⑽方素真〈太一生水與「周易參同契」的關係〉，成大《宗教與文化學報》，第2期，2002年12月，頁117-142。

⑾蕭漢民〈論楚簡〈太一生水〉的宇宙論與學派屬性〉，《楚地出土簡帛文獻思想研究》㈠，武漢：湖北教育出版社，2002年，頁172-182。

⑿丁四新〈楚簡〈太一生水〉研究——兼對當前〈太一生水〉研究的總體批評〉，《楚地出土簡帛文獻思想研究》㈠，武漢：湖北教育出版社，2002年，頁183-249。

⒀阮忠仁〈楚簡〈太一生水〉為中心的考察—宇宙論之淵源〉，「第一屆簡牘學術研討會」論文，嘉義：嘉義大學中文研究所主辦，2003年7月12日，頁19-74。

⒁熊鐵基〈對「神明」的歷史考察—兼論〈太一生水〉的道家性質〉，武漢大學簡帛網，2003年8月30日。

⒂吳聯益〈「太一生水」的宇宙生成觀〉，《國文天地》，19卷4

期，2003年9月，頁50-54。

㊱劉學文〈論郭店楚簡〈太一生水〉本體生成系統〉，《新疆大學學報》（社會科學版），第31卷第3期，2003年9月，頁41-45。

㊲譚寶剛〈〈太一生水〉與老聃遺著〉，Confucius2000網站，2003年9月20日。

㊳譚寶剛〈〈太一生水〉乃老聃遺著—讀〈太一生水〉〉，簡帛研究網站，2003年10月14日。

㊴朱心怡〈「太一生水」思想研究〉，《中文學報》，第9期，2003年12月，頁147-167。

㊵艾　蘭（Sarah Allen）〈郭店楚簡新見老子道德經與中國古代宇宙觀〉，艾蘭、刑文編《新出簡帛研究：「新出簡帛國際學術研討會」論文集》，北京：文物出版社，2004年。

㊶顏世安〈道與自然知識—談〈太一生水〉在道家思想史上的地位〉，簡帛研究網，2004年1月30日。

㊷廖名春〈試論郭店簡太一生水篇的綴補〉，《出土簡帛叢考》第7章，武漢：湖北教育出版社，2004年2月，頁90-106。

㊸張書豪〈楚簡〈太一生水〉的自然觀〉，《東吳中文研究集刊》，第11期，臺北：東吳大學中國文學系碩博士班學生會，2004年，頁115-127。

㊹蔡運章、戴霖〈論楚簡〈太一生水〉的宇宙生成模式〉，《四川文物》，2004年第2期，2004年4月，頁44-48。

㊺李曉宇〈〈太一生水〉校補兩則〉，簡帛研究網，2004年8月1日。

㊻譚寶剛〈〈太一生水〉文化意蘊新解〉，《周口師範學院學報》（哲學社會科學版），200年第4期，2004年7月，頁73-75。

㊼Sarah Allan〈The Great One, Water, and The Laozi: New Light from Guodian〉，錄於《國際中國哲學研究研習營論文集》，國

科會人文及社會科學發展處主辦「國際中國哲學研究研習營」，2004年12月16-19日。

⑷谷中信一，潘浩 譯〈〈大一生水〉考釋〉，李學勤、謝桂華主編，《簡帛研究》，桂林：廣西師範大學出版社，2005年，頁51-59。

⑷鄭吉雄〈從〈太一生水〉試論《乾‧象》所記兩種宇宙論〉，武漢大學「文獻與詮釋研究論壇」，2006年11月8-10日。

2.**學位論文**

⑴張愛強《郭店竹簡〈太一生水〉研究》，肯特崗：新加坡國立大學中文系碩士論文，指導教授：蘇瑞隆，2000年。

⑵諸葛俊元《先秦兩漢「太一」思想的起源與演變》，台中：靜宜大學中國文學系碩士論文，指導教授：劉榮賢，2001年。

⑶吳勇冀《郭店楚簡〈太一生水〉研究》，南投：暨南國際大學中國語文學系碩士論文‧指導教授：劉文起，2002年。

㈥〈**互先**〉

1.李學勤〈帛書《道原》研究〉，《古文獻叢論》，上海：遠東出版社，1996年11月，頁162-167。

2.廖名春〈上博藏楚竹書〈恆先〉簡釋〉，Confucius2000網站，2004年4月16日。

3.李 銳〈〈恆先〉淺釋〉，Confucius2000網站，2004年4月17日。

4.李學勤〈楚簡〈恆先〉首章釋義〉，Confucius2000網站，2004年4月19日。

5.廖名春〈上博藏楚竹書〈恆先〉簡釋〉，簡帛研究網，2004年4月19日。

6.廖名春〈上博藏楚竹書〈恆先〉簡釋（修訂稿）〉，Confucius2000網站，2004年4月22日。

7. 龐　樸〈〈互先〉試讀〉，武漢大學簡帛網，2004年4月22日。

8. 龐　樸〈〈恆先〉釋讀〉，簡帛研究網，2004年4月26日。

9. 郭齊勇〈〈恆先〉——道法形名思想的佚篇〉，簡帛研究網，
2004年5月8日。

10. 王志平〈〈恆先〉管窺〉，簡帛研究網，2004年5月8日。

11. 顧史考〈上博竹書〈恆先〉簡序調整一則〉，簡帛研究網，2004
年5月8日。

12. 曹　峰〈〈恆先〉編聯：分章、釋讀札記〉，Confucius2000網
站，2004年5月10日。

13. 范麗梅〈上博楚簡〈互先〉箋釋〉，2004年5月15日發表於「新出
土戰國楚竹書研讀會㈠」第七次會議，2005年11月27日修訂。

14. 劉信芳〈上博藏竹書〈恆先〉試解〉，簡帛研究網，2004年5月16
日。

15. 李　銳〈〈恆先〉札記兩則〉，Confucius2000網站，2004年5月
17日。

16. 郭　剛〈上博楚簡〈恒先〉之「恒先」「恒氣」窺探〉，簡帛研
究網，2004年6月6日。

17. 趙建功〈〈恒先〉新解六則〉，Confucius2000網站，2004年6月
10日。

18. 劉貽群〈試論〈恒先〉的「自生」〉，簡帛研究網，2004年6月13
日。

19. 廖名春〈上博藏竹書〈恒先〉新釋〉，「經典與文化的形成」第9
次讀書會，中央研究院中國文哲研究所，2004年6月13日。

20. 淺野裕一〈上博楚簡〈恆先〉的道家特色〉，北京清華「多元視
野中的中國歷史」國際研討會，2004年8月22-24日，又收入《戰
國楚簡研究》第3部分第8章，臺北：萬卷樓圖書有限公司，2004

年12月。

21. 陳少明〈被描繪的孔子——以儒道的記述為中心（演講提綱）〉，「經典與文化的形成」第十次讀書會，中央研究院中國文哲研究所，2004年9月6日

22. 季旭昇〈《上博三·恆先》「意出於生，言出於意」說〉，「經典與文化的形成」第10次讀書會，中央研究院中國文哲研究所，2004年9月13日。

23. 陳　靜〈《淮南子》宇宙生成論的理論前史——《恆先》解讀〉，《自由與秩序的困惑——淮南子研究》第7章，昆明：雲南大學出版社，2004年，頁232-249。

24. 林明照〈〈恆先〉有、無問題的哲學探問〉，「出土簡帛文獻古代學術國際研討會」論文，國立政治大學主辦，2005年12月2-3日。

25. 谷中信一〈〈恆先〉宇宙論析義〉，《楚地簡帛思想研究㈢》，臺北：萬卷樓圖書有限公司，2007年6月，頁356-370。

26. 裘錫圭〈先秦宇宙生成論的演變：第一場，從原始神創到上帝即天說〉，中央研究院歷史語言研究所傅斯年講座2007，2007年11月7日。

27. 裘錫圭〈先秦宇宙生成論的演變：第二場，天地化生說〉，中央研究院歷史語言研究所傅斯年講座2007，2007年11月9日。

28. 裘錫圭〈先秦宇宙生成論的演變：第三場，道生天地說〉，中央研究院歷史語言研究所傅斯年講座2007，2007年11月13日。

29. 裘錫圭〈是「恆先」還是「極先」〉「2007中國簡帛學國際論壇」臺灣大學中文系，武漢大學簡帛研究中心，芝加哥大學顧立雅古文字學研究中心合辦，2007年11月10-11日；收入《2007中國簡帛學國際論壇論文集》，頁1-16，2011年12月。

30. 范麗梅〈上博楚簡考釋四則〉，「2007中國簡帛學國際論壇」，

臺灣大學中文系，武漢大學簡帛研究中心，芝加哥大學顧立雅古文字學研究中心合辦，2007年11月10-12日。收入《2007中國簡帛學國際論壇論文集》，2011年12月，頁713-724，。

㈦簡帛〈五行〉

1.單篇論文

⑴李學勤〈帛書〈五行〉與《尚書‧洪範》〉，《中國哲學史》，1986年11期，1986年11月，頁37-40。

⑵龐　樸〈〈五行篇〉評述〉，《文史哲》，1988年第1期（184期），1988年2月，頁3-15。

⑶魏啓鵬〈思孟五行說的再思考〉，《中國哲學史》，1988年4期，1988年8月，頁82-87。

⑷楊儒賓〈帛書〈五行篇〉、〈德聖篇〉論道德、心性與形體的關聯〉，1990年12月「中國文哲研究的回頭與前瞻研討會」論文，中央研究院中國文哲研究所籌備處主辦。

⑸盧瑞容〈馬王堆帛書〈五行篇〉中「義」與「德」的涵義探討〉，《大陸雜誌》，第85卷第5期，1992年11月，頁19-34。

⑹廖名春〈思孟五行說新解〉，《哲學研究》，1994年第11期，1994年11月，頁62-65＋67-69。

⑺陶　磊〈子思五行考〉，簡帛研究網站，2003年6月2日。

⑻楊晉龍〈〈五行篇〉的研究及其引用《詩經》文本述評〉，「出土簡帛文獻與古代學術研討會」論文，2005年12月2.3日。

⑼陳燿森〈簡、帛〈五行〉天道思想初探討〉，武漢大學簡帛網，2006年7月22日。

⑽陳燿森〈簡、帛〈五行〉天道思想再探討——〈孔子辯誣之一〉續說〉，武漢大學簡帛網，2006年7月26日。

⑾陳燿森〈談楚簡〈五行〉篇「五行」的序列〉，武漢大學簡帛網，2006年10月4日。

⑿ 陳燿森〈論簡、帛〈五行〉章句的重要差異（上）——兼談帛書〈五行〉篇「五行」序列（修訂版）〉，武漢大學簡帛網，2007年4月14日。

⒀ 陳燿森〈論簡、帛〈五行〉章句的重要差異（中）——兼談帛書〈五行〉篇「五行」序列（修訂版）〉，武漢大學簡帛網，2007年4月17日。

⒁ 陳燿森〈論簡、帛〈五行〉章句的重要差異（下）——兼談帛書〈五行〉篇「五行」序列（修訂版）〉，武漢大學簡帛網，2007年4月21日。

2. **學位論文**

汪義麗《帛書五行篇思想研究》，臺北：私立文化大學中文研究所博士論文，指導教授：李威熊，1995年6月。

(八)〈性自命出〉與〈性情論〉

1. 陳　來〈郭店楚簡之〈性自命出〉篇初探〉，《孔子研究》，1998年第3期（總51期），1998年6月，頁52-60。

2. 陳　寧〈《郭店楚墓竹簡》中的儒家人性言論初探〉，《中國哲學史》，1998年第4期，1998年11月，頁39-46。

3. 向世陵〈郭店竹簡「性」「情」說〉，《孔子研究》，1999年第1期，1999年2月，頁70-86。

4. 趙建偉〈郭店竹簡〈忠信之道〉、〈性自命出〉校釋〉，《中國哲學史》，1999年第2期，1999年5月，頁34-39。

5. 郭齊勇〈郭店儒家簡與孟子心性論〉，《武漢大學學報》（哲學社會科學版），1999年第5期（總244期），1999年9月，頁24-28。

6. 丁四新〈論〈性自命出〉與公孫尼子的關係〉，《武漢大學學報（哲學社會科學版）》，1999年第5期（總244期），1999年9月，

頁38-41。

7. 劉樂賢〈〈性自命出〉的學派性質〉，簡帛研究網，2000年3月3日。

8. 歐陽禎人〈論〈性自命出〉對儒家人學思想的轉進〉，《孔子研究》，2000年第3期，2000年5月，頁58-65。

9. 廖名春〈郭店楚簡〈性自命出〉篇校釋〉，廖明春主編《清華簡帛研究》第1輯，北京：清華大學思想文化研究所，2000年，頁28-67。

10. 李天虹〈〈性自命出〉的編聯與分篇〉，廖明春主編《清華簡帛研究》第1輯，北京：清華大學思想文化研究所，2000年，頁196-199。

11. 李天虹〈從〈性自命出〉談孔子與詩、書、禮、樂〉，《清華簡帛研究》第1輯，北京：清華大學思想文化研究所，2000年，頁200-203。

12. 劉樂賢〈〈性自命出〉與《淮南子‧繆稱》論「情」〉，廖名春主編《清華簡帛研究》第1輯，清華大學思想文化研究所，2000年，頁164-172。

13. 郭齊勇〈郭店楚簡〈性自命出〉的心術觀〉，《安徽大學學報》（哲學社會科學版），第24卷第5期，2000年9月，頁48-53。

14. 陳　偉〈郭店簡書〈人雖有性〉校釋〉，《中國哲學史》，2000年第4期，2000年11月，頁3-13。

15. 廖名春〈郭店簡〈性自命出〉的編連與分合問題〉，《中國哲學史》，2000年月第4期，2000年11月，頁14-21。

16. 丁四新〈論〈性自命出〉與思孟學派的關係〉，《中國哲學史》，2000年月第4期，2000年11月，頁28-35。

17. 丁為祥〈從〈性自命出〉看儒家性善論的形成理路〉，《孔子研究》，2001年月第3期，2001年5月，頁28-37。

18. 李天虹〈〈性自命出〉與傳世先秦文獻「情」字解詁〉，《中國哲學史》，2001年第3期，2001年8月，頁55-63。

19. 李　零〈上博楚簡校讀記（之三）：〈性情〉〉，簡帛研究網站，2002年1月14日。

20. 周鳳五〈上博〈性情論〉「金石之有聲也，弗扣不鳴」解〉，「第一屆中國語言文字國際學術研討會」論文，香港：香港大學主辦，2002年3月。

21. 周鳳五〈上博〈性情論〉小箋〉，「新出楚簡與儒學思想國際學術研討會」論文，清華大學思想文化研究所、輔仁大學文學院合辦，2002年3月31日-4月2日。

22. 丁原植〈楚簡儒家佚籍的性情說〉，「新出楚簡與儒學思想國際學術研討會」論文，清華大學思想文化研究所、輔仁大學文學院合辦，2002年3月31日-4月2日，論文集於2002年7月出版，頁239-290。

23. 彭　林〈思孟心性說簡論〉，簡帛研究網站，2003年9月20日。

24. 陳霖慶〈論〈性自命出〉及〈性情論〉文字一則〉，簡帛研究網站，2003年9月20日。

25. 竹田健二〈郭店楚簡『性目命出』と上海博物館藏『性情論』との關係〉，《日本中國學會報》，2003年8月12日，頁1-14。

(九)〈唐虞之道〉

1. 周鳳五〈郭店楚墓竹簡〈唐虞之道〉新釋〉，《中央研究院歷史語言研究所集刊》，70卷3期，1999年9月，頁739-759。

2. 趙建偉〈《唐虞之道》考釋四則〉，簡帛研究網，2003年9月28日。

3. 丁原植〈古典哲學觀念的天文思想探源——道與天道〉，「郭店楚簡國際研討會」主辦，2003年12月18-21日。

(十)〈忠信之道〉

1. 佐藤將之〈無「忠信」的國家不能生存：春秋戰國時代早期「忠」和「忠信」概念的意義〉，「出土簡帛文獻與古代學術國際研討會」主辦，2005年12月2-3日

2. 米繼軍〈什麼是「忠信之道」──「郭店楚簡」忠信之道篇細讀〉，Confucius2000網站，2005年10月18日。

3. 鄭　剛〈關於〈忠信之道〉的性質的再討論〉，簡帛研究網，2006年5月6日。

4. 佐藤將之〈國家社稷存亡之道德：春秋、戰國早期「忠」和「忠信」觀念之意義〉，《清華學報》，新37卷第1期，2007年6月，頁1-33。

5. 馮　時〈西周金文所見「信」、「義」思想考〉，收入林慶彰編《新出土文獻與先秦思想重構》，臺北：台灣書房，2007年，頁125-129。

6. 白　奚〈先秦儒家倫理思想的轉向──以「忠」觀念為中心的思想史考察〉，香港大學召開「簡帛資料研究工作會議」論文，香港中文大學哲學系「中國哲學與文化中心」主辦，2008年6月19日。

(土)〈六德〉

1. 陳　偉〈郭店楚簡〈六德〉諸篇零釋〉，《武漢大學學報》（哲學社會科學版），1999年第5期，1999年9月，頁29-33。

2. 彭　林〈〈六德〉柬釋〉，廖名春主編《清華簡帛研究》第1輯，北京：清華大學思想文化研究所，2000年，頁162-133。

3. 陳　偉〈關於郭店楚簡〈六德〉諸篇編連的調整〉，《江漢考古》，2000年第1期，2000年3月，頁47-55。

4. 廖名春〈郭店簡〈六德〉篇校釋〉，廖名春主編《清華簡帛研究》第1輯，北京：清華大學思想文化研究所，2000年，頁

68-88。

5. 李學勤〈郭店楚簡〈六德〉的文獻學意義〉，廖名春主編《清華簡帛研究》第1輯，北京：清華大學思想文化研究所，2000年8月，頁16-22。

6. 彭　林〈再論郭店簡〈六德〉「為父絕君」及相關問題〉，廖名春主編《清華簡帛研究》第2輯，北京：清華大學思想文化研究所，2002年，頁166-174。

7. 詹群慧〈〈六德〉簡序的再探討〉簡帛研究網站，2003年1月1日。

8. 趙平安〈關於昮的形義來源〉，武漢大學簡帛網，2007年1月23日。

9. 張宇衛〈郭店楚簡〈六德〉「子也者」段補釋〉，先秦文本與出土文獻國際學術研討會，2008年12月27-28日

(圡)〈民之父母〉

1. 黃錫全〈讀上博楚簡札記〉，簡帛研究網，2002年4月8日

2. 劉樂賢〈讀上博簡〈民之父母〉等三篇札記〉，簡帛研究網，2003年1月10日。（小）

3. 王　寧〈釋「徖」〉，簡帛研究網，2003年2月5日

4. 龐　樸〈喜讀「五至三無」——初讀《上博藏簡(二)》〉，簡帛研究網，2003年1月12日。（小）

5. 季旭昇〈讀〈上博(二)〉小議〉，簡帛研究網，2003年1月12日

6. 安徽大學古文字研究室〈上海楚竹書(二)研讀記〉，簡帛研究網，2003年1月13日。（小）

7. 孟蓬生〈上博竹書(二)字詞札記〉，簡帛研究網，2003年1月14日。（小）

8. 何琳儀〈滬簡二冊選釋〉，簡帛研究網，2003年1月14日

9. 徐在國〈上博竹書(二)文字雜考〉，簡帛研究網，2003年1月14日

10. 龐　樸〈試說「五至三無」〉，武漢大學簡帛網，2003年1月15日

11. 林素清〈上博㈡〈民之父母〉幾個疑難字的釋讀〉，簡帛研究網，2003年1月17日。（小）

12. 林素清〈上博㈡〈民之父母〉幾個疑難字的釋讀〉，簡帛研究網，2003年1月17日。

13. 陳　劍〈上博簡〈民之父母〉「而得既塞於四海矣」句解釋〉，簡帛研究網，2003年1月18日。（小）

14. 陳　劍〈上博簡〈民之父母〉「而得既塞於四海矣」，句解釋〉，簡帛研究網，2003年1月18日。

15. 黃德寬〈《戰國楚竹書》㈡釋文補正〉，簡帛研究網，2003年1月21日

16. 黃錫全〈讀上博楚簡㈡札記（壹）〉，簡帛研究網，2003年2月25日。

17. 黃錫全〈讀上博楚簡㈡札記（貳）〉，簡帛研究網，2003年3月6日。

18. 龐　樸〈再說「五至三無」〉，簡帛研究網，2003年3月12日。

19. 季旭昇〈《上博二》小議㈡：〈民之父母〉「五至」解〉，簡帛研究網，2003年3月19日

20. 楊澤生〈上海博物館所藏竹書札記〉，簡帛研究網，2003年4月16日。

21. 龐　樸〈五至・養氣・心齋〉，簡帛研究網，2003年4月19日。

22. 黃錫全〈讀上博簡㈡札記（參）〉，簡帛研究網，2003年5月7日。

23. 黃錫全〈讀上博簡㈡札記（肆）〉，簡帛研究網，2003年5月16日。

24. 邱德修〈《上博簡》㈡民之父母「虽」字考〉第一屆簡牘學術研討會，國立嘉義大學中國文學研究所主辦，2003年7月12日。

25. 李天虹〈上博館藏竹書㈡雜識〉，武漢大學簡帛網，2003年9月18日。

26. 魏啓鵬〈説「四方有敗」及「先王之遊」——讀上博《楚竹書(二)》箋記之一〉上海大學古代文明研究中心、清華大學思想文化研究所編，《上博館藏戰國楚竹書研究續編》，上海：上海書店，2004年，頁224-229。

27. 徐少華〈從出土文獻看早期儒家學説的發展與變化——以〈五行〉與〈民之父母〉為例〉「經典與文化的形成」2004年專題演講，中央研究院中國文哲研究所，2004年10月2日。

28. 徐少華〈楚竹書〈民之父母〉思想源流探論〉，《中國哲學史》，2005年第2期，2005年5月，頁71-77。

⒀〈容成氏〉

1. 饒宗頤〈（傳老子師）容成遺説鉤沉——先老學初探〉，《北京大學學報》（哲學社會科學版），1998年第3期，第35卷(總187期)，頁63-68。

2. 廖名春〈讀上博簡〈容成氏〉札記㈠〉，簡帛研究網，2002年12月27日。

3. 黃人二〈讀上博藏簡容成氏書後〉，簡帛研究網，2003年1月1日。

4. 陳　劍〈上博簡〈容成氏〉的拼和與編連問題〉，簡帛研究網，2003年1月9日。

5. 姜廣輝〈上博藏簡〈容成氏〉的思想史意義——上海博物館藏戰國楚竹書㈡〈容成氏〉初讀印象札記〉，confucius2000網站，2003年1月9日。

6. 劉樂賢〈讀上博簡〈容成氏〉小札〉，簡帛研究網，2003年1月13日。

7. 許全勝〈〈容成氏〉補釋〉，簡帛研究網，2003年1月14日。

8. 蘇建洲〈上博楚竹書〈容成氏〉、〈昔者君老〉考釋四則〉，簡帛研究網，2003年1月15日。

9. 黃人二〈讀上博藏簡容成氏書後〉，簡帛研究網，2003年1月15日。

10. 鄭玉姍〈上博簡二〈容成氏〉51簡△字考釋〉，簡帛研究網，2003年1月16日。

11. 蘇建洲〈上博楚竹書㈡考釋四則〉，簡帛研究網，2003年1月18日。

12. 鄒濬智〈《上博·容成氏》五十一簡□字商議〉，簡帛研究網，2003年1月27日。

13. 邱德修〈從上博〈容成氏〉簡揭開大禹治水之謎〉，簡帛研究網，2003年1月31日。

14. 劉　釗〈〈容成氏〉釋讀一則〉，武漢大學簡帛網，2003年3月15日。（同日亦刊在簡帛研究網）

15. 蘇建洲〈〈容成氏〉柬釋㈠〉，簡帛研究網，2003年3月27日。（同日亦刊在武漢大學簡帛網）

16. 蘇建洲〈〈容成氏〉柬釋㈡〉，簡帛研究網，2003年3月29日。（同日亦刊在武漢大學簡帛網）

17. 蘇建洲〈〈容成氏〉柬釋㈢〉，簡帛研究網，2003年4月3日。（同日亦刊在武漢大學簡帛網）

18. 劉　釗〈〈容成氏〉釋讀一則㈡〉，武漢大學簡帛網，2003年4月6日。

19. 晏昌貴〈上博簡〈容成氏〉九州柬釋〉，簡帛研究網，2003年4月6日。

20. 劉　釗〈容成氏釋讀一則㈡〉，簡帛研究網，2003年4月6日。

21. 蘇建洲〈〈容成氏〉柬釋㈣〉，簡帛研究網，2003年4月16日。（同日亦刊在武漢大學簡帛網）

22. 周鳳五〈楚簡文字零釋〉，第一屆應用出土資料國際學術研討會，2003年4月23日。

23. 黃人二〈上博簡容成氏所述之九州及相關問題探討〉，第一屆應用出土資料國際學術研討會，2003年4月23日。

24. 蘇建洲〈〈容成氏〉柬釋(五)〉，簡帛研究網，2003年5月24日。

25. 李存山〈反思經史關係：從「啟攻益」說起〉，《中國社會科學》，2003年第3期，2003年5月，頁75-85＋206-207。

26. 蘇建洲〈《上博(二)‧容成氏》補釋一則〉，簡帛研究網，2003年7月11日。（同日亦刊在武漢大學簡帛網）

27. 何有祖〈讀上博簡〈容成氏〉偶得〉，簡帛研究網，2003年7月11日。（同日亦刊在武漢大學簡帛網）

28. 何有祖〈上博簡〈昔者君老〉偶得〉，武漢大學簡帛網，2003年8月7日。

29. 蘇建洲〈《上博(二)‧容成氏》補釋三則〉，簡帛研究網，2003年9月5日。

30. 廖名春〈上博簡〈子羔〉篇趕生神話試探〉，《福建師範大學學報（哲學社會科學版）》，2003年第6期，2003年9月，頁85-90。

31. 于　凱〈上博楚簡〈容成氏〉疏札九則〉，簡帛研究網，2003年9月24日。

32. 羅新慧〈〈容成氏〉、〈唐虞之道〉與戰國時期禪讓學說〉，《齊魯學刊》，2003年第6期，2003年11月，頁104-107。

33. 淺野裕一〈上博楚簡〈容成氏〉中的禪讓與放伐〉，日本漢學的中國哲學研究與郭店、上海處檢資料國際學術交流會議，2003年12月28日。

34. 陳桐生〈南楚學術中心地位的再認識〉，《湖北大學學報（哲學社會科學版）》，第31卷第1期，2004年1月，頁59-63。

35. 林素清〈〈容成氏〉簡十四「免笠植耨姜藉而坐」試解〉，

「2007中國簡帛學國際論壇」，臺灣大學中文系、武漢大學簡帛研究中心、芝加哥大學顧立雅中國古文字學會合辦，2007年11月10.11日。

(圭)〈曹沫之陳〉

1. 謝祥皓〈曹劌、曹沫辨〉，《齊魯學刊》，1995年第3期，1995年5月，頁52-53。

2. 李　零〈為什麼說曹劌和曹沫是同一人──為讀者釋疑、兼談兵法與刺客的關係〉，《讀書》，2004年第9期，2004年9月，頁129-134。

3. 蘇建洲〈《上博四‧曹沫之陣》補釋一則(二)〉，簡帛研究綱，2005年2月5日。

4. 廖名春〈楚竹書〈曹沫之陳〉與〈慎子〉佚文〉，簡帛研究綱，2005年2月12日。

5. 陳　劍〈上傳竹書〈曹沫之陳〉新編譯文（稿）〉，簡帛研究綱，2005年2月12日。

6. 廖名春〈讀楚竹書〈曹沫之陳〉箚記〉，簡帛研究綱，2005年2月12日。

7. 范常喜〈〈曹沫之陳〉「君言無以異於臣之言君弗」臆解〉，簡帛研究綱，2005年2月20日。

8. 蘇建洲〈《上博四‧曹沫之陣》三則補譯〉，簡帛研究綱，2005年3月10日。

9. 高佑仁〈讀〈曹沫之陳〉心得兩則：「幾」、「非山非澤，亡有不民」〉，簡帛研究綱，2005年4月3日。

10. 白於藍〈上博簡〈曹沫之陳〉釋文新編〉，簡帛研究綱，2005年4月10日。

11. 范常喜〈《上博四‧曹沫之陣》「車輂皆栽（載）」補議〉，簡帛研究綱，2005年4月15日。

12. 李　銳〈〈曹劌之陳〉重編譯文〉，簡帛研究網，2005年5月27日。

13. 李守奎〈《上博四・曹沫之陣》之隸定與古文字隸定方法初探〉，中國文字學會主編：《漢字研究》第1輯，北京：學院出版社，2005年，頁494。

14. 高佑仁〈〈曹沫之陳〉「君必不已則由其本乎」釋讀〉，簡帛研究網，2005年9月4日。

15. 淺野裕一〈〈上博楚簡〉〈曹沫之陳〉的兵學思想〉，簡帛研究網，2005年9月25日。

16. 高佑仁〈〈曹沫之陳〉校讀九則〉，武漢大學簡帛網，2005年11月14日。

17. 高佑仁〈〈曹沫之陳〉「早」字考釋——從楚系「戈」形的一種特殊寫法談起〉，武漢大學簡帛網，2005年11月27日。武漢大學簡帛研究中心主編《簡帛》第1輯，上海：上海古籍出版社，2006年，頁177-186。

18. 高佑仁〈談〈唐虞之道〉與〈曹沫之陳〉的「沒」字〉，武漢大學簡帛網，2005年12月25日。

19. 蔡　丹〈上博四〈曹沫之陳〉試釋二則〉，武漢大學簡帛網，2006年1月3日。

20. 高佑仁〈談〈曹沫之陳〉的「沒身就世」〉，武漢大學簡帛網，2006年2月20日。

21. 高佑仁〈談〈曹沫之陳〉「為和於陣」的編聯問題〉，武漢大學簡帛網，2006年2月28日。

22. 高佑仁〈談〈曹沫之陳〉簡36「義」字的形體來源〉，武漢大學簡帛網，2006年6月13日。

23. 蘇建洲〈上博(四)・曹沫之陣簡18「纏」字小考〉，武漢大學簡帛網，2006年10月19日。

24.單育辰〈〈曹沫之陳〉新編聯及釋文〉，簡帛研究綱，2007年6月
　　3日。

25.董　珊〈〈曹沫之陳〉中的四種「復戰」之道〉，簡帛研究綱，
　　2007年6月6日。

(古)〈鬼神之明〉

1.陳　偉〈上博五〈鬼神之明〉篇初讀〉，武漢大學簡帛網，2006
　　年2月18日。

2.丁四新〈上博楚簡〈鬼神〉篇注釋〉，武漢大學簡帛網，2006年5
　　月7日。

3.近藤浩之〈上博楚簡〈鬼神之明〉與其「神明」觀念〉，台灣
　　「戰國楚簡資料文哲研讀會」報告論文，2007年11月9日。

(古)〈三德〉

1.陳　偉〈上博五〈三德〉初讀〉，武漢大學簡帛網，2006年2月19
　　日。

2.陳　劍〈談談《上博(五)》的竹簡分篇、拼合與編聯問題〉，武漢
　　大學簡帛網，2006年2月19日。

3.侯乃鋒〈讀上博(五)〈三德〉札記四則〉，武漢大學簡帛網，2006
　　年2月19日。

4.何有祖〈上博五〈三德〉試讀〉，武漢大學簡帛網，2006年2月20
　　日。

5.范常喜〈《上博五‧三德》札記三則〉，武漢大學簡帛網，2006
　　年2月24日。

6.袁金平〈讀《上博(五)》札記三則〉，武漢大學簡帛網，2006年2月
　　26日。

7.禤健聰〈上博楚簡(五)零札(二)〉，武漢大學簡帛網，2006年2月26
　　日。

8. 周　波〈上博五札記（三則）〉，武漢大學簡帛網，2006年2月26日。

9. 李天虹〈《上博㈤》零識三則〉，武漢大學簡帛網，2006年2月26日。

10. 胡海瓊〈上博五〈三德〉第6簡的「慮」字新探〉，武漢大學簡帛網，2006年2月27日。

11. 秦曉華〈上博㈤〈三德〉釋讀一則〉，武漢大學簡帛網，2006年2月27日。

12. 孟蓬生〈〈三德〉零詁（二則）〉，武漢大學簡帛網，2006年2月28日。

13. 蘇建洲〈《上博㈤》柬釋(二)〉，武漢大學簡帛網，2006年2月28日。

14. 劉信芳〈上博藏五試解七則〉，武漢大學簡帛網，2006年3月1日。

15. 何有祖〈上博五零釋二則〉，武漢大學簡帛網，2006年3月3日。

16. 王貴元〈上博五札記二則〉，武漢大學簡帛網，2006年3月3日。

17. 范常喜〈《上博五·三德》札記二則〉，武漢大學簡帛網，2006年3月4日。

18. 王　蘭〈上博五〈三德〉編聯〉，武漢大學簡帛網，2006年3月6日。

19. 王　晶〈釋《上博五·三德》簡十六〉，武漢大學簡帛網，2006年3月6日。

20. 晏昌貴〈〈三德〉四禮〉，武漢大學簡帛網，2006年3月7日。

21. 曹　峰〈〈三德〉與《皇帝四經》對比研究札記㈠〉，武漢大學簡帛網，2006年3月22日。

22. 陳　劍〈〈三德〉竹簡編聯的一處補正〉，武漢大學簡帛網，2006年，4月1日。

23. 曹　峰〈〈三德〉與《皇帝四經》對比研究札記㈡〉，武漢大學簡帛網，2006年4月3日。

24. 周　波〈上博五補釋二則〉，武漢大學簡帛網，2006年4月4日。

25. 曹　峰〈〈三德〉零釋〉，武漢大學簡帛網，2006年4月6日。

26. 劉國勝〈上博㈥零札（六則）〉，武漢大學簡帛網，2006年4月7日。

27. 曹　峰〈〈三德〉零釋㈡〉，武漢大學簡帛網，2006年4月8日。

28. 曹　峰〈〈三德〉零釋㈢〉，武漢大學簡帛網，2006年4月11日。

29. 曹　峰〈再談〈三德〉的編聯與分章〉，武漢大學簡帛網，2006年4月13日。

30. 晏昌貴〈〈三德〉「不墮祭祀」補說〉，武漢大學簡帛網，2006年5月2日。

31. 范常喜〈《上博五·三德》札記六則〉，武漢大學簡帛網，2006年5月18日。

32. 顧史考〈上博竹書〈三德〉篇逐章淺釋〉，屈萬里先生百歲誕辰國際學術研討會，2006年9月15-16日。

33. 顧史考〈上博五〈三德〉篇與諸子對讀〉，中國簡帛學國際論壇2006（武漢），2006年11月8日—10日。

34. 許无咎〈騺吾、狻猊與乎（从鼠）兒（从鼠）──淺談上博楚簡《三德》篇的重要發現〉，武漢大學簡帛網，2006年3月4日。

35. 王晶、胡海瓊〈〈三德〉簡1「句奮」解〉，武漢大學簡帛網，2006年3月8日。

36. 范常喜〈試說《上博五·三德》簡1中的「暝」──兼談楚簡中的相關諸字〉，武漢大學簡帛網，2006年3月9日。

37. 何有祖〈上博五試讀三則〉，武漢大學簡帛網，2006年3月9日。

38. 侯乃鋒〈上博㈤幾個固定詞語和句式補說〉，簡帛研究網，2006年3月18日。

39. 福田一也〈上博楚簡㈤〈三德〉篇與史官〉，臺灣大學哲學系人文教育革新中綱計畫，2007年10月27日。

㈰〈凡物流形〉

1. 復旦大學出土文獻與古文字研究中心研究生讀書會〈《上博㈦·凡物流形》重編釋文〉，復旦大學出土文獻與古文字研究網站，2008年12月31日。

2. 羅小華〈〈凡物流型〉甲本選釋五則〉，武漢大學簡帛網，2008年12月31日。

3. 何有祖〈〈凡物流形〉札記〉，武漢大學簡帛網，2009年1月1日。

4. 蘇建洲〈《上博七·凡物流形》「一」、「逐」二字小考〉，復旦大學出土文獻與古文字研究中心網站，2009年1月2日。

5. 李　銳〈〈凡物流形〉釋文新編（稿）〉，簡帛研究網，2009年1月2日。

6. 李　銳〈〈凡物流形〉釋讀〉，簡帛研究網，2009年1月2日。

7. 陳　偉〈讀〈凡物流形〉小札〉，武漢大學簡帛網，2009年1月2日。

8. 季旭昇〈上博七芻議㈡：凡物流形〉，武漢大學簡帛網，2009年1月2日。

9. 廖明春〈〈凡物流形〉校讀零箚㈠〉，簡帛研究網，2009年1月2日。

10. 廖明春〈〈凡物流形〉校讀零箚㈡〉，簡帛研究網，2009年1月2日。

11. 蘇建洲〈《上博七·凡物流形》「一」、「逐」二字小考〉，復旦大學出土文獻與古文字研究網站，2009年1月2日。

12. 李　銳〈〈凡物流形〉釋讀（續）〉，簡帛研究網，2009年1月3日。

13. 李　銳〈〈凡物流形〉釋讀（再續）〉，簡帛研究網，2009年1月3日。

14. 王連成〈《上博七・凡物流形》中「道」字的識別〉，簡帛研究網，2009年1月3日。

15. 季旭昇〈上博七芻議三：〈凡物流形〉，復旦大學出土文獻與古文字研究網站，2009年1月3日。

16. 范常喜〈《上博七・凡物流形》短札一則〉，武漢大學簡帛網，2009年1月3日。

17. 凡國棟〈也說〈凡物流形〉之「月之有軍（暈）」〉，武漢大學簡帛網，2009年1月3日。

18. 凡國棟〈上博七〈凡物流形〉簡4「九囿出牧」試說〉2009年1月3日。

19. 宋華強〈〈上博(七)・凡物流形〉札記四則〉，武漢大學簡帛網，2009年1月3日。

20. 羅小華〈〈凡物流形〉所載天象解釋〉，武漢大學簡帛網，2009年1月3日。

21. 秦樺林〈楚簡〈凡物流形〉札記二則〉，武漢大學簡帛網，2009年1月4日。

22. 秦樺林〈楚簡〈凡物流形〉中的「危」字〉，武漢大學簡帛網，2009年1月4日。

23. 曹方向〈關於〈凡物流形〉的「月之有輪」〉，武漢大學簡帛網，2009年1月4日。

24. 凡國棟〈上博七〈凡物流形〉箚記一則〉，武漢大學簡帛網，2009年1月4日。

25. 曹　峰〈〈凡物流形〉中的「左右之情」〉，簡帛研究網，2009年1月4日。

26. 凡國棟〈上博七〈凡物流形〉簡25「天弌」試解〉，武漢大學簡帛

網，2009年1月5日。
27.何有祖〈〈凡物流形〉補釋一則〉，武漢大學簡帛網，2009年1月5日。
28.王連成〈《上博七·凡物流形》中「每」與「緟」的識別與釋義〉，簡帛研究網，2009年1月5日。
29.范常喜〈《上博七·凡物流形》「令」字小識〉，武漢大學簡帛網，2009年1月5日。
30.王連成〈《上博七·同物流形》：開篇釋義〉，簡帛研究網，2009年1月6日。
31.宋華強〈《上博(七)·凡物流形》散札〉，武漢大學簡帛網，2009年1月6日。
32.徐在國〈談上博七〈凡物流形〉中的「詧」字〉，復旦大學出土文獻與古文字研究網站，2009年1月6日。
33.鄔可晶〈談《上博㈦·凡物流形》甲乙本編聯及相關問題〉，復旦大學出土文獻與古文字研究網站，2009年1月7日。
34.凡國棟〈上博七〈凡物流形〉2號簡小識〉，武漢大學簡帛網，2009年1月7日。
35.李　鋭〈〈凡物流形〉釋讀札記（三續）〉，簡帛研究網，2009年1月8日。
36.李　鋭〈〈凡物流形〉釋讀再續（再訂版）〉，簡帛研究網，2009年1月9日。
37.李　鋭〈〈凡物流形〉甲乙本簡序再論〉，簡帛研究網，2009年1月9日。
38.曹　峰〈〈凡物流形〉的「少徹」和「少成」——「心不勝心」章疏證〉，簡帛研究網，2009年1月9日。
39.陳志向〈〈凡物流形〉韻讀〉，復旦大學出土文獻與古文字研究網站，2009年1月10日。

40. 孟蓬生〈說〈凡物流形〉之「祭員」〉，復旦大學出土文獻與古文字研究網站，2009年1月12日。

41. 劉信芳〈〈凡物流形〉櫨祭及相關問題〉，武漢大學簡帛網，2009年1月13日。

42. 蘇建洲〈釋〈凡物流形〉甲15「通於四海」〉，復旦大學出土文獻與古文字研究網站，2009年1月14日。

43. 高佑仁〈釋〈凡物流形〉簡8之「通天之明奚得？」〉，武漢大學簡帛網，2009年1月16日。

44. 叢劍軒〈也說〈凡物流形〉的所謂「敬天之明」〉，武漢大學簡帛網，2009年1月17日。

45. 淺野裕一〈〈凡物流形〉的結構〉，武漢大學簡帛網，2009年1月23日。

46. 王連成〈《上博七·同物流形》「事鬼篇」釋義〉，簡帛研究網，2009年1月31日。

47. 王連成〈《上博(七)·瞂（同）物流形》天地人篇釋義〉，簡帛研究網，2009年1月31日。

48. 王連成〈再證〈瞂物流形〉中的「道」和「尊」非「一」非「鳴」〉，簡帛研究網，2009年1月31日。

49. 王連成〈《上博七·瞂（同）物流形》「道言篇」釋義〉，簡帛研究網，2009年1月31日。

50. 淺野裕一〈〈凡物流形〉的結構新解〉，武漢大學簡帛網，2009年2月2日。

51. 劉　雲〈說《上博七·凡物流形》中的「巽」字〉，復旦大學出土文獻與古文字研究網站，2009年2月8日。

52. 蘇建洲〈〈凡物流形〉甲27「齊聲好色」試解〉，復旦大學出土文獻與古文字研究網站，2009年2月10日。

53. 楊澤生〈上博簡〈凡物流形〉中的「一」字試解〉，復旦大學出

土文獻與古文字研究網站，2009年2月15日。

54. 顧史考〈上博七〈凡物流形〉簡序及韻讀小補〉，武漢大學簡帛網，2009年2月23日。

55. 王中江〈〈凡物流形〉編聯新見〉，武漢大學簡帛網，2009年3月3日。

56. 王中江〈〈凡物流形〉編聯新見〉，簡帛研究網，2009年3月4日。

57. 楊澤生〈說〈凡物流形〉從「少」的兩個字〉，武漢大學簡帛網，2009年3月7日。

58. 曹　峰〈從《老子》的「不見而明」說《凡物流形》的一處編聯〉，簡帛研究網，2009年3月9日。

59. 曹　峰〈從《逸周書‧周祝解》看《凡物流形》的思想結構〉，簡帛研究網，2009年3月9日。

60. 陳峻誌〈〈凡物流形〉之「天咸」即「咸池」考〉，武漢大學簡帛網，2009年3月14日。

61. 張崇禮〈釋〈凡物流形〉的「端文書」〉，復旦大學出土文獻與古文字研究網站，2009年3月15日。

62. 張崇禮〈釋〈凡物流形〉的「其夬奚適，孰知其疆」〉，復旦大學出土文獻與古文字研究網站，2009年3月19日。

63. 鄔可晶〈〈上博(七)‧凡物流形〉補釋二則〉，復旦大學出土文獻與古文字研究網站，2009年4月11日。

64. 凡國棟〈上博七〈凡物流行〉甲7號簡從「付」之字小識〉，武漢大學簡帛網，2009年4月21日。

65. 曹　峰〈釋〈凡物流形〉中的「箸不與事」〉，簡帛研究網，2009年5月19日。

66. 單育辰〈上博七〈凡物流形〉、〈吳命〉札記（修訂）〉，武漢大學簡帛網，2009年5月28日。

67. 李松儒〈〈凡物流形〉甲乙本字跡研究〉，武漢大學簡帛網，
2009年5月30日。

68. 陳　偉〈〈凡物流形〉「五度」句試說〉，武漢大學簡帛網，
2009年6月19日。

69. 宋華強〈〈凡物流形〉「五音才人」試解〉，武漢大學簡帛網，
2009年6月20日。

70. 宋華強〈〈凡物流形〉「之知四海」新說，武漢大學簡帛網〉
2009年6月30日。

71. 淺野裕一〈上博楚簡『凡物流形』の全体構成〉，《中國研究集
刊》，麗號，平成二十一年六月（2009年6月），頁31-68。

72. 王中江〈〈凡物流形〉的宇宙觀、自然觀和政治哲學 ── 圍繞
「一」而展開的探究並兼及學派歸屬〉，《哲學研究》，2009年6
月，頁1-12。

73. 孫合肥〈試說《上博七》「一」字〉，武漢大學簡帛網，2009年7
月18日。

74. 曹　峰〈上博楚簡〈凡物流形〉「四成結」試解〉，簡帛研究
網，2009年8月21日。

75. 顧史考〈上博七〈凡物流形〉（上半篇）試探〉，復旦大學出土
文獻與古文字研究網站，2009年8月23日。

76. 顧史考〈上博七〈凡物流形〉下半篇試探〉，復旦大學出土文獻
與古文字研究網站，2009年8月24日。

77. 宋華強〈〈凡物流形〉甲本5-7號部分簡文釋讀〉，武漢大學簡帛
網，2009年6月17日。

78. 宋華強〈〈凡物流形〉「遠之步天」試解〉，武漢大學簡帛網，
2009年6月22日。

79. 宋華強〈〈凡物流形〉「上干於天，下蟠於淵」試解〉，武漢大
學簡帛網，2009年7月5日。

80. 宋華強〈〈凡物流形〉零劄〉，武漢大學簡帛網，2009年8月18日。

81. 王中江〈〈凡物流形〉的「貴君」、「貴心」和「貴一」〉，《清華大學學報》（哲學社會版），2010年第1期，2010年3月，頁83-89。

82. 曹　峰〈再論〈凡物流形〉的「箸不與事」〉，簡帛研究網，2010年1月11日。

83. 曹　峰〈再論〈凡物流形〉的「少徹」與「訬成」〉，簡帛研究網，2010年1月11。

西文

艾　蘭（Sarah Allen）"The Cosmology of Tai Yi Seng Shui and the Way of Water in Early Chinese Philosophical Thought"，收入「國際中國哲學研究」研習營論文，臺北：國科會人文處主辦，東吳大學協辦，2004年。

Note

Note

Note

Note

國家圖書館出版品預行編目資料

近四十年出土簡帛文獻思想研究／陳麗桂著.
－－初版. －－臺北市：五南, 2013.11
　面；　公分
ISBN 978-957-11-7275-0 (平裝)
1.簡牘學　2.研究考訂
796.8　　　　　　　　　　102016009

1X3T　五南當代學術叢刊　10

近四十年出土簡帛文獻思想研究

作　　　者 ─ 陳麗桂

編輯助理 ─ 王柏鈞　孫以強　張倚郡　簡汝恩　羅羽淳

發 行 人 ─ 楊榮川

總 編 輯 ─ 王翠華

主　　編 ─ 黃惠娟

責任編輯 ─ 盧羿珊

出 版 者 ─ 五南圖書出版股份有限公司

地　　　址：106台北市大安區和平東路二段339號4樓

電　　　話：(02)2705-5066　　傳　　真：(02)2706-6100

網　　　址：http://www.wunan.com.tw

電子郵件：wunan@wunan.com.tw

劃撥帳號：01068953

戶　　　名：五南圖書出版股份有限公司

台中市駐區辦公室/台中市中區中山路6號

電　　　話：(04)2223-0891　　傳　　真：(04)2223-3549

高雄市駐區辦公室/高雄市新興區中山一路290號

電　　　話：(07)2358-702　　傳　　真：(07)2350-236

法律顧問　林勝安律師事務所　林勝安律師

出版日期　2013年11月初版一刷

定　　　價　新臺幣600元